JN296575

シミュレーション新民事訴訟
〔訂正版〕

シミュレーション
新民事訴訟

京都
シミュレーション
新民事訴訟研究会

〔訂正版〕

信山社

はしがき——訂正版公刊にあたって

昨年（平成一三年）六月一二日に発表された司法制度改革審議会意見書は、国民の期待に応える司法制度の確立を求め、民事司法制度の改革として、計画審理の推進と専門的知見を要する事件への対応の強化等により、民事訴訟事件（人証調べ事件）の平均審理期間を概ね半減することを目標として掲げている。そして、この目標の達成へ向けた準備が急ピッチで進められ、平成一五年通常国会へ民事訴訟法の改正案が提出される予定とされている。

平成一〇年一月一日から施行された集中審理システムを柱とする民事訴訟は、実務への定着をみせているが、いまだ十分に浸透しているとは言い難い状況にあり、さらなる制度改革に実務がどこまで対応していけるか、課題は多い。審理の促進と充実を両立させることは、二兎を追うがごとく、至難の業であり、集中審理方式においても、充実した審理によって正しい法的解決を目指すという本来の目的を忘れた「集中」化が訴訟当事者の不満を生み出しているとの指摘もある。審理期間の半減というような目標が十分な基盤整備なしに押し進められれば、表面的に迅速化が図られても国民の期待に沿わない結果となることは多言を要しない。

しかし、今日ほど司法制度に対する国民の関心が高まった時期はなかったのであって、この国民の熱い要請に応えることが、二一世紀の法律実務家に課せられた大きな課題である。いかにして、二兎を追うか、裁判官、弁護士、書記官にとって、まさに正念場というべきであろう。

新民事訴訟法の精髄を実際の事件の中で生かす術をあますところなく示した本書は、新々民事訴訟法の時代になっても、その基盤を支えるものとして、その価値を減じることはないと確信している。昨年、自費出版の形で単行本化し、実務家を中心に利用していただいていたが、今般、信山社から出版させていただくことになった。法科大学院構想も具体化し、平成一六年四月には第一期生の受入れが目指されている。実務家とともに法曹養成過程での活用にも期待したい。そして、内実のある集中審理、計画審理が深く実務に定着し、国民の期待に沿った民事訴訟が一日も早く実現されることを祈念する次第である。

平成一四年三月

井垣敏生

まえがき

現在、司法改革審議会では司法制度の根本的見直し作業が進められているが、明治政府による西欧型の近代的司法制度の継受以来、今日ほど司法制度に対する国民世論の熱い関心が寄せられたことはなかった。そのような中で、司法制度の一翼を担う民事訴訟にも、新民事訴訟法制定から一〇年を経ずして、早くも制度改革の風が吹きそうである。しかし、集中審理の実現によって民事訴訟事件処理の迅速化を図った新民事訴訟法の方向性が誤っていたわけではなく、今回の改革は、この新民事訴訟法の精神を更に進めて行くことに主眼が置かれることになろう。京都シュミレーション新民事訴訟法研究会の活動目的は、裁判官、弁護士と裁判所書記官の協同作業によって、新民事訴訟法の理想的な運用モデルを模索することにあった。この意味において、民事訴訟の運用改善のみならず、今後の民事訴訟制度改革との関係においても、研究会の活動には大きな意義が認められて然るべきであろう。

京都シュミレーション新民事訴訟法研究会の研究成果が、自費出版の形とは言え、この度、一書にまとめられることになった。オブザーバーとして研究会の活動に関わった者として、個人的にも喜びに絶えないが、本書には右のような大きな社会的意義があることも強調しておきたい。諸般の事情で商業ベースの出版の形をとることはできなかったのではあるが、本書ができるだけ多くの方々に参照され、活用されることを祈念して、はしがきに代えることにする。

（京都大学法学部　山本　克己）

民事訴訟法の改正は社会の深い要請から生まれたものである。それを実務がどう生かしていくべきか。新民訴の施行を挟んだ前後二年に及んだ研究会で、熱く理想が語られつつ、現に実務を担う裁判官、弁護士、書記官からは、理想どおりにはいかないという悲鳴も聞こえてきた。そんな中で、一つの請負契約を取り上げ、未成熟な契約社会がもたらす困難を直視しつつ、弁護士が事件を受任し、訴訟の提起を準備し、これを受理した書記官、審理を担当する裁判官が、それぞれ自己の分野での問題点を洗い直し、相互に批判しあいながら、事件を解決するまでの、一歩前進した実務のあり方を示し、二〇回に亘って判例タイムズ誌上で発表してきた。本研究の最大の特徴は、三者の共同研究とともに、これまで登場することのなかった当事者が一人の主役として、裁判をする苦労を語るところにある。

新民訴施行から三年が経過し、本研究が示したような実務が少しずつ広がりを見せている。しかし、その速度や深まりは、未だ国民の期待に沿えるレベルには達していない。主因は、人員面での量的制約が大きいことにあるように思われるが、それぞれが内なるインセンティブを高める必要があることも忘れてはならない。それと訴訟運営の改善だけですべての問題が解決するわけでもない。高裁で執務するようになって、集中審理を実行しても、それが審理の充実や判断の相当性と必ずしも一致するものではない現実を見ることがある。裁判官が豊富な経験と深い洞察力を持たなければならないことを改めて実感している。司法制度改革審議会が示すような方策が現実のものとなるのであれば、多くの問題は解決できるのではないかと期待が膨らむ。

そのような現状の中で、この研究が示すような民事裁判がさらに実務に浸透することをねがい、判例タイムズ社のお許しを得て、一冊に集約することとした。日本の民事裁判が真に国民の期待に沿えるものになる日を夢みつつ……

（福岡高裁判事　井垣　敏生）

新民事訴訟法が施行されてから満三年が経過した。法の制定から施行の前後には、全国で、裁判所においても弁護士会においても種々の議論が行われ、また、双方の協議会も数多く実施された。いずれも、新民訴法制定の目的である「国民に利用しやすく、分かりやすいものにする」ということに向けられたものであった。

施行から三年間が経過し、熱い期待・とまどい等々が静まったいま、新民訴法はどのように機能し、活用されているのであろうか。二〇回に亘った研究報告を一冊の本として出版することになったが、この本が新民訴法の目標としたところを今のこの時期に検証する手がかりになることができれば、幸いである。

（弁護士　寺田　武彦）

新法（新民事訴訟法）が平成一〇年一月一日から施行されていますが、その一年前の平成九年一月に、井垣部長の呼び掛けによって、裁判官、弁護士、書記官による「京都シミュレーション新民事訴訟研究会」が結成され、京都地裁第二民事部に所属する書記官も研究会に参加することになりました。

裁判官、弁護士による研究会に参加することは、書記官にとっては初めての経験であり、当初は戸惑いもみられました。しかし、裁判官、弁護士の皆さんの新しい民事裁判とはどうあるべきかを追求し、議論される熱意に自然感染して、新しい民事裁判における書記官の役割とは何かということを自分の問題として考えられるようになり、最初の頃の聞き役から、少しずつ主体的に発言することもできるようになりました。

研究報告に登場するB書記官は、残念ながら現時点では第二民事部には存在しませんが、研究会に参加した全書記官の持っている最良のものを合体させれば、B書記官は実在するとは言えます。

裁判官の日常業務の繁忙と裁判に対する熱意、又、裁判の場において当事者を第一義として活動される代理人である弁護士の姿勢の双方に接している書記官として、何が出来るのか、そのためには何をすればよいのか、を考え実行していくことが自発的に出来るようになりたいものだと願っています。

「書記官から見た集中証拠調べ」の中で、書記官はコートマネージャーである裁判官のサポーターであると総括していますが、そのとおりだろうと考えています。

以上

（主任書記官　大槻　信夫）

《目　次》

目　次

目　次

研究会メンバー（シミュレーター）

（所属、官職等は研究会参加時のものである。）

京都地方裁判所第二民事部
（座　長）判　事　井垣敏生
判事補　松本利幸
判事補　本田敦子
判事補　中尾　彰

京都弁護士会
弁護士　寺田武彦
弁護士　小川達雄
弁護士　山﨑浩一
弁護士　伊原友己

京都地方裁判所第二民事部
主任書記官　大槻信夫
書記官　奥田幸雄
書記官　宮本光浩
書記官　正木英雄
書記官　杉本順一
書記官　杉本真由
書記官　田和由一
書記官　梅園久美子
書記官　小島信也
書記官　杉浦達也
速記官　藤川照見
速記官　國時亜矢子
事務官　門明郁子
事務官　難波秀行
事務官　杉村浩史
事務官　武本洋
事務官　和田知子

京都大学
（助言者）教　授　山本克己

初出一覧表

本研究報告は、判例タイムズ誌上に二〇回にわたり掲載された。

第一　研究会設立の趣旨と設定事例……九四一号
第二　受任から訴状提出まで……同
第三　訴状受理から送達まで……九四四号
第四　被告側受任から答弁書提出まで……九四七号
第五　答弁書受理から第一回口頭弁論期日まで……九五一号
第六　第一回口頭弁論期日後から第二回口頭弁論期日前まで……九五四号
第七　当事者照会……九五八号
第八　争点等整理手続の選択（第二回口頭弁論期日）……九六〇号
第九　第一回弁論準備手続期日に向けた準備……同
第一〇　第一回弁論準備手続……九六四号
第一一　第二回弁論準備手続に向けた準備……九六八号
第一二　第二回弁論準備手続とその後の期日間準備……九七三号
第一三　文書提出命令……九七四号
第一四　第三回弁論準備手続に向けた準備……九七九号
第一五　第三回弁論準備手続……九八二号
第一六　新しい民事訴訟と争点等整理手続（総括）……九八四号
第一七　尋問に代わる書面の提出……九八七号
第一八　第三回口頭弁論期日……同
第一九　集中証拠調べに向けた準備……九九二号・九九四号
第二〇　集中証拠調べシミュレーション……九九八号・九九九号
第二一　集中証拠調べ後の手続……一〇〇〇号
第二二　集中証拠調べの総括……同

第一　研究会設立の趣旨と設定事例

一　はじめに

1　新民事訴訟法の制定と展望

新しい民事訴訟法（平成八年法律第一〇九号、平成八年六月二六日公布）及び民事訴訟規則（平成八年最高裁判所規則第五号、平成八年一二月一七日公布）が制定され、間もなく施行の運びとなっている。

今次の改正は、民事訴訟を「国民に利用しやすく、分かりやすいものとし、訴訟手続の規律を現在の社会の要請に適った適切なものとする」という目標の下に、これまでのような部分改正ではなく、一〇七年ぶりの基本法典の制定という大がかりなものとして結実した。それだけに、戦後五〇年を経て、国際的にはもとより、国民のニーズにも十分応えられていなかったわが国の民事訴訟のシステムを大きく変える可能性をもつものである。

その制定過程において注目すべき点が二点ある。

第一は、改正作業が、法務省と裁判所と学者だけでなく、検討事項を拾いあげる当初から、弁護士も検討チームに加わって進められたことである。基本法典の制定としては初めての試みといわれる（1）。これまでの民事訴訟の審理の充実・促進策は、主として裁判所を中心に進められ、ときには弁護士会との間に緊張が生じることもなくはなかった。しかし、そのような状況のもとでの改革が大きな成果を上げられなかったことは、これまでの歴史の示すところである。今回の改正作業において、現実の民事訴訟の一翼を担う弁護士が参加し、改革の道筋を共同して形成してきたことは、単に、官との無用な対立を緩めるだけでなく、今後、新法が実際に施行されていくうえでも極めて重要な意義をもつ。

新法は、その第二条において「裁判所は、民事訴訟が公正かつ迅速に行われるように努め、当事者は、信義に従い誠実に民事訴訟を追行しなければならない（2）」として、裁判所及び当事者（弁護士）に対し責務規定をもうけ、実体法上のみならず、訴訟手続においても信義誠実の原則が支配することを明らかにした。もとより右規定の意義は重視しなければならないが、このような規定の創設によって、長年の積み重ねで造り上げられてきた民事訴訟の現実がたやすく改められると期待することは困難である。新法の目指す「国民に利用しやすく、わかりやすい民事訴訟」の実現のためには、裁判官も実務慣行に安住することなく、新法の理念の実現に取り組まなければならないのはもとよりであるが、今次改正は、弁護士に、より強度の業務活動を期待する構図になっており、立法の成否は、弁護士総体の対応が鍵となる（3）といわれているように、弁護士もまた意識改革を進め、新法の理念の実現を可能とするような方向への業務の改善が不可欠となる。そのように厳しい改革を求める新法であるがゆえに、改正作業において、弁護士が参加し、その意見が反映されてきたことが、今後の実践において大きな意義をもつゆえんである。

第二に、今次改正の特徴は、昭和六〇年代を境とする学会、弁護士会、裁判所をあげての民事訴訟の審理充実・促進の動き（4）を背景とする民事訴訟の現場での改革運動とでもいうべき工夫の積み重ねが背景にあり、それが改正の原動力として作用してきたことである。実務改革は、それまで主として和解中心に運用されてきた感のある和解兼弁論（弁論兼和解）を争点整理中心の運用に改め、争点中心型の審理構造を模索することから始まり、新様式判決にみられる分かりやすい判決への努力などを押し進め、当初やや消極的な感のあった集中証拠調べについても、様々な工夫の下に、実験のレベルではなく、実用に耐え、かつ、審理を充実しつつ迅速化を実現しうる審理モデルとして実用化を図ってきた(5)。このような実践に後押しされる格好で、新法は、わが国で長らく根付くことのなかった集中審理を基本的な審理モデルとして取り入れることを宣明した。

　しかし、今次改正におけるこのような二つの特徴は、一方で、実務に軸足を置いた改革となり、理念的には不徹底と思われなくもない部分も残した。新法は、集中審理を審理の基本としていくために、限定的とはいえ文書提出の一般義務化や当事者照会制度を新設する等して証拠収集方法の改革を行い、信義誠実原則や適時提出主義を採用し、口頭弁論の活性化など多くの場面で隘路の拡大を図ろうとしているが、集中審理の前提として不可欠という意見もあるディスカバリー制度などが十分に取り入れられたわけではないことや、より根本的には、民事訴訟を規定する日本社会の法文化とでもいうべき基盤に大きな変化がないうえに、法曹人口の不足などハード面の未整備に対する不安などが、新しい道への踏み入れを躊躇させている面があることも否定しがたい。

　さらに、今次改正は、実務の運用から出発し、問題点を止揚しつつこれを認知した点が少なくないが、その実務について必ずしも異論や危惧がなかったわけではなく、それが新しい実務の形成に対する警戒心を抱かせている面があることも事実として忘れてはならないであろう。

　このような問題があるにせよ、新法は、これまで挫折の歴史を刻んできたわが国の民事訴訟の審理充実・促進策が、ようやく国際的レベルに到達しうる可能性を開いたことに大きな意義がある。それが現実のものとして機能をし始めることができるか否かは、このような点に十分留意しつつ、法律実務家が共通の目標に向かって行動を開始できるか、その対応にかかっているというべきである。

２　研究会設立の趣旨と研究の手法

　以上のように新法は、実務改革の進展のうえに成り立ち、実務の運用に多くを委ねているから、新法の理念を活かした実務を築いていくためには、民事訴訟の運営の両輪ともいうべき裁判官と弁護士とが、新制度運用へ向けて共通の理解を深めることが不可欠であり、また、裁判官と書記官との協働関係は新制度の実施の重要な基礎となり、新たな役割を担うことになる書記官と弁護士との関係においても相互理解と連繋が必要となる。

　近年、各地で展開されている裁判所と弁護士会との協議会（懇談会）は、相互の理解を深めるうえで重要な役割を果たしてきており、今後ますますその必要性は高まるものと思われるが、これらの協議会を通じ、日常的に民事訴訟の現場で活躍している裁判官・弁護士、書記官等が意外と理解しあっていない側面があることが示されてきている。そのような実情に鑑み、新法の施行に向けて、これまで以上に実務家が相互理解を深め、協働的訴訟運営に向けた実践的討議をしていくことが求められている。

　現行制度下で行われてきた審理充実の工夫は、多くは弁護士にも受け入れられてきたところであるが、今なお意見の一致を見ない問題も少なくはない。それぞれの立場に立脚した意見を対峙し、適度の緊張を保ちつつ、協働し得る途を見出していかなければ、真の実務改革は困難といわざるを得ない。

新法の施行に向けて、学者、実務法曹のそれぞれが多くの研究を発表しており、新たなものを付け加えることができるかその目処がついているわけではないが、これまで、裁判官・弁護士・書記官が共同して新法下の訴訟運営の実際について研究されたことはなく、例えば、新法が要求する訴状や答弁書の記載一つとってみても、裁判所としては、新法の施行に向けて、新法の求める記載事項や添付書類をチェックする態勢を整えることになるが、現実に新たな記載を求められる当事者（弁護士）サイドでどのような問題があるのかを理解しないままに、訴状等の審査を行えば、当事者（弁護士）側の反発を招きかねないし、また、裁判官と書記官の協働関係の実際を知らなければ、書記官の行う参考事項の聴取や期日外釈明で無用な軋轢が生じかねないなど、種々の問題がある。

本研究会は、具体的な事件を想定して、当事者が弁護士に訴訟を委任して、訴えが提起され、新法に従って審理が進められ、最終的に解決するまでの経過を、裁判官・弁護士・書記官の三者がシミュレーターとなって実演することによって、現実に生起する可能性のある問題点を予知し、相互の立場を理解した上でその解決策を提示し、これまでに蓄積された実務の工夫をより発展させようとするものである。

そのような目的で、井垣が呼びかけ、平成八年一二月に準備会を開き、京都シミュレーション新民事訴訟研究会（略称・シミュ研）を結成した。そして、平成九年一月から事例の設定、役割分担、検討項目等を協議し、月二回のペースで新民事訴訟のシミュレーションが開始された。当事者、弁護士、裁判所の各部署の担当者がどのように考え、行動し、どのように事態が展開していくか、判例タイムズ誌上で紹介していくこととしたい。読者からのご教示が頂けたら幸いである。なお、三月から助言者として、京都大学の山本克己教授が参加することになり、また、当部で修習した司法修習生にも協力を得た（執筆は、役割分担等に応じて担当したが、すべて全員参加の研究会で討議したものであるので、個々の執筆者は明示しない。）

（以下、新民事訴訟法及び新民事訴訟規則を「法」「規則」といい、現行法及び規則を「旧法」「旧規則」という。文献は通常の略称による。）

二　設定事例の概要

1　登場人物等

（事件の内容・会社名、人名等は全て架空のものである。なお、以下は、略称＝網掛け部分＝で示す。）

◇原　告　円山舗装こと円山健一
　道路舗装業者（当初の本件工事施工者）

◇被　告　株式会社丸太興業
　土木建設事業を目的とする会社
　代表取締役　清水　三郎
　担当者　木谷　秀二（専務）

◇参加人　八坂土木工業株式会社
　給排水設備請負等を目的とする会社
　（原告に補助参加）
　代表取締役　八坂　英男（本件担当）

◇関係者　近畿企画開発株式会社
　大手総合建設業者（学校建設工事の元請）
　代表取締役　荒井達也

◇関係者　加茂設計　事務所
設計事務所（本件工事の設計・施工・査定）
担当者　吉田　明夫（施工監理士）

◇関係者　三条菅工　株式会社
配管施工業者（残工事の施工者）
担当者　岡本　弘（専務）

◇関係者　馬場義治（桂配管）／大原清隆（大原設備）／鷹野栄昌（タカノ組）
原告の孫請として本件工事の一部担当

2　事案の要旨

私立学校（鴨川学園）の建設を請負った近畿企画は、建設工事のうちの下水道工事部分を含む給排水設備関係を参加人（八坂土木）に依頼したところ、参加人は下水道工事の専門家ではなかったので、以前に共同で下請工事をしたことのある被告に下水道工事を依頼した。

しかし、被告も下水道工事は直接施工したことがなかったので、かねてから協力関係にあった原告を参加人に紹介した。その結果、三者間（木谷専務／八坂社長／原告）で協議が行われ、原告が施工することを承諾し、当初の設計図及び参加人の現場指示に基づいて、一部下請業者（桂配管／大原設備／タカノ組）を使用してその施工を行っていた。

ところが、校舎等の建築と並行して下水道工事が行われていたこと等から工事の段取り等でトラブルが続いた上、人夫の確保等が困難になった原告は途中で工事を降りることになった。

その後、被告の紹介で三条管工が残工事及び手直し工事を施工して完成させた。

本件は、原告から被告に対し、右工事は、原告が被告から請負ったものであり、請負代金は現実に要した工事代金と経費を保証するとの約束であり、下請業者への支払分（五六二万円）と原告が施工した部分の実費及び経費（六八八万円）として一二五〇万円を要したとして、被告から受領済みの六〇〇万円を控除した六五〇万円の支払を求めたものである。

これに対し、被告は、紹介者にすぎず、本件下水道工事は、参加人から原告が請け負ったものである、三者協議には紹介者として出席しただけであり、被告に支払義務はない、仮に、原告―被告間に請負契約があったとしても、参加人の提示した請負代金は一五〇〇万円であり、原告はその範囲内で施工することを約しており、原告の施工した出来高は全体の四〇％（金額にして六〇〇万円）に過ぎず、参加人が出捐した工事代金の内から被告を介して支払済みである（仮に、出来高あるいは施工済み分の実額が六〇〇万円を超えているとしても、原告の施工には瑕疵があり、手直し工事分（約二〇〇万円）を控除すると六〇〇万円を超えることはない）と主張している（なお、被告は、手直し工事及び残工事についても、被告が参加人に三条管工を紹介し、三条管工が完成させており、その費用として一四〇〇万円を要したと主張している）。

参加人は、原告から訴訟告知され、原告に補助参加し、請負契約の当事者は、被告であると主張している（但し、請負代金については、一五〇〇万円の定額請負であるとの立場であり、その点については、原告と利害が対立する）。

〈注〉

(1)　「新民事訴訟法の成立―三ケ月章先生に聞く」ジュリスト一〇九八号一一頁（平八）

(2)　旧規則三条は「裁判所は、審理が公正かつ迅速に行われるように努め、当事者その他の訴訟関係人は、これに協力しなければならない。」と定めていたが、民事紛争が訴訟を通じて公正かつ迅速に解決されるためには、その両輪である裁判所の努力とともに当事者（代理人）の誠実な訴訟活動が求められることから、法律に規定し、かつ、一部改正したものである。

(3)　高橋宏志「争点整理手続立法序説」民訴雑誌四〇巻九四頁（平六）

(4)　昭和五八年民事訴訟法学会年次大会は「民事訴訟の促進について」のテーマで西ドイツのシュツットガルト・モデルを契機とする新しい審理モデルの提案と討論を行った。争点中心の効果的な審理、弁論の活性化による審理の充実と適正確保、当事者権の保障などが意識され、今次改正の方向を示したものとして高く評価されるが、新法はそれらをより積極化している（民訴雑誌三〇号掲載）。第二東京弁護士会弁護士業務委員会「民事訴訟促進と弁護士業務の拡大（上・下）」判時一一八五号三頁・一一八七号五頁（昭六一）、最高裁判所事務総局「民事訴訟の審理を充実させるための東京・大阪両地方裁判所の方策案」ジュリ九一四号三二頁（昭六二）、岩佐善巳ほか「民事訴訟のプラクティスに関する研究」司法研究報告書四〇巻一号（昭六三）等

(5)　田村洋三「民事集中審理について―その実務的経験から―（上）（下）」判時一三八三―四（平三）、井垣敏生「民事集中審理について―体験的レポート」判タ七九八号六頁（平五）、西口元ほか「チームワークによる汎用的訴訟運営を目指して―事前準備、争点整理及び集中証拠調べの一つのモデル(1)～(5)」判タ八四六、八四七、八四九、八五一、八五八号（平六）、「〈座談会〉民事集中審理の実際―東京地裁・大阪地裁における試み」判タ八八六号四頁（平七）「〈座談会〉民事集中審理について」判タ八二八号六頁（平六）、最高裁事務総局「民事訴訟の運営改善関係資料―集中審理を中心として」民資二〇七号（平六）、菅野博之「弁論兼和解と集中的証拠調べ―札幌地方裁判所における実情と私見」判時一五一三号二六頁（平七）、小林昭彦「集中審理実施報告」判タ九〇九号三八頁（平八）、村上正敏「集中証拠調べについて（体験報告）」判タ九〇九号四五頁（平八）、最高裁事務総局「民事訴訟手続の改正関係資料(2)」民資二一四号（平九）、特集「名古屋地裁における集中証拠調べ」判タ九二八号（平九）

第二　受任から訴状提出まで

一　受任シミュレーション

〔平成一〇年一月一〇日㈯　甲野法律事務所〕

原告の来訪を受けたのは平成一〇年が明けた直後の一月一〇日のことであった。年初でまだ法廷も入っておらず、書面を作成していた甲野弁護士は、応接室で息せくようにして座っている原告に応対した。

原告は「円山舗装　代表　円山健一」という名刺を出し、こういうところに来るのは初めてだと言い、落ちつかない様子であった。甲野弁護士にすすめられてお茶を一口すすり、幾分落ち着いた原告は、甲野弁護士が以前受任したことのある建設業者の名前を口にして紹介を受けて来たと告げた。その建設業者はよく知っていると答えるとほっとした様子を見せ、工事代金を支払ってくれないので年末を切り抜けるのが大変だった、約束しながらなんだかんだと言って支払を延ばしたあげくに、最後には自分に責任がないと言って困っている、何とかしてくださいと繰り返すばかりであった。

職人タイプで一本気なのか、理路整然と説明するのは苦手と見た甲野弁護士は、原告の仕事の内容、もめている相手の名前、今回の工事の内容、工事が完成した時期、工事代金とその支払状況などを順を追って尋ね、メモをとっていった。

関係書類の持参もなく、話の要領も得ず、すぐに話が後戻りして相手の非難になってしまうが、一時間以上かけてようやく聞き出したところを整理すると以下のような状況がつかめた。

① 原告は、舗装工事を専門にしているが、関連工事として下水道工事もしている個人事業者で、職人五人と工事のあるときは臨時に人を雇い入れたり、下請に仕事を回すこともある。

② 原告は、一昨年暮れに丸太興業から、鴨川学園の下水道工事を請け負った。丸太興業の担当者は木谷専務である。

③ 当初の工事代金の見積りは概算で一五〇〇万円を目処とするというものであったが、これは工事期間等の変更があれば、実際にかかった費用と経費によって変更される約束であった。

④ 丸太興業の指示がくるくる変わり、たびたび待機などもさせられて工事が大幅に遅れた。

⑤ 工費がかさむとかけあったところ、木谷専務からかかったものは保証すると言われて工事を続けた。

⑥ 昨年春頃、工事の半分位ができたところで、丸太興業の方から赤字が大きくなるから中止してくれと言われて、工事を断念した。

⑦ 下請に五五〇万円ほど支払い、原告自身の施工分が七〇〇万円ほどで、合計一二五〇万円の工事をしたことになる。四五〇万円は途中で貰い、工事を断念させられたときに費用と経費の残額八〇〇万円を請求したが、一五〇万円を支払ってくれただけで、残りは元請けの八坂土木に請求しろというばかりでとりつくしまがない。

甲野弁護士は、具体的な日時、契約金額の変遷とその根拠、実際の工事出来高、丸太興業が元請に請求せよという理由等詰めなければならない問題が多いことを感じながら、時間もなくなったので、一月一六日㈮に関係書類を持参し、できたら経過のメモも作成して再度来所してもらうことにする。そして、六五〇万円の支払いを得たいという原告の希望を確認したうえ、場合によっては裁判か調停という裁判所の手続を必要とするかもしれないが、それらの手続の説明を次回にするから、委任するなら相談しながらすすめていこうと言うと、少し安心したような様子を見せた。そして、丸太興業の不払のしわよせで資金繰りが窮屈になり、生活も大変で時間もないなどと愚痴を言いながら退去した。

〔平成一〇年一月一六日㊎〕甲野法律事務所

原告の再訪を受け、関係書類（訴状に甲三ないし七として添付、資料１の別紙参照）を受け取ったが、経過メモ作成は忙しくて作れなかったという。しかし、持参した領収書等（甲四ないし六の各１、２）から見れば、原告は既に下請三社に合計五六二万円を支払済みであり、原告自身が作成した原告の施工部分の工事内訳書（甲三）もある。そして、これらに基づいて九か月も前に丸太興業に請求書（甲七）を出していること、同社からは合計六〇〇万円の支払を受けていることがわかった。甲野弁護士は、このような資料と経過からすると、本件の争点は原告の出来高の評価と、工事費の増加分について支払約束があったか否か、その工事費の増額分を元請に請求すべき理由があるかどうかという辺りにあると考えた。

そこで、原告に対し、とりあえず手順として、一度弁護士から丸太興業に請求書を送り、それに対する反応を見てから訴訟提起等の裁判所に対する手続を検討すべきことを説明したところ、原告はこの方針を了解した。

〔平成一〇年一月二三日㊎〕

甲野弁護士は、原告代理人として丸太興業に対し、請負代金残額六五〇万円を同月末日までに支払うよう催告する旨の内容証明郵便を送付した（後に、甲八の１・２として訴状に添付）。

〔平成一〇年一月二七日㊋〕

丸太興業の木谷専務から甲野弁護士に電話がかかる。本件工事を原告に発注したのは八坂土木であり、丸太興業が支払う筋合いはないという。明確な拒絶である。

甲野弁護士が、「しかし、既に六〇〇万円を御社から受領しているということですが」と尋ねると、木谷専務は、「うちが紹介した工事だから、うちを通じて渡しただけで、うちが払ったんじゃないですよ」と答え、出来高については八坂土木から四割と聞いているということで、一五〇〇万円の四割の六〇〇万円は支払済みであり、増額分を支払う約束なんてしたことはない、工事を勝手に止めて何か月も経つのに今更こんな請求をするのはおかしいと憤慨している様子であった。甲野弁護士は、発注者が誰かも争点になるのかと思ったが、原告からその点について詳しく聞いていないので、それ以上追及することはやめた。

早速原告に連絡し、一月三〇日に来所するように伝えた。

〔平成一〇年一月三〇日㊎〕甲野法律事務所

来所した原告に丸太興業の回答を伝え、原告の認識をあらためて尋ねる。原告は、丸太興業の木谷専務から持ち込まれた工事であり、設計図も木谷専務からもらい、代金も丸太興業から現金で受け取っており、丸太興業から受注したことは間違いないと断言する。甲野弁護士としても、紹介者にすぎないのに請負代金の受け渡しにまで関与することは余りないことであり、発注者については原告の言うとおりであろうと考え、中心の争点は、やはり出来高の評価と増額分の支払約束だろうと見当をつけた。

そこで、原告に対し、訴訟と調停の手続を説明する。丸太興業はしっかりした会社であり、手広く事業を展開しており、資力に不安はないという。そのような被告が契約当事者であることまで争ってくるようでは調停の可能性は低いと判断し、調停よりも訴訟提起を勧める。

原告は「裁判を起こす」と聞いて動揺を見せた。これまで裁判というものに関わったこともなく、とても不安だという。しかし、打開できる方法は裁判しかないことを丁寧に説明し、考えてくるように言う。そして、委任状の用紙を渡して、裁判提起を決めたなら署名捺印して連絡してくるように告げた。

二　訴状シミュレーション

〔平成一〇年二月三日㈫〕

原告から訴訟提起を決意したとの連絡が入ったので、甲野弁護士は原告に、訴状作成のために二月六日来所するよう伝えた。

〔平成一〇年二月六日㈮〕　甲野法律事務所

原告と訴状作成について必要な事項の確認の詰めを行う。

まず本件訴訟の被告について、丸太興業の木谷専務の応答から、丸太興業だけでなく八坂土木も被告としておいたほうが無難であるとも考えられる。その場合には、丸太興業と八坂土木のそれぞれに対する請求は併存しえない関係にたつものであるから、法四一条の適用の有無が問題となるが⑹、何よりも原告が丸太興業からの受注であると断言しており、その主張も十分首肯しうるものであることから、八坂土木を最初から被告に加えることは必ずしも原告の認識に沿うものとは言いがたい。木谷専務の回答も原告の断言に照らせばどこまで自信をもったものとみてよいかは問題であり、訴え提起を受けた場合には当事者であることを認める可能性も否定できない。また、これを争う姿勢を見せた場合、八坂土木を最初から敵にまわしておくのも得策とはいえないであろう。丸太興業の応答を見ながら八坂土木に対する対応を決めても遅くはない。丸太興業は手広く事業を展開しているということであり、その資力に不安もなさそうである。そこで甲野弁護士は、提訴段階では丸太興業のみを被告とすることとし、工事代金残額として六五〇万円を請求する訴訟を提起する方針を原告に説明し、原告もこれを了解した。

ところで、右金額の根拠は、原告が施工した工事部分の特定とその出来高の評価にかかわるものである。この日原告は、本件工事を請負う段階で加茂設計が作成した工事内訳書（甲二）を持参していた。甲野弁護士はそれを検討したが、これは当初の見積額の算定であって、出来高を立証するものは原告作成の工事内訳書（甲三）と各下請業者の請求書、領収書（甲四ないし六の各１・２）しかない。どの範囲の工事を原告が完成したのか、その施工範囲と工事の内容を示す資料はないかと原告に質し、先日会った際、木谷専務から設計図をもらったと言っていたからそれがあるはずだと指摘すると、今日はそれを持参していないという。甲野弁護士は、出来高を厳密に立証するためには、その設計図や実施工法等を基礎資料として、専門家の鑑定を必要とすることもありうると考えた。しかし、提訴の段階でそこまで準備することは原告において費用負担の面で耐えられないであろうし、恐らく相当の決意をもって訴訟提起を決めたであろう原告の気持ちが揺らいで、準備のための時間と費用の負担を恐れて泣き寝入りをせざるをえないという心境に傾くことにもなりかねない。そこで、提訴段階では右資料をもって立証手段とし、さらに立証手段を講ずることが必要かどうかは訴訟の進行を見ながら判断していくこととし、原告には、訴訟の進行次第では将来出来高についての鑑定手続が必要となるかもしれないと説明し、原告は了解した。そこで、早急にその設計図（甲一の1・2）と各図面の写しに原告及び孫請が施工した部分を朱で示したもの（後に、訴状の別紙図面(1)、(2)として添付）を送付するよう指示した。

また、増額分の支払約束をした経過について原告にあらためて質したが、当初から工事期間などの変更があるかもしれないということで約束されていたもので、途中で工費がかさむかもしれないと言って木谷専務の了解を求めたのは確認しておかないと不安だったからだということであった。そこで、増額分の支払約束自体も当初の請負契約の一部をなしていたものとして請求することとした。

〔平成一〇年二月一四日(土)　甲野法律事務所〕

甲野弁護士の指示から約一週間が過ぎたこの日、原告から図面類（甲一の1・2及び朱書の図面）が送付されてきた。そこで、甲野弁護士は、あらためて資料を整理して訴状を作成することとした。

〔平成一〇年二月二七日(金)〕

甲野弁護士は、原告から被告に対し、請負代金六五〇万円を請求する本件訴状（資料1）を京都地方裁判所に提出して、訴えを提起した。

三　訴状の記載事項等

1　訴状の形式的記載事項

(一)　郵便番号、電話番号、ファクシミリ番号

規則五三条四項は、訴状に原告又はその代理人の郵便番号、電話番号、ファクシミリ番号の記載を求めている。規定自体は新設されたものであるが、郵便番号は、送達の便宜上、従来の訴訟にも記載する習わしであったし、電話番号やファクシミリ番号は訴訟委任状に記載されていることが多く、裁判所からの事務連絡等に利用されていたところであるが、新法は、弁論準備手続や書面による準備手続等で電話会議を実施することができるようにしたり（法一七〇条三項、一七六条三項）、ファクシミリによる書面の提出や書類の送付（当事者間の直送及び裁判所からの送付）を広範囲に認めることにしたことから(7)、相手方にも容易に知ることができるように訴状の記載事項とし、これを答弁書にも準用し（規則八〇条三項）、裁判所及び当事者双方の利便を図ったものである。本件の訴状では、右の趣旨に従い各事項を記載したほか、郵便番号は、郵便の便宜及び記載の体裁から、原告及び原告代理人のみならず被告についても記載した。

なお、これらの記載は、法一三三条が求める訴状の記載事項とは異なり、訓示規定であり、記載がなかったからといって、訴状却下（法一三七条二項）の対象になるものではないが、右のような趣旨から、実務の慣行として定着することが望まれる。

(二)　証拠保全事件の表示

規則五四条は、訴え提起前に証拠保全が行われた場合は、訴状にその裁判所及び事件の表示をしなければならないものとされた。保全記録の送付の早期実行を容易にするためである。本件には該当しない。

(三)　送達場所の届出

法一〇四条一項は、当事者（法定代理人、訴訟代理人）は送達場所を受訴裁判所に届出なければならないものとしている。これは、旧法の送達受取人の届出制度が交通事情や郵便事情等が著しく発達した今日においては不合理となったものの、他面、家族状況の変化等により、郵便による送達が困難な場合が少なくなく、審理の遅滞にもつながりかねない現状から、すべての当事者に送達場所の届出を求めることにしたものであり、規則四一条は、その届出を書面でするものとし（一項）、できるだけ訴状、答弁書等に記載することを求めている（二項）。訴訟代理人がついた場合は、代理人が送達を受けることがほとんどであろうから、訴状の場合は、原告代理人事務所の住所の下または横にその旨を記載すれば足りるであろう。なお、一旦届出をすると、以後はその届出場所に送達されるから、事務所の移転や代理人を辞任した場合など、変更しておく必要がある。

2　調査義務と訴状の記載

規則八五条は、当事者（訴訟代理人）に事実関係を詳細に調査すべきことを義務付けている。これは旧規則四条と同じであるが、旧規則が総則規定としていたのを準備書面等の節に移動した。これは、主張及び立証の適時提出主義をとり、争点の早期確定を意図する新法の趣旨に則り、調査義務の早期履行を促すものと考えられる。そして、規則五三条一項は、訴状に、請求を特定するために必要な事実としての請求の趣旨及び原因に加えて、請求を理由づける事実を具体的に記載した上で、立証を要する事由（予想される争点）ごとに重要な間接事実及び証拠を記載することを求める（規則八〇条一項で答弁書にも同様の記載が求められる）。従来の訴状が、ともすれば請求を特定するための要件事実の記載にとどまっていたのに対して、早期に実質的な審理を行って争点及び証拠を整理して集中証拠調べを行うために規定されたものである。すでに実務でも実践されつつある(8)が、旧来の形式的な訴状（答弁書）から脱却することは、民事訴訟の運営改善の大きな柱となろう。右規定は、訓示規定であり、これらの記載がないからといって、訴状が却下されるわけではないが(9)、充実した審理を実践するための大きな一歩として、実務に定着することが望まれる。

他方、弁護士は依頼者の来訪を受けて初めて事件を知る。法律事務所を初めて訪れる市井の依頼者の様子は、原告と大同小異と考えてよい。寡黙な人、多弁な人、来訪者は様々であるが、要領よく話が出来る人というのは稀である。本件でも、書類の持参もない上に要領を得ない話を整理していくことは容易なことではないことがわかる。一度や二度の説明を聞いただけでは事件の全容とその要点がつかめないことも少なくない。しかも、依頼者の事情や心情により、提訴の準備のために費やすことのできる時間にも限界がある。

また、例えば、本件において単なる紹介者であると主張する被告と八坂土木の関係や、本人と考えて請求した相手が第三者の代理人であると主張する場合の代理権の授与の有無や経緯のように、原告側からは直接窺い知ることができない事柄であって、被告の主張立証によって初めて裏付けられうる事実もある。

さらには、本件における出来高の評価立証のように、鑑定を必要とする可能性がある場合でも、依頼者において予め専門家に鑑定を依頼する経済的余裕があるとは限らない。そのようなことが必要となれば提訴を諦める人も稀ではないであろう。しかも、その鑑定書を訴状に添付したとしても、被告の争い方などによっては、あらためて裁判所による正式な鑑定が必要になる場合も少なくない。

したがって、右各条項は、当事者の個性や事案の性質によって、客観的に存在した事実とそれを示す証拠の存在を実際に知見することは決して容易なことではないこと、当事者における時間的、経済的な負担の限界、さらには、訴訟における証拠の採否の可能性も十分含意したうえでのものであると考えるべきであろう。

本件において、予想される争点として、工事費の増加分の支払約束の事実については、請求の原因第五項でかなり詳細に記載すると同時に、原告の出来高の評価に関する事実と証拠の記載は原告持参の資料の範囲のものにとどめたのは、右各条項の趣旨を忖度しつつ、本件訴訟の実情にも配慮したものであり、右規定の趣旨を損なうものとはいえないであろう。

3　訴状の記載方法

訴状の記載の方法として、規則五三条二項は、主要事実（請求を理由づける事実）と間接事実（請求を理由づける事実に関連する事実）を区別して記載することを求める。

従来、ともすれば右の区分が十分になされず、雑然と記載されていることが少なくなく、主要事実を落とす原因にもなっていたきらいがあった。これを区分して記載することによって、請求を理由づける事実を明確にするとともに、錯綜した事実を整理し、何がどの主要事実に対応する間接事実になるかを明確にすることができ、争点及び証拠の整理に役立てることが期待される。もとより、主要事実と間接事実を区分することは容易でないことも多いし、当事者からの情報が不十分な場合など、早い段階では適切な整理が困難な場合もある。「できる限り」と規定されているのはこのことを踏まえてのものである。

しかし、「できる限り」区分しようと努力することがもつれた糸を解きほぐす契機になると思われる。

本件でも、前記シミュレーションのとおり、十分に間接事実を把握するまでには至っていないが、請求の原因の各項の冒頭に主要事実を記載し、それに続けて間接事実を記載するとともに、両者の字体を変えることによって区別を試みた。本項を適用するひとつの方法であろう(10)。

4　訴状の添附書類

(一)　基本文書の添付

規則五五条一項は、不動産に関する事件では登記簿謄本、人事訴訟事件では戸籍謄本、手形又は小切手に関する事件では手形又は小切手の写しを訴状に添付することを求めている。これは、従来から実務上求められ、概ね実践されてきたところであり、主たる目的は、訴状の記載を点検し、誤った判決や認諾・和解調書などの作成を防止することにある。

(二)　重要書証の添付

規則五五条二項は、訴状には、右の基本文書のほかに、立証を要する事由につき、証拠となるべき文書の写しで重要なものを添付しなければならないとしている。

これまでの実務では、証拠方法は追って提出すると記載するのが一般的で、最近は、裁判所の審理充実実務の一環として、一部の基本書証の提出を求める場合があり、また、新型訴状の提唱者等においては、訴状に証拠方法を完全に記載するような試みもなされてきているが、未だごく一部に止まっている。形式的な訴状の記載と基本的な書証（例えば、借用証書や保証契約書など）も添付されていないため、被告代理人としても実情が把握できず、形式的に争う旨の答弁書を提出することになり、書証が提出されることによって争う余地がないことが判明するようなケースも少なくはない。そのような事態は訴状とともに基本書証が提出されていれば、容易に避けられることであり、争いがある場合でも、早期に実質的な反論を展開できるようになる。

新法は、早期に実質的な審理が行えるようにするため、立証を要する事実についての「重要な書証」の写しに限ってではあるが、訴状に添付しなければならないものとした。そして、右の趣旨は、答弁書（規則八〇条二項）でも、答弁に対する反論（規則八一条）でも同様である。

わが国の民事訴訟においては、証拠収集方法の不備もあり、代理人としても相手方の出方を見てから証拠を提出する方が無難であるとの考え等から、早期に手持証拠を出していくということがあまり強く意識されてこなかったし、裁判所も、最近でこそ基本書証の提出を求める運用がなされ始めたが、それも不動産事件での登記簿謄本の程度に止まっており、それらが前記のような実務の風潮を作ってきた一因と思われるが、きちんと根拠を確かめてから主張を構成することが、審理の充実、迅速に資することは明らかであり、この規定に基づいた対応ができるような執務体制の確立が望まれる(11)。

そこで、本件においては、原告の持参した資料を書証として、その写しを甲第一ないし八号証として訴状に添付している。

㈢　**証拠説明書**

規則一三七条一項は、書証の申出の際に文書の記載から明らかな場合を除いて文書の標目、作成者及び立証趣旨を明らかにした証拠説明書の提出を求める。

右規定からすれば、「文書の記載から明らかな場合」（本件では甲第四ないし八号証はこれに該当しよう）は作成の必要はないし、提出時期についても、書証の取調べがされるまでに提出すればよいから、訴状の提出段階で添付することまでは求められてはいない。しかし、ワープロに定型書式を作っておけば、作成自体容易になるし、順次追加していけば、書証の吟味、認否や整理にも有用でもあるから、全部について作成することも考えてよい。また、訴状に添付した書証の内容がより明確になることは望ましいことであるから、本件においては、甲第一ないし第八号証まですべての書証について証拠説明書を作成して訴状とともに提出した。

〈注〉

(6) 同時審判申出共同訴訟

本件において、被告は単なる紹介者であって原告に対する注文者は八坂土木であると主張する。このような場合、被告に対する敗訴の場合を慮って八坂土木に対しても共同被告として提訴することも十分考えられる。

ところで、法四一条は、共同被告の一方に対する訴訟の目的である権利と共同被告の他方に対する訴訟の目的である権利とが法律上併存し得ない関係にある場合、原告の申出がある場合には審理及び裁判は分離してはならない旨定めている。これは、従来、訴えの主観的予備的併合の可否として論じられてきた問題について、予備的被告の地位の不安定や上訴に伴う統一審判の保障の欠如などの難点から主観的予備的併合を正面から許容する形はとらず、原告の申出により同時審判を確保する形で両被告に対する請求がいずれも棄却されるという不合理な結果を回避するために定められたものである。

ここにいう「法律上併存し得ない関係」とは論理的に両者に対する請求が併存しえない場合を指し、民法一一七条の本人と無権代理人に対する請求や同法七一七条の占有者と所有者に対する請求が例示され、本件のような契約当事者が丸太興業、八坂土木のいずれであるかの問題は法律上併存し得ない関係にたつものではなく、事実上併存し得ない関係にたつものとされる。法四一条が本件のような場合にも適用されるかどうかであるが（適用されなければ、原告は「両敗け」の危険を負うことになる）、この点について学説は、肯定説がある一方、適用範囲の明確化を重視した否定説もあり、分かれている（肯定説として、高見進「同時審判の申出がある共同訴訟」ジュリスト一〇九八号三五頁。否定説として、法務省民事局参事官室編「一問一答新民事訴訟法」五九頁。なお、ジュリスト一一〇七号一〇八頁以下の研究会「新民事訴訟法をめぐって」（第五回）は、本条について立法段階での検討過程からその適用範囲まで論じられていて興味深い。）。しかし、このような場合も「両敗け」の結果が不合理であることは明らかであり、否定説に立ったとしても、かかる結果を回避するためには本条の運用として分離することなく審理及び裁判をすることが望ましいといえよう。

(7) ファクシミリの普及から実務上その利用が広がっていたが、規定がなかったことから送信できる文書の範囲や効果が明確でないなどの問題点があった。そこで規則三条は、訴状等一定の書面を除き原則としてファクシミリ送信による書面の提出を認め、裁判所が受信したときに提出されたものとみなす一方で複雑な図面等で判読上支障がある場合など必要な場合には送信に使用した書面そのものも提出させることができるものとしている。また、新法は、準備書面など多くの書面を当事者間で直送（規則四七条）するものとしており、それにもファクシミリが利用されることになると思われる。

(8) 畠山保雄「モデル訴状と審理の進め方」判タ六〇四号三二頁（昭六二）、小山稔「モデル訴状、答弁書の試み」判タ六六四号一九頁等は、早くから新法が規定するような訴状・答弁書の記載方法を提唱され、実践してきておられる。

(9) 小林昭彦＝太田朝陽「争点整理の準備」判タ九三一号七三頁（平九）は、補正命令の対象にはならないが、裁判長が必要な補正を促すことはできるとする。

(10) 第二東京弁護士会民事訴訟改善研究委員会編「新民事訴訟法実務マニュアル」判例タイムズ社九一頁は、モデル訴状として、請求の原因（請求を理由づける事実）と関連事実（重要な間接事実・その他の事情）に分けて記載する方法を提示している。複雑な事案では、両者の記載場所が離れ、関連性がわかりにくくなる場合もあり、事案によって、記載方法を検討するべきである。なお、本件訴状のような方法ではなく、見出しによって区別したり、段落を付けたり、文字のサイズを変えるなどの方法もある。

(11) ドイツでは、簡素化法により、訴状には、当事者が事実主張の証明のため用いようとする証拠方法の表示が求められており、書証のみならず、人証の記載もなされている（司法研修所編「ドイツにおける簡素化法施行後の民事訴訟の運営」法曹会（平七）五三頁）。

第三　訴状受理から送達まで

一　はじめに

　ここでは、訴状の受理から第一回口頭弁論期日までの間に、新法のもとで裁判所が充実した審理を行うための事務処理、特に対外的窓口としての機能を担っている裁判所書記官が、裁判官との協働関係のもとで、積極的に訴訟運営に参画して行う事務の一つのモデルを提供するとともに、京都地方裁判所第二民事部（以下「第二民事部」という）における現在の事務処理の流れを題材として、従来運用として行われてきた「訴状の補正の促し」「参考事項の聴取」「期日外釈明」等の諸手続が法・規則で明文化されたことに伴い、これらの手続をより効果的かつ適切に活用する方策について検討提案するものである。

二　訴状受理・訴状審査シミュレーション

〔平成一〇年二月二七日㈮〕

　本件訴状が京都地裁民事訟廷事件係に提出され、同係で管轄、訴額、貼用印紙額、予納郵券、資格証明書などの確認が行われた上で受理され、事件名が平成一〇年㈦第五〇〇号請負代金請求事件とされた。

〔平成一〇年三月二日㈪〕

　本件は、第二民事部単独係（A裁判官）に配付され、同部の事務官がパソコンの期日管理プログラムに事件番号等を入力した(1)。本件の担当書記官と決まったB書記官は、管轄等を再点検した後、本件訴状の記載順序に従って、郵便番号、当事者及び代理人の住所（送達場所の届出の有無）及び氏名、電話番号、ファクシミリ番号、請求の趣旨及び原因、証拠の記載、附属書類の表示、訴状作成年月日、原告代理人の記名押印（法一三三条二項、規則二条一項、五三条四項、法一〇四条一項及び規則四一条二項等）等の必要的記載事項の記載漏れや誤字脱字の有無を審査し、本件訴状はこれらの点について問題がないことを確認した。

　次に、B書記官は、「請求の趣旨」及び「請求の原因」の記載内容で欠席判決が可能かどうかという点を念頭に置きつつ、①規則五三条一項の「請求を理由づける事実」は具体的に記載されているか、②立証を要する事由（将来、争点となると予想される事由）ごとに当該事実に関連する事実で重要なもの及び証拠の記載がされているか、③第一回期日前に補正の促しや釈明をすべき事項はないかという点を中心に訴状審査を始めた。

　まず、請求の趣旨については、請求原因との形式的な対応関係、即ち、請求金額の計算過程に誤りや矛盾がないか（請求原因の記載から請求金額が導かれているか）、付帯請求起算日及び遅延損害金の利率の特定ないし根拠として必要な事実が請求原因に記載されているかどうかなどを審査した。この点、本件訴状では、報酬の未払残額六五〇万円と付帯請求起算日である平成九年五月一日を特定する事実は、請求原因六項から認められ、さらに一項の記載から商事法定利率である年六分の割合による損害金を求める理由も認められた。

　その後、B書記官は、請求原因の内容を審査したが(2)、以下のような点につき疑問をもった。

【疑問点1】

　本件工事代金は、「金一五〇〇万円。但し、工事期間の変更等が生じる場合には実際に要した費用及び経費」（訴状二項）とされ、「請負契約の締結に際し、被告は、原告において実際に要した費用及び経費を支払う旨約していた」（同五項）と主張されているところ、原告は工事を途中で中止しているが、それは被告の要請によるとのことであるから、原告は施工した工事分の請負代金は請求できると考えられる⑶。そして、原告は工事を五割しか完成させていないとのことであるから、当初の目処の工事代金一五〇〇万円からすれば、完成部分に対応する工事代金は七五〇万円である。しかし、原告は、工事期間の変更等が生じたとして、実際に要した費用及び経費を請求しているから、当初の目処の金額との関係で、この五〇〇万円の費用及び経費の増加分は、将来の争点になることが予想され、現時点で右増加分（増加した費用及び経費の内訳・金額等）について明確にしておくべきではないか。また、原告自身が要した費用及び経費、原告の下請業者である桂配管、大原設備、タカノ組への支払額の記載及び証拠書類の添付はあるものの、原告等が着工から引き上げまでの間に施工した工事内容と工事代金の明細の主張があった方が被告としても認否がしやすいのではないか。

【疑問点2】

本件請負契約は、口頭でなされたのか、書面でなされたのか。本件のような工事請負契約の場合に契約書が作成されないこともままあることであり、また、訴状二項に記載されている証拠に契約書が含まれておらず、「証拠方法」欄に重要書証として当然掲記されるべき請負契約書の記載が無いことから、本件請負契約は口頭契約であることは推測できるが、何らかの事情（例えば契約書の紛失など）で契約書が提出できないことも考えられる。いずれにしてもこの点を早期に釈明した方がいいのではないか。

【疑問点3】

三項には「工事を中止したが、中止までに、原告は、………全工事量の約五割の工事を完成させた」との記載があるが、通常、請負代金債権の報酬支払時期は、仕事を完成し目的物を引渡したときである（民法六三三条）から、「引渡した」旨の記載がないことについては、請求を理由付ける事実の具体的記載としてこれで足りるか。

【疑問点4】

五項の原告に要した費用・経費（増加費用等分）請求の根拠は、一項の原・被告間の平成八年一一月二七日頃の契約締結時の合意（当初合意）に基づくものとして請求しているものと考えられるが、五項には、平成九年二月二〇日頃、被告から、かかった費用及び経費は保証するから工事を続けてほしいという話があった旨の記載もあり、これを追加合意として、予備的に請求の根拠とするのかという点について主張を明確にしてもらうべきではないか。

B書記官は、以上の疑問点を裁判官に相談するため、訴状審査表（資料2）の「□疑問点その他」の欄に記入した。そして、【疑問点3】はあるものの、本件訴状の記載内容で一応欠席判決は可能であると考え、同訴状審査表の「審査結果」欄に「欠席判決　適」と記入した。

〔平成一〇年三月三日㈫〕

B書記官は、本件記録と訴状審査表及び事件カルテ（後記五4㈠参照）をA裁判官に提出した。その後暫くして、訴状審査を終えた裁判官は書記官室に本件記録を持参し、その場で、裁判官の訴状審査の結果と今後の進行計画（第一回口頭弁論期日の指定時期など）についての協議がなされた。協議内容及びA裁判官からの指示は次のとおりであった。

（裁判官）【疑問点1】については、将来本件の争点になることが予想できますが、争点整理を進めていく中で原告側に明らかにするよう求めることになる事項のように思いますので、現時点で訴状の補正として明確にすることを促すのは適当ではないようにも思います。この点は被告側の答弁を待って対応を考えるということで、将来の釈明事項として留保しておきましょう。また、【疑問点2】についてですが、おそらく口頭契約なのでしょうが、重要な証拠の記載が落ちているということも一応考えられますので、原告代理人に確認しておいて下さい。

（書記官）【疑問点2】については、記録上明確化した方がいいのでしょうか。

（裁判官）法一四九条四項の『攻撃防御方法に重要な変更を生じ得る事項』に該当する期日外釈明の場合は相手方への通知が義務付けられ、書記官が釈明内容を記録上明らかにすることが求められます（規則六三条二項）が、規則五三条一項で求められている証拠の記載として補正する必要があるのかどうかの前提として、契約書が存するかどうかを確認するという趣旨ですので、通知記録化は必要ないと思います（4）。

【疑問点3】についてですが、確かに引渡しの事実は明確に記載されてませんね。報酬請求権は民法六三三条但書の引渡しを要しない場合の同六二四条一項（「雇用～報酬の支払時期」引渡しを要しない場合は「完成」即ち労務の終了を主張すれば足りる）の準用規定の場合も考えられますが、いずれにしても四項の工事の中止の事情あたりが将来の争点となりそうですから、請求を理由付ける事実の明確化という意味で、先程の点と合わせて問合わせて下さい。

【疑問点4】については、第一回口頭弁論期日の指定との関係では、現時点で必ず補正しなければならない事項ではないと思いますので問い合わせの必要はないと思います。ただ、この点も将来の釈明事項として留保しておきましょう。

（書記官）確認事項に対して原告代理人が準備書面で回答してくれる場合、なるべく訴状等と同時に送達した方がよいと思いますので、追加の準備書面を待って期日指定したほうがいいのでしょうか。

（裁判官）本件訴状については、補正命令の対象となる事項は見当たりませんし、被告の対応によるということもあるでしょうから、回答の準備書面が提出されるまで期日指定しないということは適当でないと思います。ただ、原告代理人に対し【疑問点3】についての準備書面がどの程度の期間で提出可能なのかを尋ねて、時間がかかるのであればその書面を待たずに通常の期間（一か月程度）をとって第一回口頭弁論期日を指定し、もし直ぐに提出してもらえるのなら、それを待って書面が揃ってから第一回口頭弁論期日を指定しましょう。

三　訴状受理及び訴状審査

1　照会回答書による参考事項の聴取

訴状受理・訴状審査シミュレーションでは、照会回答書の事前配布による参考事項の聴取は取り上げていないが、原告（代理人）が訴状提出のため事件係を来訪する機会を利用して、資料3の様式のような「照会回答書」を交付し、それを担当部宛にファクシミリ送信するよう依頼することにより、第一回口頭弁論期日前の参考事項の聴取に役立てている裁判所もある（京都地裁では現時点では実施されていない)。照会回答書の利用は、電話による形式的な参考事項聴取を省略でき、その回答内容によって第一回口頭弁論期日に向けて準備ができること(例えば、公示送達の可能性が高い事案であることが判明することにより、第一回口頭弁論期日に終結できるように同期日の指定時期を通常の場合より遅らせて公示送達申立等の準備を原告に促すなど)、その後の参考事項の聴取のきっかけにすることができ、また事前交渉の有無や和解希望の有無について回答があれば、それに対する参考事項の聴取内容を柔軟に変えていくことが可能となることなどのメリットがある(5)。また、事件係で配布することにより、担当部の書記官が照会回答書を原告(代理人)に送付(送信)する事務が省略できるとともに、より早い回答が期待できるため早期の期日指定が可能になる。他方、事件が配布されてから担当部の書記官が照会回答書を送付(送信)する場合には、その時点で担当係、電話番号、ファクシミリ番号の伝達が可能であるが、事件係で配布する場合においては、照会回答書をスムーズに返信してもらえるよう同係において照会回答書に担当部、同部の電話の内線番号、ファクシミリ番号を書き込むことが必要であろう(その場合においても、担当係、同係の内線番号、担当書記官名などは、別の機会に伝達することになる)。

このような照会回答書による参考事項の聴取については、その内容によっては裁判官に予断を与えかねないとの懸念も考えられるが、資料3の様式の項目程度であれば問題はないであろう(このような書面による照会は、右のようなメリットとともに、一方当事者からの情報収集に適切な枠組みを与える意味もある。そのような配慮もあって、資料3の様式では、「備考」欄や「その他参考事項」等の欄を設けていない)。但し、この段階での参考事項の聴取が原告側からのみなされ、裁判所が一方当事者から得た情報を相手方当事者が知り得ないという問題もあることから、照会回答書を記録に綴っておくなどの運用が考えられよう(6)(ただし、その場合は、照会回答書自体に、記録に綴る旨の記載をしておかないと、相手方に知られたくない和解の意向が相手方に知られることもあり得る。もっとも、代理人においても、自己の当事者の利益のみを考えて、不適当な情報を提供しないよう留意すべきである)。

なお、参考事項の聴取の方法・範囲については、後記五3で検討するが、本研究会では参考事項の聴取は、原則として資料3の照会回答書記載の事項について形式的に行うべきであり、この段階でさらに予想される争点等の事件の実質的な内容に踏み込んだ参考事項の聴取は妥当ではないとの意見があった。

2　新法下における書記官事務

従来、書記官が行う裁判所と訴訟関係者との共同作業である訴訟運営を正しい方向に導くための事務が「審理充実事務」と呼ばれ、その内容が検討・研究され、実施されてきた(7)。新法施行後の訴状受理段階における書記官事務も、事務内容としては、この審理充実事務と基本的に変わるものではないと考えられる。しかし、従来の書記官事務に法令上の根拠規定ができたという追い風的な意識で満足するだけでなく、次のステップとして書記官は今後どのように新規定を現実の事務に生かし、裁判官の訴訟運営に積極的に参画していくかを考えるべきである。そして、裁判官とのコミュニケーションを図りながらその訴訟観を理解し、訴状受理段階での自分なりの訴状審査方法を確立して、その審査で生じた疑問点を積極的に裁判官に相談する姿勢が求められるであろう。また、新法で調書判決（法二五四条）の制度が新設されたことにより、訴状受理・訴状審査シミュレーション冒頭の①から③のポイントは、調書判決の事前準備という意味でも書記官にとって重要な事務である。

３　補正の促し

(一)　補正の促しの方法

補正の促しは、裁判官の命を受けた書記官が窓口となり、主に口頭あるいは書面の交付（ファクシミリ送信する方法）により実施されることになろう。伝達方法の選択については、補正事項の内容や当該事案に与える影響などを考慮し、各裁判体ごとの運用に委ねられるが、後記の期日外釈明や参考事項の聴取の方法論と同様に裁判所の公正担保の観点から慎重な運用が求められるところである。この点の詳細な検討としては期日外釈明（後記五1）及び参考事項の聴取（後記五3）の解説を参考にされたい。

(二)　補正の促しの範囲

「訴状の補正の促し」という用語は従来からその定義が必ずしも明確でないまま使われてきた用語である。これが新法の下において規則五六条で明文化されたため、例えば、訴訟関係者（裁判所、当事者、弁護士）の間において、補正の促しをすべき事項とは何か、即ち、補正の促しの範囲の解釈について認識の相違がある場合、実務に少なからず影響を及ぼすのではないかという点が本研究会で議論された。そこで、補正の促しの範囲について検討する。

まず、「訴状の補正の促し」という用語には大きくわけて次の四種類の意味があるのではないかという意見が提起された。即ち、①訴状却下の対象となる事項についての補正の促し、②欠席判決で認容できる事項（請求を理由付ける事実）について記載がない又は十分でない場合の補正の促し、③重要な間接事実や証拠の記載あるいは訴状の添付書類（規則五五条）についての補正の促し、④訴訟関係明瞭化のための補正の促し（釈明に近い、あるいは釈明にも該当すると考えられる（8））である。

①については、法一三三条二項に規定する訴状の必要的記載事項（当事者及び法定代理人、請求の趣旨及び原因～特定請求原因事実）及び訴え提起手数料、訴状送達費用という訴状却下の対象となるものが補正の促しの対象となることは異論がないであろう。

問題は②以下であるが、規則五六条が法一三七条（裁判長の訴状審査権）を受けて規定されていることを根拠に、規則五六条に基づいて補正の促しができるのは、法一三七条の補正命令の対象となる事項（①）に限られ、それ以外の事項（②③④）は、法一四九条の期日外釈明に該当し、攻撃又は防御に重要な変更を生じうる事項については、同条による通知と規則六三条による記録化が必要であるとする意見がある（消極説）。

これに対し、新法（規則）は、訴状の記載事項の範囲を②や③にまで拡大し（規則五三条）、訴え提起前の証拠保全事件の表示（同五四条）、基本書証の訴状添付（同五五条）なども求め、主張立証を早期に明確にして紛争の実態を把握できるようにし、第一回口頭弁論期日の充実を意図しており、規則五六条はこれらの規定を受けて設けられたものであり、新法の右のような目的からしても、また、「補正の促し」は、あくまで当事者の任意の補正を促すという性質のものであることからしても、②や③も含め広く「補正の促し」の対象となるとする積極的訴訟運営を目指す立場がある（9）（積極説）。なお、積極説においても、④については、②の補正の促しとの限界が微妙ではあるが、原則としては第一回口頭弁論期日以後にするのが相当と考えられている。そして、積極説の立場からは、消極説のような限定的な解釈をすると、第一回口頭弁論期日で事件の振り分けさえ十分できなくなるなどの問題点が指摘されている。

　もっとも、消極説も期日外釈明として行うことまで否定しているわけではないから、両説の差は、積極説に立ち、かつ、補正の促しに期日外釈明の規定（法一四九条四項、規則六三条二項）の適用がないという説（10）に立った場合に、②③のうち攻撃又は防御に重要な変更を生じうる事項について、記録化及び相手方への通知の要否の違いが生じる点に集約されることになる。ところで、旧法は、釈明準備命令以外に期日外釈明の制度を持っていなかったが、実務上は、「事実上の釈明」により審理の充実を図ってきており、新法は、このような実務の運用を制度化する一方で、対席の口頭弁論期日に釈明を行った場合は、当然相手方もその内容を了知し適切に対応できることとの対比に加え、相手方の必要性や裁判所の事務負担とのかねあいも考慮し、重要事項に限定した記録化と通知義務を定めたものと考えられる。この規定の趣旨については、双方が同時的に釈明内容を知ることによって被釈明者のみならず相手方も主張立証の補充を予測して攻撃防御の準備ができることに求める説（11）や不意打ち防止を目的とする見解（12）や手続保障及び審理の公正さの担保に重点を置く意見（13）などがある。前二者の見解によれば、訴状をスタートラインに着けるための補正の促しについては、原告が任意の補正に応じればその結果が被告の応答の対象となるから、あえて通知するまでもないとの意見に傾くし、手続保障を重視すれば、事後的（応訴することが明らかになった答弁書提出後又は第一回口頭弁論期日）であっても知る機会を保障すべきであるとの意見になるものと思われる。解釈論としていずれの立場に与するかはともかく、本研究会では、後に期日外釈明の項で述べるように、訴状に対する補正の促しについても、少なくとも重要な事項は、何らかの方法によって相手方がその内容を知り得るように配慮すべきであると考えている。

　なお、第一回口頭弁論期日の指定と訴状の補正の関係に触れ、もし、裁判所が補正の促しの範囲を広く解釈するなら、規則五三条一項について原告代理人の認識以上の主張の追加を要求されたり、規則五五条について重要証拠の添付が不足していることを理由に第一回口頭弁論期日を指定してもらえないことも起こりうるという意見があった。これは、原告代理人としても、すべての訴訟提起が綿密な調査終了のもとで行われるものとは限らず、訴状の記載内容の充実よりも訴訟提起を優先しなければならない事情がある場合も考えられることから、右のような運用を懸念するものである。しかし、あくまで任意の補正の促しである以上、原告（代理人）が②及び③の補正に応じない場合に、促しを越えてあくまで第一回口頭弁論期日を指定しないという運用は妥当でなく、第一回口頭弁論期日を指定した上で同期日において釈明等を行うべきであろう（14）。

　訴状の補正の促しの範囲については、法改正作業中も議論があったところであり、また明確に範囲を画することは困難であり、また適当でもない。ただ、今後の実務に影響を及ぼすことも予想されるので、訴訟関係者間の議論により、補正の促しの範囲についてなお検討の必要があろう。

四　期日外釈明〜期日指定シミュレーション

〔平成一〇年三月四日㈬〕

Ｂ書記官は、原告代理人事務所に電話を入れ、応対に出た事務員に対し、原告代理人と直接話をしたい旨述べたが不在だったので、裁判官との協議で打ち合わせた確認事項を伝え、第一回口頭弁論期日の候補日を四期日程度（訴状受理より三〇日後程度から五〇日後程度）を打診し、自分の名前と所属部、係名、内線番号を伝えておいた。

〔平成一〇年三月五日㈭〕

原告代理人からＢ書記官に直接電話があり、以下のような打合せをした(15)。

（書記官）裁判所の疑問点について幾つか質問させていただきたいのですが、よろしいでしょうか。

（原告代理人）ええ、どうぞ。

（書記官）本件訴状では請負契約書の添付がありませんが、契約書はないのでしょうか。

（原告代理人）はい、口頭契約で、契約書は交わしてません。

（書記官）それから、訴状の三項に「工事を中止したが、中止までに、原告は、………全工事量の約五割の工事を完成させた」とありますが、本件は、「引渡した」という主張は不要な場合でしょうか。

（原告代理人）被告から要請されて工事を中止してますから、工事全体が完成したような場合と違って完了検査もありませんし……
…。いずれにしても、先ほどの契約締結状況とともに、四項の工事の中止の経緯も今後詳細に準備書面で主張する用意がありま す。ただ、現時点では被告側の反応を待ってからにしたいと考えていますので、とりあえず第一回口頭弁論期日の指定を希望します。

（書記官）わかりました。では、第一回口頭弁論期日ですが、打診しておいた期日の候補日のうち御都合のよい日はいつでしょうか。

（原告代理人）近いところで、（平成一〇年）四月三日でお願いします。

（書記官）それでは期日請書の提出をお願いします。

さらにＢ書記官は、原告代理人との通話の機会を利用し、第二民事部において書記官と裁判官との訴訟運営に関する協議により作成している参考事項聴取表（資料４）の各項目に従って参考事項の聴取をした。

（書記官）ところで、審理計画の参考のために、被告への送達可能性、応訴の可能性、保全事件の有無、事前交渉の有無、被告代理人の有無などの点について少し伺いたいのですが、よろしいでしょうか。

（原告代理人）はい、保全事件の申立はしてません。それから、訴状送達の可能性についてですが、被告は株式会社で現在も営業活動しているので、送達には問題がないと思います。事前交渉と言えば、内容証明郵便を送ったぐらいで、被告に代理人がつくかどうかについては、現時点では分かりません。

以上の結果Ｂ書記官は、被告への訴状の送達可能性が高く、欠席判決になる可能性も低いと考え、原告代理人に平成一〇年四月三日午前一〇時一〇分(16)を第一回口頭弁論期日とする旨を再度確認し、原告代理人もこれを了承した。

〔平成一〇年三月六日㈮〕

以上のとおり訴状受理段階における事務

を終えたB書記官は、確認事項に対する原告代理人の回答を求釈明実施表（資料５）及び参考事項の聴取で得られた情報を参考事項聴取表に記入し、本件記録の期日指定欄に第一回口頭弁論期日を記入し、期日指定印を受けるべくA裁判官に提出した。A裁判官は参考事項聴取表に一通り目を通した後、期日指定欄に認印を押してB書記官に記録を返還し、B書記官は、口頭弁論期日呼出状、訴状副本、答弁書催告書(17)、甲号証などの送達手続を行った(18)。

五　期日外釈明・参考事項の聴取・第一回口頭弁論期日の指定等

１　期日外釈明

(一)　期日外釈明の方法と記録化

新法で期日外釈明の手続が明文化された（法一四九条、規則六三条）ことにより、当事者及び裁判所の期日間準備の充実とそれによる迅速な訴訟進行の実現が期待される。この規定の積極的な利用には、ある程度の柔軟な運用が不可欠であるが、その一方で裁判所の中立性担保の側面から、どのような釈明方法が適切であるか、どのように記録上明確にすればよいかという点が問題となるところである。釈明方法については、従来から法廷での口頭弁論の充実を目的として、期日外の釈明が事実上実施されてきたところであるが、その釈明方法は、裁判官の個別的指示を受けた書記官が電話で釈明事項を伝えて期日間準備を促したり、あるいは求釈明事項を記載した書面をファクシミリで送信するという方法が一般的であった(19)。電話による釈明方法は簡便という面もあるが、代理人がなかなかつかまらない場合もあってかえって手間がかかるという面もある。ファクシミリによる書面の送信方法は、このような面がなく、釈明事項を正確に伝達することができ、かつ記録として残る点が優れている。

電話での釈明は、釈明を受けた当事者と裁判所の会話を聞いていないもう一方の当事者には、裁判所がどのような事項について、どういう釈明をしたのかという点が重要な関心事であるが、その点が特に電話の場合は必ずしも明確ではないという問題点がある。一方で、釈明事項にも比較的軽微なものから複雑なものまであり、これらについて画一的な釈明方法を決めることは本規定の柔軟な運用を阻害するおそれがあり適当でない(20)。しかし、上記のような問題点を払拭するため、あるいは、裁判所の中立性を担保するために最適な釈明方法を検討する場合、電話による釈明を実施した場合にも、釈明内容や発信者と受信者、釈明日時などを記録化（書面化）し、事件記録上明確になるよう工夫することにより、相手方にもガラス張りになるような運用が考えられるべきである(21)。本件シミュレーションでは、確認事項については、それが釈明に該当するか否かは別にして、その日時、内容、発信者、受信者等を求釈明実施表（資料５）に記載し、また参考事項として聴取した事項も参考事項聴取表（資料４）に記載しているが、このような書面を事件記録の第三分類等に綴っておく、あるいは事件記録の表紙のポケットに入れておくという運用が考えられる。なお、次に述べる攻撃防御方法に重要な変更を生じうる事項についての期日外釈明の場合の記録化は、ファクシミリの送受信文書を記録に綴っておくなどの方法によることが望ましいであろう。

(二)　攻撃防御方法に重要な変更を生じ得る事項

釈明事項が当該事案においてどの程度重要なものかの判断は、事案の内容や裁判官により若干異なり、現在の実務においても裁判所と当事者（代理人）の間で認識に相違が見られることがある。よって、新法一四九条四項の「攻撃防御方法に重要な変更を生じ得る事項」の解釈についても今後同様の問題が生じる可能性は大きく、新法下では、その該当の有無如何によって通知義務の有無が決定されるから、訴訟当事者にとっても重要な問題であるといえる。

ところで、本研究会においても、訴状受理・訴状審査シミュレーションのうち、【疑問点2】の「本件契約が口頭契約か書面契約か」という点が法一四九条四項の重要事項に該当するかどうか、という点が議論となった。この点につき、例えば、消費者金融業者や一般個人間の貸金請求事件においては、契約が口頭で成立したのか書面を交わしたのかという点は、相手方にとって契約の有無に関する認否やその後の立証計画に影響を及ぼすという意味で重要な事項であり、正に「攻撃防御方法に重要な変更を生じ得る事項」として考えられるべきであるとの指摘がなされた。

これに対しては、法一四九条四項の通知義務は特に争点整理段階での釈明を主眼に置いており、本件事案においては、右シミュレーションの裁判官の発言のように、口頭か書面かという点は、重要証拠である請負契約書の記載が請求原因にも証拠方法の欄にも記載されていないことから、訴状審査段階で補正を促すべきか否かの前提としての確認事項であるとして、あるいは、そもそも訴状が送達されていない段階での右程度の補正の促しあるいは確認は、法一四九条四項の期日外釈明には該当しないのではないか、とする意見もみられた。いずれにしても、求釈明事項が法一四九条四項の通知をすべき重要事項に該当するかどうかの判断は、その判断主体により価値判断が分かれることが予想され、統一的、画一的に決められる性質の問題ではないが、裁判所としてもその後の訴訟運営について不満を生じさせないためにも、明らかに法一四九条四項に該当しないような事項を除き、できるだけ原告側に対してなした釈明は記録上明確にするという取り扱いも考えられてよいのではないだろうか(22)。

2　第一回口頭弁論期日の性格と同期日の指定

第一回口頭弁論期日の性格付けについては、従来から大きく分けて、早期指定型と準備先行型の二つの考え方がある。早期指定型とは、第一回口頭弁論期日を早期に開いて「事件の振り分け」をすることを主たる目的とし、実質的に争いのない事件（欠席、公示送達事件、認諾事件、事実をすべて認め一回で完結する事件等）と継続して審理していく事件を振り分け、後者については事件ごとに相応しい紛争解決方法（主に、弁論進行型、弁論兼和解型、和解勧告型）を選択して、その後の進行を図ろうとするものであり、準備先行型（書面先行型）とは、第一回期日から実質的な弁論をなし、同期日において争点（主張及び証拠）の整理をしようとするものである。これまでの裁判官の意識としては、第一回口頭弁論期日は事件の振り分け期日であるという認識が大半であったと思われる(23)。新法の下で訴状及び答弁書に記載が要求されている事項（規則五三条、八〇条等）からすると、新法は従来往々にして見られた要件事実のみの訴状、これに対する請求棄却を求めその余は追って主張するという答弁書、それに続く請求原因に対する簡単な認否のみの準備書面の陳述という形式的な口頭弁論から脱却し、早期に実質的な弁論がなされることを期待していると考えられる。そのため、被告側が答弁書の提出のため三〇日以上の日数がかかる場合も考慮して「やむを得ない事由がある場合を除くほか第一回口頭弁論期日は訴えが提起された日から三〇日以内でなければならない」とされていた旧規則を改め、例外事由を「特別の事由がある場合を除き」と緩和している。このように、実質的弁論のための準備を要求しているという意味では、準備先行型的要素も有し、そのための配慮がされている。一方で、争いのある事件について、新たに規定された争点整理手続を効率的に活用していくためには早期の事件の振り分けが重要であり、また争いのない事件については第一回口頭弁論期日で終結し、調書判決の方法を利用した迅速な判決言渡しが期待されている。要するに、新法の下でも、第一回口頭弁論期日で争いのある事件と争いのない事件を振り分けるとともに、争いのある事件については、早期に争点の把握、整理を行うため、早い段階（第一、二回）の口頭弁論期日で実質的な弁論を通して適正な争点整理手続を選択していくことが期待されているといえよう。

なお、規則六〇条二項は、事件を弁論準備手続及び書面による準備手続に付する場合が除外されていることから第一回口頭弁論期日を開かないでこれらの手続きに付する場合もあり得ることになる（但し、当事者に異議がないときに限る。規則六〇条一項）。そして、第一回口頭弁論期日前の参考事項の聴取などにより、すでに被告に代理人がついていることが判明した時点で事案によって妥当な場合(24)に書面による準備手続に付すことや、本人訴訟で請求の趣旨あるいは請求原因の整理が必要であり、それに相当の時間を要すると考えられるが期日前の釈明によっても整理が困難な場合（従前、法廷でかなりの時間をかけて主張整理し、調書に取っている場合）などに弁論準備手続に付することも考えられるが、通常の場合においては、第一回口頭弁論期日が指定されることになると考えられる。

3　参考事項の聴取

(一)　参考事項の聴取方法

参考事項の聴取方法としては、電話により書記官が聴取する方法や既に述べた（前記三1）「訴訟進行に関する照会書」等の定型的書面の交付による方法が一般的(25)であるが、これは新法施行後においても基本的には変わらないものと考えられる(26)。そして、訴状の補正の促しの方法や期日外釈明の方法と同様に、その運用については裁判所の中立性の担保の観点から配慮が必要である。この点、訴状受理段階で書記官が電話で参考事項を聴取する過程において、一方当事者に有利な情報のみを吸収し、また、本来口頭弁論で主張されあるいは背景事情として説明されるべき情報が含まれることなども考えられ、その内容が参考事項の聴取の範囲を逸脱する危険性がないとは言えない。そして、「訴訟の進行に関する意見その他訴訟の進行について参考とすべき事項」（規則六一条一項）も、訴状が相手方に送達されていない段階においては、最低限第一回口頭弁論期日の振り分け、即ち争いのある事件とそうでない事件の選別のための事前情報の収集で十分であると考えられる。本件シミュレーションにおける参考事項の聴取は、第一回口頭弁論期日指定等の打ち合わせ等の機会を利用して、電話により行われたものであり、その内容自体も前記のような問題点はないものと考えられるが、送達可能性や事前交渉の有無のみについて前記三1で紹介した照会回答書をファクシミリ送信する方法が、電話による参考事項の聴取よりも、手続の透明度や取り扱いの統一性（27）の点でより望ましいであろう。ただし、その場合においても、例えば、当事者双方とも明示的に和解を希望しないが、裁判所から和解勧告をして欲しいというケースも考えられ、照会回答書に記載のないそのような情報については、期日指定の打ち合わせの際に代理人の方から提供される情報として、書記官が聴取するということは考えられる。

㈡　聴取する参考事項の範囲

参考事項の聴取の目的を、単に第一回口頭弁論期日における事件の振り分け（争いのある事件とそうでない事件の振り分け）のためとするか、それ以上に審理計画全般にわたる情報収集のためとするのか、即ち、聴取された情報をどのように利用するのかによって、聴取する参考事項の内容に若干の相違が生じる場合がある。そこで以下においては、参考事項の聴取事項として考えられる事項を列挙し、新法下において裁判所が聴取する事項として適当な範囲について検討を加えてみる。

送達可能性、応訴可能性、代理人の有無については、従来の実務においても実施されてきた事項であり、第一回口頭弁論期日を事件の振り分けのための期日とするならば、聴取可能な範囲として、ほぼ異論はないであろう。次に事前交渉の有無や事前交渉の内容（交渉時期、交渉経緯や結果）についてであるが、事前交渉については、その有無についてのみ聴取可能であり、その交渉経緯については聴取すべきでないという立場がある。その立場からは、一方当事者が自己に有利な情報のみを裁判所に提供する危険性が十分考えられるであろうし、交渉経緯まで踏み込んで聴取するのは、準備書面で主張すべき事項と重複する事柄であり、本来双方が対席した期日においてされるべきもので、第一回口頭弁論期日前に一方当事者の意見を聞くことは慎むべきである。そして、参考事項の聴取の趣旨は、第一回口頭弁論期日の運営について参考となる情報を収集するという点に主眼が置かれるべきで、かつそれで十分であるとされる。例えば、事前交渉の有無についてのみ原告代理人に事情聴取しようとしたところ、事前の和解交渉において、被告が分割払いを希望したが、分割払期間の点で折り合いが付かなかったために和解には至らなかった、という情報を入手することは、被告が応訴し争ってきた場合に、裁判官の心証形成に影響を与えかねないことであるので注意が必要である。このような点からすると、事前交渉について聴取する場合においては、その有無のみが聴取の対象とされるべきであろう。

新法下において参考事項の聴取の手続が明文化されたことにより、これまで以上にこの制度が活用される可能性がある。その際、裁判所の対外的窓口の役割を果たしていく書記官としては、右のような留意点を認識し、裁判官との協議を通して、どのような目的のもとに参考事項の聴取をするのか、聴取された情報がどのような形で訴訟運営に役立っていくのかという点にも目を向ける必要があろう。

㈢　書記官の中立性

右㈠及び㈡の検討事項に関連して、参考事項の聴取手続における書記官の中立性について若干触れることにする。参考事項の聴取手続に関しては、裁判官と同様、書記官も中立性が求められることは当然である。このことは、参考事項の聴取手続の中で、裁判官の命を受けた書記官が裁判所の対外的窓口の機能を担うという点において重要である。そして、新法下で明文化されたことにより、書記官が積極的にこの手続に関与することが考えられることから、次のような点にも留意するべきであろう。例えば、不動産取引をした買主が詐欺を理由として損害賠償請求訴訟を提起した事案において参考事項の聴取を実施した際に、自己に有利な情報を提供しようとして、原告代理人が積極的に「被告は別の物件についても、買取り希望者から詐欺で訴訟提起され、その裁判で敗訴したようです」と言った場合、書記官はどう対応すべきか。このように、口頭弁論において主張されるのならともかく、裁判官の心証形成に影響を与えかねない事前情報の入手については十分な配慮をし、裁判所の予断排除という観点から裁判官に伝えるべきではないであろう。このように、新法下において、積極的に参考事項の聴取手続に関与する場合においても、書記官としての中立性を認識しておかなければならないのである。

4　裁判官と書記官の情報共有

(一)　事件カルテシステム

新法下においては、補正の促し、参考事項の聴取、期日外釈明を初めとし、調書判決の準備、争点整理手続への関与など、より一層、裁判官と書記官の連携が必要とされ、そのためには、書記官も訴訟の初期段階から事件の進行状況を管理し裁判官から多くの情報を入手する必要がある。そこで、当部の一部の係において、裁判官と書記官の情報共有方法として試みているのが「事件カルテシステム」という方法である。

「事件カルテ」とは、資料6のような書式で、当事者、請求、事案の概要、進行状況などの情報が集約されたものである(28)。担当書記官ごとにフロッピーディスクに整理して保存してあり、事件の進行状況にあわせて裁判官及び書記官が内容を更新し、それをプリントアウトしたものを裁判官と書記官が共有して開廷前の準備などに役立てている。訴状審査段階での事件カルテの使用方法としては、書記官が訴状のチェックを終了すると、ワープロで、定型様式のカルテに、当事者、請求、事案の概要（要件事実や重要な間接事実を時系列的に要約して記載する）などの基本情報を入力し、B4の用紙にプリントアウトした事件カルテを記録とともに裁判官に提出し、裁判官が釈明点を★印で記入したり、第一回口頭弁論期日で陳述予定の訴状や準備書面、提出予定の書証などを記入している。このシステムは、事務量の面で、なおも改善する余地のある情報共有方法であるが、新法下における裁判官と書記官の情報共有手段としてどのような方法があるのか、また、書記官が実質的に訴訟運営に参画するにはどうすればよいのかを考えるための試みとして行われている。

(二)　口頭による打合わせ

第二民事部では全ての係でカルテシステムが採用されているわけではなく、期日前に裁判官と書記官が事件についての進行協議を行っている係もある。

新件については、本件シミュレーションと同様に訴状審査表に基づき協議を行うほか、口頭弁論期日の前日に証拠調べを行う事件を中心に全事件につき、事件の進行状況に合わせて、争点や翌日の進行等の確認、今後の進行についての協議、書記官からの期日間管理の状況の説明や調査した判例の報告などを行う打合わせを三〇分程度行っている(29)。特に裁判官と書記官で共通の手控え等を作成するわけではないが、書記官が次回期日に行われる予定や期日間における準備書面の催告状況（例えば、○月○日→X準面催告、○日には提出とのこと）について記載したメモを記録表紙のポケットに入れておくなど適宜、裁判官と書記官が事件情報を共有できるよう努めている。

また弁論調書に「被告○月○日までに契約締結に至る具体的経緯についての準備書面提出」等と記載し、調書からも期日の進行状況が分かりやすいようにするなどの試みも行っている。

〈注〉

(1) 裁判所では、平成八年四月にパソコンのデータベースソフト「期日進行管理」が導入され、これは次のような機能を有する（なお、西理香ほか「あくせく君と期日間準備―パソコンを利用した審理充実のための一方策」判タ九二八号五五頁において、「期日進行管理」の活用例が紹介されている）。

① 期日・進行管理機能

事件カード入力画面の各項目欄に新受事件の事件番号、受理日、事件名、当事者名、係名等を入力し、係属後は、担当書記官が次回期日、進行状況、準備書面の提出期限等を入力していくことにより、事件の進行状況や準備書面の提出状況を把握できる。

② 各種事件一覧表作成機能

未済事件一覧表、新受事件一覧表、既済事件一覧表、係別事件一覧表（未済・既済とも）、指定日の開廷表（第二民事部ではこれを法廷前の黒板に掲示している）等の作成・印刷ができる。

③ 統計表作成機能

一定期間中の新受件数、既済件数が係別及び終了事由別に抽出でき、各種統計処理事務の照合に利用している。

(2) 訴状審査は、受訴裁判所の裁判長の権限であるが、書記官はその補助者として訴状審査を成し得る。そして、第二民事部では、書記官は訴訟運営に積極的に関与すべきであるとの方針に基づき、実質的訴状審査も、まず、書記官が行いこれをもとに裁判長と協議することとしている。

(3) 東京地判昭五一・四・九判時八三三号九三頁、東京高判昭四六・二・二五東高民時報二二―二三〇、東京地判昭四六・一二・二三判時六五五号五八頁

(4) この点については、後記五1(二)参照。

(5) 平成元年度裁判所書記官実務研究報告書第二二巻第一号八一頁（平元）参照。

(6) 同八三頁。

(7) 前注（5）平成元年度裁判所書記官実務研究報告書等

(8) 補正の促しと期日外釈明（法一四九条、規則六三条）の関係についての議論として、「〈座談会〉新民事訴訟法下の審理を探る（上）」判タ九三一号一八頁（平九）

(9) 最高裁事務総局民事局監修「条解民事訴訟規則」一二五頁（平九）、前注（8）

(10) 小林昭彦ほか（大阪地裁新民訴法研究会）「争点整理の準備」判タ九三一号七三、七四頁、前注（8）一九頁林発言

(11) 法務省民事局参事官室編「一問一答　新民事訴訟法」一五二頁（平八）

(12) 高地茂世「釈明・釈明処分」法学教室一九二号二一頁（平八）

(13) 日本弁護士連合会「新民訴法運用五〇のポイント」八頁（平八）。なお、本研究会においても、弁護士のメンバーからは、期日外釈明について、その結果としての主張に対する反論の機会のほかに、重要事項の通知及び記録に関する規定が設けられたのは、手続保障及び審理の公正さの保障を求める日弁連の要望に基づくという立法経過に鑑み、訴状の補正の促しについても右規定の趣旨を重視した対応が強く望まれた。

(14) 同旨の見解として、前注（8）一八頁林発言

(15) 書記官が電話をかけ、事件について直接代理人と話す場合には、代理人がファイルを取り出し

事件についての記憶喚起をする時間的余裕に配慮が必要であろう。これは、裁判官と代理人の間でも同様である。

(16) 現在は、午前は一〇時、午後は一時一〇分に複数件の弁論期日を指定し、両当事者（代理人）が揃った事件から弁論を行っている法廷が通常である。しかし、実質的な弁論を行おうとすれば、最低でも一〇分程度の時間は必要であることから、例えば、午前は、一〇時、一〇時一〇分、一〇時二〇分の指定をすることが考えられる。このように同一裁判所の各法廷が統一的運用をすれば、代理人も午前一〇時と同一〇時二〇分の指定で事件をかけもちすることも可能ではないだろうか。

　なお、岩佐善美ほか「民事訴訟のプラクティスに関する研究」司法研究報告書第四〇輯第一号九四頁（昭六三）には、イライラせずに待ち得るのは二〇分が限度であり、五分きざみの指定は現実性がないが、一五分きざみの指定であれば十分遵守できる範囲内のものであるとの、有志弁護士座談会での話の紹介がある。

(17) 新法の下では、答弁書には、訴状に記載された事実に対する認否及び抗弁事実の具体的記載、重要な間接事実、証拠等の記載が要求されている（規則八〇条）ことから、被告（特に本人）がこれらの記載事項を充足できるような説明を含むよう改訂した答弁書催告書を送ることになろう。

(18) 本シミュレーションにみられるような積極的な書記官の活動は、供述録取事務を主体とした従来の書記官像から裁判官と協働したコートマネージャーとしての新しい書記官像への転換の方向を示すものであり、諸外国と比較してもその資質の高さが夙に指摘されているわが国の書記官を、市民の利用しやすい新しい民事訴訟の担い手として位置づけることは重要である。しかし、一方でこのような積極性が、本件シミュレーションが示すような裁判官との十分なコミュニケーションなしに一人歩きしたり、内容的にも行き過ぎたり、誤った補正を要請するような事態が生じると、本来、当事者の対論を中心として形成されて行くべき弁論が書記官と一方当事者との間で行われ、裁判の公正や適正を害する危険がないとはいえない。ことに本人訴訟においてはその弊害が無視できない場合もありえないではない。新しい書記官像を見出していくうえで、このような点にも留意が必要である。

(19)～(21) 篠原勝美ほか「民事訴訟の新しい審理方式に関する研究」司法研究報告書第四八輯第一号一〇九頁以下（平八）

(22) 木川統一郎、吉田元子「新民事訴訟法における期日外釈明規定の運用について」判タ九二五号九頁以下も、「裁判所の釈明手続を明確にする意味や釈明内容の通知を受けていない当事者からの、再度の釈明を受けるという無駄を回避するためにも、訴状の記述中、違算や誤記程度の形式的な事項を除いて、釈明内容のほとんどが相手方への通知の対象となるという運用方法も考えられる」という提案をしている。

(23) 前注（15）四〇頁以下参照

(24) 最高裁判所総務局民事局監修「新しい民事訴訟の実務―事例に即した解説を中心として―」民事裁判資料第二一五号一四三、四頁（平九）

(25) 篠原ほか前注（19）一一六頁

(26) 新しい民事訴訟の実務前注（24）四九頁、一四一頁

(27) 条解民事訴訟規則前注（9）一三五頁は、「同一裁判所内では出来るだけ統一的な方法がとられることが望ましい」としている。

(28) 最高裁事務総局「民事訴訟手続の改正関係資料(2)」民資二一四号二一二頁（平九）

(29) 最高裁事務総局「民事訴訟の運営改善関係資料―集中審理を中心として」民資二〇七号（平六）九四頁、前注（5）二九六頁参照

第四　被告側受任から答弁書提出まで

一　被告側受任シミュレーション

〔平成一〇年三月一二日㈭〕乙山法律事務所

午前一一時過ぎ、午前の法廷から戻って間もなくの乙山次郎弁護士に、友人の西川建築士から電話が入った。その内容は、懇意にしている株式会社丸太興業の清水三郎社長から訴訟に対応してもらえる弁護士の紹介を頼まれたのでよろしくお願いしたいとのことであった。あまり聞き覚えのない会社であったが、西川建築士の紹介であるから、ある程度信用のある会社であろうと思われた。その日の昼過ぎ、早速、清水社長から電話があり、取引先から裁判を起こされ、訴状が送られてきたが、早急に反論書を出さないと敗訴するようなことも書いてあるので、是非相談したいとのことであった。乙山弁護士は、今週は既に予定が詰まっているが、来週一六日の月曜日の午後の法廷（弁論）が終わった後の午後二時から次のアポイントが入っている三時までなら時間をとれるので二時に来所頂くよう指定し、併せて担当者の同行を依頼した。

〔平成一〇年三月一六日㈪〕乙山法律事務所

午後二時頃、五〇代半ばで、がっちりとした体格で豪快な感じの清水社長が、四〇代後半ぐらいの細身で、シャープな感じの木谷秀二専務を同行して、乙山弁護士の事務所にやってきた。

事務所の打合せ室で型通りの初対面の挨拶と名刺交換のあと、清水社長が「当社は、土木の方を専門にしている会社ですが、さほど大きな会社でもなく、また、これまでさしたる事件もなかったものですから顧問弁護士の先生もおられませんので、建築士の西川先生にご相談して、先生をご紹介して頂いた次第です。何分、裁判は初めてで、どのように対応したらよいのかわかりませんので、よろしくお願いします。」と丁重に切り出した。そして、訴状を乙山弁護士に差し出しながら経過の説明を始めた。「実はですね、取引先から頼まれて私立鴨川学園の校舎新築に伴う下水道工事の仕事を円山舗装という業者に紹介したのですが、その円山が、うちに対して工事代金六五〇万円を支払えという訴えを起こしてきたのです。これが、その訴状です。この現場は、私自身はタッチしてませんので、ご不明の点は担当者の木谷にお尋ね下さればと存じます。」

乙山弁護士が、訴状等に目を通したところ、裁判所は京都地裁であり、第一回口頭弁論期日が再来週の四月三日（金）の午前一〇時一〇分と指定されており、答弁書提出期限が三月二四日と指定されていること、また、原告の円山舗装は個人であり、原告代理人として甲野弁護士が付いていること、そして、六五〇万円の請負代金請求であること等が分かった。そして、訴状には工事図面や工事明細など、結構見ずらい書証と証拠説明書が添付されていた。

乙山弁護士は、これは事案を理解するのに、苦労しそうだと感じながらも、応訴の前提として請求を争うのか否かをまず確認した。「訴状に記載のある事実関係や請求金額等について、なにか反論があるのですか。というのは、もし、反論があって、相手方の請求を争うというのであれば、しっかりと準備して応訴する必要があるし、すべて相手方の言い分が正しいというのであれば、また別の対応をしなければならないですから、それをまず聞かせて下さい。」

木谷専務は「いや反論もなにも、まった

くデタラメな訴えですよ。嘘ばっかり書いてあって、恩を仇で返すとはこのことですよ、まったく。そもそも、こんな裁判を受理する裁判所も……。」と、早口でまくし立てた。乙山弁護士は、詳しい事情は後程伺うと告げて木谷の発言を遮り、清水社長にも請求を争うことを確認したうえで、訴状の認否の聴取に先立ち、弁護士費用の説明を行った。「詳しいお話をお聞きする前に、この訴訟に関して私の方で正式に引き受けさせて頂くのであれば、着手金のご負担をお願いすることになります。本件では訴額が六五〇万円ですから、ここにあります弁護士会の標準報酬規定を御覧になればお分かり頂けると思いますが、最初に四一万五〇〇〇円が必要となります。そして、全部勝訴した場合には、報酬金としてさらに八三万円ご負担頂くことになります(1)。これでよろしければ、後程、委任契約書(2)と委任状の用紙をお渡ししますので、後日お届け下さい。」。清水社長は、金額のことはあまりこだわらない様子で、必要な費用等は、すべて会社の方に請求して下さいと返答した。

乙山弁護士は、置き時計をみて、次の来客予定まであと三五分しかないことを確認しながら、本訴提起前の事前交渉の有無を尋ねた。木谷専務によると、訴訟が起こされる前に甲野弁護士から内容証明郵便で支払の催告書が送付されてきたが、自分が甲野弁護士に直接電話して、丸太興業が契約者ではないので支払えない旨を説明したとのことであった。

次いで、訴状の認否の聴取を進めた。

請求原因第二項の原告と被告との契約関係の記述に関して確認したところ、木谷専務の説明は次のとおりであった。「この部分はデタラメです。結論から先にいえば、当社と原告の円山とは何の契約もありません。平成八年秋ころ、当社は、お世話になっている平岡建設の工事部長から、本件現場の下水道工事を受注している八坂土木に力を貸してやってもらえないかと頼まれましたが、当時は、当社も手一杯で、また、下水道工事はあまり得意ではありませんので、うちではこの仕事を請けませんでした。ただ、この不況下での仕事話ですし、また工事部長もお困りだったので、付き合いのあった原告の円山にこの仕事を紹介することにしたのです。そういうことで、私は八坂社長と円山とを引き合わせて仕事の仲介の労はとりましたが、当社と円山とは、なんの契約も結んでおりません。ただ、私がこの現場では、仲介者の立場で、あれこれ現場での打ち合わせに立ち会ったりしていたので、円山は当社が発注者であるとゴリ押ししているだけです。」

これを受けて乙山弁護士は木谷専務に対し、原告に紹介した仕事の内容自体は、訴状の請求原因第二項に記載されている内容の工事であることに間違いがないのかを問い質したところ、大体そのとおりであったが、今日は資料を持って来ていないので正確には分からないとの返答であった。

そこで、乙山弁護士は、仲介者として知っている範囲でよいから、本件工事について八坂土木と原告との間で請負契約書など、発注関係がわかるような書面は作成されている様子はなかったのかを確認したところ、通常、この程度の下請仕事では、面倒であるから、いちいち契約書は作らないし、実際、この仕事でも、知っている範囲では、そのような書面が交わされた覚えはないから、おそらく作成されていないであろうということであった。

さらに、乙山弁護士は、本件工事代金の額について「発注者が誰かという問題は横に置いて、訴状の記載をみると、実際の工費が膨らめば、それも支払うことになっていますね。そういう話だったのですか。」と確認した。これに対し木谷専務の説明では、「そんな話はなかったし、かかったら、かかるだけ払うなんて契約はない。当初、被告が加茂設計の設計図をもとにこの工事の代金見積を出したときには、確か一六五〇万円だったが、八坂土木から値引きが入って一五〇〇万円になった。原告は不満のようだったが、経費を切り詰めたら赤は出ない見通しだとのことで、原告はその金額で引き受けた経緯がある。そして、このような金額交渉がなされていたこと自体、本件工事契約が八坂土木と原告の円山との間の契約であることを物語っている。」とのことであった。

乙山弁護士は、念の為、請求原因第五項に記載されている工期の変更で要した費用と経費の支払を約束されていたという事実の真偽を確認したところ、予想どおり、木谷専務からは、「うちが発注したわけじゃないのに、そんな約束ができる立場にありません。」との返答が返ってきた。

乙山弁護士は、時計の針が三時に近づいているのを気にしながら、被告側で原告の円山に対してオープンカットとか、土止工法とかいう具体的な現場指示をしたのかどうかを尋ねたところ、それは間違いないが、それはあくまで八坂土木からの指示事項を伝達しただけであるとのことであった。

次に乙山弁護士は、気掛かりな点の質問に移った。「釈然としない部分ですが、訴状の終りのあたりの請求原因第六項に、御社が原告に対して、平成九年三月二一日に四五〇万円、同年五月一三日に一五〇万円の合計六〇〇万円を直接支払ったと書いてありますが、これは本当のことですか。」。木谷専務は、それは間違いないと返答したので、乙山弁護士は、契約関係がないのに、どうしてそんな支払をしたのかと問い質したところ、木谷専務は次のとおり説明した。「これは、この仕事の支払が八坂土木振出しの三か月サイトの手形だったもので、原告が職人への支払などの関係でそれでは資金的にキツイから、金銭面については、中に入ってくれと言われたからです。つまり、当社が先に現金で原告に立替払いしてやり、その分を当社が八坂土木から手形をもらっておくという形をとったのです。これは、当社が仲介した手前、それぐらいの便宜は仕方ないと思ってそのように取り計らってやっただけです。」。乙山弁護士は、あり得る筋かと思った。さらに質問を続けようとしたところ、事務員が次の依頼者の来訪を告げにきたので、仕方なく次回の打合わせ日の日程調整に移った。そして「大体、お話はわかりました。訴状では、本件工事の内容だとか工事の出来高だとか、この現場の進行状況などがいろいろ記載されていますので、もう一度、そのあたりを含めて御社の方で、この現場に関する資料や事実関係を整理しておいて下さい。そして、次回にその資料を見せて下さい。」と指示した。そして、次回の打合せ日として、早くても一九日の木曜日の午後四時三〇分以降しか時間がとれないことを説明したところ、清水社長は所用があるとのことで、木谷専務のみが来所することになった。

〔平成一〇年三月一九日㈭〕乙山法律事務所

午後四時三〇分ころ来所した木谷専務から委任状と委任契約書並びに着手金を受領し、内容を点検した後、早速、乙山弁護士は、持参した資料等は、これからの話の中で適宜提示してくれるように指示し、請求原因第三項についての事情聴取に入った。

木谷専務によると、確かに原告の円山は、この現場では、当初、その下請業者の桂配管と大原設備を使って仕事をしていたが、下請代金の支払を巡って関係がギクシャクしてきたので、平成九年の春先頃に下請業者をタカノ組に切り替えたとのことであった。そこで乙山弁護士は、「では、訴状では、原告は平成九年四月二五日に、五割を完成させて工事を中止したとありますが、これは本当ですか。」と問い質したところ、原告が途中で現場から手を引いたことは事実であるが、その時の出来高が五〇％というのは嘘であり、原告が現場を放棄した時に、加茂設計の吉田氏に出来高の査定をしてもらったところでは、せいぜい四〇％程度であったと説明した。そして、原告が五〇％と言っているのは、単純に施工済み面積を言っているだけで、工事の内容や欠陥工事で手直しが必要な部分を無視していると付け加えた。次に、乙山弁護士が、原告が現場から手を引くことになった理由を質問したところ、ゼネコン（＝近畿企画）が安全対策で細かい指示を出してきて、自分の思うように施工ができず、結局採算がとれなくなって、嫌になったということだった。

乙山弁護士は、さらに続けて、八坂土木は、原告が仕事を降りることを了承していたのかと質問したところ、了承もなにも、原告の円山が降りるというのだからどうしようもない。仕方なく当社で三条管工という別の業者を紹介して、なんとか現場を仕上げてもらった、とのことであった。

その後もこうしたやり取りが続き、午後七時頃、請求原因に関する一通りの事情聴取と、木谷専務が持参した資料についての検討が終わった。そして、乙山弁護士は、打合わせ結果に基づいて、後日、答弁書の原案を作成して、会社にファックスするから内容を確認のうえ、訂正が必要な部分があれば連絡を頂きたいと伝えて、この日の打合わせを終えた。

二　答弁書シミュレーション

乙山弁護士は、木谷専務が帰った後に、一息入れながら今後の答弁方針を考えた。この事件は、関係者の関与の度合いや意味が複雑かつ微妙であり、契約の当事者性を否定するについては疑念が残る被告による工事代金の内金支払の事実もあり、応訴には十分な事実関係の把握が必要である。また、工事の出来高については、欠陥工事部分の特定の問題もあり、さらに木谷専務が持参した資料も万全ではない。しかし、答弁書提出期限までは、週末を挟んで数日しかないので、やむなく週末に今日の資料等を再検討したうえで答弁書を作成する計画を立てた。

〔平成一〇年三月二一日㈯〕乙山法律事務所

これまでの打ち合わせの状況や被告から提供された資料を再検討した乙山弁護士は、これまでの情報だけでは、答弁書での実質的な認否及び重要な間接事実への言及や証拠の添付は困難であり、かえって不十分な理解をもとに簡略な表現ですべての請求原因について認否すれば、後に悪影響を残すことにもなり兼ねないと判断し、答弁書では、現時点で可能な限りの認否を簡略に行うこととし、もう少し事案が見えて来てから、第一準備書面で残りの認否及び実質的反論を行う方針に決めた。

そして、答弁書を作成するにあたっては、答弁の中心が契約の当事者性の否認にあることを裁判所に認識してもらうべく、被告は仲介者にすぎないことを明記しつつ、この事実に相反する事情と誤解されやすい請求原因第六項（被告による内金の支払）については、次の準備書面でじっくり事情を説明することとして認否を留保し、書証についても、次回までに整理して提出することとし、ワープロで資料７の答弁書を作成し、被告会社へファクシミリで送信した。

〔平成一〇年三月二四日㈫〕乙山法律事務所

木谷専務から、答弁書原案を拝見したが異存はない旨の連絡を受けたので、乙山弁護士は、事務員にこの事件の答弁書を甲野法律事務所に送り、裁判所にも委任状と一緒に持っていくように指示した。

事務員は、ワープロで答弁書を三部プリントアウトし、裁判所には委任状を提出しに行かなければならないので、その際に答弁書も提出することにし、一通に所定の押印をして裁判所提出用の正本とし、これと弁護士用の控えの余白に「ＦＡＸ送信済」のゴム印（３）を押し、もう一通は依頼者に渡すための控えとして作成した。そして、資料９の送信書（４）を添えて答弁書の正本を訴状で送達場所として指定されている原告代理人の甲野弁護士宛にファクシミリで送信（直送）し、ファクシミリの操作画面に［送信ＯＫ］の表示が出たのを確認して、その時刻を弁護士用控の「ＦＡＸ送信済」のゴム印の下に記載した。その後、事務員が他の裁判所提出書類とともに、その正本と訴訟委任状を裁判所に持参して提出した。

ファクシミリでの送信後まもなく、原告代理人の甲野弁護士より、ファクシミリで答弁書を受領した旨の受領書面が返信されてきた。

そして同時に原告代理人から裁判所に対しても答弁書を受領した旨の受領書面（資料10）がファクシミリで送信された。

〔平成一〇年四月三日㈮〕京都地裁第三五号法廷

午前一〇時一〇分、第一回口頭弁論期日に出廷し、弁論。

三　新法の基本的立場と応訴の実情

１　新法の基本的立場

新法（新規則）では、迅速な訴訟進行を図るため、被告側については、第一回口頭弁論期日前に、答弁書において、請求原因事実に対する認否及び抗弁事実の主張がなされるとともに、それらに関する主要書証が同時に提出されることを原則形態として規定する（規則八〇条一、二項の各前段）。これは訴訟の最初の段階から、早期に請求に対する実質的な応答がなされ、裁判所が第一回口頭弁論期日を開催するに際しては、当事者双方の事件に対する基本的見解が示され、爾後の手続選択の都合等などから、事件全体について、ある程度見通せる状況ができていることが望ましいものとされるからである。

したがって、右新法の理念からは、現行実務で往々にして見受けられる「原告の請求を棄却する、との判決を求める。訴訟費用は原告の負担とする。請求原因については、追って認否する。」形式の答弁書は、不適切ということになる。

２　応訴の実情

しかしながら、実際の応訴の実情は、被告本人にしてみれば、ある日突然、裁判所から訴状（呼出状）が唐突に送達されて来る場合も少なくなく、また、これには、訴え提起から三〇日以内を目途として第一回口頭弁論期日が指定されていることから、被告が実際に送達を受けた日からはおよそ二、三週間後の日に期日が指定されているとともに、さらにこれに対応して、送達を受けた日から一〇日くらい後の日が答弁書提出期限と設定されているのが通常である。このような訴状の送達を受けた被告は、顧問弁護士を擁する企業等の場合は別として、一般的には、民事裁判手続に対する知識が必ずしも十分でないこともあって、どのように対処してよいかが分からずに戸惑い、不安を覚えることがほとんどである。

そして、訴訟を弁護士に委任（相談）するかどうかという基本的な対応方針の決定だけをとってみても、知人に弁護士がいなかったり、費用的な問題を懸念する等の事情で、なかなか決断がつかなかったりするのが実情である。そして、弁護士に委任（相談）すると決めても、常日頃、弁護士とは縁がない者には、差し当たり、どこに行って誰に委任（相談）したらよいのかすら分らず、弁護士へアクセスし、実際に弁護士が事件に接するまでに、既に相当の日数が経っていることもある。

本シミュレーションでも、被告は企業でありながら、顧問弁護士を有しないため、日頃の業務で付き合いのあった建築士に弁護士の紹介を依頼することになったものである。

このようにして被告が、弁護士とアクセスしても、事案の内容によっては、紹介された弁護士が受任できない場合もあり、この場合には、さらに別の弁護士の紹介を受けることになり、手間と日数がかかる。最初に紹介された弁護士が受任する場合でも、弁護士は、必ずしも新件を受任することを念頭において、ゆとりを持ってスケジュールを組んでいるわけではないので、新件の受任の相談や打合わせの時間をとるのも、一週間後しか困難という場合も多い。本シミュレーションでは、一二日（木）の電話でのアポイントから、週明けの一六日（月）を初回の打合せ日と事例設定をしたが、実際は、そのようなことは困難な場合も少なくない。そして、その初回の打ち合わせで、すべての事情聴取を終えて答弁書の作成に取りかかれることはまずない。複雑な事案であれば、なおさら、答弁書作成まで、数回の打ち合わせを経なければ、事情が分からず、起案できないこともある。

ところで、受任から答弁書作成にある程度の期間を要するのは、受任弁護士のスケジュールの問題だけではなく、被告にしても、訴訟が過去の事情に関するものであるだけに、必ずしも必要かつ十分な情報（事実経緯、証拠資料の存在及び内容）を正確に認識しているわけではないという事情もある。被告は、弁護士からの事情聴取において種々の矛盾点や不整合な箇所の指摘を受け、また、収集を指示された証拠を改めて検討して、初めて正確な事実経過を再認識することも多く、また、指示された証拠を収集するにも、ある程度日数がかかるからである。

このようなことから、第一回口頭弁論期日までに、弁護士において、事件に関する十分な情報を得ることが極めて困難であることが多いのが実情である。

被告側としては、新法の理念を実践するため、第一回口頭弁論期日までに、早期に実質的な答弁書を作成し、積極的な認否や抗弁に沿った書証をこれに添付して提出できるのが望ましく、代理人弁護士としてもその努力を惜しんではならないが、拙速のあまり不十分な事情把握のもとで不正確な答弁を行うと、かえって訴訟が混乱・遅延し、事件を紛糾させることにもなりかねない。被告側としては、答弁書において実質的答弁を行う程度については、事件の内容に応じて、慎重に判断せざるをえない。右のような被告側受任の実情については、裁判所も十分理解すべきである。

四　答弁書の記載事項等

1　答弁書の形式的記載事項

答弁書も準備書面の一種であるから、規則二条により、一般的記載事項として、①当事者の氏名（名称）及び住所並びに代理人の氏名及び住所（なお、住所については最初に提出する書面に記載すれば、爾後は不要＝二項）、②事件の表示、③附属書類の表示、④年月日、⑤裁判所の表示が必要である。

これに加えて、訴状の記載事項についての規則五三条四項が答弁書にも準用されている（規則八〇条三項）ので、被告又は被告代理人の郵便番号、電話番号、ファクシミリ番号の記載が必要である。その趣旨は訴状の場合と同様である。

なお、送達場所の届出（法一〇四条、規則四一条）についても、できる限り、答弁書に記載してすることが求められているから、訴状と同様、答弁書の当事者表示の被告代理人事務所住所の部分等に［送達場所］という表示を付記しておくのが相当である（ただし、本シミュレーションでは、その記載を失念したものとして、事後のシミュレーションをしている）。

2　答弁書の実質的記載事項

㈠　**記載事項**

答弁書も準備書面の一種であるが、被告が最初に提出する準備書面であって、応訴の方向性を定めるという意味での重要性に鑑み、特に「答弁書」と呼称される。旧法は特別な規定を設けていなかったのに対し、新法は、第一回口頭弁論期日から実質的な審理をすることを目指し、規則八〇条でその実質的記載事項として、以下の記載を求めている。

①　請求の趣旨に対する答弁
②　訴状に記載された事実に対する認否
③　抗弁事実
④　立証を要する事由ごとに、当該事実に関連する事実で重要なもの（＝間接事実）
⑤　証拠

㈡　**記載方法**

また規則七九条二項は、準備書面には請求を理由づける事実、抗弁事実又は再抗弁事実についての主張とこれらに関連する事実についての主張を区別しなければならないと規定し、事実主張については、要件事実と間接事実の書き分けを求めている。本件の答弁書は、訴状に記載されている請求原因事実及びこれに関連する事実についての認否を行っているが、訴状にならい字体を変えてあり、対応関係を明確にしている。もっとも、これはあまり厳格に考えるべきでなく、要は事案に即して、分かりやすく記載すればよい。

㈢　**否認の理由の記載**

規則七九条三項は、相手方の主張する事実を否認する場合には、その理由を記載しなければならないと規定している。これは単純否認だけでは紛争の実態や争点がはっきりしないためであり、否認の理由を記載することでこれらの問題が解消されることを期待している。

本件の答弁書でも、契約当事者の点が重大な争点であるが、単に被告が契約当事者であるという原告の主張を否認するだけではなく、その理由を主張している。これにより、被告の主張における被告の本件契約関係における位置づけというものがより明確になっている。

㈣　**やむを得ない事由による主張の追加**

規則八〇条一項は、やむを得ない事由により記載ができない場合には、答弁書の提出後速やかに、これらを記載した準備書面を提出しなければならないと定める。第一回口頭弁論を充実させるためには、必要な主張が答弁書で尽くされることが望ましいことはいうまでもないことであるが、被告側は、裁判所から訴状が送られてきて初めて準備が始まるのが通常であり、しかも第一回口頭弁論期日は訴状送達から二、三週間しかない（答弁書提出期限は更にそれより短い）ことになるので、必要な主張を答弁書で尽くすことが困難な場合がある。そこで、このような場合には答弁書に記載しなくてもやむを得ないが、その後速やかに準備書面を提出するという形で被告側の防御のための準備の必要性と訴訟の迅速な進行の調整を図ったものである。

本件の答弁書でも、できるだけ新法の趣旨に則った答弁を試みたが、特に重要な争点に関する不利な事実である請負代金の一部支払の事実については、被告代理人において事実関係を十分把握できていないうえ、極めて重要な間接事実となるから、答弁書での認否を保留し、その旨を答弁書に付記することにした。なお、被告側としては、充実した答弁書を作成するためには、そもそも指定された第一回口頭弁論期日には間に合わないという場合に、裁判所に第一回口頭弁論期日の変更を求めるという方法をとることも考えうる。しかし、ある程度の答弁が可能な場合には、指定された期日に口頭による主張を行うことにより、原告や裁判所にも、おおよその争点や事件の進行に関する予想がつくということになるため、そのような前提で期日を実施することにも意味がある。いずれにしても、当事者と裁判所の協議により事案に応じて決められることになる。

3　重要な書証の添付

訴状の場合と同様の趣旨で答弁書にも予想される争点ごとに重要な書証の写しの添付が求められるようになった（規則八〇条二項）。もっとも、この点についても、やむを得ない事由により添付することができない場合は、答弁書の提出後速やかに提出するものとされている。本シミュレーションでは、契約の当事者性が主要争点であり、被告としては、原告に請負代金の一部を支払った事情と事実関係を正確に主張する必要があり、その点の書証が揃っていなかったので答弁書には添付できなかった。第一回口頭弁論期日後、右の点の書証を整理し、主張と合わせて提出することを予定している。

4　答弁書（正本）の裁判所への提出

(一)　提出手段

提出の方法としては、裁判所へは、いわゆる正本（新法下の実務では「副本」が存しない場合もあるが、本説明では、便宜、裁判所提出用の書類を正本という。）一通を提出することになるが、その提出方法について、従前の提出方法（持参、郵送）に加え、ファクシミリ送信の方法が規則上、正式に認められた（規則三条一項一号）。

実際の弁護士業務では、各裁判所のファクシミリ番号をあらかじめファクシミリ機に短縮番号登録あるいはワンタッチ登録を行っておいて送信することになるであろうが、ミスタッチや地裁と家裁を間違えたり、本庁と支部とを間違ったりすることは十分起こりがちである。誤ファクシミリのリスクは当事者が負うので注意を要する。

本シミュレーションでは、訴訟が京都地裁に係属する事件であり、京都では各弁護士事務所が裁判所近辺に所在し、裁判所への書類の持参にさほどの手間がかからず、また、訴訟委任状の提出にはファクシミリが利用できない（規則三条一項三号）ので、いずれにせよ、裁判所には足を運ぶことになるため、答弁書正本と訴訟委任状は持参することとし、原告へはファクシミリで直送することにした。

また、請求を認諾する内容の答弁書はファクシミリでの送信はできない（一項二号）。

㈡　到達主義

ファクシミリを利用する場合、裁判所が受信したときに、答弁書が提出されたものとみなされる（規則三条二項）。

㈢　送信原本の提出

ファクシミリ送信で書面（答弁書）を提出した場合、必要に応じ、裁判所から、当事者が送信に使用した書面の提出を求められることがある（規則三条三項）。

これは、裁判所においてファクシミリで受信した書面の記載が読みにくいなどの場合も予想されるので、送信に使用した書面自体（本説明では「送信原本」と呼ぶ）の提出を求めることができるとされたのである。ところで、弁護士としては、弁護士用控とともに右の送信原本も記録に綴っておかねばならないのであろうか。弁護士用控は、その後に依頼者と打ち合わせをする場合に、いろいろなメモを書き込んだりする場合もあり、これをコピーして裁判所に提出するわけにもいかない。そうかといって、提出を求められた時点に新たにプリントアウトしたものが送信原本と取り扱われるのかどうかという問題もある。しかし、常に弁護士が送信原本と弁護士用控の二部を保有するというのも不合理であり、すべての事件で二部を保管することを要求されることになれば、保管場所との関係でも大きな負担となるおそれがある。実際に送信原本の確認の必要が生じるのは、ほとんどの場合が細かい計算書等の別表や添付図面等であろうから、添付図面等は別として、フロッピィ等に保存された文書の場合は、提出を求められた際にプリントアウトしたものでも許容すべきであろう。

5　答弁書正本等の提出時期

相手方が準備をするのに必要な期間をおいて提出しなければならない（規則七九条一項）。

提出時期についての同様の定めは、旧法二四三条にあり、これまでにも裁判所は答弁書の提出期限を定めて訴状を被告に送達してきているが、第一回口頭弁論期日の充実した運営という観点が明確にされた改正とあわせてこの規定の遵守が期待されるところであり、期日の一週間程度前に提出することが望ましいであろう。しかし、本来、答弁書の場合には、訴状送達から第一回口頭弁論期日まで間がない場合が多いので、期日の直前でもやむをえない場合が多いと思われる。

6　答弁書の写しの原告への直送

答弁書の写しは、これを原告へ直送しなければならないとしている（規則八三条）。

そして、直送は、ファクシミリ送信でも行うことができる（規則四七条）。

新法では、準備書面（答弁書）については、当事者が相手方へ直接送付（直送）するのが原則形態となった。そして、その手段としては、従来の郵送や持参に加えてファクシミリでも行えるようになったものである。

ところで、従来の実務では、準備書面その他の書面を提出する場合には、裁判所には裁判所用の「正本」と、相手方に送付するための「副本」とを提出していた。しかし、かかる副本提出は、旧法の、準備書面は相手方に送達すべき書面とされ（旧法二四三条一項）、また、その送達は、裁判所が謄本を作成して相手方に交付する旨の規定からして、法や規則に根拠を置くものではなく、専ら、実務の慣例として行われてきたものである（5）（なお、規定という意味では、東京高裁の手続準則（昭和二六年一月二三日）第二二条にその旨の規定があり、司法研修所の民事弁護教育では、これを根拠としているようである（6））。ここにいう副本とは、記名押印まで含めて正本とまったく同様に当事者が作成した書面であって、裁判所が作成する正本の写し（コピー）であって認証のある謄本とは区別されるものである。つまり、従来の実務では、裁判所において相手方に送達するための謄本作成を省略するため、当事者の負担において、正本と同一の書面を副本として作成し、これを送達に用いる訴訟慣行が定着していたものである。そこで、今次改正では、まず、直送主義の採用及びファクシミリ送信の許容により、準備書面を裁判所が送達すべき書面から外すとともに、直送する書面に関しては、ファクシミリ送信を利用する場合はもとより、その他の送付方法（持参、郵送）をとる場合であっても「副本」を直送するのではなく、「書類の写し」（記名押印部分を含め、正本の単なるコピー）の送付でよいことにした。すなわち、ファクシミリ送信を利用する場合には、正本をファクシミリしておけば、相手方の事務所が受信し、出力（プリントアウト）したものが正式な相手方用の書面になるわけであるから、わざわざ提出者において副本を作成したとしても、ファクシミリで出力された文書が通常に判読できる限り、別途副本を作成する意味はない。そして、これとの均衡から、持参や郵送の方法で直送する場合でも、従来のような副本を要求せず、単なる写しで足りる。もっとも、従来どおり、正本の外に副本を作成して提出する方が、丁寧であり、直送を受ける側にも書面が見やすいことは間違いないので、実務上、副本の作成がまったく姿を消すことは考えられない。

そして、直送に困難な事情があって、裁判所からの送付を求める場合にも、相手方への送達に使用する書面は、裁判所が作成する謄本だけではなく、当事者が提出した副本によっても行い得ることを規定した規則四〇条一項の趣旨からは、副本を作成して提出することになろう。なお、右の直送に困難な事情は、比較的緩やかに解されるべきであり、当事者が直送できないものとして裁判所に副本を提出した場合には、特段の疎明等を求めず裁判所において送付されるべきである。

本シミュレーションでは、原告に送付分としての副本は作成せず、正本をファクシミリした。

7　添付書証等の原告への送付

書証の申出については、当該申出をする時までに、相手方の数に一を加えた通数の写しを提出するとともに、文書の記載から作成者や立証趣旨が不分明な場合は証拠説明書を提出することが求められている（規則一三七条一項）。

そして、書証の場合は、準備書面等と比べ、鮮明な写しが必要な場合が多く、また、大きさ・形状等も様々であり、ファクシミリによる送信が適当でないものも少なくないから、裁判所による送付を原則としている。しかし、そのような問題のない書証については、ファクシミリ送信を含めて直送も可能である（同条二項）。

答弁書正本には、重要書証の写しを添付して提出しなければならないが、答弁書の写しに添付する書証の写しについても、答弁書と同様に直送されることになろう。

書証の申し出は、従来、原本を期日において提示するのみで、実際に記録に綴じられるのは、その写し（正本として提出された分）であり、相手方に交付されるのも写しであった（副本として提出された分）。なお、ここでいう正本及び副本は、単に裁判所用の写しであるか、相手方用の写しであるかという意味であって、前述の準備書面における正本、副本とは異なる概念である。

新法でも、このような方式自体には変更はないが、期日の事前に提出あるいは送付すべきこと、趣旨が分かりにくい場合につき証拠説明書を提出すべきこと、そして、相手方には直送することもできることが規定された。

答弁書その他の準備書面については、直送が原則であるのに、書証の写しについては、直送を原則としなかったのは、書証のなかにはファクシミリ送信が困難な書面もあると思われるので、裁判所からの送付が原則形態とされただけである。直送できるものは、直送すればよい。

答弁書に添付する書証の写しがファクシミリによる直送が困難な場合には、答弁書の写しと書証の写し（副本）を一括して相手方事務所に郵送あるいは持参するか、答弁書の写しのみ、ファクシミリで直送し、書証の写し（副本）については、裁判所に郵送あるいは持参することになる。もっとも、書証の写し（副本）と答弁書を一括して裁判所から相手方事務所に送付してもらうことも許容されるべきである。

8　直送を受けた当事者の対応

当該書面の受領書面を作成して、裁判所へ提出するとともに相手方当事者へも直送する（規則八三条二項）。

書類の直送を受けた相手方当事者は、当該書類の受領書面を作成し、これを相手方に直送し、かつ、裁判所にも提出する。相手方から受領書面が提出されている場合には、相手方が在廷しない口頭弁論期日でも、当該準備書面に記載された事実を主張できる（法第一六一条）。

そして、右受領書面の提出及び直送の手段としては、ファクシミリ送信が利用できる。もっとも、正本に相手方当事者の受領印など受領した旨の記載があれば、書類の受領書面の直送、提出は不要である（規則八三条三項）。つまり、相手方当事者の事務所に持参する直送の場合には、受領印で済ませることになろうし、ファクシミリや郵送の場合には、受領書面が必要ということであろう。ところで、書面の受領書面などは、従来の実務にはなかった手法であり、期日直前にファクシミリで送信されてきた書面について受領書面を作成して裁判所と相手方とに送信する手間は、意外と煩瑣であろうことから、実務においては、確実に出頭する場合は、当該期日において正本に受領印を押捺する方法も許容されるべきであろう。

本シミュレーションでは、望ましい対応として、原告へのファクシミリ送信の後、間もなく、原告から受領書面の返信を受けたことにした。今後は、日々ファクシミリ送信されてくる書面を、一々弁護士が目を通してから、受領書面を返信するのか、それとも事務局サイドで、判読可能であるかとか、落丁はないかなどのチェックのみで、ある程度機械的に受領書面を返信をするのか、事務所ごとに対応を決めておくべきであろう。

〈注〉

(1)　現行実務では、自己の要した弁護士費用（着手金・報酬金等－資料8は民事事件の着手金及び報酬金の早見表）については、たとえ勝訴した場合であっても、相手方当事者に負担させることができないのが原則であり、不法行為訴訟等の一部の訴訟類型について弁護士費用をも損害として認定し、相手方に賠償させるなどの方法で相手方に負担させている程度である。しかし、通常、勝訴当事者が自己の要した弁護士費用をすべて負担することについては、本来得られるはずの権利・利益が、その分だけ減殺されてしまい不当であるとか不当な訴えに応訴する場合には、たとえ勝訴しても相手方の訴えを排斥するにとどまり、それ以上に弁護士費用を賄える金銭的な利益が得られないことなどから疑義が呈され、敗訴当事者に負担させる制度の導入の是非及びその方法（負担させるべき訴訟類型やその手続、負担させる額等）につき弁護士会や法務省などにおいて、準備的に検討されている。今次の民訴法改正においては右の点については手が付けられなかったが、今後、法律扶助制度の充実等関連諸制度の整備や新民訴法の施行による弁護士業務の変化がある程度収束した時点において、本格的に検討がなされることも予想される。なお、この問題につき『ジュリスト』一一一二号（平九）が、特集している。

(2)　弁護士会（京都）の報酬規程により、あらかじめ依頼者に対して弁護士費用について十分に説明しなければならないものとされ、また、弁護士と依頼者との委任関係を明瞭にする趣旨で、受任時に委任契約書を作成するよう努めるものとされている。右委任契約書には、委任の範囲が明示され、着手金、報酬金、日当・実費等の費用とその支払がなされない場合の処置、委任事務が途中で中止された場合等のその精算方法等が規定されている。依頼者と弁護士との費用を巡るトラブルを防止することをねらいとするもので、委任関係の明確化に資するであろう。

(3)　正本には、「写し直送済」「FAX送信済」などのゴム印などを押印して、裁判所に直送を了した事実を了知せしめるほか、送信、直送にファクシミリを用いる場合には弁護士用控には裁判所にファクシミリ送信した日時と、相手方にファクシミリ送信した日時とを記入できるようなゴム印を押印しておくと便利であろう。

(4)　受領書面の訴訟上の意義は、受領した側の当事者が期日に欠席した場合でも、直送した側の当事者が当該準備書面等（直送書面）に記載された事実を陳述できることであり、直送する側に有意義な制度であるといえるところ、これを受領した側の当事者の事務負担によって行うこととされているため、迅速に受領書面が作成されて返信されるかにつき若干の不安が残る。そこで、受領者側の事務負担を軽減し、受領書面の作成・返信を容易にする意味で、直送者側において、予め事件の表示や直送書面の内容等を記入し、名宛人として裁判所と直送当事者とを併記した受領書面を作成して、直送する書面とともにファクシミリ送信書に添付して送信しておけば、受領者側の事務負担は、直送書面の落丁等のチェックと受領書面の記載事項の確認並びに受領者の記名押印とFAXの手間のみになるので、迅速に受領書面の返信が得られるのではなかろうか。参考までにファクシミリ送信書と一体化した受領書のモデル（資料10）を示しておく。送信者側は、送信書に事件の表示や直送書面の内容等（右モデルの網かけ部分）を記載しなければならないが、同内容を受領書に記載することは、ワープロ等の複写機能を使えば瞬時にできる。

(5)　斎藤外編「注解民事訴訟法」第一法規（平三年）

(6)　司法研修所「五訂民事弁護の手引」（昭六三年）

第五　答弁書受理から第一回口頭弁論期日まで

一　答弁書受理シミュレーション

〔平成一〇年三月二四日㈫〕二民書記官室

原告代理人の甲野弁護士から、答弁書を受領した旨の受領書面がファクシミリにより裁判所に送信されてきてから間もなく、被告代理人の乙山事務所の事務員が第二民事部を訪れ、答弁書と訴訟委任状を提出した。その際、B書記官は、同事務員に対し、第一回口頭弁論期日に乙山弁護士が出頭できることを確認した。

その後、B書記官は、答弁書の記載事項を確認し、送達場所の記載（規則四一条二項）漏れがあることに気付いたが、これについては代理人事務所の住所の記載の下等に［送達場所］と記入してもらえれば足りるので、期日に補正してもらうことにして、当該箇所に付箋を貼っておいた。

二　答弁書受理

本件シミュレーションでは、乙山事務所が京都地裁の近くにあり、また訴訟委任状はファクシミリ送信できないこともあって（１）、事務員により訴訟委任状とともに答弁書が持参されて提出されているが、答弁書がファクシミリにより提出された場合においては、書記官は、送信枚数を確認するとともに、その印字等が不明瞭で読めない部分があるなどのため、送信書面を提出してもらう必要がないかどうかを確認し、その必要がある場合には速やかにその旨を代理人に連絡しておく必要があろう（２）。

また、本件シミュレーションでは、答弁書が提出された段階で、既に原告から答弁書を受領した旨の書面のファクシミリ送信があったという設定であるが、前記第四、四８で述べたように、あらかじめ準備書面等の直送を受けた代理人が、期日において正本に受領印を押捺するつもりで受領書面を送信しない場合には、裁判所にとって当該準備書面等が相手方に送信されたか否かは分からないことになる。そして、特に、後記五１に述べるように、一方当事者の準備書面の提出期限が他方当事者の準備書面の提出期限を前提に設定されたような場合において、相手方へのファクシミリ送信漏れがあると、期日が空転することも考えられ、このような事態を避けるためには、裁判所としては、期日管理として提出期限どおりに準備書面が裁判所に提出され、かつ、相手方にも直送されたことが確認できることが望ましい。準備書面等の直送を受けた代理人は、規則八三条二項にしたがって、受領書面を相手方及び裁判所に提出する慣行が確立されることが望まれるところである。

なお、本件答弁書は、請求原因第六項についての認否が留保されているものの、大部分において実質的な答弁が記載されており、また被告代理人も第一回口頭弁論期日に出頭できるため、期日の変更は検討されていないが、形式的答弁のみの記載しかなく、被告代理人も出頭できないような場合や、出頭できてもまだ事実関係が把握できておらず、口頭による主張や今後の進行の協議も困難な場合には、答弁書受理の段階で当事者と期日変更の協議をすることが妥当な場合もあろう（３）。

三　期日前協議シミュレーション

〔平成一〇年三月二七日㈮〕二民書記官室

B書記官は、来週の立会事件についての

カルテ(4)の更新をし、本件事件についても答弁書に記載された被告の認否、主な主張についてワープロでカルテに補充しながら、答弁書において留保されている請求原因第六項(被告から原告に対する本件工事代金の一部の支払の事実)の認否について、事前に被告代理人に準備書面の提出を促しておいた方がよいのではないかと考えた。そこで、その旨を記載したカルテとともに、記録をA裁判官に回した。

答弁書に目を通したA裁判官は、書記官に対し、請求原因第六項に対する認否については、第一回口頭弁論期日も迫っていることから、準備書面の提出は無理であるとしても、被告代理人に対し、実質的な弁論ができるようできるだけ準備をしてもらえるように連絡するよう指示した。

これを受けて、B書記官は、被告代理人にその旨を依頼した。

〔平成一〇年四月二日㈭〕二民裁判官室

第一回口頭弁論期日の前日、A裁判官とB書記官は、本件を含む翌日の全事件の打ち合わせを行ったが、本件についての打ち合わせ内容は次のとおりであった(5)。

(裁判官) 明日の予定は、原告が訴状陳述と枝番も含めて甲一から八までの提出、被告が答弁書陳述ですね。原告の書証については、証拠説明書(6)が出てますので、特に釈明すべき点はないですね。

さて、原告からの参考事項聴取表(7)には、和解の項目欄に記載がありませんが、被告の答弁書を読む限りでは、早期の和解は難しいようですね。どのような進行が妥当だと思いますか。

(書記官) 訴状審査の段階では、原告代理人は、本件請負契約の締結や工事中止の経緯については、被告の対応を見て準備書面で詳細に主張するとのことでしたが、答弁書でも契約主体や工事中止の経緯について争われることが明確になっていますから、これについてはさらに原告の方で、主張が出てくることになると思います。ただ、請求原因第六項について被告の方で認否を留保していますから、原告の主張は、これを見てからということになるでしょうね。被告代理人は、答弁書で留保している点については、できるだけ準備しておきますとのことでしたので、ある程度の方向性は聞けるのではないかと思います。

(裁判官) 被告の認否を見てからになるでしょうが、契約の成立について否認されていますから、原告には、契約成立に至った経緯・事情も詳しく主張してもらうようにしましょう。

(書記官) 被告が、本件工事代金を原告に支払ったかどうか、仮に支払ったとすればその理由や経緯は重要な間接事実だと思いますが、そもそも八坂土木は何と言ってるんでしょうかね。第一の争点は、契約の相手方が被告か八坂土木か、という点ですから、八坂土木の担当者等は重要な証人になると思いますし、この第一の争点の見込みによっては、原告が、八坂土木に対しても訴えを提起して、同時審判の申出をすることも考えられるのではないでしょうか。

(裁判官) なるほど、原告が、八坂土木も被告として訴えを提起した場合には、併合して審理することは十分考えられるでしょう。しかし、本件の場合、同時審判の申出の要件である「法律上併存し得ない関係」(法四一条)にあるとはいえないでしょう(8)。

Bさん指摘のとおり、八坂土木の関係者は本件の重要証人ですし、契約の当事者が被告ではなく八坂土木ということで原告が敗訴すれば、原告は今度は八坂土木に請求することになり、一方、被告が契約者として敗訴すれば、今度は被告が八坂土木に請求することになるのでしょうね。その関係から本件の進行につき、原告に何か考えがあるのか釈明してみましょう。

また、訴状審査の段階でBさんから指摘のあった【疑問点1】（当初の目処の工事代金一五〇〇万円との関係で、増加した費用及び経費の内訳・金額等(9)）についても、原告に釈明しておきましょう。

それから、原告が施工した工事の出来高についても争いがありますね。

（書記官）はい。原告は、約五割の工事を完成させたとして訴状に図面(1)、(2)を添付していますが、被告は約四割と主張しています。

（裁判官）これは、仮に契約当事者が、被告でない場合には判断の必要がなくなる争点ですから、第一の争点との兼ね合いでこの争点の進行は考えることになるでしょうが、被告は、訴状の別紙図面(1)、(2)の朱書部分を争う趣旨なのか否か、被告が原告の施工した工事が約四割とする根拠については釈明しておきましょう。

訴状審査表に記載のあった訴状についての【疑問点4】（当初合意のほかに追加合意も予備的に主張するのかという点(10)）についても確認しておきましょう。

四　第一回口頭弁論期日シミュレーション

〔平成一〇年四月三日㈮午前一〇時一〇分〕

京都地裁第三五号法廷～第一回口頭弁論期日

期日の開始に先立ち、B書記官は、出頭した被告代理人に対し、代理人事務所を送達場所として届け出ることでよいかどうかを確認し、それでよいとの回答を得たので、答弁書の代理人事務所の住所の下に（送達場所）と書き加えてもらい、出頭した原告代理人の答弁書にも同じく書き加えてもらい、補正した。

訴状、答弁書が陳述され、甲号証が提出されて、その認否が答弁書に記載されているとおりであることが確認された後(11)、次のようなやりとりがなされた。

（裁判官）まず、和解の意向については事前に特にお聞きしてませんが、双方、早期の和解は希望されませんか。

（被告代理人）困難だと考えますので、争点整理を先行していただきたいと考えます。

（原告代理人）同意見です。

（裁判官）第一の争点は、原告と本件請負契約を締結したのが八坂土木か、被告かという点のようですが、原告は八坂土木との関係で進行について何かお考えがありますか。

（原告代理人）八坂土木も、本件請負工事は、原告・被告間の問題だと認識していると聞いておりますが、いずれにしても重大な利害を有しますので原告は近日中に八坂土木への訴訟告知の申立をいたします。

（裁判官）そうですか。それでは、本格的な争点整理は、八坂土木の訴訟告知に対する対応を見てからということになるでしょうが、現時点で整理できる点については整理しておくことにしましょう。

まず、書記官の方から原告に既に確認していますが、原告の主張する本件請負契約は、口頭契約だということですね。

（原告代理人）はい。そうです。なお、請求原因には、工事の引き渡しの事実は明示していませんが、原告は、被告の要請を受けて工事を中止したのであり、その後、被告は別の業者に頼んで工事を続行・完成していますから、引き渡しがあったことは間違いありません。

（裁判官）今の点につき、被告はご意見がありますか。

（被告代理人）被告は、そもそも原告と請負契約を締結していないので、被告が引渡しを受けたものではありません。また、その工事の中止が被告の要請であったという点と、今、原告代理人がおっしゃった被告が別の業者に依頼して工事を完成させたという点は争いますが、実際に、その後も工事が続行されて完成されていることは事実です。

（裁判官）被告は、契約の当事者ではないという主張ですから、原告は、契約の成立に至った経緯・事情について詳細な主張をしていただけますか。

（原告代理人）今の点も含めて、本件契約の成立に至る経緯、内容、それから工事中止に至った経緯・事情については、被告の答弁書で留保されている請求原因第六項に対する認否を見てから、準備書面を提出します。

（裁判官）答弁書で留保されている工事代金の支払については、被告代理人に後に準備書面を出していただくとして、把握できている範囲でどのような方向になりそうか、今伺えますか。

（被告代理人）原告主張の支払の事実自体は認めることになりますが、それは単に八坂土木の支払を、立替払したものにすぎないということです。すなわち、被告が原告に立て替えて支払った代金と同額を、被告は八坂土木から支払を受けているのみで、被告は本件工事で全く金銭的利益を受けていません。この支払関係は被告の主張を裏付ける重要な間接事実になりますので、準備書面で詳細に整理して主張します。

（裁判官）それでは、その支払いに関する領収書等の証拠は被告の方で出していただけますか。

（被告代理人）次回、提出します。

（原告代理人）被告は、原告が施工した工事の出来高が約四割だと主張されていますが、これは訴状添付図面(1)及び(2)の朱書の部分の範囲についても争う趣旨かどうか、明確にしていただきたい。

（裁判官）今の点はいかがですか。

（被告代理人）被告は、そもそも契約当事者ではないと主張していますので、現時点でこの部分について積極的に主張する必要ないと考えますが……。

ただ、設計事務所の担当者の出来高の見積がありますので、把握している範囲で次回までに整理します。朱書部分の範囲が正しいのかどうか確認できていませんが、仮にそうであるとしても、施工部分の長さが五割だからといって工事の出来高が五割になるという簡単なものではないと思いますが。

それから、原告の工事には色々瑕疵も多かったと聞いていますので、この点も今の段階で主張するかどうかも検討します。

（裁判官）原告の方は、請求原因第四項の出来高分の工事の内容と実際に要した費用・経費の内訳も準備して下さい。

（原告）分かりました。

（裁判官）それから、原告は、平成八年一一月二七日の請負契約締結時の合意に基づいて増加分の工事費用等を請求されているようですが、平成九年二月二〇日ころの「かかった費用及び経費は保証する」という被告からの返答は、事情ということでよろしいでしょうか。

（原告代理人）現時点では、当初の合意に基づく主張で、後の被告からの返答はそれを再度確認したものと考えております。

（裁判官）それでは、以上の点を双方代理人に整理していただくとして、まずは、被告代理人に、留保されている部分の認否と先ほどの立替払の主張、出来高の四割の点等について、準備書面を提出していただく期限はいつにしましょうか。

（被告代理人）四月二三日までに提出します。

（裁判官）それでは、被告代理人から四月二四日に準備書面が直送されるとして、原告代理人はそれを見た上で、いつ準備書面を提出できますか。

（原告代理人）五月一八日までに提出します。

（裁判官）それでは、裁判所もそれを見た上で、次回口頭弁論期日を五月二二日㈮一〇時二〇分はいかがでしょうか。双方の準備書面を踏まえて議論すべき点もあると思いますので、一〇分程度は予定していただきたいと思います。

（両代理人）結構です。

（裁判官）それでは、次回期日を平成一〇年五月二二日午前一〇時二〇分と指定いたします。

なお、訴訟告知に対する八坂土木の対応を見てからになりますが、本件では契約の主体が被告なのか八坂土木なのかについての重要な間接事実の整理の必要があると思いますし、その争点によっては、原告の施工した工事の出来高や瑕疵についても争点になりそうですので、争点整理手続に付して争点整理を行っていくのが効率的だと考えられます。次回にあらためてご意見を伺いますが、この点についても検討しておいて下さい(12)。

（甲野弁護士は、法廷終了後直ちに事務所用箋に、(1)八坂土木に訴訟告知の申立をすること、(2)被告の訴状請求原因第六項の認否後、①本件契約の成立から中止までの経緯、②工事完成部分の引渡状況、③実額支払確認の訴訟上の意味につき、準備書面提出とメモし、記録ファイルに挟み、訟廷日誌の五月一八日欄に「円山　第一準　提出」と記載した。）

五　第一回口頭弁論期日の運営
―弁論活性化―

既に述べたように（第三、五2）、新法は、第一回口頭弁論期日で争いのある事件と争いのない事件を振り分けるとともに、争いのある事件については、早期の口頭弁論期日から実質的な弁論を行い、事件に適した争点整理手続の選択をして、その後の手続を効率よく進行していくことを期待していると考えられる。

1　準備書面等の提出期限

口頭弁論期日において、実質的な弁論が行われるためには、訴状、答弁書の記載事項等が充足され、答弁書、準備書面、書証の写しが事前に裁判所に提出されるとともに、相手方にも直送され、当事者が期日外に十分に準備できるようにすることが必要である。

そして、法一六二条は、裁判長は、答弁書、特定の事項に関する主張を記載した準備書面の提出等の期間を定めることができると規定しているが、適切な提出時期を定めることによって、当事者が相手方の主張等を検討した上で口頭弁論期日に臨み、また裁判所も訴訟の進行についてあらかじめ検討しておくことが可能となり、実質的な弁論に資することとなる。

準備書面の提出期限は、提出する側の代理人の準備期間と相手方や裁判所の検討期間等が考慮されて決められることになると考えられる。もし、裁判所が一方的に提出期限を定めることになれば、その遵守を期待することも困難となるであろう。本件シミュレーションでは、双方代理人に準備書面の提出期限についての希望を聞き、それにしたがって、提出期限を設定し、次回期日を指定している。このように、双方代理人が自主的に申し出た期限を尊重して、無理のない期限を設定することにより、それが遵守されることが期待できるし、一方、裁判所としても、万一その提出が遅れる場合にその提出を促しやすくなるというメリットも考えられる。

なお、一方当事者の準備書面が提出される段階で弁論期日を設けるか、その準備書面を見た上での相手方の準備書面の提出も予定して期日を設けるかは、事案やそれらの準備書面で整理することが予定されている内容等にもよるであろうが、本件のように双方に対して準備書面の提出期限を設定した場合には、それぞれの提出期限が遵守されることが特に重要である。弁護士の間において、準備書面の提出期限が遵守される慣行の確立が望まれるところであるが、裁判所としても、期日間管理として、準備書面が提出期限に提出されているかどうかをチェックし、必要に応じてその提出を促していくことになろう（13）。

２　実質的弁論の時間の確保

現在、裁判所の開廷時間は、午前は一〇時から一二時まで、午後は一時一〇分から四時又は四時三〇分までで、そのうち弁論は、午前は一〇時から一〇時半又は一一時まで、午後は一時一〇分から一時三〇分までというのが一般的である（14）。したがって、弁論の時間は、一日に五〇分ないし一時間二〇分程度であり、通常その間に一〇件ないし一五件程度の事件の弁論がなされている。そして、このような限られた時間の中で弁論を終えることもあって、準備書面等の陳述と次回期日の指定のみが行われるいわゆる三分間弁論も多くみられたところである。しかし、実質的な弁論を行おうとすれば、一件につき最低でも一〇分ないし一五分の時間を要すると考えられる。このような時間を確保しようとすれば、現在の事件数に照らして、弁論期日自体が入れにくくなり、次回の口頭弁論期日までの間隔が従前よりも長くなりはしないかという問題が考えられる。しかし、実質的弁論のための時間を確保するという実務慣行が確立すれば、全体として従前の二、三回分の弁論を一回分に集約することも可能であり、また弁論準備手続等の争点整理手続の効率的な活用及び集中審理による全体としての審理期間の短縮等によって、このような期日指定の困難性の解消は十分に可能ではないだろうか（15）。

３　代理人及び裁判所の準備

現在でも、比較的時間に余裕のある弁論期日には、当事者代理人の求釈明及び裁判官からの釈明等が積極的に行われ、あるいは背景事情等について当事者代理人から説明を受けるなどにより、早期に紛争の実体が明らかになって、訴訟進行について双方代理人及び裁判所で共通認識をもつことができることも経験するところである。しかし、いわゆる三分間弁論に慣れていることもあってか、相手方当事者からの求釈明あるいは裁判所からの釈明に対し、その場で釈明ができてしかるべき内容であるにもかかわらず「次回に書面で」という形での対応も少なからず見られるところである。新しい訴訟運営の下に、実質的な弁論のメリットに対する認識が広まり、そのような運用の法廷が増えてゆけば、自ずと弁護士も実質的な弁論を念頭に置いた準備が必要となり、より前倒しの争点整理、実態の解明が可能となるであろう。また、裁判官も、必要に応じて、釈明や背景事情の説明等を積極的に求め、また争いのある法律解釈について、両代理人と法廷で積極的に議論をするように努めるべきであろう。もっとも、事実関係にしても法律解釈にしても、法廷で突然に釈明を受けた場合には代理人がこれに対応できない場合が多いであろうから、例えば、裁判官から「○○の点について、次回期日に法廷で少し議論をしたいと考えています」と二、三日前に双方代理人に電話連絡をしておくなどの配慮が必要である。

４　準備書面等の工夫

関係当事者の多い事件における人間関係や不動産物件の多い事件における各不動産の位置関係等について、人物関係図や説明図等のビジュアルな資料を使用した準備書面、強調文字等の修飾文字を利用した準備書面は、相手方、裁判所の理解を容易にし、実質的な弁論に有用であると考えられる。

本件訴状は、主要事実と間接事実とを字体を変えることにより区別することが試みられ、また本件答弁書も同様の工夫がなされている。

また、本件答弁書は、留保されている部分を除き訴状に記載された事実（重要な間接事実も含む）についてもれなく認否がなされているが、例えば、事実経過が重要で、かつ詳細にわたるような事件において、認否もれや認否箇所の齟齬等も、しばしば見受けられるところである。このようなことを避けるために、相手方の準備書面のコピーに争いのない部分に線を引くなどして争いのある部分と区別して準備書面に添付し、争いのある部分に付した番号を引用して積極否認の主張を記載するなどの工夫も考えられる。また、主張や事実経過が多岐にわたる事件において、当事者が相手方の準備書面のフロッピーを借りて、相手方の主張を上段に記載し、それに対する認否・主張をそれに対応させて下段に記載するなどの方法（右頁と左頁に分けて対応させる方法もある）により、その対応関係を明確にした準備書面の実例も見られる。このように整理された準備書面は、相手方や裁判所が理解しやすく無用の誤解等に基づく釈明等が避けられるばかりでなく、一覧性が高いことから実質的な弁論を通しての争点の整理・把握に有用であり、また後の記憶喚起も容易である。最近はほとんどの書面がワープロで作成されており、主張の展開とともに新しい準備書面を重ねていくのではなく、順次改訂（改訂部分に傍線を付したり、網かけをするなどの工夫をする）していき、証拠調べの進展にともない主張に対応する書証を付記していくことなども検討されてよい。これまでの準備書面は、ほとんどが表や図などのない平面的な文書形式が多かったが、古い慣行にとらわれず、ワープロやパソコンを利用した新しい工夫が大いに期待される。

５　期日における確認事項等の記録

(一)　第一回口頭弁論期日において確認された事項及び次回までに準備すべき事項は、以下の諸点である。

《確認事項》

①　本件は口頭契約であり、請負契約書は作成されていない。

②　原告が工事を中止した後、他の業者によって工事が続行されて完成されるに至っており、原告の施行範囲についての引渡が行われていることについて争わない。

③　原告主張の工事代金の支払は認めるが、支払の事情については次回までに主張する。

④　増加分の工事費用についての平成九年二月二〇日の被告の返答は、当初の合意を確認したものである。現時点では新たな合意としての主張はしない。

《原告準備事項》

①　八坂土木に対する訴訟告知の申立

②　本件契約の成立に至る経緯、契約の内容、工事中止に至った経緯・事情（請求原因第六項に対する被告の主張後）

③　出来高分の工事内容と費用・経費の内訳

（②③につき五月一八日までに準備書面提出）

《被告準備事項》

①　本件契約の成立に至った経緯・事情についての詳細な主張

②　請求原因第六項（工事代金の支払）に対する認否及び領収書等の整理・提出

③　原告側の工事範囲及び出来高

④　原告側工事の瑕疵

（①ないし④につき四月二三日までに準備書面提出）

(二)　右のような確認事項は、弁論事項として口頭弁論調書に記載するのが原則であるが、確認事項③のように当事者においてさらに詳細に主張する予定があるときは、その主張を待つのが適切な場合もあり、B書記官は、第一回口頭弁論期日調書には、所定の事項以外に①②④のみを記載して、A裁判官に提出した。A裁判官も同意見であった。

(三)　準備事項については、口頭弁論期日調書に記載する方法やメモに記載して記録の表紙に入れておく方法や既述の事件カルテに記載する方法などが試みられている。いずれにしても、前記シミュレーションのような弁論内容から右のような確認事項や準備事項を的確に把握して整理するためには、相当高い能力が要求されるだけでなく、事案を十分理解していることが不可欠であり、裁判官と書記官との事前準備等が重要である。そして、このような整理が正確にかつ確実に行われるようになれば、提出された準備書面が必要性を満たすものか容易に検討することもできる。

それらの記載と後述の「期日間管理簿」に準備書面の提出予定日を記載し、提出日の遵守状況及び提出された準備書面の記載内容のチェックを行えば、実効性のある期日間の管理を実践できることになろう。

(四)　このような計画的な訴訟運営は、旧法下でも次第に多くの裁判官によって取り入れられており、新法の施行によってさらに弁論の活性化が図られ、このような訴訟運営が主流となっていくものと思われる。そうなると、弁護士側においても自己のペースで主張・立証の必要があると思ったときに、相手方や裁判所の準備に余り意を払うことなく、期日の当日でも提出するというような悪しき訴訟慣行は速やかに改善されていかなければならない。そのためには、口頭弁論や準備手続で協議して定められた計画を可能な限り実践していける態勢を弁護士側でも作っていく必要がある。本研究会でも、日弁連の作成している「訟廷日誌」とは別に、書面の提出日など進行管理上必要な事項を記載する欄などを工夫した独自の期日簿を事務所で作成している例などが報告された。裁判官からは、判決起案の重さを表す符号により、言渡し予定を守れるように工夫している例などが報告された。

六　訴訟告知申立シミュレーション

〔平成一〇年四月三日㈮〕甲野法律事務所

原告代理人は、第一回口頭弁論期日に原告が出席できなかったので、法廷の終った同日夜、仕事から帰宅した原告に電話して、以前に送った被告の答弁書のとおり、被告側はあくまで契約者は八坂土木であるとして争う構えであることなど当日の法廷の様子を簡単に報告し、今後の対応について相談するため四月六日㈪に事務所に来るよう求めた。来所時刻は、原告の仕事を終えた後にしてほしいとの要請を受けて、午後六時ごろとした。

〔平成一〇年四月六日㈪〕甲野法律事務所

午後六時過ぎに甲野法律事務所を訪れた原告に対し、甲野弁護士は、被告は、第一回の法廷で原告に六〇〇万円を支払ったことは認めたが、八坂土木から受け取って原告に渡しただけで、全く利益を得ていないと言い、次回には領収書等の証拠も出すと言っていることを伝え、本件契約は契約書もないことから、被告を発注者と認定する一番の事実が揺らいでくると問題になることもあることを説明した。

原告は、被告から注文を受けたことは間違いがないと従来からの言い分を強調していたが、甲野弁護士は、万一、八坂土木が注文者と認定されても大丈夫なように訴訟告知という制度があるから、その手続をしたほうがいいと述べ、八坂土木も自社が注文者であると認めることはないはずであり、原告側に補助してくれれば、何かと情報が入ることもありうると説明した。これに対して原告は、よく分からないから先生に任せますということであったので、甲野弁護士は、明日その手続をすることを告げた。

さらに、甲野弁護士は、あらためて被告から書面が出てくること、それに対してこちらの主張を書面にして提出すべきこと等、今後の予定を説明し、受注に至った経過、工事の進行状況、遅れた事情と中止に至った経過についてよく思い出して、当時の帳簿や出面帳等も参照してメモを作成すること、原告自身が施工した部分と下請に施工させた部分を区分し、それぞれの工事の内訳と費用・経費を検討しておくこと、工事の進行状況を出面帳などで確認し、工事が遅れた事情と中止するようになった経過をできるだけ早く明らかにすることを要請した。そして、被告の準備書面が提出される予定の四月二三日の後の四月二七日㈪の午後に経過メモ等を持って来所するよう求めた。

〔平成一〇年四月七日㈫〕甲野法律事務所

甲野弁護士は、八坂土木に対する訴訟告知書を作成し、事務員に正本と副本と写しを各一部作成して、裁判所に提出するように指示した。事務員は、訴訟告知書五部を印刷し、内二部を弁護士の控えと原告用とし、正本と副本各一部と写し一部を作成して、裁判所に提出した。

〔平成一〇年四月七日㈫〕二民書記官室

原告から、八坂土木に対する訴訟告知の申立書の提出を受けたB書記官は、記載要件が整っていることを点検したうえで、その旨A裁判官に報告するとともに、直ちに八坂土木に対する副本の送達手続をとり、次いで被告代理人事務所へはファクシミリで送付した(16)。

七　補助参加人受任シミュレーション

〔平成一〇年四月九日㈭〕丙川法律事務所

午前一一時過ぎ、丙川三郎弁護士に顧問先である八坂土木の代表者八坂英男社長から電話が入った。八坂社長は、少し慌てた様子で、いきなり、「訴訟告知とはいったい何のことですか。裁判所から、訴訟告知書という書面が送られてきたが、裁判を起こされたということですか。」と尋ねてきた。丙川弁護士が八坂社長に対し、訴訟告知の意味について説明するとともに、裁判を起こされたのではないことを説明すると、八坂社長も少し落ち着いて話を始めた。丙川弁護士は、裁判所から八坂土木に送付されてきた訴訟告知書を、すぐに法律事務所にファックスするように指示する一方、訴訟告知書に記載されている裁判の原告名、被告名、事件番号、事件名の各記載内容を確認した結果、八坂土木が請負った工事の一部を下請に出した先である丸太興業と、実際に工事を請け負った円山舗装との間で、請負代金請求の訴訟中であること、同訴訟の原告である円山舗装の方から訴訟告知されていることなどがわかった。丙川弁護士は八坂社長から「要するに、どうすればよいのか。」と尋ねられ、「法律的には放置してもかまわないが、その訴訟に参加し、主張や証拠を出すこともできる。もし、原告が訴訟で敗訴した場合は、その判決で判断されたことに八坂土木も拘束されることになるから、こんどは原告が八坂土木に対して訴訟を提起してくる公算が大であるので、今の段階で訴訟に参加し、原告が敗訴しないように補助する方がよいと思う。」と答えたところ、八坂社長は、手続をお願いしたいとのことであった。

丙川弁護士は、補助参加申立の準備として、八坂社長から直接事情を聞くため、四月一七日㈮に請負工事についての資料と経過メモを持って来所するよう指示をするとともに、事務員に対し、八坂土木の委任状（法九一条三項）をもらい、四月一七日までに訴訟記録の謄写をしておくよう指示した。

〔平成一〇年四月一七日㈮〕丙川法律事務所

約束の午後三時を一〇分ばかり過ぎた頃、八坂社長が丙川弁護士の事務所にやってきた。

八坂社長は、一週間前の電話での説明で、訴訟告知の意味についてはおおむね理解していたが、「いきなり裁判所から何の説明もない書類が送付されてきたのでは、本当にびっくりする。訴訟告知が、どういう事であるかについての説明書ぐらいは、入っていてもいいのではないか。」と不満顔であった。

丙川弁護士は、前日に謄写ができていた訴状、答弁書及び証拠書類に既に目を通しており、事件の概略を頭に入れていた。訴訟における原告と被告との主張の主要なくいちがい点、すなわち、争点は、第一に、工事請負契約の当事者が原告と被告であるのか、それとも、原告と八坂土木であるのか、第二に、工事請負契約における請負代金額が一五〇〇万円の確定金額であるのか、それとも、実額であるのか、ということであったので、この争点を中心に八坂社長から事情聴取を始めた。

八坂社長の説明は、次のようなものであった。「八坂土木は、平成八年九月中頃、元請人である近畿企画が請負った学校建設のうち、給排水設備関係の工事を近畿企画から請負い、そのうち、下水道工事部分を同年一〇月ころ被告に依頼した。八坂土木と被告とは、これまで直接の取引はなかったが、過去に、八坂土木と協力関係にあった平岡建設㈱の紹介で一度仕事をしてもらったことがある。被告は、平岡建設㈱の下請であり、仕事がしっかりしており、土木業者としては優良会社である。八坂土木は、これまで原告とはまったく取引関係がなく、原告の建設業界での実績についても知らない。八坂土木が被告に依頼をした下水道工事を実際に施行したのは原告であるが、原告と請負契約を結んだのは被告であり、まったく取引関係のなかった八坂土木が原告と直接契約をすることなどあり得ない。」

八坂社長は、請負契約の当事者の点に関し、被告が、単に紹介者に過ぎないと主張していることについて、なぜこのような主張をするのか理解できないといった感じであり、さらに、「八坂土木から被告に対し工事を依頼したことに基づき、被告は、加茂設計事務所に工事設計及び見積を依頼している。八坂土木は、加茂設計事務所の一級土木監理士である吉田氏の要請で下水道配置図を渡したり、現地で説明を行っている。被告は、当然、加茂設計から設計図と見積書をもらっているはずであり、加茂設計に対し設計料等の支払をしているはずである。八坂土木は、被告から設計料等の費用負担をしてほしい旨請求を受けたので、平成八年一一月一二日に七五万円を支払っている。」と説明を続け、持参してきた関係資料として、八坂土木作成の下水道配置図及び被告から八坂土木宛の設計料等の請求書とその支払をした際の小切手控えを丙川弁護士に渡した。

丙川弁護士は、八坂社長から渡された資料の中に、被告作成の平成八年一一月一〇日付見積書があるのに気付き、請負契約の代金についての約束内容について説明を求めた。八坂社長の説明では、「八坂土木と被告との間の請負契約の代金については、被告会社の木谷専務が、平成八年一一月一〇日に、今日持ってきた金額一六五一万二〇〇〇円の見積書を持参し、同金額でお願いしたいと言ってきた。しかし、かなり高い感じがしたので、木谷専務と値引交渉をし、その結果、一五〇〇万円の確定金額とすることで話がまとまった。被告と原告との間の請負契約の具体的内容については知らないが、請負代金額については、平成八年一一月二七日に八坂土木の工事事務所で、木谷専務及び原告の三者が集まって打ち合せをしたことがあり、その際、木谷専務から原告に対し、加茂設計作成の設計図と金額が一五九〇万円位の見積書が渡され、代金額の話がされていた。最終的に、木谷専務の方から原告に対し、一五〇〇万円で了解して欲しいという要請があり、原告はその要請について特別に異を唱えることもなく、原告が請負工事を行うことが決まった。」ということであった。

丙川弁護士は、八坂社長の話によれば、被告と原告との間の請負契約の代金額は、八坂土木と被告との間の請負代金額と同じということになり、疑問がないではないが、原告が訴状において主張していることと異なり、一五〇〇万円の確定金額で合意されたものと考えざるを得なかった。

訴状と答弁書において、原告が途中で工事を中止するにいたった理由と、中止時点における工事完成割合についての主張がくいちがっていたので、その点についても、丙川弁護士から八坂社長に説明を求めたところ、八坂社長の話しは、次のようなことであった。「原告が工事を中止したのは、正確なことはわからないが、原告の下で工事を行った桂配管や大原設備が、掘削の施工方法について打ち合わせどおりに行わなかったため、元請の近畿企画からクレームが相次いだことによるものだと思う。原告が工事を中止した時点の工事完成割合は、およそ四割位と思う。その理由は、原告が抜ける以前に、被告からの請求に従って請負代金内金として四五〇万円を支払っていたが、原告が抜けた時点において、やはり被告から代金支払の請求があり、その時点までの工事完成割合を被告側で調査したところ四割であったとして、請負代金一五〇〇万円の四割に相当する六〇〇万円のうち、既払の四五〇万円を引いた残り一五〇万円を請求されたので、その支払をしているからである。」

丙川弁護士は、八坂社長から話を聞き終えた時点で、八坂社長の話の中でいくつか不鮮明な事実があり、原告の方に事実確認をしたいとも考えたが、八坂土木と原告とはこれまで取引関係もなく、訴訟事件における利害も一致しているわけではないため、それは差し控えることとした。

八坂社長はいつものように多弁で、丙川弁護士が予定していた時間をかなりオーバーした午後四時三〇分過ぎに帰って行った。丙川弁護士は、翌日が土曜日であるため、四月一七日中に補助参加申立書を作成して提出したいと考えていたが、それをあきらめ、申立書の提出は四月二〇日の月曜日に行うこととし、早速、簡潔に理由を記載した補助参加申出書を作成し、事務員に対し、正本と副本二通及び委任状と八坂土木の資格証明書を月曜日に裁判所に提出するように指示した。

〔平成一〇年四月二〇日(月)　二民書記官室〕

八坂土木から補助参加申出書（正本一通、副本二通）が提出された。同申出書には、補助参加人は、本件事件について、原告を補助するため参加する旨の記載があり、参加の理由として「訴状請求原因第二項に記載されているとおり、本件工事請負契約は、原告と被告との間において締結されたものである。しかし、本件において被告は、原告との間の本件請負契約の締結を否認するのみならず、補助参加申出人が原告との間において請負契約を締結したものであると主張している。本件訴訟において、原告の請求がもし認められないことになると、原告から補助参加申出人に対し請求がなされる可能性があり、申出人は本件訴訟の結果について法律上の利害関係を有している。」との記載があった。

B書記官は、原告及び被告に対する補助参加申出書副本の送達手続（17）を行うとともに、次回期日までに補助参加人に準備書面を提出してもらった方がよいと考え、八坂土木からの補助参加申出書を記録とともにA裁判官に回し相談したところ、原告の準備書面の提出期限と同様に五月一八日までに、本件契約の注文者を被告とする理由を具体的に記載した準備書面を提出するよう要請するように指示を受けた。そこで、補助参加申出人に対し、その旨を伝えるとともに、同代理人が次回口頭弁論期日に出頭できることを確認した。

〈注〉

(１) 第四、四４㈠参照

(２) 第四、四４㈢参照

(３) 第四、四２㈣参照

(４) 第三、五４㈠参照。

(５) 期日前に裁判官と書記官が事件について進行協議を行っていることは、第三、二及び五４㈡で紹介したが、情報共有手段としても、書記官の訴訟運営への積極的参画のためにもこのような協議が有益であることは、本シミュレーションでも明らかであろう。

(６) 第二、三４㈢参照

(７) 第三、四及び五３参照

(８) 第二注（６）参照

(９) 第三、二疑問点１参照

(10) 右同参照

(11) 本件では、第一回期日に提出された甲号証の認否は答弁書に記載があり、いずれも認める又は不知であったが、文書の成立を否認するときは、その理由を明らかにしなければならない（規則一四五条）。

(12) 争点整理手続の選択については、後に詳述する予定である。

(13) 新法下では、このように書面等の提出期限が具体的に決められることが多くなると予想されるが、従来のように手控えや記録にメモを入れておくような管理方法では、記録等を見たときには既に予定日が経過しているような事態になりかねない。書記官の期日間管理としてどのような工夫をしていくかは後に述べる予定である。

なお、弁護士側においても、訟廷日誌に期日しか記載していないと、失念したり期日直前に気付いても当事者との打ち合わせができないようなことになりかねない。期日のほかに書面等の提出日も記載し、かつ、その準備に要する時間等も判るような工夫をし、安請け合いをしないような配慮が必要になってくると思われる。

(14) 平成元年度裁判所書記官実務研究報告書第二二巻第一号「民事訴訟の審理充実と書記官の役割」一四四頁（平元）

(15) 最高裁事務総局「民事訴訟の運営改善関係資料１集中審理を中心として」民資二〇七号一八四頁（平六）や村上正敏「集中審理実践報告２」特集大阪地裁における民事集中審理（判タ九〇九号四五頁）（平八）において、集中審理により審理期間が短縮され、時間的余裕ができることの報告がなされている。

(16) 旧法七七条は、訴訟告知書について、「相手方ニモ之ヲ送達スルコトヲ要ス」と規定し、被告知者は当然のこと、訴訟の相手方にも送達することとしていたが、相手方との関係では、単に訴訟告知があったことを知らせる意味しかないので、新規則は、被告知人には副本の送達、相手方には告知書の送付と区別し、無用な送達費用の軽減を図っている（規則二二条）。したがって、訴訟告知の申立人は、正本一通と被告知者の数の副本と相手方の数の写しを提出する必要があるが、写しの提出がない場合は、裁判所書記官において、写しを作成して相手方に交付するか、写しは作成しないで告知書自体をファクシミリで送信することになる（規則四七条一項、二項）。

(17) 旧法六五条は、補助参加の申出書は当事者双方に送達することを要するものとしており、この点は新規則にも引き継がれているが、右申出は、訴え提起に準ずる重要な訴訟行為であることから、旧法当時から右の送達は、補助参加申出人の提出する副本によってする慣行を確立しており、新規則は、その慣行を明文化し、補助参加申出人に副本を提出させることとしている。なお、右規定は、独立当事者参加及び共同訴訟参加にも準用されている（規則二〇条三項）。

第六　第一回口頭弁論期日後から第二回口頭弁論期日前まで

一　被告期日間準備シミュレーション

〔平成一〇年四月三日㈮〕乙山法律事務所

四月二三日までに準備書面を提出すると約束した乙山弁護士は、事務所に戻ると、訟廷日誌の四月二三日の欄のメモ欄に「丸太興業・準備書面提出」と記載するとともに、記録に次回までに準備するポイントについて法廷でメモ的に書いたものを整理して記載し直した⑴（乙山弁護士は、準備書面の提出期限が定められる運用がよくなされるようになってから、期限に遅れることを避けるため訟廷日誌の提出期限の日付の欄にそのことを記載するよう心掛けていた）。

事務所には、既に、別の依頼者が相談室で乙山弁護士を待っていたが、忘れないうちにと、木谷専務に電話を入れた。幸い、同専務がいたので打合せが必要である旨伝え、四月七日㈫午後二時に打合せ日時を決めた。

〔平成一〇年四月七日㈫〕乙山法律事務所

午後二時定刻に訪れた木谷専務に、乙山弁護士は「先日の裁判では、こちらの言い分を簡単に述べてきましたが、裁判官から次回の裁判までにこれらの点について明らかにしてほしいといわれましてね……。」といって、準備事項のメモを見せた。

まず、乙山弁護士は、答弁書で認否を留保した代金の支払の点について確認をすることにした。

「以前のお話では、原告から資金繰りの関係で現金で支払ってほしいといわれ、原告との従来の取引の関係から断れずに協力することにしたということでしたね。」と乙山弁護士は打合せメモを見ながら述べた。「ええ。八坂土木の支払が三か月先の手形でして、円山舗装はとてもそれではまわっていかないからといわれましてね。それで、八坂土木は信用のある会社ですから、うちのところで立て替えて支払いましょうということになったのです。」

乙山弁護士は以前に預かっていた資料の中から、代金の支払に関するものと思われる請求書と領収証を木谷専務に見せた。木谷専務は「これが円山舗装からうちの会社への請求書、これがうちの会社から八坂土木への請求書です。これが、それぞれの支払についての領収証です。」「なるほど。これによると確かに丸太興業には一銭の利益も入っていないことになりますね。」「そうです。うちは単に支払を代行したようなものですから。」「確か、八坂土木は約束手形をあなたの会社に振り出したのですね。その手形の写しはありませんか。」「ああ。今はありませんが、コピーはとってあります。」

そこで、乙山弁護士は、後日届けられる予定の約束手形の写しと請求書、領収証を整理して証拠に提出することにした。

「それから、工事の出来高も争いになっていますが確か査定した資料がありましたね……えーっとありました。しかし、これは単に工事項目ごとの計算がしてあるだけで、図面でどこが完成したのかという説明がないから、どうしてこのような査定になるのかの根拠がわかりづらいですね。」「はあ。吉田さんは専門家ですから間違いないはずですが……。」「原告は、平面図と立面図から施工部分の量を計算すると五〇パーセントになるといっているんですよ。このような言い方は、土木工事の素人の裁判官には判りやすいので侮れませんよ。」

乙山弁護士は、いずれ吉田設計士には事情を確認しなければならないなと思いながら、とりあえずこの工事出来高書を証拠に提出することにした。

また、乙山弁護士は、原告のした工事に瑕疵があり、その手直しにより二〇〇万円余りを要したという点について木谷専務に事情を確認したところ、木谷専務は、詳細は分らないが、残工事の関係で八坂土木に紹介した三条管工から施工してみると手直し箇所がいくつもあってその部分の費用は別に考えてもらわなければ困るという話で八坂土木に伝えたことがあるということで、種々説明を始めたが、口頭の説明では事情がわかりにくく、図面がないか尋ねると、その時にスケッチした概略図のようなものはあったと思うから探してみるということであり、瑕疵の説明図を作成してもらうことにした。

そして、次回の打合せを図面の出来上がる予定の四月一五日㈬午後四時とした。

〔平成一〇年四月一四日㈫〕　乙山法律事務所

夕方、木谷専務から乙山弁護士に電話があり、仕事の関係で忙殺され瑕疵の説明図の作成が遅れていて、あと二、三日要するといってきた。乙山弁護士は、四月二三日には準備書面を提出する約束になっているから、とにかく急ぐように強く言い、四月一七日㈮午後四時に打合せを変更した。

〔平成一〇年四月一七日㈮〕　乙山法律事務所

午後四時、木谷専務が図面と約束手形の写しを持参した。乙山弁護士は、その図面を見ながら説明を聞いたが、口頭の説明を聞いている間は、分ったような気がしても書面で主張しようとするとなかなか上手くいかなかった。「これだから工事紛争事件は難しい」と思いながら、瑕疵の内容をどのように裁判官に分りやすく主張するか悩んだ。そして、木谷専務の持参した図面を瑕疵ごとに縮小コピーしてそこに瑕疵の説明文を記載する方法をとることにした。また、被告が六〇〇万円を原告に支払っている点は、この訴訟で被告に最も不利な点であると考えられたので、原告から被告への請求、被告から八坂土木への請求、八坂土木から被告への支払、被告から原告への支払の時系列的関係及び被告が全く利益を得ていないことを容易に理解してもらえるように表に整理することにした。

〔平成一〇年四月二三日㈭〕　乙山法律事務所

乙山弁護士は、資料11の準備書面を完成し、それと対応する証拠を記載した。文中に証拠を記載したことにより、立証趣旨は明白であり、証拠説明書は不要と考えたが、証拠方法の記載が必要であり、これと併用するような形で標目・作成者・立証趣旨を整理することにした。

乙山弁護士は、原告代理人と直前に補助参加申出書の送達を受けた補助参加人の代理人への準備書面と書証の写しの送付をどうしようかと考えたが、今回は工事出来高書などの証拠も送付する必要があるため、事務員に甲野と丙川の各法律事務所に持参させて副本を交付し、正本の副本受領欄に受領印を受け、これを裁判所に提出することにし、事務員にそのように指示した（当日夕刻に原告代理人から当事者照会書がファクシミリで送られてきたが、その対応等については、第七で詳述する予定である）。

二　原告期日間準備シミュレーション

〔平成一〇年四月二一日㈫〕　甲野法律事務所

前日は出張で三日ぶりに事務所にでた甲野弁護士は、事務員から、昨日、八坂土木の補助参加申出書が提出されたと裁判所から電話連絡があったので副本を受け取ってきていますとの報告を受けた。八坂土木が予想どおり原告側に補助参加してきたことを確認した甲野弁護士は、八坂土木の代理人である丙川三郎弁護士に連絡し、本件について意見交換をすることも考えたが、原告のために補助参加するということは分かったものの、その主張がどういうものになるかは不明であり、他の争点では利害が対立することも考えられるし、それぞれの立場において主張を出し合い立証を尽くしたほうが公正な結果も得られるだろうと思い、今の段階で丙川弁護士に連絡を取ることは差し控えることにした。

〔平成一〇年四月二三日㈭〕　甲野法律事務所

昼過ぎ、被告の代理人である乙山法律事務所の事務員が四月二三日付の被告第一準備書面と書証の副本を持ってきた。甲野弁護士は早速これにざっと目を通した。

被告の主張は、平成九年三月二一日の四五〇万円及び同年五月一三日の一五〇万円の各支払の事実を認めたものの、八坂土木の支払が三か月先の手形ということであったため、原告から、いったん被告が原告に立替払してほしいとの依頼があったので、これに協力して支払をしたに過ぎず、被告が本件工事請負契約の当事者ではない、ということであった。

甲野弁護士は、原告が被告から設計図（甲一の1・2）や工事内訳書（甲二）の交付を受けている事実や工事代金の一部支払も被告から受けていたことを併せ考え、被告側の「立替払に過ぎない」という主張は、いかにも言い逃れのように感じたが、工事請負契約の成立は、原告側が主張立証責任を負っており、被告が全く利益を得ていないという点は、重要な論点になる可能性があるから、この点について原告側としての的確な反論、主張をしておかなければならないと思った。

そこで原告側の対応について思い巡らしていた甲野弁護士は、原告が被告から交付された設計図と工事内訳書を加茂設計に依頼した者、その費用の負担者、八坂土木からの入金、原告への出金等の帳簿処理について当事者照会をすることにし、その回答期限を五月一日と指定しておいた（当事者照会の経過については、第七で詳述予定）。

〔平成一〇年四月二七日㈪〕　甲野法律事務所

午後六時過ぎ、原告の来所を待っている甲野弁護士のもとに原告から電話が入った。この日夕方頃に現場でトラブルがあり、その処理のためにまだかなりの時間を要する見込みで、今日事務所に行けなくなったという電話である。「どうすればいいでしょうか。」と行けなくなったことに対する不安を露わにする原告に対して、甲野弁護士は心配しないように諭したうえ、あらためて連休明けの五月七日午後六時に来所するように伝えた。

〔平成一〇年五月七日㈭〕　甲野法律事務所

五月七日午後六時過ぎ、原告と面談した甲野弁護士は、八坂土木に対する訴訟告知の手続をとったこと、これに対して八坂土木が原告側に補助参加するという形で裁判に加わってきたことを報告し、訴訟告知書の写しと補助参加申出書の副本の写しを原告に手渡した。そして、被告から第一準備書面が出されたことを告げるとともに、とりあえずこれに関連して当事者照会を被告にしていることを説明し、被告第一準備書面の写しと当事者照会書の写しを原告に交付した。この当事者照会については、指定した回答期日である五月一日が過ぎているにもかかわらず、被告からまだ回答は来ていないことを報告して、被告第一準備書面の内容と前回弁論で原告側の準備事項とされた点（本件契約の成立に至った経緯、契約内容、工事中止に至った経緯・事情、出来高分の工事内容と費用・経費の内訳）について検討に入るべく、甲野弁護士は、四月六日に面談したとき指示していた契約締結に至る経過や工事中止に至る経過等についてメモを見せてくれるように求めたが、原告は、今度も多忙で作ることができなかったということであった。

そこで、甲野弁護士が、八坂土木の請負代金支払が三か月先の手形であったのに対し、原告が現金での支払を求めたことにより、被告が現金で立替払をすることになったという被告の主張について確認したところ、原告は半ば憮然として、確かに被告の木谷専務から八坂土木から被告が受け取る手形で決済したいという話はあったが、八坂土木の手形は三か月も先の手形ということであり、原告はこれまで八坂土木とは取引をしたこともないし、従来被告との取引はすべて現金決済であったので、原告がこれを嫌って被告からの現金決済を求めただけで、請け負った相手は被告に間違いないと断言した。

そして、請負金額についても木谷専務が一五〇〇万円程度に収めることを求めてきたこと、これに対して、原告は、工事現場での概要説明の内容などから、工区がA、B、Cの三区に分かれているだけでなく、校舎建築工事と並行して本件工事を進めることになっているうえ、校舎の足場が撤去されないとその周囲の下水道工事に取りかかれないなど、工事の段取りが難しいことがわかったので、校舎等の工事期間の変更などにより作業員の待機や機材のリース料の増額等、経費の増額が生じた場合には実際に要した費用及び経費の支払を保証するように要求したところ、木谷専務はこれを了承したとこれまでよりは少し詳しい事情の説明があった。

そして、元々この工事では、オープンカット工法で掘削両面の傾斜角も二〇度であることで被告の了解を得ていたのに、工事の最中に、元請の近畿企画からのクレームがついたということで木谷専務から近畿企画の指示に従うよう指示されたこと、オープンカット工法というのは、いわゆる素掘であるが、クレームがついた場所は、斜面でかなり掘削深度が深くなったこともあって、近畿企画から危険であり、矢板で土止めをするように要求され、その他の場所も法令通り掘削面の傾斜角を三〇度とするよう要求されたこと、オープンカット工法から土止め工法に変更することによって、矢板等の資材の準備や、矢板立て込みの機材も必要になり、作業員の増員もしなければならなくなり、相当経費面で負担となったこと、掘削面の傾斜角を三〇度とすることによっても、掘削土量の増大により、運搬、埋め戻しなど工事量が増え、人工（にんく）増、工事機器のリース期間などで経費の増大につながったこと、土止め工法は、その後も何か所かで指示されたこと、その他、この工事では、校舎の足場の撤去が遅れたり、撤去された足場が掘削予定地点に置かれるなど、工事管理が杜撰で、しばしば作業が中断し、何日も手空きで待機させられるなど散々であったと強い口調で不満が述べられた。そんなわけで工法変更による施工費用の増額分などについて、その度に木谷専務に実費を保証するように要求し、木谷専務からは、かかった費用は支払うから工事を続行するように要請されたから、しかたなく仕事を続けてきたのであって、費用負担の約束がなかったら、もっと早くやめていますよということであった。

甲野弁護士は、そのような経過とそれぞれの出来事と経費増加の関係をきちんと整理しないと裁判で主張することは難しいということを説明し、早急に関係書類を揃え、言い分を整理するように求めた。

次に、原告は、被告が提出してきた加茂設計の工事出来高書（乙二）を見て、これは工事の施工範囲を特定していないので、原告が実際に施工した範囲をすべて計算しているかどうかわからない、自分は掘削土量、コンクリート量等も積算しているから、五〇パーセントにのぼることは間違いないと強調した。そこで、甲野弁護士は、あらためて訴状別紙図面に記載された原告の施工部分についての出来高を明確にするために、原告が算定した資料を作業員の出面帳や工事日報とあわせて整理して持参するように求めた。

最後に、被告が主張する瑕疵については、原告はほとんど認識していないことがわかった。特に、被告が主張する五か所の瑕疵のうち、瑕疵説明書の1及び4については原告自身が施工した部分であるが、同2は下請の桂配管、同3は大原設備、同5はタカノ組がそれぞれ施工した部分であること、瑕疵説明書1については、人孔の設置自体は被告から交付された図面（甲一の1、2）に基づいてしたものであり、地盤は近畿企画の設計図に基づいて他社が施工したと聞いており、配管が露出するとすれば、設計・施工後に法面の掘削角度が変更されたのではないか、同4も被告から交付された図面に基づいて人孔を設置しているはずであり、浄化槽の方が設計レベルを後に変更したのではないか、いずれも自分のしたことに間違いはない、このような主張をする被告はけしからんと気色ばんだ。そこで、甲野弁護士は、瑕疵説明書2、3、5について、それぞれの下請業者を調査するよう原告に要請し、原告は一週間以内に調査結果を回答すると約束した。

そして、甲野弁護士自身は近畿企画に対して地盤の設計関係の図面の写しの交付を求めることとした。

〔平成一〇年五月八日㈮〕甲野法律事務所

甲野弁護士は、近畿企画に電話し、本件工事の元請が同社であることを確認したうえで、五月一一日に担当者と面会する約束をした。

〔平成一〇年五月一一日㈪〕近畿企画事務所

甲野弁護士は近畿企画を訪れ、本件工事担当者に対して本件紛争について概要を説明し、地盤掘削は同社の作成した設計図に基づいて施工されたと聞いているが、当初の地盤設計図と竣工図があるか尋ね、その写しの提供を依頼した。同社は、「地盤設計図」という表題の図面はないが、地盤面を記載した図面と竣工図はある、当初の図面は何回か変更されており、その経過はすぐには分らないと回答した。そして、いずれに対しても肩入れしたと受け取られるようなことは差し控えたいとの理由で写しの提供は拒絶した。甲野弁護士は、瑕疵についての被告の主張の推移をみながら、再度提出を要請し、それでも拒否されるようなら、文書提出命令なども検討しなければなるまいと思った。

〔平成一〇年五月一五日㈮〕　甲野法律事務所

甲野弁護士は、被告からファクシミリで送信されてきた当事者照会書に対する回答書を受領した（この点は第七で詳述予定）。

原告が下請業者に対する調査結果を連絡してこないので、帰宅時間を見計らって電話をすると、まだ帰宅していないとのことであり、やむをえず家人に対して、五月一八日㈪午前中に必ず電話をするように依頼した。

〔平成一〇年五月一八日㈪〕　甲野法律事務所

午前一〇時半、法廷から戻ったばかりの甲野弁護士に原告から電話がかかった。原告は多忙で連絡が遅れたことを詫びて、次のとおり説明した。すなわち、原告は一応各下請業者に対して瑕疵説明書を示して問いただしてみたものの、まともな返答を得ることは出来なかったとのことで、瑕疵説明書2については、人孔を移設する必要はなく曲管を使用すればよい、同3については、管の径20で揃える必要はなく、15の管で十分だから安価な15の管に20の管を変えれば済むことだというのであり、同5については、多少の調整はしなければならないことが多いが、指摘されるほどもレベルが狂うはずはないとの主張だったということであった。

甲野弁護士は、右のような事情からすれば、瑕疵の点についてきちんと反論するには、当初の計画地盤面と完成地盤面との比較をせざるを得ず、近畿企画か地盤工事をした業者から設計図と竣工図を入手する必要があると考えた。

甲野弁護士は、準備書面提出予定日当日に至っても、このような程度のものしか資料として集まらなかったことについて、もう少し十分な調査ができなかったものかと一瞬考えたが、これ以上のことをこの間に望むのは無理であると考え直し、やむをえず、以上の打ち合わせと調査の結果と当事者照会の回答と当日受領した補助参加人の第一準備書面をもとに整理することにした。

しかし、その日の午後は受任していた少年事件について、少年鑑別所で少年と接見することになっており、夕方、弁護士会の委員会の後、この少年の両親と事務所で面談することになっているうえ、五月二一日の少年審判を控えて、翌一九日にもその関係で少年の元担任の先生とアポイントをとっており、二、三日先でないと時間が取れそうになかった。

同日午後四時半ころ、少年との接見を済ませ、委員会の資料を取りに事務所に戻ったところ、京都地裁第二民事部から準備書面の提出の催告の電話があった。応対した事務員に、早急に提出する旨答えさせたが、このところ忙しく、時間を取る目処がたたなかった。

〔平成一〇年五月一九日㈫〕　甲野法律事務所

多忙な一日を終わって一息つきたいところであったが、催促されている準備書面を余り遅らせるわけにもいかず、期日も迫っていることだし、頑張るかと気を持ち直し、本件の準備書面作成のための資料を整理し、夜かなり遅くなって原告第一準備書面（資料12）をようやく作成した。

〔平成一〇年五月二〇日㈬〕　甲野法律事務所

甲野弁護士は、前夜遅くまでかかって作成した準備書面を事務員に渡し、裁判所と被告代理人である乙山法律事務所、補助参加人代理人である丙川法律事務所にそれぞれファクシミリで送信させた。

三　補助参加人期日間準備シミュレーション

（平成一〇年四月二七日(月)　丙川法律事務所

午前九時三〇分、丙川弁護士が事務所に入ると、机の上に八坂土木の事件ファイルと共に被告から提出された四月二三日付の第一準備書面の副本と証拠書類が置かれていた。四月二三日(木)に事務所で受け取った書類であったが、その日の午後から丙川弁護士が出張でいなかったため、事務員がファイルと共に机に出してくれていたのである。

丙川弁護士は、早速、ざっと被告の準備書面に目を通したが、内容としては、答弁書では留保されていた工事代金の一部の支払についての認否と支払の事情及び原告が工事を中止した時点における工事出来高について主張がなされ、証拠書類が出されていた。さらに、答弁書には全く書かれていなかったことであるが、原告が行った工事に瑕疵があったとの主張が新たにされていた。

丙川弁護士は、四月二〇日に補助参加申出書を提出した当日、裁判所から、本件請負契約の発注者が被告である旨記載していることに関し、その具体的な根拠、理由を記載した準備書面を五月一八日までに提出するように求められていた（2）ことを記録ファイルの最初に綴じてある予定表（3）で確認し、早速、準備書面作成のスケジュールを立てることにした。

指定された期日までには相当ゆとりがあったので、とりあえず八坂土木に被告第一準備書面の写しを送り、被告の主張に対する反論と関係資料があれば至急に送るように事務員に連絡させた。そして、スケジュール表を見て、連休明けの五月七日の午後に二時間程時間が取れることから、そこで準備書面の作成をすることにし、その予定を書き込んだ。

（平成一〇年五月七日(木)　丙川法律事務所

八坂社長からはその後連絡がなかったが、四月一七日に必要な事実関係については事情聴取を終えていた（第五の七「補助参加人受任シミュレーション」参照）ので、丙川弁護士は、再度の打ち合わせをしなくても準備書面を作成できると考えて、八坂土木の事件ファイルを取り出し、訴状・答弁書・被告第一準備書面と証拠書類を精読し、かつ、四月一七日に八坂社長から事情聴取した際のメモと証拠資料に目を通した。そして、補助参加人の準備書面として、今の時点においてどの範囲で主張をし、証拠を提出しておくのがよいかを検討した。その結果、訴訟はまだ始まったばかりであるし、原告側の対応も十分分っていないので、とりあえず裁判所から指示のあった事項（本件請負契約の注文者を被告とする具体的な事実）と、もう一つの争点であり、仮に原告が敗訴し八坂土木に火の粉が降りかかることになった場合を考えて、原告の主張とは反するが、請負代金が一五〇〇万円の定額であったことを簡潔に主張しておくことにし、準備書面の原稿作成にとりかかった。

丙川弁護士は、一時間半ほどかけて資料13の準備書面を完成し、証拠書類として、八坂社長から預かっていた資料の内から、被告が依頼した加茂設計の要請で補助参加人が同設計事務所に提供した下水道配置図（丙一）とその設計料を被告に支払った際の請求書（丙三の1）と小切手の控え（丙三の2）、同設計事務所の作成した見積書を被告が増額修正して補助参加人に提出した見積書（丙二）を提出することにした。各証拠の標目、趣旨は準備書面の本文中の記載で十分理解できるから、この時点で証拠説明書は不要と判断した。

そして、事務員にこの準備書面と証拠の写しを作成し、八坂土木に送り、四月二七日に依頼した件と合わせ、この準備書面についての意見を求めるように指示した。提出期限までにはまだ間があるので、その間に八坂土木から意見が返ってくれば、被告の主張する瑕疵等について追加することにし、その日の作業を終えた。

〔平成一〇年五月一五日㈮〕丙川法律事務所

この間、八坂社長から一度電話があり、被告の主張する原告施工部分の工事の瑕疵については、残りの工事をした三条管工からか被告からかは忘れたが、何か所も手直しが必要だということで、図面か何かをもらった覚えがあり、今探しているが、被告の瑕疵説明書に書いてあるようなことだったと思うということで、その他は送ってもらった準備書面のとおりだということであった。丙川弁護士は、瑕疵問題についても、原告の立場には反するが、補助参加人の利益のためには、主張を明確にしておく必要を感じていたが、差し当たっては原告の主張を見てみようと考え、今の段階では書かないことにし、八坂社長には資料を探しておくように頼み、このままで補助参加人第一準備書面として裁判所に提出することにした。そして、丙第一号証（下水道配置図）が大判の図面でファクシミリ送信出来ないから、事務員に準備書面も書証も正本と副本二通を作成し、一八日㈪早々に甲野法律事務所と乙山法律事務所に届け、副本領収印をもらってから裁判所に出してくるように指示した。

四　期日間管理シミュレーション

〔平成一〇年四月二三日㈭〕二民書記官室

被告代理人の事務員から、提出期限のとおり、第一準備書面と関係書証の写しが二民書記官室に提出され、B書記官が受付手続をし、準備書面にも書証の写しにも原告代理人と補助参加人代理人の副本受領印があったので送付を要しないことを確認した。B書記官は、法廷の立会日ではなく、翌日の開廷事件の点検をしている最中であったが、その日の朝に「期日間管理簿(4)」を見て、本件事件の準備書面の提出日であることを確認していたので、期限どおりに提出されて、いつもながら乙山弁護士は期限を守ってくれると感心しながら、期日間管理簿の該当欄にその旨を記載し、記録を取り出して、第一回口頭弁論期日調書と事件カルテを参照しつつ、被告の準備事項が充足されているか点検した(5)。

被告の準備事項は、①本件契約の成立に至った経緯・事情についての詳細な主張、②訴状請求原因第六項（工事代金の支払）に対する認否及び領収書等の整理・提出、③原告側の工事範囲及び出来高、④原告側工事の瑕疵の四点(6)であるが、①についてはほとんど記載がないものの、②については表にまとめたうえに各請求・支払毎に書証が整理されていて分かりやすく、中間の請負人が全く利益を得ないで、かえって損をするような仕事の請け方をすることは考えられないのではないかと思った。③については、施工範囲が明確でないが、工事中止時に専門家の査定があるのであれば、大きな争点にはならないかとも思ったが、範囲について当事者双方の見解が一致しないと検証などやっかいなことになるのではないかとちょっと心配でもあった。④については、分かりやすい図面に説明がついていて、工夫しているなあと思いつつ、原告はどう反論するのだろうかと興味を持った。

その日は、翌日の立会事件についての裁

判官とのミーティングの予定であったので、その折りにA裁判官に右のような感想とともに点検の結果を報告し、既に原告にも補助参加人にも直送されてはいるものの、①について、補充させるかどうかを協議したが、重要な部分は網羅されており、十分な準備をするゆとりがなかったのかもしれないから、①については、原告や補助参加人の対応も見てから考えることにしようということになった。

②の点についてのB書記官の感想について、A裁判官は、工事を下請けに丸投げする場合には、利鞘を取らないこともないわけではないが、金利の面でも資金繰りの面でも相当の負担になることを被告が引き受けたというのは、これまでの請負事件でも経験したことはなく、なぜ発注者でないといいながらそこまで深くかかわったのか問題になる点であると指摘し、補助参加人の主張も出てきた段階で、契約当事者に関する三者の主張を対照できるように整理するよう要請した。

また、準備書面に証拠説明が記載されている点については、本来、証拠説明書は、書証目録及び証人等目録の後に編綴することになっており、一部だけが準備書面に記載されていると一覧性を損ねることになるからあまり望ましいことではないという点では、A裁判官とB書記官の意見は一致したが、添付されている書証はいずれも証拠の標目も立証趣旨も記載自体から明らかであり、別途提出をするように要請するまでもないと考えられたから、今回は「証拠方法（兼証拠説明書）」と記載された部分のみをコピーし、書証目録・証人等目録の末尾に綴ることにし、今後のことは、機会をみて右のような点を説明し、お願いすることにした。（その日は、翌日の立会準備で時間がなかったので、カルテへの記入は後日することにした。）

〔平成一〇年五月一八日㈪〕二民書記官室

午前一一時前、丙川法律事務所から補助参加人第一準備書面と書証の写しが提出された。これらにも原告及び被告の代理人の副本領収印があり、原告及び被告への送付は要しなかった。B書記官は、期日間管理簿を見て、期限通り提出されたことを確認したが、当日には原告からも準備書面が提出されることになっていることに気付いた。

そして、カルテを見て、補助参加人の代理人には、本件契約の注文者を被告とする理由の準備を要請していたことを確認し、提出された準備書面には、その点について、重要な間接事実が四項目に整理して記載されていた。それに付け加えて、本件工事の請負代金額について、原告の補助参加人でありながら被告側の主張と同じ定額請負である旨の記載があった。B書記官は、補助参加人の訴訟行為と被参加人の訴訟行為との抵触の場合の処理について、もう一度勉強しておかなければならないと思いつつ、記録の表紙の前に提出された準備書面を綴り（7）、A裁判官に提出した。

しばらくして、書記官室に記録をもってきたA裁判官は、B書記官に、これで原告の準備書面が出れば、発注者問題についての三者の主張が揃うことになるが、被告が発注者とすると全く利益を得ていないことが問題になり、補助参加人のいうように、一般に取引関係のない業者同士の場合、直接契約を交わさないで、両者を知っている者を中に入れることはよくあることであり、補助参加人の主張にも一理あるし、難しい判断になるかもしれない、ここは、原告準備書面を見てから、それぞれの主張する間接事実の対比表を作り、じっくり取り組まなければいけないなどと感想を述べて記録を返した。

Ｂ書記官は、原告の準備書面が出れば、裁判官から要請されている発注者問題の間接事実の整理に取り掛かろうと待っていたが、午後四時三〇分頃になっても、原告からの準備書面の提出がないので、原告代理人の事務所に電話をした。

（Ｂ書記官）京都地裁の二民書記官のＢと申しますが、原告が円山塗装で被告が丸太興業の平成一〇年(ワ)第五〇〇号事件について連絡したいことがあるのですが、先生はおられますか。

（事務員）どういうご用件でしょうか。

（Ｂ書記官）先生の方から準備書面を提出していただく約束になっているのですが、まだ提出されていませんのでご連絡したいと思いまして。

（事務員）しばらくお待ち下さい。

（事務員）お待たせしました。弁護士に言いましたら、今日が提出予定日だということはよく分かっているが、今日、本人から資料を受け取ったところで、今作成していますので、二、三日待ってほしいということですのでよろしくお願いします。

（Ｂ書記官）それでは、五月二一日には提出していただくということでその旨を裁判官に伝えますので、先生にお伝え下さい。

〔平成一〇年五月二〇日㈬〕二民書記官室

原告代理人から、第一準備書面がファクシミリ送信により提出され、その後、被告代理人及び補助参加人代理人から準備書面を受領した旨の書面がファクシミリにより送信されてきた。

原告が準備する予定の事項は、①本件契約の成立に至る経緯、契約の内容、工事中止に至った経緯・事情、②出来高分の工事内容と費用・経費の内訳であったが⑻、Ｂ書記官が点検したところ、提出された準備書面には、①の関係では、本件契約の発注者に関する間接事実が八項目に整理され、被告の主張の最も重要と思われる利益を得ていないという点について一応の反論が記載され、工事代金の取決めについて実費精算という特別な合意をした理由についても訴状よりは少し詳しくはなっているが、工事中止の事情の記載はなく、②については、訴状での主張を少し補充した程度で、これも追って主張することになっている。ただ、被告が第一準備書面で主張した瑕疵については、反論の概要が記載されており、他社の工事との関係等、審理範囲の拡大が予想された。

Ｂ書記官は、発注者問題での当事者の主張が出揃ったところで各主張を対比するよう求められていたのを思い出し、どう整理しようかと思案し、これまでに主張されたところをワープロで整理することも考えたが、原告と補助参加人の準備書面には、この問題に関する間接事実が合計一二項目に整理されており、これが原告側の主張の骨格をなすと思われるが、まだ修正される可能性もあり、将来、この各項目について被告の認否・反論を求めていく必要もあるから、今の段階では、主張整理のための資料作りに止めることにし、原告と補助参加人の第一準備書面の該当個所を縮小コピーし、「原告の主張」と「補助参加人の主張」のタイトルをつけてＡ４用紙に並べて張り付け、その右欄に被告の認否・反論を記載できるようにした。

そのうえでＢ書記官は、記録とともにＡ裁判官に提出し、点検の結果を報告した。

Ａ裁判官は、不十分な点はあるが、おそらく原告は個人事業者で工事関係の資料や帳簿などの管理が十分でなく、整理に手間取っているのでしょう、原告代理人としてはかなり努力した準備書面だと思われますし、期日も明後日のことですから、準備書面についてはこのままにしておきましょうと述べ、ただ、発注者問題について、原告と補助参加人から具体的な主張がでており、せっかく資料も作ったのだから、各代理人にファクシミリで送り、被告代理人には次回期日に分る範囲で意見を聞きたいと伝えておくように指示した。

五　期日間管理

１　目的及び内容

書記官事務としての期日間管理とは、第一回口頭弁論期日前のいわゆる事前準備（訴状審査、期日前の参考事項の聴取等）に引き続いて、第一回口頭弁論期日以降の各期日を充実したものとし、審理の充実・促進に資することを目的として各期日間において行う事務をいう。

その内容としては、特に限定があるわけではなく、期日間に提出された準備書面等のチェック、裁判官の命を受けての期日間釈明に関する事務、期日外での送付嘱託等の申請の採用決定等に関する事務等、前述の目的から次回期日が空転せず、充実したものとなるように行う事務は全てこれに含まれると考えられるが、特に期日間管理として中心となる事務としては、前回の期日において提出期限を設定し、あるいは当事者が期日間において準備することとされた事項等について、その予定通りに期日間の準備が進行することを書記官が管理することをいう。

例えば、一方当事者から提出された準備書面に記載された主張又は求釈明に対して、相手方当事者が反論又は釈明のための準備書面を提出する約束をした場合や書証や証拠申出書等の提出を約束した場合に、書記官は、提出を約束した当事者が期日前あるいは提出期限に準備書面等を提出しているかどうかをチェックし、提出されていない場合には、それを催促することになる(9)。

期日間管理により期日間の準備がスムーズに行われることによって、裁判所にとっても当事者にとっても事前に審理内容の予見が可能となることにより、従来散見された準備書面等の交換だけに終わるような無駄な期日は姿を消し、実質的な議論が展開できる中身のある期日運営が可能となることが期待される。

期日間管理を書記官がスムーズに行うためには、事件の内容及び進行段階を理解し、期日間準備の内容を正確に把握しておくことが求められることはいうまでもないが、それだけではなく、裁判官との意見交換や書記官の努力が生かされるような対応が裁判官に求められるのであり、そのためには、裁判官との間に、相互の信頼関係の下に爽やかな風が吹いていることが必要である。事件を真ん中において、それぞれの持ち場での役割を確実に行うことが、当事者の理解にも繋がり円滑な期日間管理を行うことができるようになると考えられる。

また、対当事者との関係においても、期日のやり取りを頭に浮かべつつ催促することが必要であるが、本シミュレーションからも分かるように、約束した事項といっても当事者との関係で期限通りに十分な準備をすることが容易であるとは限らず、必要な要請はしつつも会話を丁寧な口調で進めるなどの配慮も必要である。そして、一方当事者に偏しない公平な態度が求められるであろう。

旧法二四三条も、期日間管理の重要性を規定したものと考えることができるが、新法は、争点整理の充実を改革の大きな柱としており、その担い手として法六三条で裁判官の命により書記官は期日外釈明を行うと規定し、事前準備と共に期日間管理事務を担う書記官の役割が重視されている（10）。

2　第二民事部における期日間管理の実際

第二民事部では、担当書記官制の下に書記官事務を行っているが、書記官は、法廷等に「期日間管理簿」を持ち込み、期日において、裁判官から当事者に対し提出期限を定めて準備内容が指示された場合には、その場で期日間準備の予定を書き込むようにしている。管理簿の記入の他に、調書にも準備内容を記載している係もある。裁判所にもパソコンが導入されたこともあり、パソコンによる管理の工夫も始まっている（11）。

書記官は、期日間管理簿によって、提出予定日の翌日を目処に提出予定者に電話連絡をして催促をする。提出された書面は、遅くとも翌日までには相手方に送付手続を取ることになるが、期日の直前に提出されたもの等相手方に到着する日をにらんで必要に応じて裁判所から相手方にファクシミリ送信している。

提出された準備書面等はチェックして内容を確認した上で、裁判官に報告をする。提出された書面の内容によっては、早急に釈明を指示したり、送付嘱託や調査嘱託等が申し立てられたときは、期日外採用決定等の事務が必要になることもある。

第二民事部い係において、平成九年四月一五日から同七月一五日までの間に、準備書面等の提出期限を定められたものが六七件あり、その事前提出状況は次のとおりである。

① 書記官が連絡するまでもなく提出されたものが二七件（四〇％）

② 提出期限当日又はその翌日に書記官が電話連絡をした後で提出されたものが二六件（三九％）

③ 次回期日までに提出されなかったものが一四件（二一％）（次回期日の予定が変更されたために提出が不要になった事例、相手方当事者からの提出を前提にした上で提出予定が決められていた場合にその提出がなかったために準備ができなかった事例を含む）

3　今後の課題

期日間管理事務が、審理の充実・促進に資する重要な書記官事務であることには誰にも異論はないであろう。期日間管理を十全に行おうとすれば、従来の調書作成中心の書記官事務からの意識改革が必要であり、法律知識や調書作成能力に加え、当事者との折衝能力を欠かすことができない。

判断する主体は裁判官であり、書記官はその命令の下に補助をするものと考えられ、調書作成を中心とする公証事務に独自性を認めてきた従前の書記官事務からすれば、判断を伴う主体として書記官が期日間管理を行う場合、裁判官と書記官との役割分担をどのように考えるのか、訴訟運営において良きパートナーであることが求められるとしても、厳然としてある裁判官と書記官との訴訟法上の権限の違いからくる役割はどのようなものか、実務において新法の理念をどう具体的に定着していくかと共に、なお、考察すべき根本的な課題であると思われる（12）。

〈注〉

(1) 後記四の注(5)参照

(2) 第五の七「補助参加人受任シミュレーション」参照

(3) 後記四の注(5)参照

(4) 準備書面等の提出予定を管理する方法として従来は記録にメモを入れておくなどの工夫がされていたが、それは一般的に次回期日の一定期間前(一週間前とか三日前とか)に提出を指示し、提出されるころに書記官が次回準備のために記録を点検し、提出されていないと催告していたが、このようにして催告して提出されても期日は間近であり、必ずしも口頭弁論の活性化につながらない面もあった。そこで、本シミュレーションも示すように、争点整理の目標を定め、次回期日までに各当事者が準備すべき事項を決め、提出順序や提出時期を設定する計画的弁論が考えられるようになってきている(最高裁事務総局「民事訴訟の運営改善関係資料—集中審理を中心として—」民資二〇七号一九三頁、二五二頁(平六))。そのような運営をするためには期日の直前に記録を見たのでは間に合わないから、別途管理方法を編み出す必要があり、その一つをして考案されたのが資料14の(1)のような期日間管理簿であり、第二民事部の単独係で使われている。合議係では、準備内容などを書き込みやすいように資料14の(2)の様式の期日間管理簿を使用している。この他、開廷期日簿の欄外にメモする方法などもあるが、管理事項が多くなればそれでは十分な対応ができない恐れがある。

(5) 第一回口頭弁論期日シミュレーション(第五の四)で示したように原告代理人は、法廷終了後その場で次回の準備事項を整理しており、被告代理人は事務所に帰った後すぐに期日間に準備すべき事項をメモし、補助参加人代理人は、記録ファイルの最初に予定表を綴じ込み、これに期日間に準備すべき事項や書面の提出期限等を記載している。

　このような工夫は、これまでにも多くの弁護士がそれぞれに実践してきているところと思われるが、新法の下で本シミュレーションが示すような計画的な訴訟運営がなされるとき、各代理人がそれぞれの期日間準備を期日の面でも内容的にも的確にこなしていかなければ、全体的な進行に大きな支障が生じることになる。それが言うほど容易でないことは本シミュレーションでの各代理人と本人とのやりとりからも明らかであるが、それをどのように克服していくか、代理人の適切なリードの必要性が強調されなければならない。それとともに、裁判所側においても、指示事項等の整理を励行し、提出された準備書面等についても形式的に受理するだけでなく、審理計画との関係で内容面でのチェックをし、的確な対応をしていかなければならない。

(6) 第五の五5「期日における確認事項等の記録」参照。

(7) 二民単独係では新しく提出された準備書面や証拠申出書等は、次回の口頭弁論期日までは、記録の表紙の前に紐で綴じている。これは、紛失を防止しつつ、期日間に提出された書面があることを明確にし、次の対応を適切に取るために、記録を見たときに一目で分かるように工夫されたものである。二民の合議係では、提出文書等は、記録の裏表紙の後に綴り込むが、記録の表紙の裏に「準備書面・書証等提出チェック表」を綴っており、それに提出書面等を記載して、同様の管理の工夫をしている。

(8) 前注(6)参照。

(9) 従来から行われてきたところであり、審理充実事務の中心となるものであるが、裁判所によっては遠慮がちに催促するようなところもあったようである。しかし、本シミュレーションのような訴訟運営が一般化すると、一人の当事者の準備不足が他の当事者の予定(本シミュレーションでも、被告の準備書面提出期限に合わせて原告代理人は当事者との協議をセットしている)まで狂わせることになるから、このような管理は、むしろ裁判所の責務と位置付けなければならない。一方が提出期限を守っているのに相手が守らず、それを裁判所が放置し、あるいは強く要請するのをためらっているようなところがあり、守るよう努力している弁護士から、一生懸命準備をしても必ずしも報われないというような苦情を聞くこともないではない。

(10) 本シミュレーションが示したような期日間管理における書記官の行動は、裁判官との協働関係を模索しつつ自己の役割を考えているB書記官が実際に行っている事務を基本にしつつも、裁判官側に立って、新しい民事訴訟法のもとでのあるべき姿を念頭に置いて構想した部分もないわけではなく、全てが現実に行われているというわけではない。そして、書記官の研究メンバーの中にも、供述録取事務の負担が現実にどのように展開をしていくのかはっきりと分からない状況の下で、このような期日間の書記官の役割だけが強調されることに不安を感じている者もないわけではない。

集中審理を軌道に乗せていく中で、裁判官と書記官が実際の訴訟運営をふまえて、パートナーとしての協働と役割分担を考えていくべきであろう。

なお、本研究会の弁護士メンバーからも、本シミュレーションのような裁判官と書記官の協働関係は評価されているが、反面、十分な協働関係の形成されていない場合に、書記官主体の期日間管理が一人歩きする危険も指摘された。書記官に一定範囲で包括的な指示をして管理させることは、書記官との役割分担として有効でもあり、書記官の自発性を高め、能力の開発に役立つ面もあるが、とりわけ本人訴訟などでは期日間釈明が事件の方向に大きな影響を与える場合もないではないから、包括的な指示がある場合でも、重要性を見極めつつ慎重な対応が必要である。

(11) パソコンデータソフトを利用した準備書面の提出期限の管理について、西理香ほか「あくせく君と期日間準備―パソコンを利用した審理充実のための一方策」判タ九二八号五五頁参照。

(12) これからの書記官の役割を論じたものとして、以下の文献が参考になる。

平成元年度裁判所書記官実務研究報告書第二二巻第一号「民事訴訟の審理充実と書記官の役割」、最高裁事務総局「民事訴訟の審理の充実促進に関する協議要録」民資第一九六号九七頁（平三）、最高裁事務総局「大阪地方裁判所における『民事訴訟の審理充実方策に関する実施結果報告書』」民資一九七号一七五頁（平三）、最高裁事務総局「民事訴訟の審理の充実促進に関する執務資料」民資二〇一号六二頁（平四）、最高裁事務総局「民事訴訟の運営改善関係資料(2)」民資二〇八号七五頁（平六）、中野貞一郎「解説新民事訴訟法」一三頁（有斐閣、平九）。

なお、新法下における書記官の職務等に関しては、青林書院『新民事訴訟法大系』第一巻所収の木村元昭「裁判所書記官の地位と職務」（平九）及びぎょうせい『新民事訴訟法の理論と実務』上巻所収の奥田隆文「裁判所書記官の権限と役割」（平九）参照。

第七　当事者照会

一　当事者照会シミュレーション

〔平成一〇年四月二三日(木)〕　甲野法律事務所

この日、被告第一準備書面を受け取った甲野弁護士は、被告が、合計六〇〇万円を原告に支払っていることを認めながら、八坂土木からの支払が三か月先になることから、原告の要請を受けて、紹介者の立場で被告が立替払をすることになったに過ぎないと反論し、八坂土木からの受取金と原告に対する支払金に全く差がなく、一切利益を得ていないことから、被告が発注者でないことは明らかであると主張し、証拠上もその事実は認められそうであることを知り、的確な反論の必要性を感じた。なぜ被告が三か月も先の手形を割引料も取らずに原告に即金で支払をしたのか思いを巡らしていた甲野弁護士は、原告が被告から設計図（甲一の1・2の下水道配管図及び配管断面図）と工事内訳書（甲二）の交付を受けていることから、被告が設計事務所に設計等を依頼し、費用も支払っている可能性があり、この事実が明らかになれば、被告を注文者とする工事請負契約の成立に関する重要な間接事実になると考えた。また、工事代金の一部の支払についても、その真偽は被告の帳簿上の処理を見れば明らかになるはずであり、もし、帳簿上の処理が被告側の主張と違ったものになっていれば、この事実は原告側にとって極めて有利な事実になるはずである。

甲野弁護士は、原告側としての反論、主張をするのに先立ち、これらの点についての手掛かりを先につかむ方法がないかと考えた。これまでの民事訴訟法によれば、このような場合、求釈明という方法によって裁判所の釈明を促していたが、釈明は、当事者の主張の不明瞭な点について裁判所が当事者に明らかにさせる制度であり、当事者の主張を構築するための制度ではないうえ、主張・立証責任の点からも問題があり、この方法での実現は無理と判断した。そして、甲野弁護士は、このような場合、今回の新しい民事訴訟法によって設けられた「当事者照会」の制度が使えるのではないかと考えた。「当事者照会」の制度は、当事者の主張・立証の準備に必要な事項について の質問を認めるものであり、主張立証責任に関係なく行うことができ、もし、被告側が理由なく回答を拒否したり、不実回答を行った場合には、そのことを訴訟資料として提出することもできることから、被告側としてもみだりに不誠実な対応をすることもできないのではないか、と考えた。

そこで甲野弁護士は、原告側に有利な回答を導き出す手段として、①原告が被告から交付を受けた設計図と工事内訳書について、いつ、誰が、設計事務所に依頼したのか、②設計図及び工事内訳書の作成費用をいつ、誰が、いくら支払ったのか、③八坂土木から被告への支払、及び、被告から原告への支払が、被告の帳簿上、どのような費用として処理されているか、以上の事項について被告に対し当事者照会を求めることとした。そして、作成に取り掛かろうとしたが、甲野弁護士も当事者照会を利用するのは初めてであり、書式も整っていなかったので、実務マニュアル（1）や規則八四条を見ながら、作成していった。回答期限については、四月二七日に原告との打ち合わせを予定しており、五月の連休前に回答をもらえれば、原告との打ち合わせ結果と併せて、準備書面を連休中に作成できると考えて、一週間後の五月一日と定めることとした。かなり時間がかかったがどうにかその日のうちに資料15の「当事者照会書」を作成し、ファクシミリにより被告に対して送信した。

二　当事者照会回答シミュレーション

〔平成一〇年四月二四日㈮〕乙山法律事務所

前日午後九時四五分に原告代理人の甲野弁護士から乙山弁護士宛てに本件に関する当事者照会書が着信していた。

これには三項目の質問が列記され、五月一日を回答期限とされていた。

乙山弁護士は、これまで訴訟の係属中に、その相手方から準備書面の求釈明以外に、訴訟外でこのような事件に関連した質問書が出されてくるなどという経験を持ち合わせていなかったので、正直なところ面食らった。しかしその一方で、これが当事者照会かと、もの珍しげに暫し照会書を見入った。

そして、差し当たり、当事者照会を規定した条文に目を通し、どのような内容について照会が可能であるのか、また、今回の照会手続に問題がないかを検討した。それは、そもそも違法な照会には回答する義務がないため、回答内容を吟味するまでもなく排斥できるであろうと考えたからである。

しかし、当事者照会の内容につき、法一六三条本文には、広く「主張又は立証を準備するために必要な事項について」照会できるものとされ、例外として具体的個別的でない照会や侮辱的な照会等が同条各号で除外されているにすぎなかった。

本件照会書の(1)ないし(3)の照会項目を見る限り、本文の要件に当たらないとは言いにくいし、除外規定にも該当するものは見当たらなかった。

また、照会手続についても、規則八四条を見る限り、手続違背を指摘できる点はなかった。

そこで、やむなく、乙山弁護士は、被告丸太興業の本件担当者である木谷専務に電話して、原告から当事者照会がなされてきたので、その対応を協議したいから、来週早々にも一度事務所に来所して欲しいといったところ、木谷専務は、連休までにしなければならない竣工検査が立て込んでおり、しかも月末でとても無理という。土・日を除けば実質四日間しかない回答期限自体に無理があり、このような不相当な期限に従うこともないと思い、それでは連休明けの五月六日の午後五時に来所するよう要請するとともに、その照会書をファクシミリで送るので、それまでに各質問項目を検討し、資料も持ってくるよう指示した。

〔平成一〇年五月六日㈬〕乙山法律事務所

午後五時過ぎに来所した木谷専務に対し、乙山弁護士は、さっそく照会書についてご検討頂きましたかと切り出したところ、木谷専務は、FAXして頂いた照会書を拝見しましたが、あいにく、連休中でしたので、質問事項につきましては十分な調査ができていません、ただ、このような相手方からの質問には、すべて返答する必要があるのでしょうかと、いきなり核心を突いた質問で切り返してきた。

そこで、乙山弁護士は、当事者照会がどういった制度であるかを一通り説明したうえで、確かに、民事訴訟法上、当事者照会の回答をしなかったからといっても、そのことだけでこちらが敗訴するというペナルティーは規定されていないが、適法かつ正当な照会に対して、ことさら回答をしなかったり、事実と異なる回答をした場合には、後々、そのことが裁判の一資料となり、裁判官は、こちらが不利な事実を不当に隠蔽しているように考えて、不利な心証を形成してしまう虞が強く、結果として敗訴につながる可能性がある旨を説いた。そして照会に対する回答内容は、必要最低限度で足り、それ以上の回答は、不要であることも付言することも忘れなかった。こうして、具体的な照会事項の検討に入っていった。

〈照会事項(1)について〉

まず、乙山弁護士は、すべての照会事項である質問の意図が、貴社が本件請負契約の発注者であることを伺わせる事実の探索にあることを告げて、照会事項(1)はどうかと問い質した。

（木谷専務）工事に際して原告に渡した本件工事の設計図と工事内訳書は、平成八年秋頃に、私が加茂設計の吉田監理士に作成をお願いしたものです。

（乙山弁護士）でも、もともと本件工事は、平岡建設の工事部長から八坂土木に手を貸してやって貰えないかと協力要請があったけれども、貴社ではできないから、原告を紹介したのではなかったのでしたか。どうして、仕事を仲介しただけの貴社が、このように図面まで作成する必要があったのですか。

（木谷専務）平岡建設の工事部長から話があった一番最初の時点では、当社が一旦、八坂土木から仕事を請けて、下請けに工事をさせることも考えたのですが、いろいろ社内で検討した結果、当時の仕事の状況では、下水道という不得手な分野の工事までも、わざわざ当社が正式に請けて、責任を負うということは、本件工事で見込まれる利益の額からみても、あまり得策ではないということになり、仲介することになった経緯があるのです。この社内での検討資料として、当然、設計図や工事内訳書などが必要だったので、八坂土木に見せて欲しいといったのですが、八坂土木も、その時点では、概略の下水道の配置図しか作っておらず、見積ができるような詳細な設計図などはまだ作っていないので、費用は八坂土木が持つから、取り敢えずそっちで作ってくれといわれ、当社が加茂設計の吉田監理士に作成依頼したのです。

〈照会事項(2)について〉

（乙山弁護士）そういうことであれば、その作成費用については、八坂土木が加茂設計に直接支払っているのでしょうね。これは照会事項(2)の返答になりますが。

（木谷専務）八坂土木が約束どおり、払ってくれた筈です。当社は、一切、設計料を負担していません。

〈照会事項(3)について〉

（乙山弁護士）それでは、照会事項(3)の本件工事代金の立替払の帳簿処理についてですが、どういう科目で処理しているのですか。

（木谷専務）連休中で、会計の担当者が休んでいたもので、きちんと調査できていないんですが、おそらく、通常の出入金処理で、預かり勘定などの処理はしていないだろうと思います。自分のところのような規模の会社では、そのような難しい会計処理は、通常やっていないと思いますが、念の為、調査して、後日、連絡します。

一応の聴取を終えた乙山弁護士は、回答をするためには、具体的な日や金額等を確認する必要もあるし、会計処理が、直接、本件請負契約の当事者性を裏付け得るものではないと思ったが、帳簿関係も一度目を通しておかないといけないと考え、木谷専務に対し、再調査と関係資料の提供を要請し、回答期限が過ぎているから、できるだけ早く作業をするように頼んだ。木谷専務は、相手からの照会であることもあり、忙しいのにと多少不満げであったが、わかればファックスを入れますということで、この日の面談は終了した。

〔平成一〇年五月一三日㈬〕乙山法律事務所

乙山弁護士の出張中に、事務所へ木谷専務から、ファクシミリでメモが入っており、照会事項⑴については、平成八年一〇月一三日に被告から加茂設計に設計を依頼し、吉田監理士が担当して、同年一一月二日に図面等を受領したこと、照会事項⑵については、設計費用は七五万円で、同月一五日に八坂土木から加茂設計に支払われていること、照会事項⑶については、帳簿の処理は、通常の出入金処理で、被告会社では、預かり勘定の処理はしていないこと、が記載され、金銭出納簿のコピーが添えられていた。そして、金銭出納簿の平成九年三月一五日欄に、摘要「約手・八坂土木（鴨川学園／円山）」として、四五〇万円の入金の記載があり、同月二一日欄に、摘要「円山舗装（鴨川学園）」として、四五〇万円の出金の記載があり、同年五月一三日欄に、摘要「円山舗装（鴨川学園）」として一五〇万円の出金の記載があり、同月一八日欄に、摘要「約手・八坂土木」として、一五〇万円の入金の記載があった。

〔平成一〇年五月一五日㈮〕乙山法律事務所

昼過ぎ、乙山弁護士は、木谷専務からの聴取結果と前々日に受け取ったメモに基づいて、資料16のような回答書を作成し、甲野弁護士の事務所へファクシミリで送信した。なお、回答が指定された期限より遅れたことについて、被告側の責任ではないことを明らかにするため、当初の期限の設定が相当でないことを付記することにした。

〔平成一〇年五月一五日㈮〕甲野法律事務所

甲野弁護士は、被告からファクシミリで送信されてきた当事者照会に対する回答書を受領した。これによると、設計図等を加茂設計に依頼したのは被告であるが、その費用は八坂土木が支払っているということである。しかし、被告の元請である同社が費用を出しても、それ自体不自然ではなく、図面の作成依頼を被告がしたという事実は、被告が単なる紹介者ではないことを示すものとして重要である。また、原告に対する請負代金の支払は帳簿上単なる出入金処理であり、八坂土木から受領した右代金相当額についても預かり金勘定ではなく、単なる出入金勘定であるというのであり、これもまた原告の主張を裏付けるものと思った。

〔平成一〇年五月一八日㈪〕乙山法律事務所

乙山弁護士は、午前の弁論を済まし、一度事務所に戻ったところ、丙川法律事務所から本件の補助参加人第一準備書面が届けられた。あまり時間はなかったが、ざっと目を通したところ、原告側の補助参加人であるのに、請負代金については、被告側の主張を支持しており、この点は有利に戦えると思ったが、契約当事者については、当然予想されたことではあるが、被告が注文者であるとしており、原告と補助参加人の両方を相手にしなければならず、かなり難しくなるなと感じた。そして、補助参加人（八坂土木）の主張の中で、加茂設計の設計料七五万円を被告が補助参加人に請求し、補助参加人から被告に支払をしているという点が気になった。確か、木谷専務は、八坂土木が加茂設計に支払ったと言っており、当事者照会に対してもそのように回答したはずであり、虚偽回答になるおそれがあり、早急に確認する必要があると考え、事務員に、補助参加人の準備書面と書証をファクシミリで丸太興業に送り、午後の法廷の済む四時過ぎに木谷専務に連絡が取れるようにアポイントをとっておくよう指示した。

午後四時二〇分ころに事務所に戻った乙山弁護士は、本件のファイルを取り出してから、木谷専務に電話をかけた。早速、先週ファクシミリでいただいた当事者照会の回答の件ですがと切り出し、加茂設計への支払は八坂土木がしたとありますが、実際に八坂土木が直接加茂設計に支払ったのですかと尋ねた。木谷専務は、「そのはずですが……」と言葉を濁した。乙山弁護士は、補助参加人の準備書面は読まれましたかと尋ねると、木谷専務は忙しくてまだ見ていないという。乙山弁護士は、準備書面と一緒に送信した丙第三号証の1と2（加茂設計から被告に対する請求書と八坂土木から被告に宛てた小切手の写し）を見るようにいった。これを見た木谷専務は、加茂設計には私が設計を頼んだから、一応私の方に請求は来ていますが、もともと八坂土木が払うといっていたもので、すぐその請求書を回し、小切手で支払を受けて、加茂設計に支払っており、実質的に八坂土木が払ったことには変わりがないと弁解した。そして、ここに平成八年一一月五日付の加茂設計から被告に対する請求書と同月一五日付の加茂設計の領収書がありますと告げた。乙山弁護士は、それをすぐファクシミリで送るように依頼するとともに、そのように評価するのはいいが、今後は事実経過は正確に伝えてほしい、そうでないと虚偽の主張をしたように取られて、裁判官の心証を悪くすることにもなりかねないからと注意した。それとともに、書証を点検しないで、回答してしまったことを悔やんだ。

乙山弁護士は、対応をどうするか考えたが、原告から準備書面で非難されたり、次回の口頭弁論で反撃を受ければかえってマイナスになるから、それを避けるためには、至急に回答を訂正したほうが得策と判断し、早速、甲野弁護士宛に、照会事項(2)に対する回答に不正確な部分があったので訂正するとして、設計料の支払は、実質的には当初の回答のとおりであるが、形式的には、平成八年一一月五日に加茂設計から被告に請求書が出され、同月一〇日に被告から八坂土木に請求し、同月一三日に八坂土木から被告が七五万円の小切手を受領し、同月一五日に被告から加茂設計に支払ったものである旨の書面を作成し、甲野法律事務所宛にファクシミリで送信した。

〔平成一〇年五月一八日(月)〕甲野法律事務所

午前中に丙川法律事務所から届いた補助参加人第一準備書面を見ていた甲野弁護士は、先日の被告の回答では、設計料は八坂土木が支払ったことになっていたが、この準備書面だと八坂土木は被告から請求を受けて被告に支払っているようであり、書証も添付されているから間違いはなく、被告の回答は虚偽であると思われた。被告自身が加茂設計に設計を依頼した上、その支払も被告がしているとなると、紹介者という主張とは大きく矛盾するのであり、虚偽と思われる回答がなされたことも加え、有力な攻撃材料ができたと思った。

ところが、当日夕方になって、乙山弁護士から先の回答を、補助参加人の主張に沿うように訂正する旨の書面がファクシミリで送られてきた。甲野弁護士は、折角の攻撃材料だと思っていたのに、期日前に訂正されてしまうと、虚偽回答があったと主張してみてもインパクトが格段に弱くなったとかえって残念に思った。

三　当事者照会制度

1　意　義

新民事訴訟法は、従前なかった新しい制度として、「当事者照会」の制度を設けた（法一六三条）。

この制度は、訴訟当事者が、係属中の訴訟に関する情報について対立当事者に対し照会を行い、回答を求める手続であり、当事者間の照会・回答という簡易の方法で必要な訴訟に関する情報を訴訟当事者が入手することによって、十分な主張・立証の準備を円滑に行うことができるようにし、もって、適正・迅速な審理の実現に寄与させようとするものである。

この制度は、アメリカにおいて当事者に認められている強力な証拠収集手続（ディスカバリー）の中の、質問書制度（インターロガトリー）を参考にしたものである(2)。訴訟において当事者が主張・立証を準備しようとしても、情報や証拠が一方の当事者に偏在しているため、十分な主張をすることができず、証拠方法についての手掛りを得ることが困難な場合がある。かかる場合、旧民事訴訟法の下では、当事者は、訴訟関係を明瞭にするため必要があるときに限って、裁判長に対し、相手方への釈明を求めることができるものとされているにすぎない（法一二七条三項）。そのため、実務においては、相手方から情報を入手するための手段として、求釈明という形で準備書面に釈明を求める事項を書いたり、とりあえず抽象的な主張を種々並べ立てて、相手の主張や証拠を見ながら、徐々に主張を整理する等、しているのが実情であった。しかし、このような方法では、まず、まともに求釈明に答えてくることが少なく、また、情報を有する当事者が具体的な主張をせず、あるいは積極的に証拠を提出せず、主張や証拠を小出しにする訴訟進行を行うなど、訴訟は進まず、時間のみを浪費する散漫な訴訟となるばかりである。

そこで、新民事訴訟法は、訴訟当事者に対し、相手方が持っている訴訟に関する情報を収集する新しい手段として「当事者照会」制度を取り入れ、これによって、情報や証拠の偏在を是正し、当事者が主体的に情報を収集し、主張整理を行うことにより、対等な立場で訴訟を戦わせ、的確かつ効率的な争点整理を実現しようとしたものである。

2　経　緯

この制度は、もともと弁護士会側からの提案・要望により実現した制度であり、日本弁護士連合会も改正の検討過程において一貫して、情報・証拠の収集手段の一つとして、積極的に創設を提言していた(3)。

この制度は、改正についての検討初期の「民事訴訟手続に関する検討事項」の時点から「民事訴訟手続に関する改正要綱」の時点に至るまで、証拠収集方法の拡充の一つとして議論がなされていた。この制度の導入については、各界の意見が賛否両意見拮抗し、制度の濫用や相手方の負担の増大を懸念する意見が多く出された(4)。このため、「改正要綱試案」の段階において、主に濫用に対処するために除外事由が具体化された。

「民事訴訟法案」になった時点において、「証拠」の項目から、「第二編　第一審の訴訟手続」中の「第二章口頭弁論及びその準備」の「第二節　準備書面等」中に移され、成立となった。この制度は、争点整理に資するものであるため、立証段階以前の主張立証の準備として機能させることを目指したものである。

3　内　容

(一)　主体・相手方

この制度を利用できるのは、「当事者」であり、照会の「相手方」とは、相手方当事者のことである。したがって、訴訟当事者以外の第三者から又は第三者に対する照会は、この制度によって行うことができない。相手方に補助参加した者や独立当事者参加した者については、これらの者との間においても主張・立証がなされるものであるから、「相手方」に含まれる。しかし、共同被告事件での相被告に対する照会は、両者間に訴訟係属がないため、「相手方」に含まれないと解される(5)。

(二)　時　期

当事者照会をすることができるのは、「訴訟の係属中」に限られ、訴えの提起前はこの制度による照会を行うことができない。検討事項・要綱試案の段階では、訴え提起前についても導入すべきかどうかということが議論されていた(6)。しかし、訴えの提起前については、いやがらせ等の濫用に使われる危険性が高いため、訴訟の係属中に限定されることになった。

訴え提起後、被告に訴状が送達される以前には、原告は被告に対して照会することができないと解される(7)。被告が、訴え提起の事実も、またその内容も知らないのに回答義務を負わすことは不当だからである。

訴訟係属後、控訴審の口頭弁論終結時までは、照会は可能と考えられるが、上告審では、当事者は、新たな事実主張や立証をすることができないため、主張・立証の準備ということがないので、照会はできないと考えられる(8)。

(三)　対　象

当事者照会の対象は、「主張又は立証を準備するために必要な事項」である。当事者が照会できる事項は、当該訴訟において行う必要のある主張・立証と関連性のある事項に限られる。このように主張・立証と関連性のある事項であれば、他の方法によって情報を入手する方法があるかどうかにかかわらず、当事者照会をすることができる。たとえば、新法においては、文書提出命令の申立てをする場合、裁判所を通じて、文書所持者に対し文書の特定のための事項を明らかにすることを求めることができる(法二二二条)が、この方法によらないで、当事者照会の形で文書を特定するための情報の提供を求めることができる(9)。

照会当事者が主張・立証責任を負っている事実に関する事項に限らず、予定している反証と関連性のある事項についても照会ができる。照会を受ける相手方当事者は、自分が立証責任を負わないのみならず、自分に不利となる証拠まで提出しなければならないことになる可能性もあり、従前の主張・立証責任の考え方からすると、矛盾するとも考えられるが、新民事訴訟法における公正な裁判の実現、実体上の真実解明義務(法二条)の下で、従来の訴訟観を変えて理解する必要がある(10)。

主張・立証の準備に必要な事項であるから、照会を受ける当事者において関連性の有無を判断し得る程度の主張を訴訟手続においてあらかじめするか、または、照会文書の中に記載しておく必要がある。しかし、照会の当初の段階から関連性の要求を厳密に適用すると、硬直化して、うまく機能しないおそれがあるので、関連性に疑問があれば、単純に回答を拒否するのではなく、照会者に説明を求める等、当事者間における柔軟な運用が必要である(11)。

(四)　除外事由

法一六三条一ないし六号に該る当事者照

会は許されず、仮にかかる照会がなされても、相手方は回答の義務を負わない。当事者照会は、当事者間で直接やりとりをし、裁判所が関与しない制度であることから、この制度が濫用されたり、照会や回答をめぐって当事者間に無用の紛争を招く等の弊害が発生することを防止しようとするものである。

許されない照会として列挙されているものは、次のとおりである。

(1)　具体的又は個別的でない照会（一号）抽象的・模索的・探索的な照会に回答する必要はない。

(2)　相手方を侮辱し、又は困惑させる照会（二号）

照会制度の目的を逸脱した濫用例の典型である。

(3)　既にした照会と重複する照会（三号）無意味な照会として、当然に回答を拒絶できる。

(4)　意見を求める照会（四号）

意見や評価は、口頭弁論においてなされるべきものであり、照会になじまないものである。

(5)　相手方が回答をするために不相当な費用又は時間を要する照会（五号）

訴訟の迅速化に資する制度としての当事者照会であるから、かえって訴訟遅延を招くこととなる場合には許されないとしたものである。したがって、費用のみの問題であれば、照会当事者が費用負担するなら、回答を求めることができると考えられる。

(6)　証言拒絶事由と同様の事由がある事項についての照会（六号）

証言拒絶事由のある事実については、訴訟の場に提出されないとしても止むを得ないものとされているわけであるから、当事者照会においても同様に、回答義務がないこととしたものである。

4　手　続

(一)　書 面 性

照会を行う当事者は、相手方当事者に対し「照会書」を送付し、また、照会を受けた相手方当事者が回答を行う場合も、照会当事者に対し「回答書」を送付しなければならない（規則八四条一項）。

照会事項及び回答事項がどのような内容であるかについて、無用の紛争が生じることを防止しようとするためである。

(二)　記載事項

照会書及び回答書に記載すべき事項については、規則八四条二項及び同条三項に定められている。

(三)　照 会 書

照会を行おうとする当事者は、次の事項を記載した照会書に、当事者又は代理人が記名押印をしなければならない（二項本文）。

①　事件を特定する事項（二項一ないし四号）

当事者及び代理人の氏名（一号）、事件の表示（二号）、訴訟の係属する裁判所の表示（三号）、照会年月日（四号）

②　民事訴訟法一六三条により照会すること（二項六号）

私的な照会と区別するためである。

③　照会をする者の住所、郵便番号及びファクシミリの番号（二項八号）

回答者がどこに回答すべきかを明確にするためである。

④　回答すべき期間（二項七号）

照会を行うにあたっては、回答についての相当の期間を定めなければならない。回答の期限を定めることによって、照会を受けた当事者はいつまでに回答すべきかを知ることができ、また、照会をした当事者は、その期間内に回答がない場合には、次の手段を講じることが可能となる。もし、短すぎる期間が定められた場合や回答期間が定められていなかった場合でも、そのことだけで直ちに照会が無効となるものではなく、相手方は、回答するのに通常必要と考えられる期間内に回答すべきものであり、相手方から照会者に対し、どれぐらいの期間を要するかを回答しておくべきである(12)。

⑤　照会事項及びその必要性（二項五号）

照会事項は、項目を分けて記載しなければならず（規則八四条四項）、さらに、当事者照会が当事者の主張又は立証を準備するために必要な事項についての質問を認めようとする制度である（法一六三条本文）ことから、必要性、すなわち、事件における主張・立証との関連性について記載しなければならない。

(四)　回　答　書

照会を受けた相手方当事者は、指定された期間内に、前記(1)の①記載の事項及び照会事項に対する回答を記載した回答書に、当事者又は代理人が記名押印をして回答しなければならない（規則八四条三項）。

照会事項に対する回答は、できる限り照会事項の項目に対応させて、かつ、具体的に記載しなければならず（規則八四条四項）、また、回答拒絶をする場合には、法一六三条各号に掲げる根拠事項を記載しなければならない（規則八四条三項）。

(五)　照会書・回答書の書式

照会書・回答書の書式（フォーム）については、特に定められていない。

答弁書や準備書面の書式要領に準じて作成すればよいと考えられるが、右の要領で作成すれば、資料15及び16のような本件照会書・回答書の形式となる。

ただし、照会する側として、相手方に代理人がついていない場合には、照会に際し、単に規則八四条が定める形式的な内容を記載するだけでなく、制度の趣旨を相手方が理解できる説明をする等の配慮が必要と考えられる。

(六)　照会・回答の方法

照会と回答は、当事者間で直接行うことになり、照会書と回答書を送付することによって行うことになる(13)。送付の方法は、規則四七条一項が定める、書類の直送についての規定に従い、照会書・回答書そのものの交付・郵送又はその文書のファクシミリ、いずれでもよいと考えられる。ただし、後日の立証上、明確な形で照会・回答の内容を残しておくという目的であれば、ファクシミリではなく、書留郵便や内容証明郵便の形式をとっておく必要がある。相手方に代理人があるときは、照会書は当該代理人に対して送付しなければならない（規則八四条一項後段）。また、回答書は、照会者本人宛に送付しても違法ではないが、照会書に代理人の記載があり、その代理人から照会書がきている場合は、当該代理人宛に送付すべきものと考えられる。

5　効　力

当事者照会を受けた相手方当事者は、その照会事項に回答すべき義務を負う(14)。その根拠は、当事者間の「信義に従って誠実に訴訟進行をしなければならない」（法二条）という原則、及び、同原則に基づく当事者の真実解明義務にあると考えられる(15)。

新民事訴訟法は、照会を受けた相手方当事者が回答を拒否した場合でも、特別な制裁を定めていない(16)。しかし、正当な拒絶事由なしに回答が拒否されたり、虚偽の回答がなされた場合には、当事者は、このような不当な回答拒絶や虚偽回答の資料を書証として提出し、訴訟資料とすることができ、このような場合には、少なくとも弁論の全趣旨として考慮されることになり(17)、訴訟の審理に一定の影響を与えることになる。

6　実務上の問題点

(一)　実務において機能するか

「当事者照会」制度は、運用如何により、画期的な制度ともなれば、単にモニュメントにすぎなくなるということが、たびたび指摘されている。「弁護士は、それぞれ依頼者を抱えてぎりぎりの勝負をしているのに、肝心なことをすぐに答えるかどうか疑問」、「現在調査中などと言ってはぐらかし、逃げる回答が多くなる」、「従来から弁護士が行ってきた求釈明の方が相手方にプレッシャーが強く、裁判所を関与させない自主的情報収集手段としての照会では、プレッシャーにならない」等々である(18)。

しかしながら、「当事者照会」は、釈明と類似の機能を持ち得るものであるが、釈明は、本来、主要事実や重要な間接事実に関する当事者の主張の不明瞭な点につき、裁判所として当事者に対し明らかにさせるための制度であり、当事者の主張・立証を構築するための制度ではない。釈明は裁判所の訴訟指揮に属し、当事者が求釈明の申立をしても、釈明を行うかどうかや、いかなる範囲で行うか等、すべて裁判所の裁量にかかることになる。これに対し、「当事者照会」は、確かに、当事者間の自主的情報収集手段にすぎないが、前記5「効力」の箇所において述べたとおり、照会に対する対応内容を訴訟の審理に反映させることが可能であるのみならず、裁判所からの釈明や文書提出命令につながると考えられるのであり(19)、実務において十分機能し得る制度である。

(二)　代理人としての対応

平成一〇年一月一日を境に、「当事者照会」の制度は、係争中のすべての訴訟について利用可能となる。弁護士は、訴訟当事者の代理人として、どのように対応し、また、依頼者に対してどのように指導、助言をすべきであるのか。「当事者照会」は、弁護士会が言い出し、要望して実現した制度であるが、この制度は、証拠収集手続の拡充の柱の一つとして位置づけられ、適正かつ迅速な裁判の実現に寄与するものと期待されている。当事者照会は、裁判所が関与しないで、当事者、殊に代理人である弁護士がその運用を担うものであるから、当事者照会の手続が所期の機能を果たすことができるかどうかは、弁護士及び弁護士会がこの制度に対しいかに誠実に対応するか、その運用についていかに誠実な実務慣行を確立するかということにかかっている。

当事者照会を行おうとする側の代理人としては、単に法が規定する除外事由に該当しないというだけではなく、努めて事件との関連性を明確にした具体的な事項について照会を行うとともに、相手方が回答しやすい照会を工夫することが必要である(18)。また、照会を受けた側の当事者の代理人としては、制度趣旨及び当事者の信義誠実義務、真実解明義務を自覚するとともに、依頼者に対してもこの旨を指導し、回答拒否の場合の不利益について助言し、誠実に対応すべきである。

【付　送達・送付関係取扱い】

旧法は、訴訟関係書類の多くについて、法定の方式に従って相手方に交付（又は交付する機会を与える）し、そのことを裁判機関が公証しなければならない（これを「送達」という）ものとしていた。訴訟上重大な効果が生じる書類については、交付の日時や受領者等を明確にする必要があるが、それ以外の書類にまで手間と費用のかかる送達を要するものとする実益は乏しい。既に実務では、当事者が準備書面等を直接相手方に交付し、「副本領収印」を貰ってから裁判所に提出する取扱いも広まっており、民事保全手続においても当事者間での書類の「交付」の手続を定めていた（新法の整備で「直送」に改められた）。

新法は、ファクシミリなどの事務機器の発達を受け、送達費用や時間の節約とともに、当事者の主体的な訴訟進行を推奨することなどを目的として、送達を要する書類の範囲を限定し、当事者間での直送する書類と裁判所が送達・送付する書類を区分し、送付方法も、「交付」（直接の手渡し・使送・郵送）を要する書類と「ファクシミリ送信」によることができる書類に区分もされた。これに伴い、正本と副本を作成しなければならない場合も限定されることになった。

本シミュレーションでもこれまで各場面でこの問題について説明してきたが、書類ごとの手続について一々規則を確認するのではかえって事務処理を阻害することにもなるし、当面は送達・送付関係の事務が混乱することも考えられることから、通常の訴訟で提出されることの多い書類について、書類別の手続が一覧できるように工夫し、資料17の「書類の提出・交付方法一覧表」を作成した。

〈注〉

（1）第二東京弁護士会民事訴訟改善研究委員会編「新民事訴訟法実務マニュアル」一〇六～一一九頁（判例タイムズ社、平九）

（2）東京弁護士会編「新民事訴訟法と弁護士業務」別冊NBL三九号八〇頁（平九）

（3）日本弁護士連合会「『民事訴訟手続に関する検討事項』に対する意見書」（平四）、同「『民事訴訟手続に関する要綱試案』に対する意見書」（平六）

（4）柳田幸三ほか「『民事訴訟手続に関する要綱試案』に対する各界意見の概要(4)」NBL五六四号（平七）

（5）同旨・森脇純夫「当事者照会②―照会する側の代理人として」『新民事訴訟法体系―理論と実務』第二巻一七三頁（青林書院、平九）。なお、相被告の間でも照会は可能とする見解もある（前掲注（1）『新民事訴訟法実務マニュアル』一〇六頁）。

（6）日弁連・前掲注（3）検討事項意見書及び要綱試案意見書

（7）同旨・森脇・前掲注（5）一七三～一七四頁

（8）清水正憲「当事者照会制度」ジュリ一〇九八号四九頁（平八）

（9）法務省民事局参事官室編「一問一答　新民事訴訟法」一六五頁（商事法務研究会、平八）

（10）前掲注（2）別冊NBL三九号八一頁

（11）清水・前掲注（8）「当事者照会制度」四九頁

（12）田原睦夫・増田勝久「証拠収集方法の拡充」判タ八五一号一六頁、「新民事訴訟法の概要(3)」金法一四六七号二七頁

(13) 準備書面中において、照会・回答についての独立の項を設けて記載をする方法により、照会・回答を行うことも許されるとの見解もある（日弁連「新民訴法運用五〇のポイント」二〇頁、清水・前掲注（8）五一頁注（20））。しかしながら、そもそも当事者照会は、当事者間で直接行ない、裁判所が関与しない制度であること、目的や趣旨の異なる照会・回答事項が記載された準備書面を陳述することができるのかどうか疑問があること、これまで行われてきた事実上の求釈明と変わりがないことになること等、多くの疑問があり、適切ではないと考えられる。

(14) 田原・増田・前掲注（12）一六頁では「公法上の義務」とし、また、前掲注（13）日弁連「運用ポイント」二〇頁及び清水・前掲注（8）「当事者照会制度」四九頁では「訴訟法上の義務」とする。

(15) 前掲注（2）別冊NBL三九号八一頁

(16) 制裁規定がない理由としては、裁判所からの嘱託（新法一八六条、二二六条）や捜査機関からの照会（刑訴法一九七条二項）に対する不回答に対しても制裁がないこととの権衡や、制裁等を規定することにより、制裁を課すべきかどうかを巡って審理が遅延するおそれがあることがあげられている（前掲注（9）一問一答一六六頁）。

(17) 不当回答拒絶や虚偽回答の場合の効力として、弁論の全趣旨として考慮されること以上に、さらに、回答を拒否した事項を含む主張や回答と矛盾する主張は、訴訟上の信義則違反ないし時期に遅れた攻撃防御方法として却下されるとする（田原・増田・前掲注（12）一六頁）ものや、虚偽回答に反する主張を禁反言により認めないとする（清水・前掲注（8）五〇頁）ものや、余分に生じた訴訟費用を負担させるとする（座談会「民事訴訟法改正の中間展望」ジュリ一〇二八号二五頁〔福永発言〕（平五））もの等がある。

(18) 座談会「民事弁護実務は変わるか」判タ九二三号二五〜二六頁（平九）

(19) 弁護士会、弁護士の対応次第では、「当事者照会」が、さらに大きな機能を発揮する可能性を秘めているとの発言もある（前掲注（18）座談会二六頁における西口発言）。すなわち、「当事者照会に対する回答内容について一定の基準を弁護士会で定めた上で、その基準に達しないような回答をした場合には、弁護士会において、自主的にそのような回答をした弁護士を懲戒するということが考えられる」と言うものである。この発言内容には、かなり論理の飛躍があり、直ちに大方の賛意が得られるものではないが、弁護士会が言い出した「当事者照会」制度が円滑に機能するかどうかは、弁護士、弁護士会の今後の取り組み方如何にかかっているといえる。

第八　争点等整理手続の選択（第二回口頭弁論期日）

一　期日前協議シミュレーション

〔平成一〇年五月二一日㈭〕二民書記官室

第二回口頭弁論期日の前日、A裁判官とB書記官は、翌日の事件の打ち合わせの中で、本件について、まず、次の点を確認した。

これまでの主張から窺われる本件の争点は、第一に、本件工事の発注者が被告か八坂土木か、第二に、被告が発注者である場合に、請負代金は定額か実額（増加分の費用等の保証）か、第三に、原告の工事完成部分の範囲及びその評価、そして請負代金が実額の場合に増加分の費用等、第四に原告の工事の瑕疵の有無及びその損害額である。

そして、第一及び第二の争点については、重要な間接事実について整理し、当事者及び裁判所の間でこれについての共通認識をもつことが効率的な証拠調べのために必要であるし、第三及び第四の争点については、まず、訴状別紙図面(1)及び(2)や被告第一準備書面別紙瑕疵説明書を基に、当事者や準当事者（当事者のために事務を処理し、又は補助する者で裁判所が相当と認めるもの・法一五一条一項二号）に説明を受け、当事者が相手方の主張を、裁判所が双方の主張を十分に理解することが必要である。そして、本件では一般傍聴人の傍聴もないであろうから、弁論準備手続によって争点及び証拠の整理（以下「争点等の整理」といい、争点及び証拠の整理手続を「争点等整理手続」という）を行っていくことが相当であり、当事者の意見を聴いて、弁論準備手続に付す方向で理解を得るように試みる。

右のような方針を確認した後、以前にB書記官が原告と補助参加人の準備書面を基に作成し、各代理人にファクシミリ送信した資料（1）を見ながら、発注者問題の争点等の整理の方法等について、次のようなやりとりがなされた。

（裁判官）これを基にして、最終的に、発注者問題についての間接事実やそれについての評価に係る主張が一覧できるような表ができれば、当事者も裁判所も分かりやすく、それに基づいて効率的な証拠調べができると思うのですが、具体的にどう作業を進めましょうか。

（書記官）左欄の原告及び補助参加人の各主張に対する被告の認否主張が出てくれば、私がワープロで整理して表を作成しましょうか。まだ、原告及び補助参加人の追加主張があるかもしれませんし、争点等の整理の途中で新たな事実が出てくる場合もあるでしょうが、一度ワープロで作成しておけばその都度改訂していくことも可能ですし……。

（裁判官）そうですね。ただ、被告には、いずれにしても、この左欄の原告及び補助参加人の主張に対する認否及び反論を出してもらう必要がありますから、このような表形式でそれを作成してもらえないでしょうかね。できれば認否は、相手方の主張の否認する部分に傍線を引くとかしてね。そうすれば、認否も争う部分も分かりやすくなるし、原告及び補助参加人に主張の追加がある場合には、そのフロッピーを回してもらって、追加部分を補充してもらい、それに被告の認否、反論をさらに補充してもらう、というようにして改訂することも可能になりますから。実際、以前に、当事者間でそのようにして準備書面を工夫している実例（2）もあったでしょう、あれはB書記官の事件だったかどうか……。

（書記官）ええ。ありました。

（裁判官）この資料は被告代理人にもファクシミリ送信してありますし、このような形で整理できないか被告代理人にお願いしてみましょう。

（書記官）それから、請負代金が定額か実額かの争点はどうしましょうか。原告第一準備書面(3)の第一、二項「工事代金の取決め」では、一応一五〇〇万円を目途とするが、工期の変更等の関係で、実際に要した費用及び経費の支払を保証するよう求めて被告の木谷専務が了承したとの主張ですが、補助参加人第一準備書面(4)の二項「本件工事契約の請負代金額について」では、平成八年一一月二七日に、補助参加人会社の社長・被告会社の木谷専務・原告の三者が集まった際に一五〇〇万円の確定金額ということで原・被告間で合意されたとの主張で、この点については、補助参加人の主張は、原告の主張に反するものとなっています。

（裁判官）そうですね。原告の主張は当初の契約の時点で実際に要した費用及び経費の支払を保証する合意があったということですから(5)、発注者が被告であるとした場合に、契約の時点で、原告と木谷専務の間でどのようなやりとりがなされたのか、それに基づき契約がどう解釈できるかということでしょうね。第一の争点に関して整理される間接事実によっては、この争点だけに関する間接事実の整理の必要はないかもしれませんね。ただ、原告第一準備書面の第二、二項「工事内容と費用・経費の内訳」で、原告の請求額は、出来高割合のほかに、実際に要した費用に基づくものであり、その内訳等は目下調査中とのことですが、仮に、原告主張のような合意があるなら、請求の内訳は重要ですから、ここは並行して早期に整理してもらう必要がありますね。

それから、先ほど確認したように弁論準備手続の方向で意見を聴いてみますが、念のため、一か月前後のラウンドテーブル法廷の予約状況も見ておいて下さい。

二　争点等整理手続の選択（第二回口頭弁論期日）シミュレーション

〔平成一〇年五月二二日㈮午前一〇時二〇分〕
京都地裁第三五号法廷～第二回口頭弁論期日

原告代理人、被告代理人、補助参加人代理人がそれぞれ出頭し、各第一準備書面が陳述され、乙一の1～4、二、三の1～3、丙一、二、三の1、2の各書証(6)が提出された。

その後、争点等整理手続の選択について次のようなやりとりがなされた。

（裁判官）これまでの主張から、本件の争点は、第一に、本件工事を原告に発注して本件契約を締結したのは被告か八坂土木かという点、第二に、それが被告であると認められる場合に、請負代金は一五〇〇万円の代金の他に増加分の実費を保証するというものであったか、一五〇〇万円の定額であったか、第三に、原告の工事の完成部分の範囲及びその評価、あるいは増加分の費用等、第四に、原告の工事に瑕疵が存するか及び瑕疵があった場合にその損害額、ということであると理解してますが、それでよろしいでしょうか。

（原告代理人）それで結構です。

（被告代理人）現時点での争点を網羅すれば、そうなるのでしょう。しかし、被告としては、第一の争点の結論如何によっては、第二以下の争点は、不要な争点ということになるのですが、今後どのように争点等の整理を行っていくのでしょうか。

（裁判官）そうですね。第一の争点と他の

争点の証拠関係によっては、第一の争点について先に証拠調べを行うということも考えられないではないですが、第二以下の争点についても人証が共通するのであれば、まとめて争点等の整理をして集中証拠調べを行うことが効率的だとも考えられます(7)。進行については今後協議していくこととなりますが、第一の争点についても、双方の主張に関する重要な間接事実について整理していく必要があると思いますし、また先の進行を考える上でも、第二以下の争点に関する当事者の主張を整理する必要がありますが、それには図面で説明を受けたり、当事者や準当事者に説明をしていただいた方が効率的であると思いますので、本件を弁論準備手続に付して争点等の整理を行いたいと思いますが、いかがでしょうか。

（原告代理人）結構です。

（被告代理人）私は、新法の下での争点等整理手続の中では準備的口頭弁論が原則だと考えていますので、準備的口頭弁論手続で争点等の整理を行っていただきたいと思います(8)。

（裁判官）裁判所は、争点等整理手続についてどれが原則だというような考え方はしていませんが(9)、それはさておいても、ラウンドテーブル法廷は現在数が限られていますので、期日が入りにくいという事情もあります。例えば、準備的口頭弁論にしますと、次回ラウンドテーブル法廷が取れたとしても、その後の期日においてラウンドテーブル法廷が使用できる時間との調整が困難なことも考えられます。一般の傍聴人が予想されるなどの事情があれば別ですが、本件では早期に争点等の整理を進めるためには弁論準備手続の方が機動的なのですが……。被告代理人、本件で関係者の傍聴の予定はありますか。

（被告代理人）いえ、そういうわけではありませんが、被告会社の本件の責任者である木谷専務は来ると思います。

（裁判官）もちろん、必要に応じて当事者や準当事者に参加していただいて、直接、図面等に基づいて説明を受けたりする方が、裁判所にとっても相手方当事者にとっても理解しやすいと思います。ただ、それは弁論準備手続でもできるわけですから。

（被告代理人）それは、準備的口頭弁論でもできるわけですが……、まあ現状の物的設備を考えるとやむを得ないですかね。わかりました、弁論準備手続で結構です。

（裁判官）補助参加人代理人はご意見がありますか。

（補助参加人代理人）いえ、特にありません。

（裁判官）それでは、本件を弁論準備手続に付すこととします。

第一回弁論準備手続期日では、主に第一の争点について整理を行うとともに、その後の進行について協議したいと思います。

原告は、裁判所からファクシミリでお送りした資料(10)……、発注者問題に関しての原告と補助参加人の主張をピックアップしたものですが、この争点に関する主張はこの程度でしょうか。

（原告代理人）もう一度、原告本人と打ち合わせをして、補充すべき点がないかどうか検討します。

（裁判官）それでは、原告及び補助参加人は、その点について、補充すべき点を次回までに検討しておいて下さい。

被告代理人は、まず、その資料の原告及び補助参加人の主張に対する認否及び反論あるいは被告主張の間接事実について準備して下さい。

（被告代理人）分かりました。

（裁判官）ところで、その方法なんですが、最終的にはその表を埋めたようなものができれば分かりやすいと思うのですが、そのような表形式で認否・主張等をまとめていただけないでしょうか。ワープロで作っていただければ、その文書フロッピーを当事者間でやりとりして表を順次改訂することもできますから。

（被告代理人）わかりました。原告の主張を左欄にして、こちらの主張をそれに対応させて右欄に記載するなど工夫してみましょう。

（裁判官）原告は、その間、原告第一準備書面の第二の原告施工分の出来高の主張についても作業を進めて下さい。また、工事中止に至った経過については、時系列に事実を書いていただくと分かりやすいのですが……。形式は準備書面でも陳述書でも結構です。

（原告代理人）分かりました。

（裁判官）先ほどの話では被告の木谷専務は来られるということですが、原告の方は本人は来られますか。

（原告代理人）連れてきたいと思います。

（裁判官）それでは、第一回弁論準備手続期日では、主に、被告代理人に作成していただく表をもとに発注者問題について争点等の整理を行うこととして、被告代理人は、どの程度、準備に時間がかかりますか。

（被告代理人）六月一五日までには提出します。

（原告代理人）私の方の宿題の原告施工分の出来高の主張と工事中止の経緯についてはもう少し時間がいただきたいのですが。

（裁判官）それでは、第一回弁論準備手続期日は第一の争点が中心ですから、まず、被告代理人に六月一五日までに先ほどの表を提出していただいて、原告及び補助参加人にそれを検討してもらった上で、その争点について議論し、原告施工分と工事中止の経緯の点については当日までに原告に準備をしていただき、当日説明をしてもらって、その後の進行を協議するということでどうでしょうか。

（原告代理人、被告代理人、補助参加人代理人）それで結構です。

（裁判官）期日は、六月二四日㈬午前一〇時三〇分ではいかがでしょうか。一時間ほど時間をとりたいと思います。

（原告代理人、補助参加人）結構です。

（被告代理人）一〇時から弁論が一件入っていまして、これも実質的な弁論になる予定ですので、一一時にしていただく方が無難です。

（原告代理人、補助参加人）一一時でもお受けできますが。

（裁判官）それでは、第一回弁論準備手続期日を六月二四日㈬午前一一時といたします。

三　争点等整理手続の選択

１　争点等整理手続の概要

新法の下では、準備的口頭弁論（法一六四～一六七条）、弁論準備手続（法一六八～一七四条）、書面による準備手続（法一七五～一七八条）の三つの争点等整理手続が規定されており、事件の進行としては通常の口頭弁論により進行するものを含めると四つの選択肢があることになる。そして、争点等の整理を行うために必要がある事件については、三つの争点等整理手続の中から適切な手続を選択して、争点等の整理をした上で、集中的（又は計画的）に人証の証拠調べを行うことが期待されている。

三つの争点等整理手続は、事件の内容・性質に応じて適切な手続を選択できるように、準備的口頭弁論は、公開の法廷（ラウンドテーブル法廷を含む）で争点等の整理を行う手続として、弁論準備手続は法廷以外の準備室等を利用し必ずしも公開を要しない争点等整理手続として、書面による準備手続は当事者が遠隔地に居住している場合などに当事者が出頭しないで争点等の整理を行う手続として、それぞれ規定されている。この三つの争点等整理手続の内容やその手続の比較については、既に多数の文献(11)が存するので、本項では、争点等整理手続の選択の観点からの検討に必要な限度で述べるにとどめる。なお、弁論準備手続の実際の手続については、本シミュレーションの進行とともに、検討していくこととする。

2　手続選択の時期

本シミュレーションでは、第一回口頭弁論期日において、原告の八坂土木に対する訴訟告知の申立の意向が明らかになり、八坂土木の対応をみるという意味もあって、第二回口頭弁論期日において、争点等整理手続について当事者の意見を聴いた上で、弁論準備手続に付されているが、新法の下で期待されるような実質的な訴状、答弁書(12)が提出されれば、その時点で今後整理すべき争点が明確になって第一回口頭弁論期日で争点等整理手続の選択を行うことも多いであろう。また、場合によっては、第一回口頭弁論期日を開かずに弁論準備手続（又は書面による準備手続）に付すこともあり得よう(13)。

ただし、準備的口頭弁論及び弁論準備手続の開始については、いずれも「争点及び証拠の整理を行うため必要があると認めるとき」（法一六四、一六八条）と規定され、争点等の整理を行うための必要性がこれらの手続開始の要件とされている。また、書面による準備手続についてもこのような明示はされていないが、同手続も争点等整理手続である以上、その必要性は当然の要件であると解される。そして、争いのある事件は、抽象的には全事件、争点等の整理の必要性があるといえなくもないであろうが、そのことをもって直ちに新法で規定された争点等整理手続による必要性があるとして、第一回口頭弁論期日において、訴状及び答弁書の陳述後、画一的に弁論準備手続に付すというような運用は妥当ではないであろう(14)。

従前も、争点が単純であり、一、二回の口頭弁論で争点が十分に整理できて証拠調べに入ることのできた事件もあり、また、新法の下で予定されている訴状、答弁書が提出され、かつ、実質的な弁論(15)がなされるのであれば、このような事件も相当数存すると考えられる。このような事件においては、あえて争点等整理手続によらず、そのまま口頭弁論により争点等の整理を行うこともできる。

したがって、争点等整理手続の選択時期は、被告側の応訴態度も概ね明らかになり、争点等整理の必要性や手続選択の判断材料がある程度整った段階（通常は第一回口頭弁論期日）が妥当であろう(16)。

3　選択のための当事者との協議

争点等整理手続の選択は、裁判所の訴訟指揮の問題ではあるが、弁論準備手続及び書面による準備手続については、裁判所は、「当事者の意見を聴いて」各手続に付すことができるとされており（法一六八条、一七五条）、意見を聴けば当事者が反対している場合でもこれらの争点等整理手続に付すことは可能ということになる。しかし、当事者が反対した場合に、裁判所が当事者を説得し、当事者が了解の上で同手続に付す場合はともかく、当事者が反対しているまま弁論準備手続あるいは書面による準備手続に付したところで、実際に効率的な争点等の整理が期待できないであろうことは容易に想像できるところである。また、当事者双方により取り消しの申立てがある場合には、弁論準備手続は取り消さなければならないこととされている（法一七二条ただし書）。

本シミュレーションでも議論されたように、争点等整理手続の選択において、当事者間、あるいは当事者と裁判所の間で意見が異なる場合としては、準備的口頭弁論か弁論準備手続かという形で現れることが多いと思われる。準備的口頭弁論は、あくまで口頭弁論であるから、公開の手続であり、争点等の整理に必要な一切の行為をすることができるのに対し、弁論準備手続は、原則非公開であり、行うことのできる行為の範囲も準備的口頭弁論よりも限定があることから、当事者が準備的口頭弁論を強く望む場合があることも考えられ、その場合にその意見を無視して弁論準備手続に付したとしても、実効性のある争点等の整理は期待できない。当事者の意見が異なる場合や、全く不合理な意見に固執する場合（例えば、離婚訴訟や家庭の内紛に端を発する財産の争い等の事件で、一方当事者本人が感情的に相手方の求める弁論準備手続に反対して、公開に固執するような事例も考えられる）には、裁判所の訴訟指揮により決していかなければならないが、本来、事案を最もよく把握しているはず[17]の当事者が、紛争解決に適した手続を選択しうると考えられるし、当事者の紛争解決の主体性を尊重すべきであることからして、当事者の意見を積極的に反映させていくことが望ましい。そのため、新法は、争点等整理手続の選択についても当事者の意向に留意した規定を置いたものと解される。この意味では、当事者サイドも、手続の選択を裁判所に任せるという姿勢ではなく、手続の選択に主体的に関与していくことが必要であるし、そのための意識をもつことが適切な手続の選択のためにも、その後の争点等整理の充実のためにも必要不可欠である[18]。

４　手続選択のためのファクター

争点等整理手続を選択する際に考慮されるべき主なファクターとしては、次のようなものが考えられる（これらのファクターは別個独立のものではなく、後に見るように相互に密接に関連している）。なお、３で述べたように通常は、準備的口頭弁論か弁論準備手続かという形で問題となることが多いと考えられるので、㈠ないし㈢はこの両手続を念頭に述べ、㈣で書面による準備手続について触れることとする。

㈠　争点及び証拠

前記のように争点等整理手続の開始は、争点等の整理の必要性が前提であるから、争点等整理手続を選択する時点において、ある程度の争点の概要は把握できているのが通常であろう。そして、実質的な訴状及び答弁書が提出されれば、おおまかな争点は明らかになるであろうから、その争点を前提に争点等整理手続を検討することになろう（もっとも、そもそもおおまかな争点自体も分からず、まず当事者の主張をかみ合わせて争点を見い出すことも含めて争点等整理手続を開始することも考えられる）。

争点自体が、社会の注目を引き、公開の必要性が高い事件であれば、㈢で述べるように争点等整理手続としても準備的口頭弁論が相当である。一方、そうでない事件は、一応、弁論準備手続の適応でもあるといえる。

証拠の関係でいえば、黒板・電子ボードやビデオ装置などを併用して争点等の整理をすることが必要な場合などは、準備室に通常そのようなスペースが乏しくラウンドテーブル法廷にそのような設備が備えられていることが多いことから、ラウンドテーブル法廷を使用して準備的口頭弁論を選択することが実際的であろう（ただし、ラウンドテーブル法廷は、弁論準備手続にも使用できるから、弁論準備手続に付したうえ、それら機器が必要な場合だけ、ラウンドテーブル法廷を使用することは何ら差し支えはない）。一方、主に、主張の整理や、図面や文書を確認しながら争点等の整理を行う場合においては、現状でのラウンドテーブル法廷の数や書記官の事務等の人的物的要素を考慮すれば、準備室での弁論準備手続が効率的 (19) であろう。

(二)　**当事者又は準当事者の参加**

旧法一三一条は、釈明処分として当事者本人又は法定代理人の出頭を命じることができると規定していたが、新法は同旨の一五一条一号に加えて、同条二号において、準当事者、すなわち、当事者のために事務を処理し、又は補助する者で裁判所が相当と認めるものに陳述させることができるとし、同規定は、口頭弁論である準備的口頭弁論に当然適用になるほか、弁論準備手続にも準用されている（法一七〇条六項）。当事者本人や準当事者の陳述を求める場合としては、争点等の整理に有用な背景事情等について説明を受けたり、複雑な帳簿や技術的な問題等専門的な事項にわたる説明を受ける場合などが考えられ (20)、その説明内容も争点等整理手続の選択の考慮要素になり得る。

例えば、工業所有権関係の訴訟などで、両当事者の会社の担当者からビデオ等を使用して技術的事項について説明を受けるような場合には、その設備や参加する人数の関係から、ラウンドテーブル法廷の使用が実際的である場合が多いであろう。

(三)　**事件の性質と公開の要請**

社会的関心が高く、一般傍聴の予想される事件については、公開手続が相応しく、争点等整理手続についても準備的口頭弁論が妥当であることは異論がないところであろう。その例としては、一般に、公害、薬害、行政、労働事件等が挙げられる。

また、代理人の人数が多い事件や多数当事者事件など、出頭当事者が多い場合には、物理的に準備室等での争点等整理手続が困難な場合も考えられる。

(四)　**書面による準備手続**

争点等の整理をする必要がある場合において、「当事者が遠隔の地に居住しているときその他相当と認めるとき」に当事者の意見を聴いて、裁判所は書面による準備手続に付すことができる（法一七五条）。当事者が遠隔地に居住していて出頭する時間や費用の負担が大きい場合や、代理人の事務所が遠隔地（その他相当と認めるとき）にある場合などに、書面による準備手続が利用されることになろう。しかし、同手続の性質上、(一)ないし(三)で述べたように、当事者や準当事者から説明を受ける必要がある場合や、公開の要請が強い事件は同手続によるのは相当ではない。したがって、同手続により効率的に争点が整理できる場合としては、一般的には、争点が比較的単純な事件に限定されると思われる。また、適宜、電話会議の方法による争点等の整理に関する事項についての協議（法一七六条三項）を行い、円滑な争点等の整理に配慮する必要があろう。

本シミュレーションにおいては、これまで述べたところにより、弁論準備手続に付すことについては大方異論のないところであろう。

〈注〉

（1）発注者問題についての原告と補助参加人の第一準備書面の該当個所を縮小コピーし、「原告の主張」と「補助参加人の主張」のタイトルをつけてA4用紙に並べて張り付け、その右部に被告の認否反論を記載できるようにしたもの—第六、四参照

（2）第五、五4参照

（3）資料12

（4）資料13

（5）第五、四及び五5参照

（6）資料11ないし13参照

（7）事件には、多くの場合複数の争点があり、それが段階的に構成される場合、例えば請求原因にかかる争点と抗弁にかかる争点があるような場合、論理的には、前者が立証できなければ、後者については争点の整理をすることも立証する必要もないことになるから、先ず前者について争点整理し、立証を見た上で次の争点の整理に入るような訴訟運営も考えられるし、それが相当な場合もないではない（例えば、特許権侵害訴訟などで侵害の事実が最大の争点とされる場合には、先ずその点の審理をし、その帰趨を見たうえで損害論に移行するとか、公害等の損害賠償請求事件で因果関係論と責任論や損害論を段階的に審理するような場合）。新法は、争点等の整理手続を経て、集中証拠調べを行うことを原則的な審理形態として要請しているが、右の例のように、事件によっては、複数の争点ごとにかなりの証拠調べが必要であり、その心証によっては次の争点に進む必要がないような場合などにおいて、各争点ごとに主張整理を完結し、その争点について集中証拠調べを行うことを禁じているものとは考えられない。しかし、多くの事件では、紛争自体が社会的に一体性を持っており、理論的に争点を分断することはできても、立証面では相互に関連することが多く、争点毎に主張・立証を分断することは運営上マイナスが多いし、控訴審の審理・判断に対する考慮もあって、争点を全体的に整理し、立証も全般にわたって行うことが多い。その判断の分岐は、先行争点の審理によってどの程度事件の見通しがつくか、後行の争点の立証の負担の程度、争点と立証の絡み具合などによることになろう。

（8）坂元和夫「弁論準備手続④—望ましい運用」新民事訴訟法体系第二巻三一二頁（青林書院、平九）は、「争点整理は、その後に行われる証拠調べの対象・範囲を決定する重要な行為であるから、審理の基本形態である公開の口頭弁論で行うのが望ましい。規定のうえでも、新法八七条一項が口頭弁論の原則を規定していること、弁論準備手続と書面による準備手続が手続的配慮の面で準備的口頭弁論に劣り、当事者の意見を聴いて行われることになっていることなどから、準備的口頭弁論が争点整理手続の原則形態として位置づけられているものと考えられる。」という。

（9）新法は、争点中心主義の充実した審理を目指して複数の争点等整理手続を設けている。これは、わが国の民事訴訟が主張と立証段階の区分に成功せず、五月雨審理を克服できなかった長年にわたる歴史を踏まえ、かつ、近時の実務が充実した争点整理を前提として、集中証拠調べの可能性を示してきたことから、様々な事案に対応できる争点等整理手続の設定を図ったものである。それぞれの手続には、公開の程度や、できる訴訟行為の範囲や、当事者の意見聴取の要否等相違点があるが、それは、事案に相応しい手続の選択を可能にするものであって、当事者の意見も反映させて適切な手続を選択することが肝要であって、いずれの手続が原則かを論議することは、民事訴訟の重要な原則である公開主義や口頭弁論の重視の姿勢を示すこと以外には意味がないと思われる（法務省民事局参事官室編「一問一答新民事訴訟法」一七一頁も同旨）。

（10）第六、四、期日間管理シミュレーションの平成一〇年五月二〇日の項参照（内容は資料18「被告第二準備書面」の左段の一二項目のとおり）

（11）前掲注（9）「一問一答」一六八～二二一頁（平八）、山本和彦「弁論準備手続」ジュリ一〇九八号五三～六〇頁（平八）、小林秀之『新民事訴訟法の要点』八〇～八六頁（新日本法規、平八）、第二東京弁護士会民事訴訟改善研究委員会編『新民事訴訟法実務マニュアル』一二〇～一三三頁（判例タイムズ社、平九）、日本弁護士連合会民事訴訟法改正問題委員会編「新民事訴訟法・改正のポイント」六三～八〇頁（別冊NBL四二号、平九）、加藤新太郎「争点整理手続の整備—裁判官の立場から見た争点整理」『新民事訴訟法の理論と実務』上巻（ぎょうせい、平九）、小山稔「争点整理総論」『新民事訴訟法体系』第二巻（青林書院、平九）等

（12）訴状=第二の二、三及び資料1、答弁書=第四の二～四及び資料6参照

（13）第三、五2参照

（14）井垣敏生「弁論準備手続③—適切な事案の選択」『新民事訴訟法体系』第二巻二九三頁（青林書院、平九）

(15) 第五、五参照

(16) 前掲・注 (14) 井垣二九四頁

(17) 主張整理段階においては、裁判官は、事実と間接的な関わりしか持てないことが多く、その意味で弁護士の方がより深く事案を把握しているのは当然であるが、現実には、弁護士も事実調査が不十分で、当事者の言い分を十分吟味することなく書面化しているだけではないかと疑われるようなこともないではなく、争点の深さを認識していないこともある。小山稔弁護士も、弁護士が主張や証拠を小出しにする理由の一つに「弁護士の準備不足―相手方の手持証拠を知らないのと同じくらいに自分の依頼者についても調査が不足しており、相手方の主張が出る都度依頼者に事情の説明を受けるような業務のやり方をしているためである」と指摘している（前掲・注 (11) 小山二一二頁）。

(18) 新民訴法での充実した審理を実現する要は、実のところ、どの争点等整理手続を選択するかよりも、裁判官も弁護士も争点等整理の必要性を認識し、その実践を意欲することにあるとさえいえるのではないかと思う。新法の施行まで後一か月と迫った時期において、翌年からの手続選択について意見を聴いても的確な反応があるのは一〇人に二、三人程度といった実情であった。手続選択の議論は、その意識を高めるためにも重要である。

前掲・注 (11) 小山も、「大部分の弁護士は現在でもなおおそらく『争点整理』という言葉すらほとんど意識することなく審理を進めているのではあるまいか」とし（二一一頁）、かつ、裁判官の場合は、各種研修、協議会等を通じて『争点整理』が推奨されていくから、争点整理を意識せずに審理に臨むことはまずないであろうが、意識をすることとこれを実践することとは別問題であり、争点整理に熱心な裁判官も実はそれ程多くはないように思われる（二一四頁）と指摘している。

(19) 現在、京都地方裁判所におけるラウンドテーブル法廷数は２であり、同法廷には、テレビ会議装置、ビデオ再生装置、ファクシミリが設置されている。

なお、準備的口頭弁論は口頭弁論である以上、書記官の立会が必要であるが、弁論準備手続への書記官の全件立会については、現状では困難な問題があり、手続選択の一考慮要素とはなるが、重視すべきではない。

(20) 前掲・注 (14) 井垣二九九頁。

第九　第一回弁論準備手続期日に向けた準備

一　被告期日間シミュレーション

〔平成一〇年五月二二日㈮〕乙山法律事務所

午前の弁論に続いて証人尋問もあったため、昼過ぎに事務所に戻った乙山弁護士は、事務員に「新しい民訴法になったら、裁判所もあれこれ注文を出すし、弁護士は忙しくなったよ」とぼやきながら、木谷専務に電話するよう指示するとともに、裁判所から事前にもらっていた原告と補助参加人側の主張を並べた表を事務員に渡し、この表の右の欄に被告側の反論を書いて出すことになったから、左欄部分をワープロで浄書するように頼んだ。

これまでであれば今日陳述になった原告と補助参加人の準備書面の認否と反論を書くだけで、相手の主張との対応表など提出したことはなく、両方の書面をどのように整理するかは裁判所のやることだと思っていたから、それがぼやきの原因であったが、考えてみれば、裁判官に紛争の実情を分かりやすく説明するのは、依頼者のためにも有益であり、審理の促進にも役立つし、これまであまり工夫してこなかったことが問題かもしれないとも思った。当事者の主体的な訴訟活動に期待するという裁判所の姿勢にも共鳴できるところがあったので、何とか工夫して、分かりやすい主張整理一覧表を作ってみようと決心した。

何度か電話してようやく木谷専務と連絡が取れたので、乙山弁護士は、第二回口頭弁論期日の概略を報告し、次回期日が六月二四日午前一一時に決まったこと、この日には木谷専務にも一緒に行ってもらうことになるから時間をあけておくように頼んだ。木谷専務はどうして自分が行かなければならないのかと尋ねたが、乙山弁護士は、打ち合わせもあるからそのときに説明するといい、六月一〇日午後五時半に来所するよう指示し、後で原告と補助参加人から出された準備書面とその整理をした表を送るから、内容を検討して、表の右欄に検討内容をメモして持ってくるように要請した。

（翌日、事務員が表を作成してきたので、早速、それと相手方の準備書面二通を丸太興業に送らせた。）

〔平成一〇年六月一〇日㈬〕乙山法律事務所

木谷専務との約束の時間の三〇分程前から乙山弁護士は、本件のファイルを取り出し、これまでの打ち合わせ経過のメモと被告の第１準備書面を読み返し、主張整理一覧表の右欄に分かる範囲でメモをした。契約当事者に関する争点で、原告と補助参加人側が指摘する被告を契約当事者だとする間接事実が一二項目もあり、乙山弁護士としても、木谷専務は、紹介者ないし仲介者としては、契約に深く関わりすぎている感を否めず、次回の弁論準備手続での議論は相当腹を括ってやらなければならないと思った。

乙山弁護士は、現実には、当事者でも事実関係を十分把握していないこともあり、当事者本人や準当事者からの事情聴取まですることになると、争点の整理と立証が截然と区別しづらくなることも少なくなく、争点整理で裁判官が重要な心証を得る事態も予想されることから、裁判官が争点整理の名の下であまり突っ込んだ事情聴取をすることには警戒心を持っていた。特に、書証関係がそろい、ストーリーとしても理解しやすい側に有利な心証を抱かれる傾向があり、いきおい不利な心証を持たれた側の立証が制限されたり軽く扱われることになると、不利な側はさらに不利になっていく恐れが強く、裁判官は、争点整理段階の心証は暫定的な心証だというが決して侮れないと思っている。過去の弁護士経験から、現実の社会には様々な出来事があり、どう考えても不自然なことをいう自分の依頼者を「そんなことがあるだろうか？」と疑いの目で見ていても、関係者から詳しく事情を聞くうちに実は依頼者のいうことが真実だったと納得するに至ることが何回もあった。そんな経験からしても、一見不合理に見える主張でも予断を抱かず、じっくり証拠調べに取り組んで欲しいという思いが強いのである。しかし、そうはいいながら、争点等整理を曖昧にすることが解決策になるとも思えず、新しい争点等整理手続で事案の背景まで裁判官に理解させることができれば、かえって争点を深めることができ、そこに焦点を合わせて充実した審理がされることになるのかもしれないとも思った。幸いこの事件では、依頼者の中心人物である木谷専務はかなりしっかりしているし、紛争全体に対する情報も持っているようであるし、木谷専務も同席させて、弁論準備手続を有利に展開すべく努力しようなどと思いを巡らせていた。

そこへ木谷専務が来所し、乙山弁護士は、早速打ち合わせを始めた。

先ず、木谷専務から、なぜ自分が出頭するのかを尋ねられ、乙山弁護士は、次回期日は、弁論準備手続という期日であることを説明した。

「先生、弁論準備って何をするんですか。」

「法廷では裁判官も十分時間が取れないし、膝を突き合わせてお互いの言い分の食違う点を確認しようということで、新しい民事訴訟法で始められた方式なんです。」

「じゃあ法廷でやらないんですか。」

「ええ、ラウンドテーブル法廷といって、大きな丸いテーブルのある法廷や会議室のような所で、テーブルの周りに皆が座って議論するんですよ。」

「私も証言するんですか。」

「いや、証言じゃなくて、事情を裁判官に説明するんです。」

「はあ。」

「でもいいですか、裁判官から何か尋ねられても、木谷さんが直接答えては駄目ですよ。まず、私が答えます。木谷さんに答えて欲しいときには私からそういいます。それから、今度は、丸太興業が契約当事者かどうかという点を中心に議論しますが、原告からは、原告の施工した部分はどこかということと工事中止の経過についての説明がされると思います。まあ、後の点については、第二回目の弁論準備手続期日でこちらから反論することになります。」

このような説明をしてから、乙山弁護士は、まず、主張整理表を取り出した。木谷専務も同表を出し、それにはびっしりメモが書き込まれていた。一つ一つ確認しながら、乙山弁護士は、同表の右欄に反論をメモしていった。木谷専務は、「原告は、こんな主張をしながら、八坂土木や近畿企画にまで請求に行っているんですよ。矛盾しているじゃないですか」といった。乙山弁護士としては、その話は初耳だったので詳しく聞いたところ、原告が本件工事から下りることになり、残金として八〇〇万円請求され、八坂土木と相談して出来高を見積もった結果、平成九年五月一三日に一五〇万円を原告に支払ったが(1)、原告は、請求額との差額は、元請の近畿企画がいろいろ注文を付けたり、工事全体の管理がまずかったから経費増になったんだと憤慨しており、近畿企画に責任を取らせると言っていたこと、その後、ゴルフ場で原告に会ったときに聞いたら、近畿企画からは取れなかったようで、今度は八坂土木に直接請求すると言っており、この裁判まで丸太興業に請求されたことはなかったということであった。乙山弁護士は、被告側としては、本件工事によって何ら利益を得ていないという有力な反論はあるが、原告と補助参加人の連合で多くの事実を指摘され苦しい立場にあったことから、原告のこのような交渉経過は、当事者問題での被告の主張を補強することになるし、請負代金額の争点でも反論として役立つと喜んだ（2）。そこで、同表に被告側の主張として書こうかと思ったが、原告も補助参加人も自分に不利な事実だから代理人にも話していない可能性が高いし、尋問でも口裏を合わせてくることは間違いがないし、原告の供述を弾劾するにはもってこいの事実だと気付き、記載するのは止めた。そして、木谷専務には、このことは重要だから、ゴルフに行った日を確かめて資料を出すように求め、次回の弁論準備手続で話さないように釘をさした（3）。

それが終わってから、原告の第一準備書面の他の項目（工事代金の取決め、原告施工分の出来高、工事の瑕疵）についても協議した。木谷専務は、原告の主張する工事代金について、八坂土木も一五〇〇万円と主張していることに気を強くして、誰が注文者だとしても、原告にはもう支払うものはないのだから、こんな裁判は早く終わらせて欲しいと強く主張した。乙山弁護士は、その点は、次々回の中心論点になるから、十分検討しておくように求めた。

〔平成一〇年六月一四日(日)　乙山弁護士自宅〕

乙山弁護士は、木谷専務との打ち合わせ結果を整理して、主張整理一覧表を事務員に作成させようと思っていたが、急な仮処分事件などが入り、準備ができなかった。提出期限が一五日となっているので、仕方なく資料を自宅に持帰り、整理することにした。手書きで書いておけば、翌日事務員がワープロで浄書して裁判所には約束どおり提出できると思ったが、最近パソコンをいじりだし、おもしろくなっていたところでもあったから、記録ファイルに入っているフロッピーを取り出し作業にかかった。事務員が作成していた一覧表は、左欄に原告と補助参加人の主張を一二項目に分けて記載してあり、中央に罫線を引き、その右に被告の反論を書けばいいようにしてあった。最初のうちは順調に右欄に被告の反論を打ち込んでいったが、右欄の文章の編集にかかると、普通の文章の編集のときのようにはいかず、文字を挿入できなかったり、削除するとその行だけが縮まったり、どうしてもうまくいかず、マニュアルを読んでも分からなかった。いろいろいじっていると事務員が作っていたところまでぐちゃぐちゃになるし、最後は裁判所がこんなことを弁護士に要求するからだと八つ当たりしながら、明日事務員に教えてもらうことにして、完成することは諦めた（4）。

〔平成一〇年六月一五日(月)　乙山法律事務所〕

乙山弁護士は、記録ファイルを事務員に戻し、フロッピーの主張整理一覧表を完成させて、今日中に裁判所と相手方にファクシミリで送るか使送してほしいと頼んで法廷にでかけた。昼休みに事務所に戻ると机の上に綺麗に完成した主張整理一覧表が置かれていた。事務員から、「先生、あれは何ですか。私の作ったところまでぐちゃぐちゃにして……。」「ゴメン、ゴメン、昼飯おごるから、やり方教えて……」ということで、上寿司を取らされてパソコン講習を受けながらの昼となった。そして、手ほどきを受けて、原告と補助参加人の主張の認否を文章で書いていたのをやめ、新法の趣旨に則って、否認する部分に傍線を引いて、争点を明確にし、否認の理由を明らかにすることにした(5)。

美しく出来上がった一覧表(資料18)に満足しながら見てみると、なるほど間接事実の主張についての噛み合わせができているかが分かるし、今後の立証を考えるのに便利だなと思った。しかし、同時に、ここまで整理できたら、契約当事者の問題については、争点等整理手続をする必要もないのではないかという感じもした。

二　原告期日間シミュレーション

〔平成一〇年五月二二日㈮〕甲野法律事務所

甲野弁護士は、できるだけ法廷で決まった予定等はその直後に記録することにしていたが、今日は、午前中に弁論を二件入れており、第二民事部は、午前の弁論も一〇分刻みで入れ、今日は一〇時一〇分の指定であったから、もう一つの部に先に行ったが相手が来ておらず、結局、第二民事部を先にし、結構弁論が長かったため、一〇時半ぎりぎりに他の部に回り(6)。引き続いて一〇時半から証人尋問ということで、メモを取る隙もなかった。一二時半ころにようやく事務所に戻り、思い出しながら第一回弁論準備手続までに準備しなければいけないことをメモした。

① 契約当事者に関する争点で第一準備書面記載以外の事実がないか検討する。
② 原告の施工分の出来高の根拠を整理する。
③ 工事中止の経過を時系列にまとめる。
④ 被告から第二準備書面が提出されれば、その反論を準備しておく。

そこで、原告に電話をかけたが、現場に出ているということで連絡がとれず、近いうちに連絡をくれるよう伝言した。

〔平成一〇年五月二六日㈫〕甲野法律事務所

夕方六時ころ、ようやく原告から電話があり、忙しくて連絡が遅くなってと弁解していたが、甲野弁護士は、このご時世で忙しいのはいいことだと言いながら、前回期日の概要を報告し、次回から、弁論準備手続といって言い分を整理することになること、今度は一緒に裁判所に行ってもらうことになるから、六月二四日の午前一〇時ころから一二時まであけておくこと、前回からの宿題であった工事中止の経過の説明書(時系列)と工事出来高の算定資料(7)を早く整理するよう要請し、打ち合わせのために六月一五日過ぎに来所するように求めた。原告は、忙しくてなかなか行けないし、弁護士さんの方で進めていただけないかという。甲野弁護士は、資料が整わなければ、弁護士が勝手に主張するわけにはいかないのだから、整理が不十分でもいいから、本件工事に関係する資料は全部持ってくるように言った。原告は、しぶしぶ六月一八日の夕方六時過ぎに来所することを約束した。

〔平成一〇年六月一五日㈪〕

乙山法律事務所の事務員は、裁判所に提出する書類があったので、途中にある甲野法律事務所に立ち寄り、被告第2準備書面(資料18)の副本を渡し、正本に副本領収印を押してもらって、裁判所に提出した。甲野弁護士は、すぐ写しを原告に送らせた。

〔平成一〇年六月一八日㈭〕甲野法律事務所

午後六時をかなり回ったころ、ようやく

原告が来所し、風呂敷に包んだノートや帳面を持ってきた。

甲野弁護士は、早速だけど資料の整理はできましたかと尋ねた。原告は、忙しくてこっちにまで手が回らないと言いながら、風呂敷を開き、うちでは現場ごとに工事日誌を付けて、どの現場に何人入れるか、どの機器を何台配置するかは記載しており、その日にあったことは現場監督がいろいろメモしているから、これを整理すれば、本件現場にいつ何人入ったかやリースのバックホウ、ミニホウ、ダンプなどが何台要ったかは分かりますと言って、「工事日誌」とタイトルの書かれた大学ノートを開き、平成八年一二月一七日の欄を示しながら、「ほら、ここに『近畿、工法クレーム、午後二時、作業中止』とあるでしょ。翌日にも『工法協議、木谷、矢板指示、明日、打込機・矢板手配、丸太』とあるでしょ。それで一七日に入れた五人は午後二時以降手空きになっているが、日当は一日分払わないと仕方がないでしょ。一八日もいつ作業が始まるかもわからないから、同じように五人出しているでしょ。それに両日とも、バックホウとダンプを一台ずつ入れてるでしょ。こっちも見て下さい。平成九年一月一六日にも、『C－12～18、足場撤去遅れ、作業待ち』とあるでしょ。一七日もですよ。『足場移動、作業待機、木谷に抗議』、うちがやっていたCゾーンの校舎の足場が一五日中に撤去されることになっていたから、一六日から堀方を始めることにしていたのに、朝行ってみると取ってなくて一日棒に振ったうえに、翌日は、撤去はされていたが、掘削ラインに資材を置いていて作業ができなかったから、二日も無駄足を踏まされてるんですよ」などと次々にノートをめくりながらまくし立て、うちの請求（甲七のうちの六八八万円）は、人夫代、機器代、資材代などを積算して出しているんですから間違いないですよと強調する。甲野弁護士は、原告を制しながら、いずれこれは証拠で出すけれど、それを整理しないと裁判官に分かってもらえないから、何とか整理して下さいと頼み、一度ゆっくり見てから、その上で整理の仕方など相談することにし、原告施工分の出来高の根拠の整理と、工事中止の経過のまとめは、次に少し時間をとって協議することにした。

そこで、甲野弁護士は、原告に次の期日では、主に契約当事者が被告か八坂土木かについて議論することになるから、その点を詰めておくことにしようといい、被告第2準備書面を机に広げ、原告もコピーを取り出した。原告は、すぐに右に書いてある被告の主張というのは嘘ばっかりですよとまた憤慨しはじめたから、これは両方の言い分を書いてあるだけで、どちらが正しいかはこれから審理されていくことになることを説明し、原告の言い分としては、左の欄に整理した一二項目以外にないか尋ねた。原告は、しばらく考えていたが、先ほどの工事日誌をまた開いて、一二月一七日のところを見ながら、今思い出したが、オープンカット工法から土止め工法に切替えることになったとき、うちではすぐに矢板や打込機を手配できないと言ったら、木谷専務の方で準備してくれたが、その費用を請求されたことはないから、丸太興業が負担したんじゃないですか、紹介しただけならそんな損なことはしないでしょと言った。甲野弁護士はなるほどと思い、そういえば、加茂設計の作った「工事出来高書」（乙二）も被告が作成を依頼したのかもしれず、その費用は誰が負担したかも確かめておく必要があると思った。八坂土木に確かめて、被告が負担していることがわかれば、次回の弁論準備手続で主張を追加することにしようと考えた。

大分時間も遅くなったので、第一回弁論準備手続に出席できるか確かめたところ、出席はできるが自分はどうすればいいのか不安そうであったが、当日三〇分前に事務所に来てもらい、そこで具体的な指示はするから心配しなくても大丈夫だと諭して、この日の打ち合わせを終えた。

〔平成一〇年六月一九日㈮〕甲野法律事務所

甲野弁護士は、前日の打ち合わせで問題になった二点について、どうして調査しようか考えたが、当事者照会は、原告とその補助参加人間では訴訟係属があるわけではないから無理だと思い、契約当事者が被告だという点では言い分が一致しているから、丙川弁護士を通じて補助参加人に聴いてもらうのが早道だと考え、「①八坂土木に対し、平成八年一二月一七日過ぎに丸太興業から八坂土木に矢板工法に変えたための経費（矢板及び打込機の使用料）の請求がなかったか、②被告の提出した乙第二号証（工事出来高書）の作成の依頼者及びその費用の負担者は誰か、の二点について、八坂土木に確認のうえ、至急回答いただきたい」旨の文書を作成して、ファクシミリで丙川法律事務所に送付した。

〔平成一〇年六月二二日㈪〕甲野法律事務所

夕方、丙川弁護士からファクシミリで先日の質問に対する回答があり、「①の請求を受けたことはない。②の工事出来高書は、被告が加茂設計に依頼したものと思われ、八坂土木はこれを見せられて、出来高の判断をし、最終金として被告に一五〇万円を支払ったものであり、作成費用がいったとすれば、被告が支払ったものと思われる」とのことであった。甲野弁護士は、この事実を第一回弁論準備手続期日で主張しようと考え、事前に準備書面を提出する約束にはなっていなかったが、当日議論をするためには、被告側に伝えておく必要があると思い、被告の意見を聴かないと不明な部分もあるから、準備書面としてまとめるのは当日の議論を経てからにすることにし、とりあえず、契約当事者に関する主張として、この問題を議論する予定であることを簡単に書面にして、乙山法律事務所に送信した（8）。その後、原告から預かった工事日誌を見ながら、工事中止までの経過をざっと整理し、資料19のメモを作成した。

〔平成一〇年六月二四日㈬〕甲野法律事務所

いつもは遅い原告が午前一〇時半の約束より大分早く事務所にきた。同行者がいたので甲野弁護士がどういう関係か尋ねると、従業員ではなくて、古くからの友人で水道事業を営んでいる宮川俵二という人だと紹介し、一人では心細いし、裁判の経験もあるので付いてきてもらったという。私が付いているから何も心配はいらないというと、それはそうですが裁判の傍聴は自由だと聞いてるし、せっかく来てもらったので一緒ではいけませんかというので、弁論準備手続は必ずしも自由に傍聴できるわけではないが、当事者から申出れば大概は許されるだろうから（法一六九条二項）、それなら一緒にきてもらってもいいということにした。

それから、このあいだの打ち合わせのときに話した工法変更の際の費用と工事出来高書の費用は八坂土木では支払っていないことが分かったことを知らせ、次いで工事中止までの経過メモ（資料19）を見せ、確認させた後、今日は、最初に、契約の当事者について議論されるから、こちらからは、今の二点を被告に質していくことにすること、相手からもいろいろ反論が出たり、裁判官からも尋ねられることもあるが、一応全部弁護士が答えること、あなたに答えてほしいときはこちらから言うこと、そのときはよく考えて、感情的にならず冷静に説明するよう話した。

（1）資料11の被告第一準備書面参照

（2）取締役で本件の担当者の木谷専務のような人物でさえ、事実経過のすべてを代理人に正確に伝えることは難しい。事実を何かのきっかけで思い出すという場合もあるが、事の軽重に思い至らず、代理人に告げていない場合なども少なくはない。そのような実態については、裁判所も訴訟運営に当たって認識しておかなければならない。

（3）人証の比重の高い事案では、弾劾証拠（証人等の陳述の信用性を争うための証拠として使用するもの）の取扱いが弁護技術として重要性を持つことが少なくない。他方で、相手方にとっては、不意打ちを受けるわけであり、適時提出主義に反するとして問題化することも多く、集中証拠調べに支障をきたす原因にもなる。弾劾効果を十分検討して使われることが望まれる。

（4）提出予定期日を守るために、休日なのに仕事をしているのは感心だが、パソコンの未熟さまで裁判所のせいにしないで下さい。乙山弁護士、がんばって。

（5）規則七九条三項、第四、四2㈢参照

（6）現状では、多くの裁判所で、午前一〇時から一〇時三〇分まで弁論をするとして、期日の指定は午前一〇時としていることが多い。当事者（弁護士）は、相手方と出頭時間を打ち合わせでもしておかなければ、その三〇分間の間待機しておくしかない。そのため、三〇分もあるのに複数の弁論は受けない代理人がいるし、逆に三〇分間に何件もハシゴをする代理人もいる。第二民事部のような運用をしても、一か部だけで実施していては、本シミュレーションのようなことはなくならない。少なくとも同一庁においては同じ取り扱いを検討すべきである。

（7）原告期日間準備シミュレーションの平成一〇年五月七日の打ち合わせ参照

（8）準備手続で実質的な討論をしようとすれば、議論されるテーマがあらかじめ当事者に分かっていることが不可欠である。契約当事者問題についての補充主張は当日までに検討しておくということであったが、当日では深めた議論は難しく、準当事者が参加していても、答弁は次回まわしになる恐れが強いから、原告代理人としては、期日も迫っていたが、一応、議論したいテーマだけ被告側に知らせることにしたもので、新法の運用として望ましい対応である。

もっとも、これは理想論であり、現実にはそこまでは出来かねるとする弁護士メンバーもいる。確かに、自己の主張として位置づけるか否かも決定していない事項であり、弁論準備手続で釈明を求め、当日又は次回に回答を得てから、見込どおりの展開になれば、準備書面で主張するというのがこれまでのやり方であるし、それで特に大きな支障があるというわけでもない。しかし、議論する事項を決めて双方がその点に集中した準備をして第一回の弁論準備手続を進めることを予定しているのであるから、そのテーマについてはできるだけ当該期日に争点が整理されることが望ましいのであって、争点等の整理段階では、事前開示の危惧も無用であり、迅速かつ充実した争点等整理手続の実現のためにも、意識改革が求められるのではなかろうか。

第一〇　第一回弁論準備手続

１　期日前協議シミュレーション

〔平成一〇年六月二三日㈫　二民書記官室〕

当日は、Ａ裁判官の開廷日であり、午前一〇時から一〇時四〇分までに五件（内新件三件）の弁論、一一時から弁論準備手続⑴、一一時半から和解、午後は集中証拠調べが五時まで予定されており、Ｂ書記官は、裁判官の指示で翌日の記録（本件を含め弁論準備手続四件と和解三件と鑑定人を立ち会わせてラウンドテーブル法廷で実施する証拠調べ⑵一件）を裁判官の机の上に出していたが、いつ記録を読むのだろうかと心配になるぐらいで、とても翌日のケースのミーティングをする暇はないなと思った。そこで弁論準備手続の四件については、期日間に提出された準備書面と書証等を記載し、予定されながら未提出のものと催告の経過を簡単にカルテに記入し記録の表紙にはさんでおいた。

午前一〇時四五分ころに法廷から戻ったＡ裁判官は、書記官室に来て、Ｂ書記官に、翌日の鑑定人立会の事件や弁論準備手続事件についていくつかの指示をし、本件については、第一回弁論準備手続での討論項目と次回の予定を検討しておくように頼んだ。Ｂ書記官は、記録とカルテを見ながら指示された事項を整理し、記録の表紙に入れておいた。

午後四時四五分ころに集中証拠調べの事件が終わり、部屋に戻ったＡ裁判官は、やっと翌日の事件の検討に入った。五時三〇分ころになって、Ａ裁判官は、書記官室に来て、自宅に持ち帰る記録を管理簿に記入し、Ｂ書記官に一部のコピーを頼み、本件について、Ｂ書記官の作成したメモを見ながら、話しかけた。

（裁判官）被告第２準備書面⑶はなかなかよくできているね。争いのある部分を明示しているのは新法の考え方にマッチしており、分かり易い。原告や補助参加人からは準備書面は出ていないから、契約当事者に関する争点については、これでほぼ双方の主張整理は完了したとみていいんだろうか。

（書記官）そうでしょうね。でも、原告らには準備書面を提出するようには指示していません⑷から追加主張がないとは限りませんが……。

（裁判官）そうだったかね、どうして追加主張の提出期限を定めなかったのか……。まずかったね、追加主張が沢山あれば、明日の期日で発注者問題についての整理が完了しないかもしれないね。それはそうとして、被告第１準備書面の記載（原告への支払と参加人からの弁済の一覧表）も第２準備書面の表に取り入れれば完全になるから、第一回弁論準備手続で新たな主張があればそれも含めて整理をすることにしましょう。できるだけ当事者主導でしてもらうが、場合によれば書記官がすることも考えておいて下さい。

（書記官）わかりました。それで明日の進行ですが、前回の話では、原告やその下請がこの工事を下りた経緯を時系列にまとめ、工事費用が増加した事情を明らかにすることと、原告らが施工した工事部分の出来高の主張の根拠等を説明してもらう予定だったと思いますが、今のところ、原告からも補助参加人からも何も提出されたものはありません。それと書証の認否が、乙号証については補助参加人の、丙号証については被告の認否がされていませんが、どうされますか。

（裁判官）当日議論できるように準備をす

るように言っていたのだから、何か用意してくるだろう。口頭で議論することは重要だけれど、その記録をどうするかが問題だね。全部記録を取っていけばいいが、それでは尋問に立ち会うのと変わらなくなり、書記官の負担が加重になるし、そうかといって全部当事者に後で準備書面にまとめて提出してもらうのも、議論で折角論点がよく分かったのに、それを抽象化して準備書面にまとめられれば、また分かり難くなることもあるし、当事者に負担をかけることにもなるし、難しいところだね。

書証の認否は、争いのある部分の指摘と争いの内容を聞くことにして、個別に全部認否されれば、それはそれで調書に記載しておいたほうがいいと思います(5)。

この件の弁論準備手続は最初だから立ち会ってもらって、原告本人や木谷さんの態度なども見ながら、重要な主張は私のほうでまとめるから、それをメモしてもらって、調書に記載する内容は当事者の意見も聞きながら整理することにしましょう。ところで、弁論準備手続や和解にもほとんど立ち会ってもらっているが、新法になって負担の方はどうですか。

（書記官）私は、旧法時代から大体主張整理の弁論兼和解には立ち会ってきましたが、確かに弁論準備手続が増えたように思いますね。去年の期日簿を見れば、弁論兼和解の件数は大体把握できますから、新法になってからの弁論準備手続と和解の事件数を比較すれば、事件数の変化は分かりますが、以前の弁論兼和解で争点整理中心のものと和解中心のものの区分ができませんから、正確な比較はできませんけど……。それに、口頭弁論で進めている事件は減りましたが、時間をかけるようになったから、立会の時間は余り変わりませんし、中身が濃くなった分だけ弁論調書の記載事項も増えています。それでもうちの部は、証拠調べが少ないのと集中証拠調べ後の和解率が高いから録取事務の負担が大分軽いようですし、実感としても負担が増えたような感じはありません。私としては、弁論準備手続は立ち会った方が事案がよく分かり進行管理をする上でも役に立つし、集中証拠調べになっても争点が飲み込めていると調書は取りやすいですから、調書が貯まったりしない限り立ち会おうと思っています(6)。

二　弁論準備手続の傍聴シミュレーション

〔平成一〇年六月二四日(水)〕京都地裁第五準備室

午前一〇時五〇分ころ、原告代理人甲野弁護士が二民書記官室に顔を出した。甲野弁護士は、B書記官に対し、原告の友人で水道事業を営んでいる宮川俵二という者を同行しているので、傍聴させたいと申し入れた。

弁論準備手続の傍聴には裁判所の許可が必要であるので、B書記官は、A裁判官に甲野弁護士の申し出を伝えた。

（裁判官）条文はどうなっていますか。

（書記官）（六法を見ながら）民訴法一六九条二項では、「裁判所は、相当と認める者の傍聴を許すことができる。ただし、当事者が申し出た者については、手続を行うのに支障を生ずるおそれがあると認める場合を除き、その傍聴を許さなければならない。」となっています。

（裁判官）そうすると、宮川さんは、当事者である原告が申し出た者に当たるから、手続に支障を生ずるおそれがあると認められない限り、傍聴を許さなければいけないね。何か問題がありそうですか。

（書記官）原告の友人というだけで、なぜ傍聴したいのかも聞いていませんから、よく分かりませんが、手続に支障を生ずるおそれがあるかどうかについては、相手方の意見が重要な判断要素になると思います。

（裁判官）そうですね。だけど単に相手方が反対しているだけで、直ちに傍聴を許さないとすることは、この条文に反するでしょう。やはり、その人が傍聴すると、相手方において陳述しにくくなるなど具体的な理由が必要でしょう。全員が揃ったら弁護士だけ部屋に入ってもらって下さい。

一一時五分ころになって各代理人が揃ったので、Ｂ書記官は、今日の弁論準備手続は第五準備室で行われることを告げるとともに、先ず代理人だけ入るよう伝えた。

（裁判官）原告代理人から傍聴の申し出がありますが、どういう関係の方かご紹介いただけますか。

（原告代理人）全く予定していなかったんですが、原告が友達だといって連れてきたんです。水道事業をしている人らしいですが、本件には全く関係ありません。どうしようかと思ったんですが、宮川さんも裁判は傍聴できると聞いていたから来たというし、原告も折角だから同席させてほしいというものですから連れてくることになったんです。そういうわけですから傍聴させても別に支障はないと思います。

（補助参加人代理人）私は構いませんよ。

（被告代理人）関係がないのなら遠慮してほしいですね。当事者としては、何者かわからない相手の関係者がいると何となく不信感のようなものを持ちますし、自由に討論するのに妨げになるような感じがしますが……。

（裁判官）その気持ちは分からなくはないですが、立法の経過から考えてできるだけ傍聴は制限したくありませんし、新法は、当事者が申し出た者については、手続に支障を生ずるおそれがあると認められない限り、傍聴を許さなければならないと定めています。宮川さんは、本件工事と全く関係のない人だということですから、後に証人になることもないですし、本件では特に企業秘密が問題になるようなことも予想できませんから、代理人のいわれる心配は、木谷さんに説明すれば分かってもらえるでしょう。裁判所から説明しましょうか。

（被告代理人）分かりました。公開をできるだけ保障するという考えに同調します。ただ、傍聴の設備がきちんとある部屋なら問題ないのですが、こんな狭いそれこそ膝をつき合わせるような場所で他人がいるというのも少し変な感じがしたものですから、ちょっと意見を言っただけです。ところで、私の方も木谷専務を同行していますが、その傍聴もいいですね。

（裁判官）木谷専務は、これまでの準備書面などによれば、被告会社の専務として本件工事に中心的に関与され、本件契約の成立に至る経緯、内容、それから工事中止に至った事情などを知っておられるようですから、民訴法一五一条一項二号の「当事者のため事務を処理し、又は補助する者」（これを「準当事者」という）に当たると考えられますし、今日は木谷さんからも事情の説明を受けて争点整理をした方が適切だと思いますから、釈明処分により準当事者として陳述を求めることにしましょう。ですから傍聴人として扱う必要はないでしょう。原告補助参加人の代理人、いかがですか。

（原告補助参加人代理人）それで結構です。

（裁判官）それでは、皆さんに入ってもらって下さい。

三　弁論準備手続の公開（7）

1　弁論準備手続と憲法八二条一項の公開

憲法八二条一項は、裁判の対審は、公開の法廷で行うことを要請しており、弁論準備手続に関する立法過程において、この手続において行うことのできる訴訟行為の範囲の議論と相まって、これを対審手続そのもの、あるいはそれに極めて近い手続と位置づける立場（弁護士に多い）から、まさに弁論の準備行為をする手続であり、公開法廷で行うことを予定されている対審とは一線を画すべきだとする立場（学者に多い）とが対立し、憲法上の意味での公開の要否が論争の種となった。裁判所は、憲法上の公開は、マスコミも含めた一般国民の権利（公正な裁判を受ける権利）の制度的保障として規定されたものであり、そのような意味での公開を要するとすれば、それに相応しい傍聴席等の設備を伴わなければならず、それでは膝を突き合わせて十分な意見交換をすることによって、争点等の整理の実を挙げようとする近時の訴訟改革の流れに沿った手続を構築することはできないし、憲法上の公開とは異なる意味での「公開」という概念を導入する（公開二段階論）こともできないと主張していた。厳しい論争の中から、一旦弁論準備手続に付した場合でも当事者双方の申立てがあればこれを取り消して本来の公開法廷での手続（口頭弁論又は準備的口頭弁論）に戻す途を設ける（法一七二条ただし書）ことで、弁論準備手続自体は憲法上の意味での公開は要しない手続とすることで落着したものと思われる。しかし、このことは、弁論準備手続を非訟事件（非訟事件手続法一三条）や調停事件（民事調停規則一〇条）のような公開してはならない手続としたものではない。したがって、前記のように公開の設備を整えた法廷で弁論準備手続を行うことも法に触れるものではない。もっとも、事案、あるいは弁論準備手続に付した理由によっては、公開の場所で自由に一般傍聴が可能な状態で手続を進めることが相当でない場合も考えられるから、その点の配慮は必要である。

2　相当と認める者の傍聴

右のように弁論準備手続は公開を要しない手続ではあるが、その手続で行える訴訟行為が旧法の準備手続より拡張されたこともあり、かつ、非公開の非訟手続や調停でも「相当と認める者の傍聴を許すことができる。」とされていることから、法一六九条二項本文は、「裁判所は、相当と認める者の傍聴を許すことができる。」として、一般人の傍聴する利益にある程度配慮することにしたものである。右規定からすれば、傍聴の許否は裁判所の裁量に委ねられていることになるが、非訟手続や調停のように公開をしてはならない手続における傍聴の許可とは性質が異なると考えられ、制限的に解するのではなく、不相当でない限りは許可する方向で検討されるべきであると思われる。そして、その基準としては、弁論準備手続の目的に照らし、当該事案、当事者の意向などから、一般の傍聴人の存在が手続の円滑な進行の妨げになるか否かとスペース的な考慮につきると思われる。したがって、判断は裁判所に委ねられているものの先ずは当事者の意向を聴取するのが肝要であろう。

3　関係人公開

右の本文規定のほかに、法一六九条二項ただし書は、「当事者が申し出た者については、手続を行うのに支障を生ずるおそれがあると認める場合を除き、その傍聴を許さなければならない。」と規定している。傍聴を一般人の権利の問題として捉えると、当事者が申し出た者についてだけ別異の取り扱いをするようにもみえる右規定には疑問がないではないが、右ただし書は、弁護士会の強い要請で立法化されたものである。当初の段階から弁護士会が新しい争点整理手続に強く危惧を示していたのは、ごく一部であれ、密室での手続においては裁判官の強権的な手続運営がなされるおそれがあり、実例もないではないとの認識が基礎にあった。そこから手続選択段階での当事者の同意の問題が生じ、さらに当事者が申出た者の公開（関係者公開）の要求などにつながっていったものである。その過程で、公開の意義について、第三者の存在がもたらす効果（オーディエンス効果）などの議論もなされてきた。その結果、公開の本来の趣旨からすればやや異質なただし書が加えられることになった。このような経緯をも踏まえると、当事者が申出た者については、具体的に手続遂行上の支障のおそれが認められない限り、傍聴を許さなければならないと解される。制限する場合としては、申出のあった者が傍聴したのでは相手方当事者等が争点の整理のために協議を率直かつ十分に行うことができない場合であり、具体的には、その面前では威圧されて十分な陳述をすることができないと認められる場合や相手方当事者が秘密にしておきたい事項につき争点整理のために話をする必要がある場合が典型例として挙げられ、また、準備室の部屋の都合で傍聴席が足りない場合などが挙げられるのであって、実際の判断において考慮すべき点は、本文の場合とさほど異なるものではないであろう。そして、この場合も、その判断にあたっては、相手方当事者らの意見が重要な判断要素になるものと考えられる。すなわち、弁論準備手続においては、当事者らの積極的な意見交換なくして効率的に争点等を整理することはできないからである。なお、本来的には公開に適する性質の事件について、法廷の数的限界等から弁論準備手続が選択された場合には、相手方当事者らの意見と「手続に支障を生ずるおそれ」との結びつきは薄いであろう。逆に、離婚訴訟等のように公開になじみにくい事件の場合には、相手方当事者の意見如何が「手続に支障を生ずる恐れ」に直結する場合もあろう。

４　準当事者の立場

法一五一条一項二号は、争点等の整理をより迅速かつ適切に行うことができるようにするために、釈明処分として、いわゆる準当事者に陳述させることができると規定している。この規定は、法一七〇条六項によって弁論準備手続にも準用されている。そして、準当事者が裁判所の面前で陳述する前提として、弁論準備手続への出席が不可欠であることからすると、準当事者に関しては、単なる傍聴人として扱って傍聴の許否を決することは適当ではないと解される。準当事者については、当該期日で具体的に法一五一条一項二号により弁論準備手続への出席が認められるというべきである。

四　第一回弁論準備手続シミュレーション

〔平成一〇年六月二四日㈬〕京都地裁第五準備室

（書記官）先ず、出頭者の確認をお願いします。

（原告代理人）原告代理人甲野と原告本人の円山です。こちらは傍聴希望の宮川俵二さんです。

（被告代理人）被告代理人の乙山と被告会社の専務の木谷秀二です。

（補助参加人代理人）補助参加人代理人の丙川です。

（書記官）それでは、宮川さんはこちらの補助椅子の方におかけ下さい。当事者の方はこちらに……。

（裁判官）それでは始めましょうか。被告代理人、第2準備書面（8）陳述ですね。ご面倒をおかけしましたが、分かり易くなりましたね。特に争いのある部分を傍線で示していただいたのは、争点が浮かび上がりますから、新法の意図ともマッチしていて、いい工夫ですね（9）。

（被告代理人）陳述します。パソコンを始めたばかりでなかなか苦労しました。

（裁判官）表組は少し慣れないと難しいですが、書面の整理には欠かせないのでがんばって下さい。苦労させておきながら、厚かましいお願いですが、この論点に関する主張は、できれば一つの書面で総括されるのが後々の利用の点でも有益なので、被告第1準備書面で展開された主張も記載願えればありがたいですね。まあ、作成方法などは、今日の議論もふまえて後で検討しましょう。

議論に入る前に書証についてのご意見を伺っておきたいのですが、乙号証について、補助参加人、いかがですか。

（補助参加人代理人）乙一の1・4、三の1は当方の知らない書面ですから、認否をするなら不知ということになりますが、原告が認めているし、当方として実質的に争うものはありません。

（被告代理人）丙号証の成立は全部認めます。

（裁判官）それでは契約当事者問題についての議論をしたいと思いますが、原告と補助参加人の主張は、被告側で整理されたとおりでよろしいですか。

（原告代理人）従前の主張については被告整理のとおりで結構ですが、重要な間接事実として主張を検討しているものがあり、事実関係について被告側に意見を求めたいのですが……。被告代理人、先日、予め検討事項としてご連絡しました第一点ですが、八坂土木には請求されていないようですから、被告側で負担されたということでよろしいですね（10）。

（裁判官）すみません、どういうことか経過がわからないのですが……。

（原告代理人）実は、今日の論点について検討していて、気になることがあったので、今日その点について意見を聞きたいということで、予めファックスで二点について検討をお願いしていたのです。

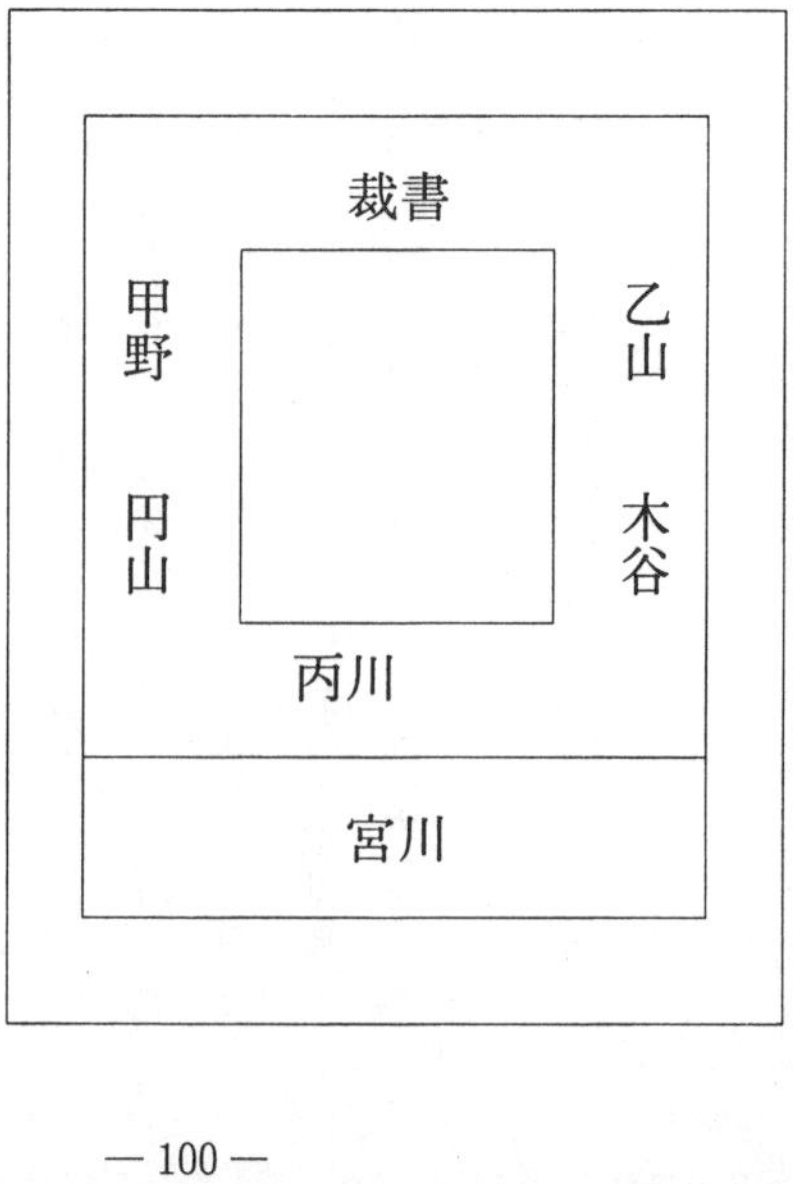

第一点は、被告第2準備書面の6項の関係で、平成八年一二月一七日に木谷さんから工法変更を指示され、すぐ翌日から土止め工法で工事を続けることになったのですが、原告の方では、今日の明日ということでは機材も揃えられないというと、被告の方で用意するということになり、矢板やその打込機を被告が現場に持ち込んで工事を続行したんですが、原告はその費用を被告から請求されたことがないというので、補

助参加人の方に照会したら、補助参加人の方でも被告から請求されたことはないということなので、被告の方で負担されたのかどうかということ、第二点は、被告が提出した工事出来高書（乙2）の作成を加茂設計に頼んだのは誰で、その費用は誰が負担したかということです。この点も補助参加人に確認したら、補助参加人側ではしていないということです。

（裁判官）わかりました。検討事項を事前に相手に知らせておくというのは期日を有効にするうえで大事なことですね。実は、前回、原告と補助参加人に、追加主張について期日前に提出するように指示していなかったものですから、今日新たな論点が出てきたら、第一の争点の整理も完了できないかと後になって心配していたのですが、原告の方で適切に対応されて助かりました。それで、被告の方はどうなんですか。

（被告代理人）確かにファックスはいただきましたが、一昨日の夕方のことで、木谷さんに連絡はしておきましたが、きちんと調査できる時間はないですよ。

（木谷）あれはですね。あっ、私から説明していいですか。

（裁判官）被告代理人どうされますか。

（被告代理人）木谷さん、きちんと調査できたんですか。それならいいですが(11)……。

（木谷）調査って、本件工事はうちが頼んだんじゃないですから、記録もなにもないですよ。だけど確かにそんなことはありましたよ。正確な日にちはわかりませんが、原告の方で堀方を始めてすぐにこの学校の元請の近畿企画の監督から工事方法にクレームがついたようで、原告から電話で連絡がありました。私の方にいわれても困るので八坂土木に連絡を取ったが、あいにく現場担当が出払っていたものですから、とりあえず八坂土木の現場事務所にでかけたんです。ですがどういうわけか事務所にも担当者がおらず、近畿企画の名前は忘れましたが、工事責任者らしい者が原告に危険な工法で許可できないと強くいっており、そのままでは工事を続けさせることはできないということで、わけを聞いてみると、原告は三メートルほどの深さまで素堀りで堀方を進めており、近畿企画がいうには、二メートルを越える場合は矢板で土止めをしないと違法になるというんです。それで八坂社長に電話をして事務所に来て貰い原告と協議の結果、八坂社長はともかく元請の指示に従ってもらわなければ困るというので、私も仲介をしたわけですから、社長の意向に従うよう原告にお願いしたんです。原告は、そんなことをいわれても資材を揃えるにも日数がいるし、費用もかかるし、工事も遅れるというものですから、その当時、被告も近くで現場を持っており、矢板や打込機などの建設資材もあったので都合することにし、とりあえず翌日に使用するだけのものは提供したんです。しばらくして原告の方でも準備ができたので引き上げました。量や期間はきちんと覚えていませんが、自分の方の工事に特に支障も出なかったので、その費用はどこにも請求はしていません。

（原告代理人）そうすると別の工事分を横流ししたということで費用はかからなかったということですか。

（木谷）紹介者として、親切でしたことでそれを逆手にとってとやかくいわれるのは心外です。

（裁判官）横流しかどうかは本件とは関係がありませんから、そういう議論は横に置いて本論でいきましょう(12)。

（原告代理人）そうでもないと思いますが、まあいいでしょう。それで、被告の方で貸された打込機や矢板を別にリースするとすればどのぐらいかかるものですか。

（木谷）量や期間を覚えていないのでわかりませんが、いずれにしても自分の方に特に負担があったわけではないから関係ないでしょう。

（被告代理人）原告の意図は、注文者でもない被告が矢板等の費用を負担するのはおかしいということでしょ。木谷さんのいうとおり、被告側で実質的に費用を負担したというのではないから、いくらかという議論は無意味ですし、費用を知りたければ、ご自分の方で調査ができることでしょう。

（裁判官）確かにそうですね。原告は、この事実を間接事実の一つに追加するのであれば、量と期間と費用を調査して、具体的な主張をして下さい。

（原告代理人）必要があれば調査しますが、裁判官、ここでの議論はどういう扱いになるんですか。

（裁判官）この手続は、争点と証拠を整理することを目的としているのですから、訴訟関係を明確にするための討論と考えています。その中には、単に既述の主張をわかりやすくする説明的なものもあるし、当事者本人及び代理人の発言には弁論として陳述されるものもあるでしょう。準当事者の発言は、直接弁論とみるのは適当でないでしょうが……。とりあえずは、自由に討論し、その中から主張として構成するものは、代理人の意見を確認した上で調書に記載するか、あらためて準備書面で提出していただくことにしてはどうかと思いますが(13)……。

（原告代理人）それで結構です。原告としては、今の点は、被告第２準備書面の表（以下「争点整理表」という）の６項の原告の主張に続けて、「上記工法変更のための矢板及び打込機は、当初被告の負担で準備したものである。」と追加することにして調書に記載して下さい。さらに期間や矢板の数量、それらのリース料等を明らかにする必要があると思えば、準備書面で付加します。

（被告代理人）書記官も立ち会っているのですから、私もそうした方がいいと思います。今の点について、被告側の主張として、同じ項の右欄に、「原告が準備できるまでの間、被告側で矢板及び打込機を提供したが、他の現場の支障がない範囲で紹介者として協力したものにすぎない。発注者として資材を提供したのであれば、それは減額の対象になることであり、原告にその費用を請求するか減額を要求するはずである。」と追加します。その程度なら改めて準備書面で提出するまでもありませんから、調書に記載しておいてもらいたい。

（裁判官）（書記官に対し）今の原告と被告代理人の整理部分だけ調書に記録して下さい。それでは、第二点についてはどうですか。

（被告代理人）（木谷に対し）何か資料などがありましたか。

（木谷）加茂設計は私の方も時々お願いしていた所でして、加茂設計関係のファイルの中に出来高調査料として五万円の請求書が見つかりました。よくは分かりませんが、これです。日付が平成九年五月一〇日で前に証拠で出した工事出来高書（乙２）と同じ日付でしょう。たぶんこれです。ですが領収書も八坂土木への請求書も見つかりませんでした。金額が小さいから工事出来高書を持ってきてもらったときに現金で払って、領収書を貰うのを忘れ、八坂土木へ請求するのも失念していたのかもしれませんね。なんせ、五万円のことですから……。

（補助参加人代理人）八坂土木の経理に調べさせましたが、本件工事関係の帳簿には記載がありません。

（原告代理人）被告は、発注者と違うと言いながらなぜ出来高の見積を取ったり、その費用を五万円とはいえ払うんですか。あなたが注文者だからでしょう。

（裁判官）そこまで追及されると反対尋問をしているようになってしまいます。真偽を確かめるのは証拠調べですることですから、被告の言い分だけを聞いておきましょう(14)。木谷さん、どうしてあなたが加茂設計に出来高の調査を依頼されたのですか。

（木谷）最初の約束で、八坂土木から出る手形の支払金額分を当方が現金で原告に支払ってあげることにしていたんです。それは原告が三か月先の手形では自分の方の支払に困ると言うから紹介者として便宜を図ってあげたんです。

（原告本人）違いますよ。もともと丸太興業とは現金支払いだったでしょ。それを見も知らない八坂土木の三か月も先の手形で支払うというから、それは困るといっただけですよ。

（裁判官）すみません、先ず木谷さんの言い分を聞いて、反論があれば、後で話を聞かせて下さい。木谷さん、あまり詳しくなくていいですから、続けて下さい。

（木谷）それで原告は、中間の出来高分の請求も私を介して請求してきたので八坂土木に請求書を回して、手形を貰ってから四五〇万円を払ってあげたんですが、突然工事を下りるという話になって、八〇〇万円の請求書（甲7）を渡され、現場を見に行ったら半分も出来ていないじゃないですか。一五〇〇万円で請け負って、半分でも七五〇万円ですよ。四五〇万円は払っているんだから、残りはせいぜい三〇〇万円ですよ。八〇〇万円などというとんでもない吹っ掛けの請求書をそのまま八坂土木へ回せませんよ。紹介者として恥になりますし、私の方の信用にもかかわりますから……。

（原告本人）吹っ掛けたりしていませんよ。かかっただけ払うといって工事を続けさせたんじゃないか。

（原告代理人）反論は後できちんとするから、冷静に聞くように(15)……。

（木谷）それで加茂設計の吉田さんに一度現場を見てほしいと頼んだんです。見積までしてくれと言ったかどうかは覚えていませんが、とにかく、吉田さんが現場を見られて、工事出来高書を持ってこられ四〇パーセントと評価してあったので、一五〇〇万円の四〇パーセントで六〇〇万円の出来高として残りの一五〇万円を八坂土木へ請求したんです。原告が急いでいたので手形を貰う前に払ってあげたんですが……。

（裁判官）それで原告としては、どのように主張されるんですか。

（原告代理人）争点整理表の11項の補助参加人の主張に続けて、「なお、被告は、原告が本件工事を下りた際、自ら加茂設計に出来高の見積を依頼しただけでなく、その代金五万円も自ら負担している。」と追加して下さい。

（被告代理人）被告としては、事実は争いませんが、木谷が述べたように、「原告の請求額があまりに不当であったため、紹介者としての責任上、正確な出来高を明らかにするために加茂設計に依頼したものであり、その代金は五万円とわずかであったことから立替払したものの、補助参加人への請求を忘れていたものであって、被告を発注者とする論拠となるものではない。」と主張します。

（裁判官）（書記官に対し）今の点も調書に記載しておいて下さい。第一の争点の関係では、主張はこれで全部出たとみてよろしいですか。

（補助参加人代理人）当方の主張としては結構ですが、今回の被告の主張に対する認否や反論はどうするのですか。

（原告代理人）私の方も被告の主張に対する反論はあります。

（裁判官）そうですね、それはお願いしなければならないですが、その前に裁判所から少し尋ねたい点があります。争点整理表の11項で、被告は加茂設計の見積書（甲2、一五九二万八〇〇〇円）を増額修正した見積書（丙二　一六五一万二〇〇〇円）を独自に作成して八坂土木に提出したことは認めておられますが、丙二は原告にも示されているのですか。

（原告本人）そんなものは見ていません。

（木谷）自分の方でしないことに決めたから見せていません。

（裁判官）そうすると木谷さんは被告が受注するつもりで増額見積書を作成されたわけですか。

（木谷）最初はそういうつもりもありましたが、八坂土木は高いといって了解はしてくれませんでした。それでうちもやる気をなくしたこともあります。

（裁判官）それで被告が受注することをやめて原告を紹介したというわけですか。なぜ、増額見積書の方は原告に示さなかったのですか。

（木谷）それは八坂土木がうんと言っていないものを原告に見せれば、金額の折り合いが難しくなるからです。

（被告代理人）裁判官、木谷さんは後で証人になってもらう予定で、主張整理でそこまで追及されると尋問と変わらなくなるのではないですか。

（裁判官）いや、主張が理解できないので、お尋ねしているだけですが……。争点整理表の11項の右欄によると、増額見積書を作ったのは、「仲介者として原告にも利がある
ということで仕事を請けてもらいやすい環境を整備するように努めただけであり、被告自身の利得を企図したわけではない。」ということでしょう。そうだとすると、原告に増額見積書を見せて利益が大きいことを示さないと意味が通らないのではないですか(16)。

（被告代理人）それはそうですが……、当事者と打ち合わせをしたいので、五分程休憩していただけませんか(17)。

（裁判官）結構です。

〜〜〜〜休憩後〜〜〜〜

（被告代理人）今の11項の第一段落の趣旨を説明します。時系列的にいいますと、被告は、平成八年一〇月九日に原告に本件工事を打診しているのです。その後一一月二七日に本件契約がなされています。この点は争いがありません。その間に被告から加茂設計に設計を依頼し、設計図（甲1の12）や工事内訳書（甲2）が作成され、原告にも現地を見てもらい、工事を請けるよう説得していたのであり、そのために吉田の作成した工事内訳書にも経費（＝利益）は乗せているのですが、それをより大きくした増額見積書を被告が作成して、元請の八坂土木に提出し、それが通れば原告も請けやすくなると思ったのですが、八坂土木が承諾しなかったから、結局、原告に示すことができず、もとの加茂設計の工事内訳書だけを見せて、請負代金の折衝になったということです。ですから、準備書面の記載に何も矛盾はないわけです。

（原告代理人）八坂土木に高い見積書で承諾させ、被告としては中間利益を得て、原告に下請けさせる意図だったことになる。

（被告代理人）そういうことではない。それなら八坂土木がいる前で請負代金の交渉などするはずがないではないか。中間利益を出すことができなくなるのだから……。再下請させるなら、元請のいないところで代金交渉をするのが常識でしょう。

（裁判官）その辺りは評価の問題になるので、その程度にしておきましょう。それで、先ほど原告と補助参加人の代理人のいわれた被告の主張に対する認否ですが、被告がされたように否認する事実だけ争点整理表の右欄の被告の主張部分に傍線を引いていただくのではいけませんか。折角表ができているし、その方が分かり易いと思います。

（原告補助参加人代理人）そうしましょう。

〔書記官が被告第2準備書面の表部分をコピーして配布〕

〔原告補助参加人代理人がコピーに傍線を付して提出〕

（裁判官）原告と補助参加人の主張を区別する必要がありますか。

（原告補助参加人代理人）この問題ではありません。相互の主張を援用することにします。認否も傍線部分は、双方の否認部分として結構です。

（原告代理人）反論ですが、9項の第三段落については、原告の第1準備書面（18）の3項のとおりです。それ以外は評価の問題ですからこれ以上主張としての反論はしないでおきます。

（補助参加人代理人）私の方は、10項の中程の「補助参加人は被告から原告の実績の説明も受け、被告の紹介なら問題ないということで原告の信用について、特段、話題にも上がら」なかったと主張し、それがあたかも補助参加人が発注者である証左であるように言っていますが、この部分についてだけ、反論として「補助参加人としては、被告に発注したものであり、被告の責任で施工されるのであるが、孫請としての適格性を判断する意味で原告の実績を聞いたのであって、補助参加人が被告の説明以上に詳細な調査をしなかったのは、補助参加人が直接原告に請負わせるわけではないからであり、右事実はかえって、補助参加人が発注者でないことを示すものである。」と主張します。

（裁判官）それでは、発注者問題の争点についての主張整理はこの程度でよろしいですね。それで調書の作成ですが、今日の手続で主張されたこと、従前の準備書面に記載されているが争点整理表に記載されていない事項、原告と補助参加人側に傍線を引いていただいた否認部分の特定などは、どのようにいたしましょうか。

（各代理人）調書に記載していただけるとありがたいですが……。

（裁判官）新主張は調書に記載するとしても、傍線を引いていただいた部分を文章として調書化するのは、折角被告代理人の方で苦労していただいたのが無駄になりますし、従前の準備書面も併せて見なければいけないのも煩瑣ですし……。この争点整理表を元にして、従前の準備書面で記載されていたことで漏れていた部分、今日の追加主張を追加し、否認部分を右欄の被告の主張部分に傍線を引いて作成し直すのはどうでしょうか。書記官の方でフロッピーを借りてくれますか。

（書記官）フロッピーを貸して頂ければ、調書に記載するのとあまり手間はかかりませんから、工夫して作ってみます。

（被告代理人）すぐに届けますが、表を壊さないようにできますかね。

（裁判官）それでは、できあがった表を今日の弁論準備手続での各当事者の主張を整理した結果として調書に添付することにします。

今日予定していた原告の工事中止の経過に移りたいと思いますが、原告代理人、準備の方はいかがですか。

（原告代理人）〔「工事中止に至る経過」と題する書面（19）を配布〕

本件工事についての工事日誌があります

（いずれ書証として提出するつもりですがと言いつつ、大学ノートを示す）。ここに経過は全部出ているはずですが、原告が忙しくて整理できないものですから、代理人の方で、とりあえずそこから抜き書きして概略を整理してみたのですが、記載が簡単で経過がよくわからないものもあり、まだ整理しきれていませんので、次回までに準備したいと思います。

すみません、それで思い出したのですが、第一争点の関係です。この経過表にも木谷さんが何度も出てくるでしょう。工事日誌には一週間に二、三度も名前が出てくるところもありました。木谷さんが現場監督的な立場にあったのではないですか。

（木谷）そんなにしょっちゅう現場には行っていないですよ。ただ、さっきも言ったように、被告の方でも近くで工事をしており、私が紹介したものですからきちんと施工されているか時々見に寄っていただけです。それに原告は何かあると私の方へ連絡してくるから、仕方なしに調整したこともあります。工事の指示は八坂土木の現場事務所でやっていたのであって、私がしたことなどありませんよ。円山さん、そうでしょう。

（原告本人）現場会議に出席して八坂土木の指示に従えと要求したのは木谷さんじゃないですか。私も下請の桂配管や大原設備も発注者でもない八坂土木の指示で動かされることには不満があったが、木谷さんの要請だし、元請だから仕方なく八坂土木や近畿企画の指示を受けていたんですよ。自分の方に都合のよい勝手な要求ばかりで閉口しましたよ。

（裁判官）（原告代理人に）いまの点は、何か主張として整理されますか。

（原告代理人）木谷さんの本件工事に対する関与ぶりは紹介者の限度を越えるものと評価されると思いますが、施工の具体的な指示は元請がしていたということで、決め手になるわけではないので、追加主張まではしません。

すみません、第一争点に関係があるかどうか分かりませんが、もう一点だけ確かめておきたいのですが……。被告第１準備書面によれば、本件工事は、原告が下りたあと、三条管工が後を継いだということでしたね。この契約はどことしているんですか。

（木谷）当然八坂土木ですよ。うちは紹介しただけです。

（裁判官）被告代理人いかがですか。

（被告代理人）確認していません。

（補助参加人代理人）被告に請求がきているでしょう。三条管工は、被告と出来高で契約をしたと主張して被告に一四〇〇万円を請求しているんですが、被告が本件と同様に契約者と請負債金額を争っていて、今交渉中です。当方も相談は受けており、事実関係は把握していますが、それぞれ別の契約であり、争点を広げるだけだと思って、私の方からは主張しなかったのです。

（木谷）いや、三条管工は、原告が下りて八坂土木が困り、後釜を頼んできたので、嫌がるのを頼んで残工事を請けるよう説得して、八坂土木に紹介したのに、何を勘違いしているのか、被告の方に請求書を回し、しかも当初の約束は八五〇万円なのに一四〇〇万円も吹っ掛けてきているんですから、無茶ですよ。原告のいう一二五〇万円と合わせれば二六五〇万円ですよ。吉田の見積書が一五〇〇万ほどでしょ。これだけの工事で一〇〇〇万円以上も足が出るなんてことは考えられない。

（補助参加人代理人）契約者は被告ですよ。請負代金の点は、木谷さんの言われるのと同感ですが……。

（裁判官）この点も間接事実として取り上げますか。

（原告代理人）私の方は、事実関係を掴んでいないし、契約としては別ですし、それぞれの折衝内容によって判断が異なることだと思いますから、今の時点では主張まではしません。別の争点で関係が出てくるかもしれませんが、今日のところは結構です。

（裁判官）それでは、今日の手続はこれくらいにして、次回までの計画を立てましょうか。

（原告代理人）原告としては、第二の争点である請負代金が定額か出来高かの点については、原告の主張としては、訴状と第1準備書面に記載したとおり、本件契約締結時の合意とその後の再確認的な合意を主張しているわけですが、当初合意については、契約締結時の三者の話の内容にかかることで、それぞれの言い分の対立状況は明らかですから、後は立証の問題になると思います。工事中の再確認ないし出来高払いの承認については、工事中止の経過の時系列表を完成させるなかで、具体的な状況を踏まえて整理します。

（裁判官）どの程度期間がかかりますか。

（原告代理人）右の点だけなら二週間もあればできます。

（裁判官）それでは、右の点について、当初の合意内容ももう一度整理し、工事中の合意も具体化して、争点二の整理をして下さい。七月一〇日までに準備書面を被告側に直送するということでよろしいですね。原告からそのフロッピーを渡していただいて、被告の方で第一争点と同じように対照表にしていただけますか。それも二週間もあればよろしいですか。

（被告代理人）はい。でも、また被告の方で表にするんですか。まあ、やり方もわかったし、フロッピーをもらえば、当方の主張だけ打ち込めばいいわけだからやりますか。七月二七日提出にして下さい。

（裁判官）よろしくお願いします。ところで、原告の請求額はどうして組立てているんですか。

（原告代理人）下請については、下請からの請求書（甲4～6）の金額であり、原告分については、訴訟前に原告から被告に出した請求書（甲7）の金額から既払額を控除したものです。原告や下請の請求は、実際にかかった資材や人件費に経費を計上したものですから、出来高が五割か四割かは関係がないんです。原告の請求の内訳、つまり施工内容と費用の関係については、内訳を明らかにしなければならないと思いますが、原告分はできるだけ早く整理させます。下請分はなかなか難しいですね。円山さん、どうですか。

（原告本人）下請に発注するときに見積書も取っていないし、被告がかかっただけ払うといっていたから請負金額も決めていたわけでもないし、うちは約束だから請求されただけ支払っているので、今更済んだ工事の内訳を出せといっても無理だと思います。私の方で、自分の分と一緒に原価表などでできるだけ割り出してみます。

（木谷）そんな請負の仕方がありますか。非常識ですよ。

（裁判官）今日はその点の議論はやめておきましょう。原告の方は、今の計算方法だけでいくことになりますか。

（原告代理人）まだ決めてはいませんが、一五〇〇万円を前提として、工事出来高割合を乗じ、それに工事代金の増額分を加算する方法も予備的に主張することを検討しています。

（裁判官）それでは、原告の方で、請求額の内訳を明らかにし、あわせて予備的な計算に関する主張を整理して下さい。七月二七日提出でよろしいですか。

（原告代理人）少ししんどいと思いますが、

努力してみます。

（原告本人）（代理人に向かって）先生、その計算をするんだったら、施行済みの範囲をはっきりしてもらわないと困ります。前に図面で私らのした部分を赤で書いたでしょ。その範囲が完成したことを認めるんですか。

（原告代理人）そうですね、訴状に添付した図面(1)(2)の認否がまだですね、早急にして下さい。

（裁判官）被告側、いかがですか。

（被告代理人）当方は発注者でないので、三条管工に引き継ぐまでの施工範囲は明らかでないのですが……。

（木谷）吉田さんに聞けばわかりますよ、出来高の見積もりをしてもらっているのですから……。見積書に書いてないだけで、施工部分を確認しないと見積もりはできないですから……。

（被告代理人）吉田監理士に確認できれば、早急に認否することにします。

（裁判官）その点は第三回の弁論準備手続のテーマにすることにし、準備を進めておいて下さい。ついでですが、被告の瑕疵の主張についても、瑕疵の内容は被告第一準備書面に書かれていますが、その損害額が明らかになっていません。その点も吉田さんが関与しておられるようですから、事実の確認をして、主張の補充を準備して下さい。原告側も反論は一応されていますが、まだ具体的でない部分がありますから、検討しておいて下さい。次回に方針の協議ができるようにしていただきたいと思います。いろいろ宿題が増えましたから、多少ゆとりをみて、次回期日は八月一二日午後一時から二時まででいかがですか。

（各代理人）結構です。

〜〜〜〜〜期日終了後〜〜〜〜〜

A裁判官は、終了後、B書記官に、当事者（準当事者）が参加すると議論が活発になって対立点がよく分かるねなどと感想をいい、B書記官は、でも尋問との区別が難しいですね、どこまでメモを取っていかなければならないのか、書記官としては、気になります、今日は代理人が要領よくまとめていただいて助かりましたが、もっと激しい議論にでもなると、尋問以上に気を使うかもしれませんねと言った。

そして、被告代理人からフロッピーを受け取ったらすぐに今日の結果を整理して弁論準備手続調書を作成することにした。

B書記官が作成した調書は資料20、主張整理表は資料21のとおりである（主張整理表のゴチック部分は被告第一準備書面から転載したものである）。

〈注〉

(1) 新法になってから、弁論準備手続に付する事件が旧法時代の弁論兼和解で争点整理を中心とした事件数より相当多くなり、週二日の非開廷日だけでは回り切らなくなったことと、争点整理に力を入れると証拠調べの事件がかなり減ってきたため、開廷日の午前中にも一部弁論準備手続事件を指定することがある。なお、開廷日には準備室を使えないこともあり、京都地裁では、法廷外通路に折り畳みテーブルを準備しており、そのテーブルを書記官席付近に置き、裁判官が法壇から下りて、法廷で弁論準備手続を行うこともできるようにしている。

(2) 離婚事件で親権者が深刻な争点となっているケースである。このようなケースで鑑定を命じた場合、従前であれば、証拠調べを済ませ、その一件記録と必要があれば個別面接等の調査をしたうえで鑑定してもらうことが多く、鑑定人の収集した資料が全て開示されるわけでもなかったことから、不利な判定をされた方が鑑定結果に不満を抱くことも少なくなかった。しかし、旧法においては、鑑定人自身の資料収集を認めないと、鑑定人が必要とする判断資料が得られない危険があったため、一般にこのような方法を採らざるを得なかった。新規則一三三条は、鑑定人は、鑑定のため必要があるときは、審理に立ち会い、裁判長に証人若しくは当事者本人に対する尋問を求め、又は裁判長の許可を得て、これらの者に対し直接に問いを発することができるものとしており、右規定を活用すべく、元家庭裁判所調査官を鑑定人に指定した後、子の監護養育に関する双方本人尋問期日を設定し、鑑定人から鑑定するうえで必要な事項は直接尋問してもらうことにしたものである。その代わり当事者双方からの個別の事情聴取は行わず、子の意思や学校関係者等の周辺資料のみを収集して鑑定してもらうことにした。当事者双方とも、資料収集の透明性確保の点で望ましいと評価している。なお、この事例では、鑑定人は、尋問当日までに、周辺調査（子の学校地域での適応状態、現在の養育者との関係、各種心理テスト等）を済ませており、それらの基礎資料に基づいて、裁判所や代理人も知り得ない事情にまで切り込んだ発問がなされ、新法の制度の有益性が発揮された。

(3) 資料18参照

(4) 第八の二「争点等整理手続選択シミュレーション」参照

(5) 書証の認否と記載方法

旧法下の実務では、全書証の成立について、認否を確認するのが通常であったが、実際問題としては、相手方が明確に成立を否認した場合か不知の場合で作成に重大な疑問が呈されている場合以外は、裁判所が事実認定を行う上であまり意味を持たないのが実情である。新様式判決が普及してからは、文書の成立が重要な争点になっていない場合は、形式的な成立の判断も記載しない取り扱いが定着している。準備書面について、相手方の主張事実を否認する場合には、その理由を記載しなければならないとする規定（規則七九条三項）が新設されたのは、新法の争点主義の現れであり、書証の成立の認否についても、成立を否認するときは、理由付きで行うことを義務づけている（規則一四五条）。

右の規定を受けて、調書通達（平成九年七月一六日付け）最高裁総三第七六号総務局長民事局長通達「民事事件の口頭弁論調書等の様式及び記載方法について」は、すべての書証について認否を記載する必要もなくなったので「認否」の欄を「成立」及び「成立の争いについての主張」に分け、「成立」の欄には、公文書及び明らかに争わない書証（事実認定上大きな影響を及ぼさないものに限る）については、明示的に認否されたものだけ記載し、その他の場合は、空欄のままとし、また、「成立の争いについての主張」欄には成立とは別に否認の理由、文書の部分的認否、証拠抗弁、一部認否の具体的部分及び否認理由などを記載するものとしている。

したがって、今後の運用としては、書証が提出されたら、速やかに確認し、積極的に争うものがあれば早期にその理由を開示していくことが必要となる。

(6) 争点等整理手続への書記官の関与のあり方と役割については、弁論準備手続が終了した時点で改めて論じる予定である。

(7) 弁論準備手続の公開問題について触れた文献は極めて多数にのぼるが、「研究会新民事訴訟法をめぐって」第一二回ジュリ一一一八号（平九）、山本和彦「弁論準備手続①—立法の経過と目的」『新民事訴訟法体系』第二巻（青林書院、平九）に引用の文献が参考になろう。

(8) 資料18参照。

(9) 規則七九条三項は、相手方の主張する事実を否認する場合には、その理由の記載を求めているが(第四、四2参照)、そうすることで紛争の実態や争点を明確にすることを意図したものであり、その趣旨をさらに生かすならば、被告第2準備書面のように否認部分を中心に指摘するやり方は推奨されてよい。なお、準備書面の工夫については、第五、五4参照。

(10) 第九の二「原告期日間シミュレーション」の平成一〇年六月一九日と同月二二日欄及び注（8）参照。

(11) 弁護士は一般に争点等整理手続で裁判官が本人に直接発問することを警戒しており、当事者が発言しようとするときには代理人の意向を確認しておくのが望ましい。実際には、事前に代理人から注意されていても本シミュレーションのように積極的な木谷専務のようなタイプの人は、どんどん発言することが多く、代理人側でも適切なコントロールが必要である。

(12) 争点整理においてはこのような論争になりがちであり、裁判官の的確な介入整理が求められる。自由な討論を保障しながら、適切に交通整理するタイミングを図らなければならない。

(13) 弁論準備手続等の争点整理における討論の位置付け、ことに準当事者の発言の取り扱いには注意を要するが、この点については、弁論準備手続完了後に全体的に検討する予定である。

(14) 論争がときに反対尋問の様相を呈することは避けがたく、それによって無用の争いが整理されることもある。しかし、争点等整理手続は、双方の主張を整理しているだけで、証拠調べをしているわけではないことに留意が必要である。しかし、主張の矛盾の追及との区別は必ずしも容易ではない。

(15) 当事者の発言に対しては、裁判官がいつも制止しているのは望ましくなく、代理人による調整も必要である。信頼関係をなくさないようにうまくリードする技術も求められる。

(16) 主張整理の目的は、双方の言い分を証拠調べの対象と出来る程度に整理することであり、真偽は、立証過程で判断すべきであるが、主張自体が理解できない状態や矛盾がある状態では立証対象としても的確性を有しないことになる。しかし、その点を追及しすぎると代理人の指摘するように尋問と変わりがなくなるおそれがでてくるし、当事者との等距離関係にも支障がでてくる。そこが争点整理の難しさであり、留意しなければならないところでもある。

(17) 当事者との意思疎通を図ったり、注意を喚起するため途中で休憩を求めるのも適切な場合がある。簡単なことでも次回に準備書面で主張するというより、折角、当事者も参加しているので、その場で解決できる問題は処理することが望ましい。

(18) 資料12参照。

(19) 資料19参照。

第一一　第二回弁論準備手続に向けた準備

一　期日間準備シミュレーション

1　原告側の立証方針協議

〔平成一〇年六月二四日㈬〕　甲野法律事務所

第一回弁論準備手続を終えて、甲野弁護士は、丁度昼時でもあり、午後の法廷が三時からの予定であったので、その間に今日の整理と次回に向けた準備の仕方について協議しようということで原告を事務所に招いた。原告の友人の宮川もついてきた。

（甲野）今日はどうでした。

（原告）先生があまりしゃべるなと言われるから黙っていたけど、木谷さんは勝手なことばかり言ってひどいですよ。

（宮川）私は一度だけですが裁判をしたことがあったけど、今日みたいにいろいろ説明する機会はなかったですね。私の裁判のときは、一年半もたってからやっと証言することができましたけど、なんか聞かれたことだけ答えろとかうるさく言われて十分分かってもらえたとは思えなかったですね。ですが向こうばっかり言わしていると円山さんに不利になりませんか。

（甲野）そんな心配はないですよ。今回はこちらの言い分に対する被告側の反論を聞くのが中心だったから、被告の方の説明が長くなっただけで、木谷さんが説明していたのは、弁護士との打ち合わせが十分じゃないからだね。それに発言の長さは関係ないですね。裁判官は、どちらの話が筋が通っているかを見ているから、不合理な主張を長々言っても仕方がないことです。必要な反論はきちんとできたし、今日の議論はこちらが優勢ですよ（1）。

（原告）そうですか、それならいいんですが……。

（甲野）それより次回からは、工事代金の説明をしなければいけないんですが、それが結構やっかいでね。どうするか考えなくちゃいけませんよ。注文者が被告だと判断してもらえても、実費で精算するという約束が認めてもらえないと、出来高が五〇パーセントでも一五〇万円しか取れないし、瑕疵が認められるとほとんど取れなくなってしまうし、出来高が四〇パーセントになれば一銭ももらえないからね。それどころか、その上で瑕疵があったことになると逆にこちらが払わなければならなくなる。まず、自分の立場をしっかりつかんでおかなければいけない。どういうことかというと、円山さんは、条件付きだけど一応一五〇〇万円で契約していること、請負契約書を作っておらず、実費を払うという約束をした書面がないこと、口約束だと、裁判になると言った言わないの水掛論になるから、裁判官は、十分な根拠がないとなかなか信用してくれないこと、その点で円山さんの方にしっかりした資料がないこと、それと裁判官は、下水道工事のことは知らないから、円山さんがいくらかかったといっても確かめようがないから、信頼できる専門家に証明してもらわないといけないこと、そこでどうするかです。

（原告）どうすればいいんですか。

（甲野）普通の工事だったら、いくらで請負うか決めてかかるものでしょ。今度の工事はそれと違うと言いたいんだから、第一に、本件では、一五〇〇万円ときちんと約束できない事情があったことを説明すること、第二に、実際に当初の金額ではできない事情が生じたことを具体的に説明すること、第三に、その出来事でどれだけの経費や損害が出たかを明らかにすること、第四に、そのような事情が生じたときに、増加分を被告が負担することを約束したことを日時や場所や相手を具体的に示して説明すること、ですね。第一の点は、前にお聞きして、第1準備書面（2）に書いたからいいですが、後の点をどう準備するかです。

（原告）第二の点は、前にも言ったように、一番大きな原因は、オープンカット工法から土止め工法に変わったことですよ。そのために矢板や打込機のリース料、打込機を操作するオペレーターの費用もかかったし、土止めをしないところもカットが二〇度から三〇度になると掘削土量が増加して、運搬量埋戻量なども全部増加するし、工期が長くなり、機械のリース料は増えるし、人工賃も当然多くかかることになるし、最初の見積額で収まるわけはないですよ。そんなことは業者なら誰でもわかることで、だから木谷さんに費用を持つことを約束させたんですよ。そうでないと工法の変更に応じるわけがないでしょう。それとなんども待機させられたことですよ。うちらのような業者は、常備を沢山抱えているわけではないんで、現場監督以外は必要な人員を派遣会社から回してもらうんですから、五人を一日遊ばしたら十数万円も飛んでしまうんですから。こないだ整理してもらった工事中止に至る経過でわかるでしょ。タカノ組に引き継いでからの分がきちんと書かれていないけど、確か一週間位は待機させられてますよ。全部で一九日もですよ。うちだけでなくて下請も同じですから、それだけでも二五〇万円位は損してますよ。それと、もともとこの工事は、二か月でできる予定だったんですよ。それが私らが下りるまでに五か月以上もかかって、それでやっと半分しかできなかったんですからね。現場管理費なんかも大変ですよ。

（甲野）なるほどね。その点は、やはりあなたの方で工事日誌を整理して、待機日ごとの人工数単価、リース機器の明細費用を表にでもまとめないと裁判官に分かってもらえないですよ。

（原告）私らそんなこと分かりませんから、先生の方でお願いしますよ、説明はしますから……。

（甲野）それじゃ、その点はこちらで工事日誌をもう一度整理して、わかる範囲で工事の中断の日数とその日に出た人夫の数や用意していた機械などを書き出す[illegible]ら、それで増加した費用を整理して下さい。それと、工法の変更の分は、円[illegible]んの方で図面で範囲を示し、掘削土量[illegible]加量などをまとめて下さい。このごろ裁判所は、約束を守らないと厳しいから、今度はきちんとしてもらわないと、証拠もなくて言っているように誤解されて不利になりますよ。こちらも協力するから、忙しいだろうけど頑張って下さい。それはそれとして、下請の関係はどうしますか。

（原告）それは無理ですよ。木谷さんがかかっただけ払うからというから、私の方は、桂配管にも大原設備にも後を継いでくれたタカノ組にも各ゾーンの設計図を渡し、仕様通りに仕上げてくれと頼んだんで、実費は見るからということで、細かな見積もさせてないんですから。信頼してないとこんな仕事任せられないですよ。だから前にお渡しした請求書（甲4、5、6の各1）のような明細の書いてない請求書でうちは文句も言わずに全額払っているんですから……。最初から頭切られていたら、ゾーン別の金額を出して頼むのが常識ですわ。Aゾーンを桂配管、Bゾーンを大原設備、両ゾーンの引継ぎがタカノ組、Cゾーンをうちがやったんですが、工事範囲は、全体の比率からするとAゾーンは二割五分、Bゾーンが二割、残りがCゾーン位ですから、一五〇〇万円で全部やれというなら、うちが何も経費を乗せなくてＡＢゾーンを完成して六七五万円ですよ。半分しか出来ていないのにうちは五六二万円払ってるんですよ。被告が言うとおりなら、うちは三八万円しか取れないんですよ。そんな馬鹿なことがありますか。

（甲野）それはそうだと思うが、一応一五〇〇万円という数字が出ている以上、それを超える工事がされていることを具体的に示す必要があるんだが、あなたの所は明細を出すことにしても、下請分をどうするかですね。

（原告）いまさら施工分を調査して、積算するようには頼めませんよ。なんとかならないですか。

（甲野）やっぱり鑑定するしかないですかね。最初にも説明したように(3)、裁判では、原告と原告側の下請がどの範囲を施工したか、施工内容が当初の工事内訳書（甲２）と比べてどこがどれだけ増えたか、増えた部分の経費はどのくらいか、をきちんと証明しないといけない。それで、実際に一五〇〇万円ではとてもできない工事をしていることになれば、木谷さんが追加分の支払を約束していた有力な根拠になるし、具体的な施工費用を証明することにもなる。円山さんや下請の人に工事内訳を書いてもらっても、相手が認めなければ、裁判所は、大事な争点だから、どうせ明確な立証を求めてくると思いますよ。それなら、初めから鑑定を申し立てますか。かなり費用はかかることになると思いますが……。

（原告）どの位かかるんですか。それを全部うちがもたないといかんのですか。

〜〜〜〜〜〜〜〜〜〜〜〜〜〜

このようなやりとりが午後三時近くまで続いた。

その中で原告は、お互い信頼でやっていることなのに、工事をさせておきながら金も払わないで、裁判になれば、また費用をかけて正確な金額を証明しないと取れないなんて納得できないなどと不満を述べていたが、勝訴すればその費用は相手から取れるということでようやく鑑定をすることを承諾したが、出来るだけ安くできるよう注文を付けた。甲野弁護士は、鑑定の方法で相当変わってくるから、鑑定人や裁判所と協議してできるだけ安くなるようにしようと約束した。

２　被告側の期日間調査と文書送付嘱託

〔平成一〇年六月二四日(水)〕　乙山法律事務所

乙山弁護士は、第一回弁論準備手続期日が終わった後、木谷専務とともに事務所に帰り、当日の結果と次回までの準備事項を記録ファイルに記載しながら、木谷専務にも、一度吉田監理士に連絡をとって、原告側で施工した範囲が分かるかどうか、出来高の査定の方法、瑕疵部分の補修費用の見積もりをしているかどうか、していない場合、今から見積もりをすることができるかを尋ねるように指示した。

そして、原告から七月一〇日に準備書面が出るはずだから、一三日午後四時から木谷専務と事務所で対応を協議する予定を組んだ。

〜〜〜〜〜〜〜〜〜〜〜〜〜〜

〔平成一〇年六月二五日(木)〕　被告会社事務所

木谷専務は、乙山弁護士の指示した調査にかかることにし、加茂設計に電話を入れたところ、既に吉田は加茂設計を辞め、独立すべく出身地の仙台に帰ったとのことであった。連絡先を聞いて架電したところ、開業準備で超多忙だといいながら、応答してくれたが、加茂設計で受けた仕事の資料は持ってきていないから、詳細が必要なら資料を送ってもらってから回答するということで、今の記憶での話だと断って以下のような説明があった。

① 原告が下りたときに精算の関係で出来高の見積もりを頼まれ、現場を見て設計図で施工済み部分をチェックしたから、施工部分は、資料が残っていればはっきりしている。

② 出来高の査定は、施工部分について、当初の見積書から積算して算定したもので、実際の施工内容まで点検したものではない。

③ 瑕疵の部分は、次の業者が入ってからだったと思うが、工事再開前にクレームが付いたということで、現場を見て、補修が必要ということで場所を確認したが、その補修は別途工事とするということで見積もりもしているから、資料が残っていれば金額も分かるが、図面も見積書も木谷さんに渡したはずだ。

（木谷が図面はあるが、二〇〇万円位という話は聞いたように思うが見積書は覚えがないし、見当たらないというと、吉田は、加茂設計に控えを置いていると思うが、なくても図面と当初の見積書さえあれば今からでも積算は簡単にできると答えた。）

〔平成一〇年六月二六日㈮〕乙山法律事務所

乙山弁護士は、木谷から吉田の回答内容をメモしたファックスを受け取り、加茂設計が重要な証拠を持っている可能性があることがわかった。最初は、木谷を通じて入手しようかと思ったが、本件では重要な地位を占める第三者であり、できるだけ一方当事者との関係を作らない方がよいと考え直し(4)、差し当たり加茂設計に対して、①鴨川学園下水道工事の円山舗装の施工部分を調査した図面、②平成九年五月一〇日付け工事出来高書及びその積算資料、③同工事の瑕疵調査資料（図面及び見積書）について、文書の送付嘱託を求め、その内容を確認してから吉田の証人尋問を申請することにした。早速、申立書を作成して、午後六時を回っていたが(5)、裁判所と各代理人事務所にファクシミリで送信した。

3　文書送付嘱託の採用と嘱託

〔平成一〇年六月二九日㈪〕二民書記官室

B書記官は、朝、乙山弁護士から文書送付嘱託申立書が送信されているのを見て、A裁判官と協議した。A裁判官は、吉田監理士が被告や補助参加人寄りで処理しているのでないことが前提だが、このような文書があれば、かなり有力な証拠になるし、原告側の施工範囲など検証などによっても解明しにくい争点が解消するかもしれないと期待を持ち、原告と被告の準備にも影響するから、できるだけ早期に提出願えるよう対処するようにB書記官に指示した。

B書記官は、申立書に採用決定印をもらい、早速嘱託文書を書記官名で作成し、加茂設計に郵送した(6)。

なお、嘱託書の欄外に訴訟進行上、七月二〇日までに提出していただきたい旨を朱書しておいた。

その後、各代理人に電話で被告から申出のあった送付嘱託を期日外で採用した旨を告知した。

4　原告準備書面作成／鑑定申請

〔平成一〇年六月三〇日㈫〕甲野法律事務所

甲野弁護士は、原告に約束した工事日誌の整理を早くしないと、原告に準備してもらえないと気になっていたが、なかなか時間がとれないので、事務員に見にくい工事日誌をワープロで整理するように頼んでいたところ、午前中に出来上がったのを見て、うまく整理していて分かりやすくなっているのに感心し(7)、夕方、少し時間が空いたので、工事中断の日などをもう一度整理し、原告が準備する所がわかるように欄を設け、原告にファクシミリで送った。

〔平成一〇年七月八日(水)〕　甲野法律事務所

右の回答を何度か督促し、ようやく昨日入手した甲野弁護士は、七月一〇日に提出を約束している準備書面（請負代金額に関する合意内容と工事中の具体的な合意内容についての主張の整理）の作成に取りかかった。かなり遅くまで残業してようやく原告第２準備書面（内容は資料25の請負代金の合意に関する主張整理表の左欄部分）が完成した（翌日、右準備書面をフロッピーのコピー(8)とともに被告代理人事務所に届けさせ、副本受領印をもらって裁判所にも提出し、補助参加人にはファクシミリで送信しておいた）。

〔平成一〇年七月九日(木)〕　甲野法律事務所

甲野弁護士は、二七日に提出を約束しているもう一つの準備書面（請求額の内訳と当初の請負代金を一五〇〇万円とした場合の工事代金の増加分の整理）のことが昨夜から気にかかっていた。というのは、結局、原告の請求額の明細は下請の関係もあって現段階でははっきりさせる方法がなく、鑑定でどの程度の工事がされているかを直接的に証明することにしたから、第２準備書面で書いた以上に書くことがないからである。とはいうものの、この点が次回の弁論準備手続の主要なテーマであるから、何もしないで臨むわけにもいかないし、どうすればいいか考えた。

そこで、早期にその事情を明らかにした上で、鑑定申請をし、次回の手続で原告の希望を入れた鑑定の方法を検討してもらうことにしようと思い立ち、鑑定申立書（資料22）を作成し、併せて、早期に鑑定人を選任し、過大な費用がかからないで適切な鑑定を行う方法について鑑定人の意見もふまえて決定されたい旨の上申書を作成した。そして、両方を裁判所に提出するとともに、鑑定申立書だけ被告及び補助参加人代理人にファクシミリで送信した。

5　鑑定申立についての裁判所の対応

〔平成一〇年七月九日(木)〕　二民裁判官室

Ｂ書記官は、午前中に提出された原告第２準備書面を点検し、裁判官に提出しようと思っていたところ、また原告代理人から、上申書付きで鑑定申立書を受け取った。手続を急いでいるようなので、早速Ａ裁判官に報告し、取り扱いを協議したうえ、原告代理人側の希望を具体的に聞き、その後対応を考えることになった。

（書記官）それでは甲野事務所に電話しましょうか。

（裁判官）上申書の趣旨についての期日間釈明ということで、それでもいいかもしれないが、原告側がどんな希望をもっているかを裁判官と原告代理人だけで打ち合わせるのはどうかね。特別な事情がなければできるだけクリアーな訴訟運営をした方が双方代理人も安心だろう(9)。それに原告の希望と合わせて被告代理人らの意見も聞いたほうが進行の仕方を決めやすいから、皆の意見を聞けるように手筈して下さい。

（書記官）それでは進行協議期日を指定しますか。

（裁判官）事前協議をしてその結果必要ならそうすることにして、さしあたってはトリオホンで協議してはどうだろうか。

（書記官）でも原告・被告・補助参加人と裁判所と四者ではトリオホンは使えませんから……。原告だけ裁判所に来てもらいますか。

（裁判官）それはいいアイディアだね。それでセットして下さい。それと、原告代理人には、上申書も被告らに送付しているのか確認しておいて下さい。

〜〜〜〜〜〜〜〜〜〜〜〜〜

Ｂ書記官は、早速、各代理人の事務所に電話をかけ、原告代理人には、鑑定申立の件で関係者も交えて協議したい旨を伝え、上申書を被告らにも送付しているか尋ねたところ、まだということであったので、裁判所から送ることにし、三〇分ほど裁判所に出頭できる時間を調整してもらい、七月一三日月午前一一時三〇分なら可能だとの回答を得た。次いで、Ｂ書記官は、被告と補助参加人の代理人には、上申書をファクシミリで送付し、その件で至急協議したいので三〇分程度電話でもいいから対応してほしい旨要請した。被告は、事務所で事件の打ち合わせをしている時間だが、事務所で電話に出るだけなら中断してでも対応できるとのことであった。補助参加人代理人は、出張中であり、出先で電話に出ることでよいなら可能との返事であった。それで、右時刻に原告代理人だけが出頭して、被告と補助参加人代理人は電話会議に参加してもらうことで打ち合わせをすることにした⑽。

６　電話会議による期日間協議（トリオホンの利用）

〔平成一〇年七月一三日㈪　裁判所第四準備室〕

午前一一時三〇分、甲野弁護士の出頭を確認した後、Ｂ書記官は、第４準備室の電話会議装置のトリオホン機能を使って被告代理人の事務所と補助参加人代理人から指定のあった場所につないだ上、準備室の会話が聞こえるように電話会議の準備を整え、通信状態が正常であることを確認した。

（裁判官）担当裁判官のＡですが、先日お送りした原告側の上申書の件について、ご意見を伺いたいので急にこのような形でお願いしたわけですが、上申書にも書かれてますが、原告代理人の方から説明願えますか。

（原告代理人）原告側の施工済み部分を訴状に記載したように総額一二五〇万円と評価した理由は、要するに実費がそれだけかかったということです。その細かな内訳等を七月二七日までに準備書面でまとめることになっていたのですが、見積と同じ手法で積算しても、結局はそれだけの工事がされているかどうかは、争われれば別途証明しなければならなくなるので、この際、当方で積算するのはやめて、鑑定で原告側の施工分の評価をしてもらおうということにしたのですが、次回期日を空転させても悪いと思いまして、早期に鑑定を採用していただきたいということが一点と、既に完成した地下埋設物の鑑定であり、表面から視認できない部分をどうして鑑定するかによって、費用が大きく違ってくるわけで、工事代金も払ってもらってない苦しい状況で多額の鑑定費用がかかる方法は回避したいというのが第二点です。

（被告代理人）工事代金を払ってないというのは正に争点でそれをここで議論するんですか。

（裁判官）それはそうではありませんので、原告代理人、余計なことはご遠慮願います。

（被告代理人）当方は、原告の立証ですから、どのようなグレードの鑑定にされるか特に意見はありませんが、専門家の吉田監理士が当初の見積をし、出来高も評価しているのですから、簡易な鑑定では無意味だとは思いますがね。

（裁判官）吉田さんは、現実に施工された工事の内容まで評価しているのでしょうか。原告側で施工した範囲について全体との割合という面で評価されただけなんでしょうか。

（補助参加人代理人）私の方が載いた工事出来高書（乙2）には、積算の根拠らしいものは何も書かれていないし、おそらく後者でしょうね。

（被告代理人）吉田さんに最近照会したところでは、原告の施工範囲を確定し、その部分を当初の見積の単価で積算した結果ということです。

（原告代理人）それなら実際に原告側が施工した内容は評価されていないことになるから、やっぱり鑑定は必要です。吉田さんには当方でも確認した上で鑑定の方法は考えますが、早期に採用し、鑑定人を選任していただいて、鑑定人に現場を見てもらって、どんな鑑定方法があるか、それと費用との関係などを検討しておいてもらって、できれば、次回の弁論準備手続期日に出席してもらって、そこで鑑定人の意見も踏まえて、鑑定方法等を協議したいと思います。

（裁判官）鑑定には相当の日数もかかるとおもわれますから、そのような協力を得られる鑑定人が確保できれば、望ましいことだと思いますね。被告代理人と補助参加人代理人はいかがですか。

（両代理人）裁判所が鑑定を採用されるのであれば、そのような方法を採ることには特に異議はありません。

（裁判官）それでは、鑑定を採用して、鑑定の方法については、鑑定人の意見を次回弁論準備手続期日で聞いて決定することにします。鑑定人の選任は裁判所に任せてもらっていいですね。決まれば経歴等は連絡します。それと鑑定人の宣誓は書面でしてよろしいですね。

（各代理人）結構です。

（裁判官）ところで、鑑定人だけが現場を見ても、裁判所の方が状況が分からないと的確な判断ができませんので、裁判所から近いことでもありますし、裁判所の方は事実上でも鑑定人と一緒に現場を見ておきたいのですが、代理人はいかがですか。

（代理人ら）実は私も現場は見ていません。

（裁判官）そういうことなら、この際、現場を見ておくのもこれからの訴訟進行の役に立つと思いますから、現場で進行協議期日を開いてはいかがですか。

先日の文書送付嘱託について七月二〇日までに提出するようにお願いしていますから、予定どおり提出されれば、吉田さんの図面も現地に当てはめながら、当事者等から原告側の施工範囲と被告の指摘している瑕疵部分の位置を示してもらい、地形や周囲の状況を見分し、現地を把握するとともに、将来検証が必要か、適切な鑑定の方法などについて鑑定人の説明なども聞きながら意見交換をしましょう。

（各代理人）現地を見ていただくことは大いに賛成です。

〜〜〜〜〜〜〜〜〜〜〜〜〜〜

その後、現地での進行協議期日を八月三日(月)午後三時と予定した。

Ｂ書記官は、以前土木関係の鑑定を依頼したことのある○○協会に打診し、八月三日に現地検分（進行協議期日）に参加することも、八月一二日の弁論準備手続期日への出席も可能であることを確認して、鑑定の応諾を得た。そして、○○協会のパンフレットと鑑定を担当する技術士の氏名経歴を記載した書面の提出を依頼し、双方代理人の意見を聞いた上で鑑定を依頼することになれば、今回は新法で定められた書面宣誓でお願いすることになると思うと告げておいた。

後日、同協会から技術士二名の経歴書が届き、各代理人に交付し、反対意見がなかったので、Ａ裁判官に経過を報告し、鑑定採用決定を受けた。

7　被告準備書面の作成／嘱託文書の提出

〔平成一〇年七月一三日㈪〕乙山法律事務所

木谷専務が来所し、乙山弁護士は、事前に送っていた対照表（乙山弁護士は、七月九日に原告代理人事務所から受け取ったフロッピーを使って、原告の第2準備書面の主張を左欄に記載し、右欄を被告主張欄に構成し直した書面を作成して、木谷専務にコピーを送っていた）に基づいて、協議を始めた。木谷専務は、今回も対照表の被告主張欄にびっしりと書き込みをして持ってきており、それを元に木谷専務から説明を受けながら、必要事項をメモした。

被告準備書面の提出期限は七月二七日であり、しばらく余裕があるし、送付嘱託の結果がくれば、それに基づいての主張も整理する必要があるので、木谷専務には、もう一度来所をお願いし、次回の打ち合わせを七月二三日㈭とした。

〜〜〜〜〜〜〜〜〜〜〜〜〜〜〜〜〜

〔平成一〇年七月二一日㈫〕二民書記官室

B書記官は、出勤してすぐに前夜宿直が受領していた加茂設計からの速達便を受け取った。先日の送付嘱託の回答であった。嘱託事項①については、甲1の1と同じ図面のコピーに赤鉛筆で書き込みのある図面、同②については、甲2の工事内訳書に赤ボールペンで数字が記載された書面、同③については、被告第1準備書面（11）添付の瑕疵説明書の瑕疵図①〜⑤と同じ図面五葉に手書きの注釈が付されたものと瑕疵部分の補修見積書がそれぞれ添付されており、添え書にコピーでは色が分からなくなるので現物を送るが、至急に返還して欲しいとの記載があった。

そこで、B書記官は、A裁判官に回答があったことを伝え、すぐに各代理人事務所に送付嘱託の回答があったことと加茂設計の右希望を伝え、早急に謄写申請するよう要請した。即日、原告と被告の双方から謄写申請（カラーコピー）があった（12）。

〜〜〜〜〜〜〜〜〜〜〜〜〜〜〜〜〜

〔平成一〇年七月二三日㈭〕乙山法律事務所

約束の時間に木谷専務が来所し、乙山弁護士は、昨夜作成した対照表形式の準備書面を見せ、最終打ち合わせをして、一、二訂正して被告第3準備書面を完成した（被告作成部分は資料25の請負代金の合意に関する主張整理表のとおり。同準備書面は、約束どおり七月二七日に各代理人と裁判所に送付済）。

次いで、加茂設計から提出された図面等を見せながら、原告側の施工範囲や瑕疵等について協議した。

木谷専務は、自分が見せてもらったのと同じだといい、それに基づいて被告側の主張をしてほしいということであった。

乙山弁護士は、嘱託文書を書証として提出することにし、次回期日を目処に第四準備書面と証拠説明書を作成することにした。

〜〜〜〜〜〜〜〜〜〜〜〜〜〜〜〜〜

その後、七月三一日㈮B書記官から、八月三日の進行協議に加茂設計から提出された図面が役立ちそうだから、書証として提出の予定があるのであれば、その期日までに提出されたい旨の連絡が入った。乙山弁護士は、原告の施工範囲と瑕疵の位置はその機会に見ておくのが有益と考え、即日、嘱託文章を乙四、五、六の1ないし6として提出した。その内容は、資料23の証拠説明書のとおりである。

8　進行協議期日（現地）

〔平成一〇年八月三日㈪〕鴨川学園の正門前

午後三時に、A裁判官、B書記官、鑑定

人二名、原告本人、被告会社の木谷専務、補助参加人の工事責任者と各代理人が集まった（事前に学園側の了解を得ており、職員一名が案内してくれることになっていた）。

先ず、裁判官から、各代理人に対し、今日の進行協議の第一の目的は、適切な鑑定方法の協議ですが、吉田監理士の作成した図面が提出されましたから、原告側が施工したという甲一の１（下水道配管図）の朱線部分と、乙四（下水道配管図―既工分調査）の赤線部分の相違点を現地で説明してもらい、途中で乙六の１ないし５の瑕疵図の場所も示してもらって、一応現地の概要を見てから、鑑定人の意見も伺って、協議をすることにしたい旨の説明があった。

各代理人も了承したので、Ｂ書記官は、予め準備していた右各図面のコピーを各代理人に配布し⒀、ＡＢＣ工区の順に人孔番号に従って歩いた。いくつかの人孔は土に覆われていて位置が分からなかったが、鑑定人が図面から数値を拾い、巻き尺で位置を割り出し、一応全部の人孔（一六か所）及び会所桝（三三か所）の位置は確認でき、工区の区別、原告側の主張する施工部分と吉田監理士の図面との相違点（現地での確認の結果、相違点は三か所で、平面図上の距離で約四メートル程度であった）や瑕疵図に示された人孔及び会所桝の位置も分かった。

関係者は、配布されたコピーに地形の特徴、右の相違点、瑕疵と指摘された人孔等を記入し、鑑定人は、途中何か所かで、人孔や会所桝の蓋を開けて状況を観察した。瑕疵図①については、人孔Ａ―３と同Ａ―４の間に追加人孔があること、人孔Ａ―３と追加人孔との高低差が一・五メートル程度あること、瑕疵図④の下水道配管図（甲一の１）上の人孔番号はＣ―６７であり、その間に浄化槽があり、それを迂回するように二本の人孔があることが分かった。

しかし、地上に出ている部分は人孔と会所枡の蓋だけであり、蓋を開ければ内部の施工状況とそれに接続された管径は分かるが、外部の施工状況などは全く検分することはできなかった。

現場を一通り回った後で、鑑定人から、施工範囲の違いはわずかであり、施工範囲別に価格を算出することはできるが、問題は、地下に埋設された構造をどこまで正確に鑑定するかで費用が大きく変わるので、その方法を指定してもらえないと鑑定できないという意見が表明され、原告代理人からは、どのような方法ならどの程度の費用がかかるのかを検討しておいてほしいと要望した。

鑑定人は、後でもう少し詳しく配管の状況や周囲の土地の形状等をチェックして、期日までに検討しておくことを約束した。

さらに原告代理人は、今日、全体を歩いてみて気が付いたが、被告のいう瑕疵は五か所に過ぎず、原告側が施工した人孔は、吉田の図面によっても一六か所もあるし、配管も一五〇メートル以上はあったように思うが、瑕疵を指摘されているのは、人孔三本の追加の他はわずか二か所の人孔のインバート工と蓋の高さ調整と二〇メートル弱の配管の取り替えに過ぎず、原告側施工分の全体に比較して七分の一にも満たないのに、被告の主張する施工済分の評価は六〇〇万円であり、七分の一の瑕疵の補修にその三分の一もの費用がかかるというのは理解できないので、その点の鑑定もお願いしなければならないかもしれないと述べた。

裁判官は、追加鑑定を求めるか否かは、八月一〇日の弁論準備手続期日までに確定させておくよう要請し、各代理人に対し、今日の検分で争点に関わるいくつかの事実が確認できたが、この結果をどう生かすかについて意見を聞いた。

被告代理人は、被告側の主張が正確であることが現場状況からも明らかであり、正式に検証を申し立てることを検討したいという。これに対して、原告代理人は、原告側の主張も現場の状況と矛盾するところはなく、客観的な事実であるから、検証するまでもなく、今日は技術者も参加しているから、双方で必要な部分の距離や地盤の高低差等を計測し、写真も添えて提出すれば十分であり、被告側で提出されるなら、争うつもりはないと述べた。そして、原告代理人が、鴨川学園の職員にもう一時間くらい計測したり、写真を撮りたいとお願いしたところ、了承が得られ、被告代理人も応じることになった(14)。

そこで、裁判官は、進行協議期日を終えることとし、鑑定人や当事者らは現場に残って、右の作業をすることになった。

二　トリオホン／電話会議の活用

1　電話会議システム

新法及び新規則においては、裁判所及び当事者双方が音声の送受信により同時に通話をすることができる方法（以下「電話会議の方法」という）によって争点及び証拠の整理手続、証人尋問（簡易裁判所）を行うことが認められているが、この電話会議の方法を利用するための機器が電話会議システムである。

電話会議システムは、準備室に設置された電話会議装置及び準備室、裁判官室、書記官室にそれぞれ設置される電話機から構成され、電話会議装置と電話機はホームテレホン方式で一本の電話回線を共有しているため、簡単に相互間の転送を行うことができ、また、その回線にはＮＴＴのトリオホンサービスが付加されているというものである。

電話会議装置は、付属又は内蔵されたスピーカー及びマイクロホンを使用することによって、送信側と受信側が受話器を通すことなく通話することができ、装置が設置されている部屋にいる者全員が、相手側と同じ部屋にいるかのように、相手側の発言を聞き、またこちらから発言をすることができるというものである。

トリオホンサービスは、三者間で通話を行えるようにするサービスであり、システムを利用する場面に応じて、電話会議装置とトリオホンサービスを単独で、また組み合わせて使用することになる。例えば、別々の場所にいる三者間で会話をする場合で、同室の他の者に会話を聞かせる必要がないときは電話機でトリオホンサービスを利用するだけで足りるであろうし、三者以上の間で会話する場合でも、送信側に裁判所と一方当事者、受信側に他方当事者がいるときは、二者間通話になるので、裁判所側で電話会議装置を使用することで足りることになる。

2　電話会議システムの活用

旧法下においては、電話会議の方法についての規定がなく、各裁判所に配付されていた電話会議システムは、期日の打合せや事実上の釈明等、限られた場面でしか使われていなかった。しかし、新法新規則では、民事訴訟手続の運用の改善を図るため、電話会議の他、ファクシミリ、テレビ会議、督促手続における電子情報処理といった情報機器の利用に関する規定が設けられた。新法新規則において電話会議システムの利用が予定されているのは、弁論準備手続（法一七〇条三項）、書面による準備手続（法一七六条三項）、進行協議期日（規則九六条）、少額訴訟手続における証人尋問

（法三七二条三項）におけるものである。実務においては、その他に、当事者間との期日の調整を行う場合、法一四九条一項の期日外釈明を行う場合、和解案の詰めの作業をする場合等に電話会議を使用することが考えられている(15)。期日外釈明を電話会議システムを利用して相手方も参加させた上で行った場合は、釈明の内容を相手方も了知することになるので、攻撃防御方法に重要な変更が生じ得る事項についての釈明であっても、別途通知をすることは必要ないと思われる(16)。本シミュレーションにおいても、事前協議という形で電話会議が使用されているが、これは、原告の鑑定中立についての期日外釈明を電話会議の方法によって行ったものと考えることができるであろう。

電話会議システムは、操作自体は慣れればそれほど難しいものではなく、また、当事者にとっても、出頭に要する費用や時間の点において便宜であり、訴訟の進行についても、期日が出頭を要する場合より早期に指定できたり、期日間に当事者双方が参加した上で口頭でのやり取りができるなど有用であり、実務における積極的な活用が望まれる。

3　適用要件

電話会議システムの利用を法規則が予定している①弁論準備手続、②書面による準備手続、③進行協議期日、④少額訴訟手続における証人尋問について、法規則は、その適用要件を①③は当事者が遠隔の地に居住しているとき、その他相当と認めるときは、当事者の意見を聴いて（法一七〇条三項、規則九六条一項）とし、②は必要があると認めるとき（法一七六条三項）とし、④は相当と認めるとき（法三七二条三項）で当事者の申出があるとき（規則二二六条一項）とそれぞれ異なった要件を定めている。

①③と②が異なるのは、①③は双方が出頭した期日で手続が行われるのが原則であり、双方が対席した期日の方が一般的には充実した争点等の整理や進行協議が行われると考えられること、電話会議を利用した場合は、出頭せずに電話会議に応じた当事者についても出頭したものと見なすなど特別な手続であること、などから利用に一定の絞りをかけ、かつ、当事者の意見を聞くこととしたものである。したがって、遠隔地や相当と認めるときを無原則に拡大することは許されないが、もともとこのような規定を導入したのは、この種機器の整備・普及を受けて、時間的経済的などの理由で出頭しにくい当事者（代理人を含む）の便宜を図り、手続の進行を効率化しようとするものであって、当事者双方に異議がないような場合にどこまで制限的に解しなければならないか疑問もないではなく、かなり柔軟に運用してもよいとの意見もある。これに対し、②は、期日の概念を持たず、書面の交換による争点等の整理をしながら、必要に応じて協議をするというものであり、遠隔地等の制約はない（ただし、書面による準備手続の開始については、当事者が遠隔の地に居住しているときその他相当と認めるときは、当事者の意見を聴いてという制約がある）。本シミュレーションのような期日間釈明の範疇にはいる電話会議の利用も、同様に要件面での制約はないと考えられる。

4　実施についての留意点

電話会議の方法によって、弁論準備手続期日等の手続を行うときには、裁判所又は受命裁判官は、通話者及び通話先の場所の確認をしなければならない（規則八八条二項、九一条四項、九六条四項）。また、その手続を行った旨及び通話先の電話番号を調書等に記載しなければならず、通話場所についても記載することができる（規則八八条三項、九一条三項）とされている。

電話会議では、相手方の声しか聞こえないため、通話者の特定という問題が生じるが、当事者の住所地や代理人の事務所に電話を架けた場合は問題がないであろう。その他の場合も、住所等を述べてもらったり、他方当事者が声を聞いたりといった方法で対応できると思われる。

また、当事者が遠隔の地に居住しているときその他相当と認めるとき（法一七〇条三項、規則九六条一項）という要件を満たしているかどうかという判断にあたり、通話場所がどこであるかが重要な要素になるため、裁判所は通話場所の確認をしなければならないこととされており、調書にも通話場所を記載できることとなっている（17）（受信者が携帯電話を使用しているような場合、電話番号だけでは通話場所が判明しない）。通話場所については、騒音が多いなど、手続に支障を来すような場所は適当でなく、事務所や自宅等で待機してもらうようにすべきであろう。

三　進行協議期日の運営

1　協議の対象

新規則によって創設された進行協議期日の制度は、口頭弁論の期日における審理を充実させることを目的とするものであり、そこにおいては、口頭弁論における証拠調べと争点との関係の確認その他訴訟の進行に関し必要な事項についての協議を行うものとされている（18）（規則九五条一項）。

すなわち、進行協議期日において行う協議の対象として例示されているのは、口頭弁論における証拠調べと争点との関係の確認であって、進行協議という文言から直ちに想起されるイメージとは若干乖離があるようにも思われ、進行協議期日の手続のうちに、少なくとも二つの類型をみることができよう（19）。

ひとつは、例示のとおり口頭弁論における証拠調べと争点との関係の確認を協議するものであって、例えば、知的財産権関係訴訟において、機械の現物を実際に動かしてみるとともに、専門家から説明を受けたり、また、進行協議期日は裁判所外において行うこともできる（規則九七条）ので、建築瑕疵が争点となっている訴訟において、現地で建築士などから瑕疵の内容を理解するために必要な説明を受けつつ、当該箇所を検分し、基本的事項の理解を深めるとともに、事後の検証や鑑定等の採否やその方法などについても基礎的事実を把握するといったことが考えられる。

このような手続の直接の目的は、争点等整理手続を補完するものとして、裁判所と当事者との間において事案に対する共通認識を醸成することにあり、従来も、事実上の説明会や事実上の検証として実務において行われてきたものである。本稿ではこの類型のものを、仮に争点等整理補完型の進行協議期日と呼ぶこととする。

もうひとつは、専ら審理計画そのものについての協議を行う場合、例えば、多数人の証人尋問を予定している場合に、その実施計画について協議するような場合である。従来の実務では、事実上の打ち合わせとして行われてきた。この類型のものは、仮に打ち合わせ型の進行協議期日と呼ぶ。

本シミュレーションでは、裁判所外で、事案解明のための進行協議期日が行われたのである。

2　争点等整理補完型の進行協議期日

書面の資料や当事者等の説明だけでは事案の正確な把握が困難な事件においては、弾力性のある手続である争点等整理補完型の進行協議期日を行うことに大きな意義がある。

しかし、運用上の問題点も指摘されている。

進行協議期日の制度は、当初、弁論準備期日との仮称であり（ちなみに、最終的に弁論準備手続としてまとめられた手続の仮称は新争点整理手続であった）、争点等整理手続として位置づけられていた。しかし、極めて柔軟な運用が可能であることから、手続の弛緩を招くおそれがあるとの危惧も無視できず、最終的には、新法が定めた三種類の争点等整理手続とは性格の異なる制度として、新規則上で制定された(20)。このような制定の経緯からして、争点等整理補完型の進行協議期日は、争点等整理手続を補完するものではあるが、争点等の整理そのものを行うことはできないと解される(21)。

このように進行協議期日は、争点等整理手続自体ではなく、その補完的手続と位置づけられているものの、争点等整理手続では、当事者又は一定の資格のある準当事者からしか陳述を求められないし、裁判所外において手続を進行することも認められていないのに対し、進行協議期日は、前記のように争点自体ではないが第三者の専門家から説明を受けたり、裁判所外で手続をすることも許されており、争点等整理補完型の進行協議期日で行う手続と、争点等整理（その中で行われる釈明処分）との区別を明確にすることは必ずしも容易ではないことから、本来争点等整理手続の本体においてなすべきことが進行協議期日に流れるおそれがあるし、争点等整理補完型の進行協議期日が、その実質において、証拠調べの代用となりはしないかという問題点をもはらんでいる。

そのような危うさを含んだ手続でもあるので、本シミュレーションにおいて、裁判官が、電話会議の際に、代理人らに対し、現地の検分と当事者ら及び鑑定人の説明をふまえ、将来検証が必要かどうか、適切な鑑定の方法はどのようなものかなどの点について意見交換をしたいと趣旨説明をしているように、何のためにこの手続を行うのかを裁判所と当事者との間で確認しておくことが重要であろう。

3　打ち合わせ型進行協議期日

期日外における審理計画についての打ち合わせは、従来、事実上のものとして行われてきたが、新規則により、進行協議期日という明文上の根拠がある手続により期日間の打ち合わせをすることが可能となった。

訴訟における手続は、できるだけ明確なものであることが望ましく、進行協議期日という制度が創設された以上は、できるだけそのルールに従い、進行協議期日という看板のもとで手続を進めることがより望ましい運用であるといえよう。

しかし、期日間において訴訟の運営上必要となる裁判所と代理人との接触の中には、裁判所と当事者の一方との電話連絡というもっともカジュアルな方法で足りるものから、双方が裁判所に出頭の上で行うのが相当なものまで、さまざまな次元のものが考えられる。また、場合によっては機動的な対処といった利益も無視できない。

そのような観点をも併せて考えると、新規則下では、期日間における審理計画についての打ち合わせを必ず進行協議期日と銘打たなければならないと解するのは極論にすぎる。

本シミュレーションにおける電話会議装置による協議は、たまたま補助参加人が存在する関係で、原告代理人が裁判所に出頭することとなり、結果的には、少なくとも一方当事者が出頭しているという進行協議期日の要件を充たしていることとなった。だが、そもそもは、裁判所が、鑑定申請をした原告に対し、その具体的な意向につき釈明を求めるという性格のものであり、原告代理人に電話で聞けば足りることであったところを、より丁寧に、各当事者参加の上で行っているだけのことであり、このような協議については、あえて進行協議期日として指定しなくても構わないように思われる（もっとも、本シミュレーションにみられるように、実際の協議は、まさに進行協議期日として行うのが相応しい内容となっており、手続の発展性にも配慮する必要があることを伺わせる）。

4　記録の作成

進行協議期日においては、訴えの取下げならびに請求の放棄および認諾がなされたときを除いて、調書を作成する必要はない（規則九五条二項）が、経過表ないしメモ程度のものを作成することは、進行協議期日による成果を実際に後の口頭弁論等において正確に反映させるという意味で有益である。二民では、資料24のような進行協議期日経過表を作成している。

ただし、この経過表にどのような事項を記録するかについては、争点等整理補完型の進行協議の場合慎重な配慮が必要である。すなわち、本シミュレーションでも明らかなように、現場を検分することにより争点（本例では瑕疵に関する争点）の認定の資料となりうる事実を認識し、関係者の説明からも争点自体ではなくてもその基礎となる事実認識を得ることになり、何らかの心証を持つことは避けられない。裁判官としては、心証形成の可能性のある事項については、これを積極的に開示し、当事者に証拠資料として提出を促すなどの処置が望ましい。そして、経過表には、手続進行に関する事項に限定して記載し、正規の証拠調べをしていない事実は、その場で認識し得たとしても記載すべきではないと考える。そこで、今回の進行協議期日の結果については、進行協議期日経過表に資料24のような経過のみを記載することとした。

〈注〉

（1）当事者等の参加する争点等整理手続においては、双方の当事者等が出席していることが多く、裁判官や代理人は必要性だけで物事を判断しがちであるが、当事者等はこのような不公平感や不安感を抱きがちであり、心配りが必要であろう。

（2）資料12参照。

（3）資料１訴状シミュレーション参照。

（4）送付嘱託や調査嘱託の場合は、代理人が文書を入手する前に裁判所に提出され、相手方も謄写請求でき、内容如何にかかわらず、証拠資料となる（申請者の期待に反する内容であっても調査嘱託ではそのまま証拠となるし、送付嘱託の場合でも相手方から書証として提出されるおそれがある）ため、一般には、代理人は、独自に入手する方法をとり、内容を点検したうえで有利と判断してから書証として提出することが多く、独自に入手できない場合に嘱託の申立をする。本件の場合は、木谷から事前に聞いている説明と吉田の説明が一致しており、予想外の文書が提出される恐れはないから、証拠価値を高める方を優先させることとしたものである。

（5）京都地裁では、弁護士会に提示しているファクシミリ使用要領でファクシミリの利用時間については、ファクシミリの故障等万一の不都合に迅速に対処するためにも、できるだけ、平日の午前八時四五分から午後五時一五分までに利用するように求めているが、ファクシミリ自体は二四時間稼働体制を取っており、右執務時間以外の受信も可能なようにしている。ただし、右時間外に送信された文書は、一般的には翌執務時間に受理したものとして取り扱うことにしている。規則三条二項は、ファクシミリを利用して書面が提出されたときは、裁判所が受信した時に、当該書面が裁判所に提出されたものとみなすと規定し、受信したとは、送信情報が裁判所側の機器に障害なく到達し、蓄積されたときを意味すると解されている（最高裁判所事務総局「条解民事訴訟規則」一一頁）から、厳密には情報が蓄積された時刻に合わせて受理すべきであるが、提出期限が法定されている文書はファクシミリ送信の対象外であり、実務上右取り扱いで支障が生じることは予想されない。

（6）裁判所がする嘱託の手続は、特別の定めがある場合を除き、裁判所の決定に基づき裁判所書記官がする。（規則三一条二項）本条項は、裁判所の嘱託の手続について定めた旧法一三〇条二項を規則化した規定であり、規則化にあたって、嘱託の名義人を裁判長から裁判所書記官に改めている。裁判所が他の裁判所、官公署、団体に裁判事務を嘱託できる場合は、法や規則で個別に規定されており、実際に嘱託するかどうかは受訴裁判所が決定する。この決定に基づく嘱託の名義人について、旧法一三〇条二項は原則として裁判長としていた。しかし、嘱託の決定自体は受訴裁判所が行うのであるから、対外的な嘱託の名義を裁判所の対外的な窓口機能を果たしている裁判所書記官とすることとしても、特段問題はないばかりか、むしろ適当である。そこで、本条項において、外国における送達（法一〇八条）、外国における証拠調べ（規則一〇三条）のような場合を除き、嘱託名義人を原則として裁判所書記官とした（前掲「条解民事訴訟規則」六七、六八頁、塚原朋一ほか編「新民事訴訟法の理論と実務〈上〉」三二三、三二四頁参照）。

本シミュレーションの文書送付嘱託も、本条項の特別の定めがある場合にあたらないから、嘱託名義人は、原則どおり裁判所書記官となる。

（7）手帳の走り書きや現場で作成する工事日誌などでは、判読に苦労するようなものがときにある。代理人側で清書したものを本証とともに参考として提出されることがあるが、代理人自身も全体を把握しやすいし、重要事項を見落とさないですむし、裁判官にも容易に理解をさせられる。負担にはなるがそれだけの効果もあり、必要性と程度を考えて工夫が必要なところである。

（8）OA機器の普及で準備書面などの大半はワープロやパソコンで作成されるようになっており、当事者間や当事者と裁判所との間でもフロッピーディスクなどのやり取りで事務の合理化が図られることが増加していくことと思われるが、安全のためコピーをとっておくことと、使用機種やソフトのデータを記載しておくことが必要である。

（9）新法下では、期日間釈明など裁判官と代理人との接触が増えることが予想されるが、裁判所と一方当事者のみが接触することは、重要な事項を後に開示するとしても不公平感を抱かせることになるので、できるだけ避けることが望ましい。

（10）トリオホンは三者までしか通話できないから、原告代理人に裁判所まで出頭してもらうことになった関係で進行協議期日と同じ様な運用となったが、手続的には期日間釈明ないしは事実上の打ち合わせと位置づけている。このような手続運営の可否等については、後述の進行協議期日の解説でさらに検討することとする。

（11）資料12参照。

（12）送付嘱託に対して回答があった場合は、裁判所は、提出された文書を保管し、口頭弁論期日等に提示することになるが、実務上は、回答があり次第、申請人に連絡し、謄写を促し、次回期日を待つことなく書証として提出する準備をしてもらうことにしている。京都では、第一審強化方策地方協議会での弁護士会の要請もあり、被申請人にも早期の閲覧謄写の機会を与えるため、同時に双方に連絡することにしている。

なお、提出文書は、原則として審理終結まで保管しているが、提出者から早期の返還を求められることもあり、相当であれば、口頭弁論等で提示し、閲覧謄写後に返還することもある。

なお、京都では、最近カラーコピーでの謄写が可能になっている。精度も向上しており、写真や色刷りの図面等では、これまでのような手書きでの色付けの不便もなく正確性からも望ましいが、未だ値段が高いことが問題である。

（13）検証や現場での進行協議などを円滑有効に行うには、当日の進行予定を検討して、必要資料のコピー等を事前に準備しておくことが極めて重要である。漫然と現場に臨むようでは、後の整理も大変であるし、的確な資料収集にも支障が出ることが多い。書記官には、事前に裁判官や当事者と綿密な打ち合わせをし、当日は進行役を務めるくらいの心構えが望まれる。

（14）事実上現場を検分したり、現地で進行協議期日を開いたりした場合には、このように訴訟資料とすることが適当な事実を認識することもよくあり、これを有効に利用することは、その後の訴訟進行上影響が大きい。現場の状況のような客観的な事実は、当事者双方が確認したうえで、図面や写真やビデオ等によって裁判官の理解が得やすい方法を講じれば、検証の必要がない場合も少なくない。ただし、その場合でも裁判官自身が現地に臨み、現場の状況を視覚的にも把握することは有益なことが多い。現地での進行協議期日や釈明処分としての検証は、早期の争点整理に大いに役立つ。

　なお、ディスカバリーの一つとしての相手方の現場立入りが争点整理にとって有効な手段であることについて、井垣敏生「民事集中審理について」(判タ七九八号二二頁)参照。

(15) 稗田俊彦＝杉山洋一「電話会議システムの操作方法について」全国書協会報第一四〇号一一七頁(平九)

(16) 長野勝也「各種通信情報処理システムの活用」ジュリ一一〇八号三七頁(平九)

(17) 最高裁判所事務総局「条解民事訴訟規則」二〇一頁(平九)

(18) 進行協議期日につき、比較的詳細に解説した文献としては、西理「進行協議期日新民事訴訟法体系―理論と実務」二巻三七四頁(青林書院、平九)、菅野雅之「進行協議期日」ジュリ一一〇八号二九頁等がある。

(19) もっとも、このほかにも、さまざまな活用方法が考えられるであろう。

(20) 制定の経緯については、菅野前掲注(18)二九頁参照。

(21) 最高裁判所事務総局「条解民事訴訟規則」二一六頁(平九)

第一二　第二回弁論準備手続と　その後の期日間準備

一　期日前協議シミュレーション

1　期日間準備結果の整理

B書記官は、裁判官と次回の進行を打ち合せるための前回（六月二四日）期日後の経過をメモしていて、当事者間の期日間準備が活発に行われており、これまでの訴訟運営と比べかなり変化を感じた。経過メモによれば、以下のごとくである。

六月二六日　被告から文書送付嘱託の申立
六月二九日　右採用決定
七月　九日　原告第2準備書面（資料25の左欄部分、ただし、網掛け部分及び傍線を除く）
同日　原告から鑑定申立（上申書）
同日　上申書についての期日間釈明を電話会議装置を利用して実施することに決定
七月一三日　右電話会議　同日　鑑定採用
七月二一日　文書送付嘱託の回答／各代理人に通知
七月二七日　被告第3準備書面（資料25、ただし、網掛け部分と右欄の傍線を除く）
七月三一日　被告から乙4ないし6提出
八月　三日　鑑定人も参加しての現場での進行協議期日
八月一〇日　原告第3準備書面（原告施工部分につき工事遅滞による損害主張＝資料26）と工事日程表（甲9—証拠説明書にワープロで浄書したものが添附されている）
同日　原告から追加鑑定申立（瑕疵の修補費用）
八月一一日　被告第4準備書面（瑕疵の見積＝資料27）

2　期日前協議

〔平成一〇年八月一一日㈫　二民裁判官室〕

B書記官は、右のメモをもとにA裁判官と第二回弁論準備手続期日の進行について打ち合わせをし、当日の進行としては、

① 文書送付嘱託の回答の提示
② 乙号証の提出、認否
③ 原告第2・第3準備書面の陳述
④ 被告第3・第4準備書面の陳述
⑤ 争点2（請負代金に関する合意）についての協議とその確定
⑥ 争点3（原告の工事施工部分とその評価）についての協議と準備
⑦ 争点4（瑕疵及び損害額）についての協議と準備
⑧ 追加鑑定の申立の採用決定
⑨ 追加分も含めて、鑑定事項についての協議
⑩ 次回の予定と各当事者の準備事項の整理

の一〇項目をこの順序でしてはどうかと提案した。

裁判官と協議の結果、鑑定人を長く待たすのはよくないし、鑑定の方法の協議によって、何がどの程度明らかになるかの見当がつき、それ次第で争点2・3・4の討論が違ってくるかもしれないから、⑧⑨を④の次にすることにした。そして、裁判官は書記官に鑑定人と協議すべき事項についても検討しておくよう頼んだ。翌朝、書記官は、右の点について意見を述べ、裁判官と協議事項の整理をした（1）。

二　第二回弁論準備手続シミュレーション

1　鑑定事項の協議

〔平成一〇年八月一二日㈬〕京都地裁第五準備室

事前の打ち合わせに従って、①から④を済ませ（ただし、乙号証の認否について、原告は、吉田監理士とまだ接触しておらず、現時点では不知というしかないが、吉田監理士の意見を聞いた上で認否したいという意向であった）、早速、鑑定人にも参加してもらって、意見交換に入った。

（裁判官）追加鑑定の申立分も含めて鑑定事項及び鑑定方法を協議することでよろしいですか。

（被告代理人）本来契約当事者でないと主張していることと定額請負であると主張していることからすれば、鑑定自体に賛同できないわけですが、この際異議は言わないことにします。

（原告代理人）原告側としては、瑕疵の修補費用の鑑定は本来被告側ですべきだと思いますが、少なくとも双方申請ということでお願いできないですか。

（被告代理人）被告としては、既に提出の乙6の1ないし6によって証明可能と考えており、当方から申請するつもりはない。

（原告代理人）そういう意向ならやむを得ませんので、原告申請として採用していただきたい。

（裁判官）追加鑑定についても採用して、あわせて協議をしたいと思います。

協議すべき問題点としては、①原告の施工部分は、鑑定では解明できないから、前提条件として、設定する必要があること、②瑕疵の位置及び瑕疵の内容についても修補済みのため、前提条件を決めなければ鑑定ができないこと、③施工内容の把握が外部からでは困難であり、直接認識できない部分についての鑑定方法をどうするか、④施工内容を何らかの方法で推定したとして、何を基準に出来高を決定するか、⑤必要な鑑定資料とその収集の五点かと思いますがいかがですか。

（各代理人）結構です。

〜〜〜〜〜〜〜〜〜〜〜〜〜〜〜〜

その後、右五点について、鑑定人も交えて協議された。その概要は以下のとおりである。

㈠　原告の施工部分の特定について

原告代理人から現地検分の結果、吉田監理士の作成した既工分調査（乙4）と原告側の主張（訴状添付図）との差は四メートルであり、しかもその四メートルの中には費用の大きい人孔や会所枡は含まれておらず、積算した結果、経費を除けば七万円弱のものであることがわかったので、被告が乙4に示された範囲を原告の施工分と認めるのであれば、原告側としては施工範囲を乙4の範囲とすることとしたいとの意向が表明された⑵。これに対し、被告代理人は、当初は、原告に立証責任があり、被告としては、完工検査に立ち会ったわけでもなく、吉田監理士の調査がどこまで正確かわからないから、不知と答弁するほかはないと主張していたが、被告と電話で協議することにし、被告代理人と木谷が退室し、会社に電話⑶をかけて協議した結果、乙4を基にして出来高の評価をしていること、乙4に対し、積極的な反証をする資料もないことなどから、原告の施工範囲を乙4の範囲とすることで合意した⑷。それに基いて、訴状の主張も訂正され、被告はこれを認めた。

㈡　瑕疵の位置及び瑕疵の内容について

原告代理人は、瑕疵についての責任の所在は別として、吉田監理士の調査した瑕疵図（乙六の1ないし5）（5）に基づいて、修補した場合の通常の費用について鑑定を求めた。

そして、被告代理人に対し、瑕疵②について、被告第1準備書面（6）では人孔A―8を五〇センチほど移設しなければならなくなったと主張していたのに、今回の被告第4準備書面では、右人孔を撤去して新設することになっているが、移設と撤去新設とは異なるのではないかと質した。被告代理人は、吉田監理士の作成した乙6の6に基づいたもので、瑕疵図も同様であるから、矛盾があるとすれば吉田監理士に尋ねなければ分からないと答えた。そこで、原告代理人は、瑕疵図②については、⑴人孔を撤去して新設する場合、⑵人孔を移設する場合、⑶人孔はそのままにして汚水管に曲管を使用して接続する場合の三方法について鑑定することを求め、また、瑕疵図③については、会所枡18から20を管径20に変更する場合と会所枡16から18を管径15に変更する場合の二方法を示すことを要請した。なお、瑕疵図①④⑤について、各人孔の位置が設計図（甲1の1・2）の位置と一致しているか否かの調査も求めた。

これに対し、鑑定人から修補前の状態が埋め戻し済みかその以前かで費用に差が生じるが両場合について鑑定するのか否かについて質問があった。

原告本人は、原告側が工事を中止した時点では、瑕疵図①については、配管が法面から露出しているような状況はなかったから、法面工事はされておらず、埋め戻しもされていない、瑕疵図②についても汚水管（計画管）が未施工であるから、少なくとも撤去人孔付近の埋め戻しはされていないはずである、瑕疵図③については、会所枡20以下も施工済みであるから埋め戻しもされていたはずである、瑕疵図④については、人孔間の接続がされていなかったから、埋め戻しも当然されていない、瑕疵図⑤については、タカノ組が施工した部分で確認していないが、ほぼ埋め戻しはされていたと思うと述べた。

これに対し、木谷は、三条管工が引き継いだとき、吉田監理士とともに現場の確認に立ち会っており、埋め戻しの状況は原告の説明するとおりであるが、掘削埋戻の要否については、吉田監理士の作成した乙6の6に記載のとおりであり、①については追加人孔のために、②については撤去人孔の周辺は埋め戻しされていなかったが、雨水管が接続されており、その付け替えのために、④については追加人孔のために、いずれも掘削埋戻が必要であったと説明し、原告代理人は、鑑定については、乙6の6を前提にすることを了承した。

このような討論に基づき、瑕疵部分の鑑定条件が確定された。

㈢　施工内容の把握について

鑑定人から、正確を期するのであれば、掘削して断面調査をする必要があるが、長期間を要し、費用も莫大になるし、学校側が了解するかどうかにも問題があるとの説明があった。そして、被告代理人から掘削しない場合の鑑定方法について質問があったのに対し、鑑定人は、下水道工事施工に必要な工事は、掘削工事、下水道管敷設工事、人孔敷設工事、会所枡工事、埋め戻し工事、基面整正工事及び土止め工事であり、人孔会所枡配管については、設計図と現地調査によって、人孔の内径サイズ、使用配管の直径、長さ深さ等の積算基準数量の推定はほぼ正確に可能であること、掘削すれば配管下の砂段基礎や人孔底の捨てコンの厚み程度は明らかになるが、費用的にもわずかであり、掘削費用に見合わないこと、問題はそれ以外の工事内容（例えば、人孔の壁面厚、使用コンクリートの等級等）についてであり、これは施工記録写真や施工データがない限り、掘削してもほとんど確認できない事柄であり、これらのデータに基づいて施工内容を推定するか、データがないのであれば、一般的な施工方法から推定するしかないと説明した。次いで一般的な施工方法について、掘削工事は、管底二・〇メートル超の掘方は留矢板使用、二・〇メートルから一・五メートル以上は三・五分勾配（約二〇度）、それ以下は三分勾配（約一七度）として掘削土量を積算し、施工機材は、現場状況に応じて、バックホウ（下図）とミニホウ（バックホウの小型）を使用し、機材使用が困難な現場は人力とすること、残土処分は現場内の小移動とすること、など詳細説明があった。

　これに対し、原告本人から掘削勾配は、本来は鑑定人の説明のとおりでよいが、本件工事については、元請から二メートル超につき矢板土止め、それ以外では三〇度の勾配を要求され、被告がその指示に従うように求めたから、実際の工事は、最初の一週間は二〇度で施工したが、後は元請の指示どおりにしているから、積算はそれに従ってしてもらわなければおかしいとの発言があった。被告代理人も木谷専務と協議した上で、近畿企画の要請は原告の主張するとおりで、当初の施工部分や矢板土止めをした部分については具体的にはわからないが、

バックホウ　back hou
（実教出版㈱図説土木用語辞典より）

当初のクレーム以後は施工方法についてクレームはなかったと聞いているから、原告の右主張は争わないということであった。そこで施工方法別の範囲の特定について協議し、原告において後日、原告側の施工範囲について、施工方法別に色分けした図面（施工方法図）を提出し、被告側で点検した上で、異議がなければ、その工程表に従って施工されたものとして鑑定することになった。そして、各代理人は、掘削しないで外見から目視できる範囲で鑑定することを了解し、積算基準についても右の点以外は鑑定人の説明に基づいて行うことに決定した。

㈣　出来形決定の基準について

　裁判官が次いで出来高決定の基準についての協議に入ったところ、鑑定人から建築業界の一般施工用語では、本件のような場合は出来高とはいわず、出来形というとして、その違いについて、出来高は、施工過程が特定され、特定した技術方法に基づき施工された場合の完成品をいい、出来形は、設計図書、測量関係図書、実地確認、技術的考察を含めた最も適切かつ包括的判断に基づいている場合の完成品をいうが、本件の場合は、施工関係資料が不足しているために鑑定人において施工技術的方法の推定

を行わざるをえないから、後者に該当するとの説明があった。

その後、原告代理人は、平成九年度の積算基準の使用を主張したが、被告代理人は、当事者間で一五〇〇万円で施工することを合意している以上、それを基準に施工単価を求めるべきだと主張した。原告代理人は、実額保証であるから、施工年度の一般基準に基づくべきであると主張し、しばらく論争が続いた。裁判官は、鑑定人に対し、本件工事は平成八年一一月二七日に契約され、当初の工事期間は同年一二月一〇日から平成九年二月一〇日であったが、実際には同年四月二五日に施工割合四〇ないし五〇パーセントで工事が中止されたことを説明し、このような契約の場合、一般には施工単価は平成八年度を適用するのか平成九年度を適用するのかを尋ねた。鑑定人は、平成八年度中に契約が締結されている以上、その年度の積算表しかないから、一般にはその年度分を適用していると思うが、年度を跨ぐ場合、人件費などの増加を見込んだ契約をすることもありうるから断定できないと説明した。

裁判官は、訴状の原告の主張（工事代金は一五〇〇万円とするが、工事期間の変更等が生じる場合は実際に要した費用及び経費とする）に基づけば、オープンカット工法が土止め工法に変更された部分等を除けば、一五〇〇万円を基準に単価を計算し、土止め工法等見積書に単価が記載されていないものは平成八年度の基準単価に基づくべきでないかと提案し、鑑定人に対し、本件の場合は、一五〇〇万円の見積書はなく、設計事務所の作成した工事内訳書（甲２）では一五九二万八〇〇〇円となっており、これから一五〇〇万円とした場合の工事単価を算定できるか尋ねた。鑑定人は、甲二を点検したうえで、一五〇〇万円とした場合の逓減率を各単価に掛ける方法があるが、この工事単価は、ほぼ平成八年度の基準価格で計算されているようであり、値引きは現場管理費及び一般管理費に含まれる経費（＝利益）の圧縮と見られ、工事費は、この見積書の単価を基準にするのが妥当なように思うと述べた。各代理人は、その説明を了承し、甲２に単価の記載があるものはその単価によることとし、記載がないものは平成八年度の積算基準を使用することで合意した。

(五)　必要な鑑定資料とその収集について

鑑定人は、先日現場をみたところでは、本件現場は山裾の斜面を造成して形成されたものと考えられ、①建設前現状測量図、②柱状図（土質ボーリングデータ）、③地盤の縦断図・横断図などがあるはずであり、④建築設計図書、⑤下水道設計図、⑥基礎工事地業外構工事現場施工記録写真等も元請会社にはあると思われ、それらが提供されれば、より正確な鑑定が可能になると述べた(7)。原告代理人は、瑕疵の関係で計画地盤工に関する資料が必要であり、近畿企画は任意の提供をお願いしたが了解が得られなかったので、鑑定人指摘の図面等を含めて再度要請し、提出に応じなければ、文書提出命令の申立を検討すると答えた。

裁判官は、以上の議論を踏まえて裁判所において鑑定事項を整理し、鑑定人尋問は書面宣誓で行うことを告げた。それに対し、書面宣誓については格別反対はなかったが、原告代理人から整理された鑑定事項を事前に提示してほしいとの要請があり、裁判官は、各代理人の意見を改めて聞くことにすると答えた(8)。

そして、裁判官が鑑定人に鑑定書の作成期間を尋ねたところ、原告から施工方法図などの必要書類を受領してから二週間あれば作成できるとのことであった。その後、

B書記官は、鑑定人に費用の見込額を聞いて、裁判官と論議したうえで、金額を決定し、原告代理人に予納を命じた。

2　争点2（請負代金に関する合意）の協議

原告の主張を左欄に記載し、被告の反論を右欄に記載した被告第3準備書面を基に争点2の請負代金の合意についての協議をしたが、原告及び被告代理人は、同書面で展開した以上に追加するものはないということであった。補助参加人代理人からは準備書面の提出はなかったが、この論点では原告の主張と相反するから詳細な反論はしないが、参加的効力の関係で、一言だけ主張をしておきたいということで、本件契約締結時に、原告から工事費用の増加の心配がある旨の発言があったが、木谷専務が一五〇〇万円で納めるように要請し、原告はこれを了承したものであり、定額の請負契約であると述べた。

そして、これを調書に記載することにし、第一回弁論準備手続期日と同様に、被告の主張に対する否認部分につき原告及び補助参加人の代理人に傍線を付してもらい、補助参加人の右主張と原告らの認否を被告第3準備書面のフロッピーを使用して書記官の方で整理し、本日の期日調書に請負代金の合意に関する主張整理表として添付することになった。

3　工法に関する主張と応戦

争点2の協議が一段落したところで、被告代理人から、請負代金の合意に関することではないが、甲1の12の設計図を見る限り、原告が当初施工していたオープンカット工法やその掘削角が二〇度であるとの記載はなく、先程の鑑定人の説明からもそのような工法は危険であり、近畿企画から安全な工法の採用を命じられたとしてもその責任は原告にあるのではないかとの主張がなされ、そのような工法を採用した理由について求釈明があった。

（裁判官）原告代理人、その点は今日の論点ではないですが、いかがですか。

（原告代理人）事実を把握していないので次回に答弁します。

（原告本人）それはですね……、

（裁判官）ちょっと待ってください。原告代理人、本人から説明させてよろしいですか(9)。

（原告代理人）協議します。五分程休憩してください。

（裁判官）結構です。

〜〜〜〜休憩後〜〜〜〜

（原告代理人）本人から説明させます。

（原告本人）設計図に記載はないけど、加茂設計の工事内訳書（甲2）をもらったとき吉田監理士に見積の方法を尋ねたら、現場が斜面の多い複雑な地形であり、正確な積算は困難で平均二〇度でカットすることとして積算してあるということで、矢板止めをするような指示はなかった。それは木谷さんも聞いていたはずですよ。それでオープンカット工法で平均二〇度の勾配をとればいいと判断したんで、深さによって多少案配すればいいと考えていたが、近畿企画のクレームがあったときは、路盤面から管底までの距離が約一・八メートルだったので二〇度位で掘方をしていたが、近畿企画の担当者がきて、鉛直深度が二メートルを超えているから矢板止めをしろと偉そうな言い方をしたんで、現場で言い合いのようになり、それで無理に矢板止めを要求し、二メートル以下の所まで三〇度も取れと不必要な要求をしてきたんですよ。大手を笠に着て無理な要求をしてきているのに、木谷さんが近畿企画の指示どおりにしろと言ったから、そうなってしまったんで私の責任だなんてとんでもないですよ。鑑定人も三〇度なんて言っていなかったでしょ。

（木谷）吉田監理士の説明は関係ないから覚えていないし、近畿企画の指示に従えと要請したのは八坂社長で、私じゃないです。

（裁判官）論争はその程度にしておきましょう。被告代理人、いまの点を新しい争点にされる予定ですか。

（被告代理人）先ほどの主張整理表の第三項の冒頭に木谷が原告に交付した設計図は甲１の１・２のみであり、同図には工法や掘削角は明示されていない。近畿企画が指摘するような危険な工法を採ったのは原告の責任である。と付記しておいてください。さらに詳細に主張するかどうかは、吉田監理士からも事情を聞いた上で検討します。

４　争点３（原告の工事施工部分とその評価）の協議と準備

原告の施工範囲については争いがなくなった。

原告代理人は、原告側施工部分の評価は、基本的には鑑定を中心とするが、原告第３準備書面（資料26）から明らかなように、原告施工範囲に限ってみても、工法変更による経費の増加が一二九万二〇〇〇円、工事中断による経費の増加が二九七万一〇〇〇円で合計が四二六万三〇〇〇円であり、原告の施工範囲は全体の五五パーセントであるから、孫請も同じ割合で経費が増加したとすれば、全体で七七五万円にもなるので、仮に出来高について被告の主張に従うとしても、原告の本訴請求の六五〇万円は控えめなものであると主張した。ただ、原告の下請三社の関係では資料を入手することができないので、原告施工分の主張も鑑定結果を補足する程度のものとしたいと述べ、経費の積算は、平成九年版の積算資料によったと説明した。

被告代理人は、工事中断の日数は、被告側に記録がないからわからないが、補助参加人が現場会議を記録していたようであり、それを提出してもらえば、正確な日時が判明すると思われるから、次回までに補助参加人から提出されれば、それを検討の上で認否をすると述べた。補助参加人代理人は、調査して存在すれば早期に提出することを約束した。

また、被告代理人は、経費の積算が公式の積算基準に則っているのであれば、特に争わないと述べ、原告本人が所持していた積算資料で説明し、被告側は認めることになった。

しかし、被告代理人は、工事中断日数の全てについて経費を計上するのは不当であると主張し、待機を連絡した日（平成八年一二月一七日の半日、平成九年一月一六日、同月二八日、同年二月五日、同月二〇日、同年三月二九日、同年四月七日、同月一六日の七・五日）と再開予定が変更になった日（平成九年一月一七日、二月七日半日の一・五日）の合計九日間のみは認めるがその余は否認すると述べた。

５　争点４（瑕疵及び損害額）の協議と準備

被告第４準備書面（資料27）について、原告代理人から修補費用の積算の根拠の説明を求められた被告代理人は、吉田監理士の作成した見積書（乙６の６）を整理したものであり、具体的な積算方法は吉田監理士に尋ねないとわからないが、おそらくは同人が作成した工事内訳書（甲２）の単価を基に計算されたものだと思うと述べた。

原告代理人は、先日の現場での進行協議期日（10）にも指摘したように、原告側で施工した工事範囲に対する瑕疵部分の割合からして、被告側の瑕疵修補費用の積算には納得できないが、原告自身が瑕疵を確認していないため、補修方法も正確にはわからず、費用の相当性については吉田監理士の尋問と鑑定結果に基づくしかないと考えていると述べ、原告側の責任問題については、近畿企画に対し、文書提出命令の申立を検討しており、その結果に基づいて原告側の主張を準備すると述べた。

6　次回の予定と各当事者の準備事項の整理

次回期日は、鑑定の結果を前提に、争点3（原告側の施工部分の評価）については、双方から準備書面を提出し、争点4（瑕疵及び損害額）については、原告が先ず準備書面を提出し、被告が反論を準備することになった。そして、次回までにそれぞれ立証計画を立てておき、次回で争点及び証拠の整理手続を終了させることになった。

第二回弁論準備手続期日の内容、次回までの各当事者の準備事項は、資料28の弁論準備手続（第二回）調書に記載のとおりである。

次回期日は、鑑定所要期間、文書提出命令の判断及び提出書面に基づく主張準備の期間を考慮して、約二か月先の平成一〇年一〇月七日午後一時と指定された。

三　期日間準備シミュレーション

1　鑑定事項の整理と書面宣誓

B書記官は、八月一八日に原告第4準備書面（資料30）が提出され、施工方法別に色分けされた図面（施工方法図）を入手したので、被告代理人に確認を求めたところ、翌一九日、被告代理人から電話があり、具体的にどこがおかしいというわけではないが、被告側では事実を確認することはできないので、鑑定人に不合理な点がないか判定して鑑定するように要請してほしいということであり、裁判官の指示で、被告代理人にその旨の上申書の提出を求めた。その後、B書記官は、原告の鑑定申立書添付の鑑定事項について、第2回弁論準備手続の結果と提出された原告第4準備書面を基に改訂したメモを作成し、裁判官と協議を重ね、資料29の鑑定事項書を完成した。そして、期日での約束に従って各代理人にファクシミリで送信し意見を求めたが、特に異論もなかったので、A裁判官に経過を報告し、左記の宣誓書に説明書を記載した書面を添えて郵送し、書面宣誓の手続（規則一三一条二項）をした(11)。

（宣誓書）

宣　誓　書

別紙鑑定事項につき、良心に従って誠実に鑑定することを誓います。

鑑定人　　　印

（規則一三一条二項の宣誓の趣旨等の説明書）

書面による宣誓について

京都地方裁判所第二民事部

裁判官　　A

1　あなたには、鑑定人として、宣誓書を裁判所に提出する方式により、自己の学識と経験に基づいて誠実に鑑定することを誓うという意味の宣誓をしていただきます。つきましては、別紙の宣誓書に署名押印の上、平成10年4月30日までに当裁判所に郵送してください（宣誓書は、訴訟手続上重要な事項を証明する文書に準ずるものですので、ファクシミリによる提出はしないでください。）。

2　宣誓の上で、万一、虚偽の鑑定をされた場合は、虚偽鑑定罪（刑法171条、161条）により処罰されることがありますので、ご注意ください。

2　原告の期日間準備

㈠　原告代理人は、期日終了後、原告と一緒に事務所に戻り、吉田監理士の作成した乙4の図面のコピーを作り、原告に渡し、至急下請にも聞いて、赤線部分について、当初の掘削角二〇度で施工した部分、矢板で土止めをした部分、三〇度で掘削した部分を色分けして塗った図面を二、三日で作るよう要請し、出来次第事務所に持参するよう指示した。電話で催促し漸く五日目の八月一七日に持ってきたので、急いで、訴状添付図面を乙4の図面に差し替えることと、原告側で施工した部分の施工方法を説明した第4準備書面（資料30）を作成し、カラーコピーした図面を添付し、一八日に被告代理人と補助参加人代理人の事務所に使送して副本受領印を受けて裁判所に提出した（裁判所には鑑定人用の余部も提出）。

㈡　その間、原告代理人は、新法の文書提出命令に関する規定を調査し、鑑定人から指摘された文書も含めて、再度、近畿企画に任意提出を依頼することにした。その詳細は、次号で紹介する予定であるが、結局それも拒否され、ついに文書提出命令の申立をすることになったが、今日の原告本人の様子を見ていると、現場で近畿企画の担当者と原告側の者が相当エキサイトしたことが窺え、近畿企画の頑なな態度の原因がこの辺りにありそうなことがわかった。

㈢　八月一九日、丙川法律事務所から鴨川学園現場会議と題するコピーが届き、当方から証拠として提出すべきものではないと思料するから、原告側で必要な範囲で利用されたい旨の丙川弁護士のメモが付されてあった。

甲野弁護士は、内容を点検し、毎日会議が開かれ、工事手順の変更、各下請との調整などが行われており、原告側の工事にも関係のある部分もありそうであったが、具体的には分からなかったので、取り敢えず工事中断日のみを抽出したコピーを作成させ、甲10として、証拠説明書を付けて提出した（細かい字のメモであり、ファックス送信では見にくくなると思われたので、各代理人には直接交付し、副本受領印を得て、裁判所に提出）。

3　補助参加人の期日間準備

補助参加人代理人は、期日終了後、早速、八坂土木に連絡し、現場会議の記録があるかどうかを尋ねたところ、担当者がメモした程度の物だが有るということであった。そこで近い内に担当者に持ってこさせるよう指示した。

八月一七日に八坂土木の現場担当が一冊の鴨川学園現場会議と題したノートを持って来所した。

説明を聞くと、現場会議は、近畿企画が主催し、毎朝、各下請の責任者を集めて、工程の説明や予定の変更等の連絡をしていたもので、被告の下請である原告やそのさらに下請にも出席を要請し、原告側も最初は参加していたが、原告側の工事が始まってほどなくして工法についてトラブルが発生し、それ以来原告側は出席を要請しても無視するようになったこと、そこで、仕方がないので原告側の工事に関係がある事項は、その都度、木谷専務に連絡して対処してもらっていたということであった。

丙川弁護士は、工事中断による経費増加分の支払請求をしているのは原告であり、その基礎事実を裏付ける資料を補助参加人側から提出するのは適当でないと考え、立証責任のある原告側に資料として提供するに止めることにし、事務員に右ノートのコピーを作らせ、八月一九日に甲野法律事務所に届けさせた。そして、被告代理人の乙山弁護士と裁判所には、その旨を連絡した。

4　被告の期日間準備

原告側から提出された甲10の現場会議記録を分析したところ、原告主張の工事中断日は正確であることが判明したが、工程の変更等の指示日と原告が木谷専務から待機の指示を受けたと主張している日に一部齟齬があるのが気になり、被告に甲10のコピーを送ったうえ、木谷専務に来所を要請した。

そして、八月二八日に来所した木谷専務に乙山弁護士は現場会議の招集者やそこでなされていたことと工事業者の出席義務を尋ねた。木谷専務は、この工事には一〇社余りの業者が入っており、それぞれの工程表に基づいて工事の段取りが決められているが、天候に左右される工事もあり、完璧に工程を守ることは困難で、どこかで計画が狂うと他の部門に影響するから、毎朝、各業者の代表者に集まってもらって、変更の有無などを報告しているもので、原告が工事を請け負った際に、八坂社長から会議には下請も含めて毎朝出席するよう要請されており、主催は元請の近畿企画であると説明した。その後、乙山弁護士は、木谷専務とともに、右会議録と原告第三準備書面の主張を対比させつつ改めて点検し、原告が工事を中止させられたと主張している日付け自体はいずれも正しいが、いずれもその日か前日の会議で施工の遅れ等の説明があり、日程変更の指示がされていること、右会議録によれば平成九年二月四日の会議でCゾーンにつき二日間の待機指示がされ、同年四月一五日にもAゾーンで三日間の工事の遅れが報告されていること、ところが原告の主張によれば二月五日の朝と四月一六日の朝に木谷専務から原告に連絡があったことになっていることが明らかになった。そこで、乙山弁護士は、木谷専務にその点を尋ねると、木谷専務は、自分はその会議に出席しているわけではなく、原告側が出席してそういう情報を早く得て、無駄がないように対処していくのが本当だが、工法変更で原告は近畿企画の担当者とやりあってから出席しなくなり、八坂土木から紹介者である自分に連絡がくるようになり、仕方がないからその都度原告に取り次いでいたが、自分がいないときや原告側がいないときもあり、連絡が翌日まで取れなかったこともあったように思うということであった。

乙山弁護士は、前日の会議で翌日からの工事待機の指示がなされたものについては、待機による経費を否認すべきであると考え、そうすると会議の出席義務や工程変更者の責任や原告側への連絡の遅れの責任などが争点になり、複雑にはなるが、その点が認められなくても、前回の弁論準備手続で主張した待機による経費増加を否認した分についての補強にはなると判断した。そこで、提出期限の九月一〇日までにその旨の被告第５準備書面（資料31）をまとめて提出した。

〈注〉

(1) 協議の結果は、第二回弁論準備手続シミュレーションの中で示すが、このような依頼に即応できるためには、書記官が事案を相当深く理解していることが前提になるし、そのためには、これまでに示してきたように、手控えの共有、ミーティング、弁論準備手続期日や進行協議期日への出席、期日間釈明の実行などチームとして訴訟運営に関わっていくことが不可欠になる。争点等整理手続への書記官の関与のあり方とその苦労等については、次々回にまとめて検討する予定である。

(2) 原告代理人は、この点について立証しようと思えば、施工者の下請を証人に立てるしかないが、それでも吉田監理士の当時の調査結果に太刀打ちできるか疑問であったことから、事前に原告に状況を説明し、吉田監理士の調査を受け入れるように説得し、原告と一緒に金額も計算し、妥協することを了解させていた。

(3) 被告代理人は、木谷専務は同行していたが、重要な問題については代表者自身の判断を求めることが必要な場合があるから、期日に出頭しない場合でも、弁論準備手続や和解の時間等を連絡し、連絡可能な場所にいるように要請している。このような配慮は、訴訟進行をスムーズに進める上で大いに役立つだけでなく、当事者の参加意識を高める上でも有意義である。

(4) 当事者双方がこの争点について徹底的に争えば、原告側の施工者に施工状況を、吉田監理士には調査時の状況や調査方法を、工事を受継した三条管工の担当者にも引継工事の内容などを尋問し、場合によれば検証・鑑定なども必要になる（裁判所がどこまで採用するかは別問題であるが)。しかし、原告の主張が認められても最大七万円に過ぎない。現実の訴訟では、感情的になり費用対効果を冷静に検討することが困難な当事者も少なくなく、それが無用ともいうべき立証合戦を引き起こしている場合もないではない。代理人や裁判官の適切なアドバイスがこのような事態を打開し、内実のある争点への収斂をもたらす。一種の司法取引であるが、処分権主義の適用として、検討されてしかるべきであり、争点等整理手続において、必要な判断である。

(5) 資料11被告第1準備書面の瑕疵説明書参照。

(6) 資料12参照。

(7) 複雑困難な事件等では鑑定方法や鑑定事項等について、鑑定人尋問（宣誓）の際に意見交換を行うことがあるが、本シミュレーションが示すような徹底した協議が行われることは希である。鑑定結果が出てから、内容に不満な当事者から鑑定人の証人尋問を求められることが多いが、鑑定条件や鑑定資料等について適切な指示をしないで、かつ、鑑定事項についても必ずしも適切でなかったことなどが争いの原因になっていることも少なくない。このような十分な事前協議がなされることが、鑑定の有効性を高め、ひいては早期、かつ、適切な紛争解決に結びつくものと思われる。

(8) 鑑定事項の定め方は、鑑定結果に影響を及ぼすこともあり、当事者の認識と齟齬をきたさないように細心の注意を要する。鑑定事項の決定は、最終的には裁判所の権限であるが、当事者とりわけ申請者の意見は尊重すべきである。

(9) 弁論準備手続等において、当事者準当事者の陳述を求めるときの留意点については、第一回弁論準備手続四　第一回弁論準備手続シミュレーション）でも触れたところであるが、特に当該期日で予定していなかった論点について陳述させる場合は、当事者本人はわかっていても、代理人が十分事情を聴取していないことも多く、不用意な当事者の発言で後に混乱を招くこともあるから、本人に釈明をさせる場合でも、事前に代理人と打ち合せる機会を与えるなどの工夫が必要である。当事者から事情が聞ければ、裁判所としては、容易に事案を把握できることも少なくないが、代理人が十分な検討をしていない場合で、その発言が不利益であれば、以後、できるだけ当事者は連れてこないというような反応を引き起こすおそれがあり、慎重な対応が必要である。

(10) 第一一の一8参照。

(11) 旧法も新法も鑑定結果については、書面又は口頭で意見を述べさせることができるとされている（旧法三〇八条、新法二一五条)。しかし実際は、口頭での意見陳述はまれで、ほとんどの場合鑑定書の提出により鑑定の結果を報告するのが実情である。その結果、従来、鑑定人は宣誓のためだけに裁判所に出頭し、あるいは裁判所が鑑定人の下まで出向くことが多く、鑑定人のみならず、当事者、裁判所にとっても無駄が少なくなかった。そのような実情に鑑み、新規則一三一条二項は、書面宣誓（鑑定人が宣誓書を裁判所に提出する方式による宣誓）制度を新設した。鑑定人の出頭費用や裁判所の出張費用等の無駄な負担や手間が省け、一般的には合理的である。しかし、他方で、裁判所にとっては、鑑定人に対して従来口頭で行ってきた説明を全て書面でしなければならなくなり、そのような書面の作成の負担があること（ただし、これは前記のような書式を作成することで回避できる)、面前で宣誓してもらい、その機会に鑑定人の経歴や業務の状態などを知ったうえで、鑑定書の作成予定を設定するのに比べて、約束した期日に鑑定書ができあがるか不安であること、記録等の鑑定資料も送付することになるとその保管等について懸念が生じかねないこと、書記官にとって面識がない状態でその後の進行管理をしていくとの難しさなど問題点も少なくない。また、代理人側においても、宣誓時に鑑定人のキャリア、経験、人柄などを知ることに意味があるし、鑑定事項について留意してほしいことなどを伝達する機会としても貴重である(裁判所と双方が出席した宣誓期日以外に一方当事者が鑑定人に面談することは適当ではない)。書面宣誓には、右のようなメリットとデメリットが考えられ、事案に応じ、当事者代理人の意向を十分考慮して適切な手続の選択が求められる。なお、実例として、鑑定申請者側が経済的理由で書面宣誓を希望したが、相手方が鑑定人との面談を求めたため、書記官が鑑定人の下へ書面宣誓の書式とともに鑑定資料を持参することにし、その機会に双方代理人に立ち会ってもらうこととしたケースがある。

第一三　文書提出命令

一　文書提出命令申立てシミュレーション

〔平成一〇年八月一七日(月)〕　甲野法律事務所

甲野弁護士は、被告主張の瑕疵について、一応原告の説明に基づき、瑕疵①④については、路盤面の工事が後に変更された可能性もあると主張(1)したものの、当初の設計図を入手して調査しなければ事実関係が判明しないし、鑑定人から指摘された各設計図書等も鑑定の資料として必要なことが分かったので、その入手方法を検討していたが、近畿企画は任意に提供する意思はなさそうであり、文書提出命令による以外にないと考えていた。しかし、その法的根拠となると、旧法三一二条三号の法律関係文書しか考えられないものの、直接の契約関係にない元請の所持する設計図がそれに該当するかは疑問もあった。新法は、文書提出義務の範囲を広げたと聞いていたが、まだ使ったこともなく、どの程度広げられたかも分からなかったので文献の調査を始めた。そして、新法二二〇条の四号書面としてなら十分可能性があることが分かったが、四号書面の場合は、当該書証の申出を文書提出命令の申立てによってする必要がある場合でなければすることができないという要件が新設されており、その要件を充足させるためには、再度、近畿企画に任意提出を求めておく必要があると判断した。

そこで、甲野弁護士は、近畿企画に対し、内容証明郵便で、鴨川学園の下水道工事を担当した原告とその発注者である被告との訴訟で立証上必要があるので、貴社が保有すると考えられる左記の文書(正式の名称と異なる場合は、その趣旨の文書)を原告に貸与されたい旨の申し出をし、五日以内に諾否の回答を依頼した。

記

① 建設前現状測量図
② 柱状図(土質ボーリングデータ)
③ 地盤の縦断図及び横断図
④ 路盤計画図及び竣工時の路盤図
⑤ 浄化槽設計図
⑥ 建築設計図書
⑦ 基礎工事地業・外構工事現場施工記録写真

〔平成一〇年八月二四日(月)〕　甲野法律事務所

週末に返事を期待していたが連絡がなく、そろそろ催促をしなければと思っていた矢先に近畿企画の担当者から電話が入り、先口お断りしたとおりであり、応じることはできないということであった。甲野弁護士は、せめて文書の存在と正式の名称だけでも教えてほしいと要請したが、顧問弁護士とも相談したが、これだけ大量の文書をその必要性も開示せずに提出を要請されても応じることはないということであったので、法的手続をとっていただいたうえで提出の必要があると判断されたらそれに従うことにしたいということで、文書名も教示せず、書面での回答も拒否された。

やむなく甲野弁護士は、今の回答内容を電話聴取書にとりまとめておいた。

そこで、甲野弁護士は、やむなく、近畿企画に対して、右各文書の提出を求めるために、文書提出命令の申立てをすることとした。そして、新法下での文書提出命令の書式が見つからず、旧法時代のものを参考にしながら、苦労して二日がかりで文書提出命令申立書(資料32)を作成して、八月二七日、各代理人と裁判所にファクシミリで送信した。

二　文書特定手続・文書提出命令シミュレーション

1　文書特定手続～書面照会

〔平成一〇年八月二七日㈭〕二民書記官室

甲野法律事務所より資料32の文書提出命令申立書が二民書記官室にファクシミリ送信されてきた。

B書記官は、相手方である被告代理人事務所に連絡し、事務員に意見の有無、意見がある場合には早急に意見書を提出してもらえるよう伝えたところ、同日夕刻、被告代理人から原告の文書提出命令の申立てにつき特に意見はない旨の書面がファクシミリ送信されてきた(2)。

右の報告を受けたA裁判官は、申立書に目を通し、文書特定手続を行うことを決め、B書記官に対し、文書の所持者に対し、文書の表示又は趣旨を明らかにすることを書面で要請するよう指示した。

B書記官は、そのような手続をしたことがなく、他の書記官も経験がなかったので、いくつかの文献を調査して、一応の文案を作成したうえで、それをコピーし、部の書記官全員に配布し、意見を求めた(3)。

その結果、九月一日に回答書付の資料33の照会回答書の書式を作成し、これを近畿企画に郵送することによって、当該文書の表示及び趣旨を明らかにするよう求めることとした。右書式の作成に当たって工夫した点は、文書の所持者が第三者であるので、文書提出命令を発するには第三者である近畿企画の審尋が必要である（法二二三条二項）が、文書が特定されなければ文書提出命令を出すことはないのだから、文書が特定されて初めて審尋の必要も生じることになるところ、文書の所持者としては、裁判所から文書の特定を求められれば、文書を提出した場合の不利益などについて意見を述べたい場合もあろうし、むしろそれだけを回答してくる可能性もあるから、文書を特定する事項を照会していることに注意を喚起する意味でも、そのような意見については回答書とは別に意見書という形式で提出されたい旨、そして、後日審尋を行うことがある旨を照会書中に記載しておくこととした点である。

2　照会に対する回答

平成一〇年九月四日、近畿企画から、照会に対する回答書が郵送されてきた。回答内容は左記のとおりである。

記

(1)　文書①（建設前現状測量図）について
同名の文書も同趣旨の文書も存在しない。

(2)　文書②（柱状図）について
同名の文書は存在しないが、土質ボーリングの結果報告は存在する。
文書の表題………地質調査報告書
文書の作成者……（財）S地質調査研究所
文書の作成日……平成八年三月二五日

(3)　文書③（地盤の縦断図及び横断図）について
同名の文書も同趣旨の文書も存在しない。ただし、建築設計図書の一部に地盤の断面を記載した部分は存在する。
文書の表題………鴨川学園新築工事設計図№5・15・21
文書の作成者……近畿企画総合建設部
文書の作成日……平成八年七月三〇日

(4)　文書④（路盤計画図及び竣工時の路盤

図）について

同名の文書は存在しないが、造成工事の計画図は存在する。竣工時には作成されていない。

文書の表題……鴨川学園用地造成計画図

(5)　文書⑤（浄化槽設計図）について

文書の作成日……平成八年五月一二日

文書の作成者……R土木建築㈱

文書の表題……鴨川学園新築工事設計図No.28

(6)　文書⑥（建築設計図書）について

文書の作成日……平成八年七月三〇日

文書の作成者……近畿企画総合建設部

同名の文書は存在しないが、校舎等の建築設計図（総枚数一八四枚）は存在する。文書提出命令申立書に記載された証明すべき事実からすれば、下水道工事との関係で必要な図面は、各建物の立面図（No.3・6・9・12）と一階給排水施工図（No.25）と思料される。

文書の表題……鴨川学園新築工事設計図No.3・6・9・12・25

文書の作成者……近畿企画総合建設部

文書の作成日……平成八年七月三〇日

(7)　文書⑦（基礎工事地業・外構工事現場施工記録写真）について

施工記録写真は多数存在したが、いずれも施主に交付されており、当社には存在しない。

3　審尋から文書提出命令の発令

A裁判官は、近畿企画の回答を見て、当該文書の特定は十分であると考えた。

そこで、B書記官に早急に審尋期日を指定するように指示した。B書記官が九月九日午後四時に審尋する旨の期日呼出状を近畿企画に郵送して通知したところ、七日になって大阪のM弁護士から電話が入り、審尋には自分が代理人として出頭するが、指定された時刻は無理であり、期日を変更するか、できれば当日の午前一〇時に京都地裁で弁論があるからその前の午前九時三〇分ころにしてもらいたいということであった。裁判官と協議し、申し出のとおり九月九日午前九時三〇分に変更することにした。

そして、審尋において、近畿企画の代理人は、文書の写しの交付を拒んだことは原告の主張のとおり（正確には文書④につき二回、その他の文書につき一回の請求）であるが、存在するものについては提出義務の存否につき争わない旨述べたので、裁判官は、当該文書を任意に提出するつもりはないかと打診したところ、近畿企画は、丸人興業との関係上自らすすんで提出するということはしたくないので、裁判所から命令を出してほしいとの意向を示した。なお、鴨川学園新築工事設計図は全一八四枚が編綴されたもので、必要な部分のみを取り出すことはできず、建物の保守管理上、常時保管しておく必要があるから、申立人の費用負担で該当部分のコピーを提出することとされたいとの要請があった。コピー費用は一万円以内であろうということであった。

裁判官の指示を受けたB書記官は、甲野弁護士に架電し、審尋の結果、提出を求める文書①は存在せず、⑦は施主に引き渡されており近畿企画には存在しないということであり、申立ての撤回を促したところ、同弁護士はこれに応じ、その旨の書面を提出することになった。そして、近畿企画の代理人の申し出を伝えたところ、大部な設計図書をそのまま提出されるより該当部分の写しの方が望ましいので当方が費用を負担するからコピーの提出でかまわないということであったので、コピー費用として一万円の予納を求めた(4)。

右のような経過を経て、A裁判官は、本

件文書提出命令の申立てには理由があるものと判断し、平成一〇年九月一一日、「地質調査報告書」「鴨川学園用地造成計画図」「鴨川学園新築工事設計図」（No.3・5・6・9・12・15・21・25・28）と題する文書（最後の文書についてはコピー）につき、近畿企画に対し、資料34のとおりの文書提出命令を発した。

三　提出文書の取扱い

B書記官は、文書提出命令の決定書の原本にA裁判官の押印をもらった後、その正本を作成し、各代理人事務所に電話をして、正本を送達したいので、書記官室まで取りにきてもらえるよう連絡した。また、近畿企画に対しては、特別送達の方法により、正本に送付費用相当の郵券を同封して郵送し、コピー費用については文書送付時に請求書を提出するよう求めた。

九月一六日、近畿企画から図面が送付されてきたのでB書記官は、各代理人事務所に連絡し、電話に出た事務員に対し、文書が到着したことと必要であれば謄写申請するように弁護士に伝言を頼んだ。なお、原告代理人に対しては、鑑定人に資料として交付する必要があるのであれば、早急に書証として提出し、できれば鑑定人交付用の写しも一部提出するよう要請し、あわせてコピー費用として八〇八五円の請求があったから支給することを伝えた。

また、提出された文書を保管物主任官に送付して民事保管物として受入手続をした。

なお、提出された文書は、第三回弁論準備手続で提示されることになり、同日またはその以前に、申立人から書証の申出がされるのが一般である(5)。その後、文書提出命令によって提出された文書は、事件終了または裁判官の返還命令により、提出者に返還されることとなるが、その手続としては、民事保管物受払簿等に記入して当該文書を出し、提出文書の受領書とその返信用封筒を同封して文書を受領したときは受領書に記入して裁判所に返送してほしい旨の添え書きを付けた上で、返還書と提出文書を書留郵便で提出者（近畿企画）に送付し、提出者から返送される受領書の写しを事件記録に、受領書の原本を保管物受領書綴に編綴することとなる。

四　文書提出命令

1　文書提出命令に関する改正の要点

新法が目指す集中審理方式の採用にあたって、その最も大きな隘路は、わが国においてはディスカバリー制度が採用されていないことであり、証拠収集方法の拡大が懸案とされてきた。その点で新法は、当事者照会制度の導入と文書提出命令の拡充を図ったが、必ずしも抜本的な改正をしたとは評価できないとの意見も見受けられる。しかし、証拠偏在型といわれる現代型訴訟のみならず、一般事件においても、創意工夫して新規定の活用を図っていくことがその隘路を幾分でも広げることになるのではないかと期待したい。以下、新法の文書提出命令制度について、以下のような五つの改正の要点について概観しておく。

(1)　文書提出義務の範囲の拡大
(2)　文書提出命令申立てに際しての対象文書特定要件の緩和
(3)　文書の一部提出命令の導入
(4)　文書提出義務の審理に関するインカメラ手続の導入
(5)　文書提出命令違反に対する制裁措置の

強化

2　文書提出義務の範囲の拡大

(一)　文書提出義務の範囲の拡大の趣旨

旧法三一二条は文書提出義務を限定的に定めていたのに対し、新法二二〇条は、旧法三一二条一号から三号をすべて現代語化しただけでそのまま規定するとともに、四号を新たに設けて文書提出義務を証人義務と同様に国民の一般的な義務と定め（四号本文）、例外的にその義務を免れる場合を限定的に列挙することとした（四号イ～ハ）。

これは、今次の民事訴訟法改正が、予め尽くされた当事者の主張に基づいて争点を整理し、集中証拠調べにより迅速かつ充実した訴訟の進行をはかるためには、その前提として当事者における証拠収集方法が充実したものにならなければならないこと、とくに証拠の偏在が著しい現代型紛争に対応することが実務上必要とされてきたことから、文書提出義務を限定的な義務から原則として一般的な義務に拡大するとともに、これによって所持者のプライバシーの侵害等の問題が生ずる恐れがあること、文書作成の自由に対して抑制をもたらしかねないこと、中立権の濫用の恐れがあることなどの生じうる弊害について、文書提出義務の免除事由を列挙し、文書の一部提出命令やインカメラ手続の新設などとあわせて、訴訟の適正や中立人側の利益と文書の所持者側の利益の調整を図ったものである（6）。

なお、四号文書には、「公務員又は公務員であった者がその職務に関し保管し、又は所持する文書」は含まれず、これらの文書については、引き続き行政機関の保有する情報を公開するための制度に関して行われている検討と並行して、総合的な検討を加え、改正法の公布後二年を目処として必要な措置を講ずるものとされているところ（附則二七条）、平成一〇年四月一〇日、民事訴訟法の一部を改正する法律案が内閣から国会に提出され、「公務員又は公務員であった者がその職務に関し保管し、又は所持する文書」に係る改正がなされる予定である（7）。本稿は、同法案による改正前の現行法を前提としたものである。

(二)　新たな文書提出義務の範囲

(1)　法二二〇条一号～三号文書

法二二〇条一号ないし三号は旧法三一二条一号ないし三号を現代語化しただけの規定である。改正経過においても、これらの条項の解釈については改変を加えるものではないという説明が、国会審議の中で政府委員によって繰り返しなされている（8）。したがって、一号文書（当事者が訴訟において引用した文書）、二号文書（挙証者が引渡請求権または閲覧請求権を有する文書）、三号文書（挙証者の利益のために作成された文書及び挙証者と所持者との法律関係につき作成された文書）のいずれについても、従来の学説、判例が基本的に妥当することとなるとする見解が支配的である（9）。しかし、規定の仕方からみても、一ないし四号文書の性格からみても、右のような見解には疑問がないではない。

(2)　法二二〇条四号文書

今次の改正によって法二二〇条四号が追加され、これによって文書提出義務が一般化された。同号の新設は新民事訴訟法の目指す方向に大きな影響を与えるものと考えられる。従来の各号には該当しなくとも新設された四号によって文書提出義務が認められる場合が生じることとなる。本シミュレーションの事例は、旧法下の法律関係文書を相当拡張的に解釈すれば該当する可能性もなくはないものの、かなり困難であるが、四号文書に該当することは問題がない。

(3)　四号文書の提出制限

四号の新設により文書提出義務を一般化したことにより、不利益を被る恐れのある文書の所持者の利益との調整のために、この提出義務の除外事由として同号イ及びロ（証言拒絶事由該当文書）とハ（専ら文書の所持者の利用に供するための文書＝自己使用文書）が定められた。

四号イ及びロは、いずれも、文書提出義務が裁判所の審理に協力すべき義務という点で基本的に証言義務と同一の性格を有するものであることから文書提出義務を一般義務化するにあたり証言拒絶事由に該当する事項が記載されている文書を四号文書から除外したものである。

また、四号ハは、外部に開示することが予定されていない文書も提出対象とすると、所持者や第三者のプライバシーを侵害したり、将来提出を命じられることを慮って文書作成を行わしめることになり、文書作成を不自由にするのみならず、証言の場合には尋問を受けた事項について証言すればよいのに対し、文書の場合には内容はもとより体裁等もすべて開示されることになるなどの理由により、提出義務の対象から除外することにしたものである。

なお、ハの「自己使用文書（＝非共通文書）」という概念は、旧法の三号文書の範囲を画する議論（すなわち、自己使用文書は、挙証者のための利益文書ではなく、挙証者と所持者との間の法律関係文書ではない）の中で用いられてきたものであり、そこで形成されてきた先例等は概ね新法の四号文書の提出制限にも妥当するものと思われるが、文書提出義務を一般義務化し、その拡大を意図している新法の下では、四号ハの除外事由が設けられた趣旨に照らしてより慎重に判断するべきであり、安易に自己使用文書として提出義務の対象外におくことは許されないであろう。四号ハに該当するかどうかは、文書の記載内容、作成経緯、所持に至った経緯等を総合的に考慮して、専ら自己または内部の者の利用に供するために作成され、およそ外部の者に開示することを予定していない文書であるかどうかで決することになると考えられる(10)。

具体的な基準を示すことは必ずしも容易でないが、会社内部の議事録や稟議書、報告書の類であっても、少なくとも当該法人内部における他の機関の利用に供される文書や監査役の業務監査や調査、株主総会で選出された検査役の調査の対象となり得る文書などは、四号ハの自己使用文書には該当しないとの見解も提唱されている(11)。

(4)　一号ないし三号文書と四号文書との関係

旧法は、文書提出義務を限定義務としていたが、一、二号文書が文書の所持者と挙証者との特別な関係に基盤を置いていたのに対し、三号文書については、「利益文書」「法律関係文書」の概念をより間接的な場合にまで広げることにより提出義務の範囲が拡大される傾向にあった。そこで新法の議論においても、一、二号文書を特別義務とし、それに一般義務による提出文書を加える方向で検討されたが、種々の経緯の中で、従来の規定を維持したまま四号文書を加えることになり、理論的整合性を求めることが困難になった。その上、立法過程で公務文書が除外されたことから、少なくとも公務文書の関係では旧来の拡大された解釈を維持することが要求され、前記のとおり、一～三号文書についての解釈には何らの変更がないとの政府見解が示されてきたわけである。しかし、公務文書についても立法的な解決の実現が目前に迫っており、立法過程の特殊事情を離れた整合性のある法解釈が試みられるべき時期にあるのではないかと思われる。しかるところ、新法が文書提出義務を一般義務化（制限付き）している以上、それ以外に個別の提出義務を課すには、制限のない提出義務を課すのを相当とする特別な関係を前提とすべきである。とすれば、一、二号文書のみならず、三号文書についても、特別な関係に重点を置き、挙証者の利益や挙証者と所持者との間の法律関係について、いたずらに拡張的な解釈をとるべきではなく、旧法下で拡大された部分は、四号文書として提出義務を判断していくべきではなかろうか（12）。

そのような見解に立つと、一号ないし三号に該当する文書は、挙証者と所持者との特別関係ゆえに、より積極的な提出義務が課せられ、提出を「拒絶できない」が、四号文書は一般義務であるゆえに、挙証者の利益と所持者の不利益の調和を図るための除外事由が必要とされるものと理解することが可能となる（もっとも、除外事由の趣旨から、ことに三号文書について、これを類推適用するのが相当な場合がありうることまで否定する必要はない（13））。

3　申立ての要件としての文書特定要件の緩和

(一)　申立ての際の文書特定要件の緩和

法二二一条は、文書提出命令の申立てに際し、文書の表示及び文書の趣旨を記載すべきことを定める（一項一号及び二号）。そして、これが欠けていたり、その具体性の程度が不十分であるときは、申立ては不適法なものとして却下される。

一号の「文書の表示」は、表題、作成者、日付などによる文書の特定であり、二号の「文書の趣旨」は、文書に記載されている内容の概略を明らかにすることにより文書の表示を補完して対象文書を特定するものである。こうして、一号及び二号を通じて対象文書が特定されることにより、文書提出義務の存否の判断や証拠としての必要性の判断が可能になり、文書の所持者においても提出すべき文書を判別しうることとなる。

(二)　文書の特定ができない場合の手続

他人が支配する文書の情報を外部の者が入手するには自ずから限界があり、特に、申立人が対象文書の作成過程や記載内容たる事実経過の圏外にあるような事件では、これらの事項を申立人が他の情報から推定して記載することすら合理的に期待できない場合がある。したがって、申立人の文書特定責任を過度に厳格に解すると、文書提出命令制度の利用について実質的に門戸を閉ざす結果となりかねない。

他方、文書特定責任を過度に緩やかに解すると、裁判所が文書提出義務の存否や証拠としての必要性などを判断することが困難になるし、文書の所持者においても争点解明に必要のない文書まで提出させられる危険が生ずるが、文書の特定が必ずしも十分でなくとも、その場合には申立人は対象文書の記載内容についての（旧法三一六条、三一七条のような）真実擬制規定の適用が受けられなくなる不利益を被ることがあるだけであり、所持者において対象文書が特定できれば申立書の必要的記載事項としては十分であるとの考えもある。

そこで、文書特定責任を緩和するための方策としては、特定が不十分な申立てであっても文書所持者に識別が可能であれば適法な申立てとして認める考え方と文書の特定のために必要な情報を文書の所持者に開示させる手続を導入する考え方がありうる（14）。

法二二二条は、このような考え方を参酌しながら、申立人が文書の表示または文書の趣旨を明らかにすることが著しく困難であるときは、文書の所持者が当該文書を識別しうる事項を明らかにして裁判所に対して文書の所持者にこれらの事項に関する情報の開示を求めるよう申し出ることができると規定した（一項）。

ここで、「著しく困難」というのは、申立人が文書の特定について必要な努力を合理的に期待される程度まで払ってもなお特定できないという状況を意味する。具体的には、申立人が対象文書の作成過程に何ら関与していない場合や対象文書の作成の経緯を知る機会を外部者として与えられていない場合、さらには対象文書の記載内容たる事実経過の圏外にあるような場合を指すものと考えられる。

また、「識別することができる事項」とは、文書の表示または趣旨が記載されていなくとも、文書の所持者において不相当な時間や労力を要しないで当該申立てに係る文書あるいはそれを含む文書グループを他の文書あるいは他の文書グループから区別することができるような事項を意味すると考えられる(15)。

(三) 法二二二条に関連する問題点

(1) 文書特定要件と識別事項

申立ての際に文書特定要件として記載したものが特定不十分と認められる場合でも、文書を識別することができる事項となりうる場合は、裁判所は、釈明権を行使して、文書特定手続の申立てを促すことが必要な場合も考えられる。また、いずれとも解することができず却下された場合でも、後に得た情報により文書を識別することができる事項が判明した場合には、再度、文書特定手続の申立てを付した提出命令の申立てを行うことができるであろう。

(2) 文書特定手続の不奏功と文書提出命令

文書特定の申立てがなされ、その必要性が認められてその手続がなされたが、文書の所持者が文書特定に関する情報の開示を拒んだ場合は、文書の所持者を証人として係る情報について尋問するなどの方法により文書が特定できなければ、当該文書提出命令の申立ては却下されることとなる(16)のが通常であろう。それは、特定手続に入る以前に、当該申立ては文書の特定を欠くとの判断が先行していることが一般的であるからである。

しかし、当事者が文書の特定ができないことを慮んばかり、推定される文書の表示や趣旨とともに文書を識別することができる事項を記載して、文書特定手続の申立てがなされた場合、裁判所としては、その記載から総合して文書の特定がなされていると解する余地がある（特定の程度は、旧法時の判例においても、文書の提出を命じられた所持者において、その提出を命じられた文書を識別できる程度に特定されていればよいとの考えが示されている(17)）と考える場合でも、提出を命じる文書を正確に表示することは望ましいから、特定手続を採用することはありうるし、許されるというべきであろう。

右のような場合においては、所持者の非協力等によって特定手続が奏功しなかったとしても、あらためて裁判所は当該申立ての内容及び当該事案を総合的に検討したうえで、その申立てで文書が特定されているとして文書提出命令を発することができるかどうかを検討すべきであり、特定手続を経たとの理由のみで、直ちに申立てを却下するのは相当ではない。

これに対し、右のような考慮の結果によっても文書の特定が不可能と判断した場合は、申立てを却下するしかない。

しかし、文書のグループあるいはカテゴリーは特定でき、その限度では特定が不可能とまではいえないが、該当文書を絞り込むには不十分と判断した場合について、特定が不十分である以上却下するしかないとする見解と、不十分であっても提出を命じうる場合があるとする見解が示されている(18)。特定手続については、これに所持者が協力しなくとも何らの制裁がない（もっとも、所持者が当事者である場合や第三者である場合でも当事者の影響力のもとで協力しないことが判明すれば、弁論の全趣旨として考慮されることはありうる）ことから、協力が得られない場合が予測されるが、本来、文書の特定は、提出を命じられる所持者に当該文書の識別を可能にし、いたずらに提出文書を拡大されないという利益のために定められていることからすれば、所持者が協力しない場合には、その不利益は甘受すべきであり、グループあるいはカテゴリーによる提出命令も可能と解するべきであると考える。

(四)　本件における申立て

本件において、原告は、造成工事や建築工事に関与していないから、一般的に各種の設計図書等が存在することは推定でき、その趣旨はある程度判断できるものの、その設計図面等の表示までは知りうる立場にはない。したがって、原告に当該文書の表示を記載させることについて合理的な期待を持ちえない場合に該当すると考えられる。そこで、文書の表示に代えて、文書を識別することができる事項を記載して申立てを行ったのである。

しかし、文書の表示について、厳密な解釈をとらない限り、本件申立書の記載の程度であれば、文書の特定はなされていると解されないではない。近畿企画が特定の申立てに的確に応じていることは、申立人の示した「文書の識別に関する事項」によって、容易に文書の特定が可能であったことを示しているともいえよう。しかるに裁判所が、特定手続をすすめたのは、より正確に特定がなされることによって提出の範囲をより適正に定めることが可能となるからである。現に近畿企画は、各文書について正式の名称を回答し、「建築設計図書」については、正しい名称が「鴨川学園新築工事設計図」であることを明らかにしただけでなく、原告の求める文書が一八四枚もある設計図書の内の九枚のみであり、それぞれのナンバーとその表題をも示しているのであって、これによって、裁判所は、当該文書を正確に特定して提出を命じることが可能になったのであって、文書の所持者にとっても利益であったことはいうまでもないであろう。

仮に、近畿企画が特定に協力しなかったとしても、右のような意図で特定手続を行っただけであるから、裁判所としては、本件文書提出命令の申立てを却下すべきでないのは当然である。そして、この場合には、原告が文書の趣旨及び識別事項として示しているところから可能な限り文書を特定して提出を命じることになる。したがって、「建築設計図書」については、そのカテゴリーに属するもの全部の提出を命じざるを得なくなるが、その程度の不利益は所持者の不協力によって生じたものとして許容されるべきでと考えるのが相当である。

4　文書の一部提出命令

法二二三条一項は、文書の一部についての提出命令を明文で規定した。従来は、文書の一部に取調べの必要がないと認める部分がある場合や提出義務があるとは認められない部分がある場合の取り扱いについては解釈が分かれていたが、これを立法的に解決したものである。

これにより、文書の所持者において、「取調べの必要性のない部分」や「提出義務が認められない部分」が含まれている文書までそのまま提出を命ぜられる不利益を回避できるとともに、申立人においても、かかる内容が含まれていることによって申立てを却下される不利益を回避することができる。

なお、要項試案においては、除外部分を除いた部分またはその写しの提出を命じることができるとされていたが、法案の段階で「写しの提出」の部分が削除され、文書の一部の提出命令の場合の提出方法については何らの規定もおかれなかった。そのため、一部の文書提出を命じる部分が可分であれば問題はないが、不可分の場合には、提出方法が問題となる。

この点については、一部を伏せる方法で原本を提出する方法や、当事者も裁判所も写しでよいと考える場合は、コピーの提出を認めてもよいし、規則一四三条一項により提出部分のみの認証ある謄本を提出する方法など実情に応じた方法を考えればよいと解する(19)。

5　文書提出義務の存否の審理(イン・カメラ手続)

(一)　規定の趣旨

裁判所は、法二二〇条四号イ～ハに定める除外事由の存否を判断するために必要があると認めた場合には、その文書を所持者に提出させることができる(法二二三条三項)。文書提出義務の存否を判断するためには、当該文書をみて判断することがもっとも容易であることから規定されたものである。このとき、何人も開示を求めることはできないと規定され、アメリカの情報公開法に定められる「イン・カメラ・インスペクション」(非公開とされた記録を裁判官が裁判官室(camera)で直接検討することができる手続)を彷彿とさせるものであることから、イン・カメラ手続と呼ばれる。

(二)　審理の主体等

このイン・カメラ手続を行うのは受訴裁判所を構成する裁判官とされた。

この点については、除外事由(四号イ～ハ)のいずれかに該当すると判断されて提出義務が否定されたにもかかわらず、裁判官が当該文書を見たことによって要証事実との関連で事実上心証を形成してしまうおそれがあることから、立法過程においてこの審理と判断を受訴裁判所とは異なる裁判官に委ねるべきであるとの意見も出されたが、除外事由の存否の判断は、立証事項の判断にとっての当該文書の重要性、代替可能な証拠の存否などの要素を総合的に判断してはじめて可能なものであり、受訴裁判所以外の裁判官が適切に判断することは難しいとの考え方に基づいて、受訴裁判所に委ねられたものである(20)。

このイン・カメラ手続において、所持者に提示させた文書は、原則として受訴裁判所のみが除外事由の判断のために閲読するものであって、何人にも開示をしてはならないが、所持者が同意する限りで、その形状等を当事者に見せることまで禁止しているものと解する必要はなく、事案によってはそのような措置が無用な不信感を拭う上で相当な場合もなくはないであろう。そのような工夫を求める意見もある(21)。

(三)　審理内容の限定

証拠とされていない段階で文書を事実上閲読することは、何らかの心証を植え付けるおそれもあるし、当事者にそのような危惧を抱かせることにも配慮が必要であるから、先ず要証事実との関連性や証拠としての必要性の判断を弁論等の当事者の対席の下で審理・判断した上で、それらが満たされている場合で、かつ、除外事由の判断のためにイン・カメラ手続を実施する必要があると認められるときに限って（法二二三条三項）、その手続を実施するのが妥当であろう。したがって、除外事由の審理もできる限り当該文書の内容を推認させる間接事実の積み重ねによってなすような配慮も求められよう(22)。文書提出命令の申立てに対しては、実際にその文書を見ることによって最も容易に関連性や必要性を判断できることはいうまでもないが、四号文書にしかこの手続が定められていないのは、右のような考慮に基づくと考えられるのであって、四号文書のイン・カメラ手続に当たっても、除外事由の該当性の判断から逸脱した利用は慎まなければならない(23)。

6　文書提出命令違反の効果

裁判所が文書提出命令を発令したにもかかわらず、文書の所持者がこれに従わない場合の制裁として、法は、文書の所持者が当事者である場合には文書の記載内容に関する申立人の主張の真実擬制に加えて、当該文書の記載に関して主張すること及び当該文書により証明すべき事実を他の証拠により証明することが著しく困難であることを要件として、要証事実に関する主張の真実擬制をも定めた（法二二四条）。そして、文書の所持者が第三者である場合の制裁としての過料を従来の倍額としてこれを強化した（法二二五条）。

7　その他

(一)　文書提出命令申立てについての裁判の時期

文書提出命令申立てについての裁判は、争点整理手続である準備的口頭弁論や弁論準備手続でもすることができる。従来、文書提出命令に対する判断を保留して審理をすすめ、訴訟の最終段階でその判断を示す（その多くは却下）ことが少なからずみられたが、争点等の整理に必要な文書の提出命令の申立てについての裁判が訴訟の最終段階においてしかなされないこととなると、新法の意図は達成されないこととなる。

(二)　不服申立て

文書提出命令申立てについての裁判に対する不服申立てとして、即時抗告が認められる（法二二三条四項）。

ただし、証拠調べの必要性の有無については、受訴裁判所が専権的に判断すべきものであるので、証拠調べの必要性がないとして却下する決定に対しては即時抗告は認められないと解されている(24)。また、提出を命じられた文書所持者は、当事者であれ、第三者であれ、申立人を相手方として即時抗告を行うことが可能である。第三者に対する文書提出命令に対して、相手方当事者も即時抗告を行うことができるかについては争いがあるが、これを認めるべきとする説が多いようである(25)。

なお、抗告審におけるイン・カメラ手続も可能である。

〈注〉

（1）資料12原告第一準備書面参照。

（2）規則一四〇条二項は、文書提出命令の申立てについて意見があるときは、意見を記載した書面を裁判所に提出しなければならないと規定し、同項は、同条三項において、文書の特定のための手続（法二二二条一項）の申出にも準用されている。したがって、相手方の意見としては、文書の特定のための手続の申出に関する意見と文書提出命令の申立て自体に関する意見が考えられるが、特定手続の申出は、通常は、D－1のように、文書提出命令の申立てと同一の書面でなされるであろうから、一括して意見を聞けば足りるであろう。本シミュレーションにおける被告代理人の意見は、特定手続の申出及び文書提出命令の申立てのいずれに対しても意見がないという趣旨であると解される。

（3）第二民事部では、新法での新しい手続などをするときには、部全体で書式などについて協議し、雛形を作成している。全庁的な問題の場合は民事部会（用紙委員会）に問題を提起し、全庁的な申し合わせに発展させること

（4）文書提出命令による文書の提出にかかる費用（梱包費用コピー費用・郵送費用等）は、申立人に予納させ、裁判官の支給決定を受けて提出者に支給することになるが、郵送費用程度の場合は、予め予納されている郵券を使用するのが一般の取扱いである。コピー費用については、コピーでの提出を許可した場合は、提出費用として支給決定を得て支給するのが相当であろう。

（5）文書提出命令で提出された文書の証拠化については、文書送付嘱託と同様の手続となると考えられる（すなわち、裁判所が提示し、当事者が書証として提出する）（注釈民事訴訟法⑹四五九、四六〇頁、最高裁事務総局編「民事書記官事務の手引」二一九、二二四、二二五頁）。

（6）田原睦夫「文書提出義務の範囲と不提出の効果」ジュリ一〇九八号六一頁（平八）、原強「文書提出命令①」『新民事訴訟法体系』第三巻一一〇～一一二頁（青林書院、平九）、西口元「証拠収集手続⑴―文書提出命令」『新民事訴訟法の理論と実務』上巻三九六～四〇四頁（ぎょうせい、平九）。

（7）法案は、公務員又は公務員であった者がその職務に関し保管し、又は所持する文書に係る提出命令について、私文書の場合においても提出義務が除外されている文書のほか、その提出により公共の利益を害し、又は公務の遂行に著しい支障を生ずるおそれがある文書等を除いて、文書提出義務があるものとするとともに、除外された文書に該当するかどうかを裁判所が判断するものとし、その判断のための手続としていわゆるインカメラ手続を設けている。

（8）第一三六回国会平成八年五月一五日、同月二四日衆議院法務委員会議事録等。

（9）法務省民事局参事官室編「一問一答新民事訴訟法」二五三頁（平八）。もっとも、これまで利益文書及び法律関係文書の概念の拡張解釈の歯止めとして利用されてきた自己使用文書が、四号所定の除外事由とされたことによって、その反対解釈として、自己使用文書は、三号所定の提出義務の除外事由とはならないと解釈できる余地があり、その結果、三号所定の文書提出義務が拡大されることも予想されるとの指摘もある（西口・前掲注（6）四一六頁）。

（10）前掲注（9）「一問一答」二五二頁。

（11）田原・前掲注（6）六四頁。

（12）山下孝之「文書提出命令②」『新民事訴訟法体系』第三巻一三九頁以下（青林書院、平九）。

（13）佐藤彰一「証拠収集」法時六八巻一一号一八頁（平八）

（14）三木浩一「文書提出命令④文書特定手続」『新民事訴訟法体系』第三巻一八二、一八三頁（青林書院、平九）。

（15）前掲注（9）「一問一答」二六二頁。

（16）前掲注（9）「一問一答」二六三頁。

（17）高松高決昭50・7・17判時七八六号三頁。

（18）田原・前掲注（6）六五頁は、所持者が特定の求めに応じない場合も、申立ての内容及び当該事案を総合的に検討した上で、文書の特定が十分になされているとして文書提出命令を発することができる場合があるとする。これに対し、三木・前掲注（14）二〇五頁は、裁判所が二二二条二項に基づき文書情報の開示要求をするのは、特定が不十分な場合に限られるから、同条一項の申立てで文書の特定がなされていると認めうる場合があるとするのは厳密にいえば論理矛盾であるとし、文書所持者が裁判所の問い合わせに応じない場合には、場合によっては特定が不十分なままであっても文書提出命令を発することができることを正面から認めるべきであるとする。

（19）西口・前掲注（6）四〇〇頁、四〇二頁、四一三頁。「研究会・新民事訴訟法をめぐって⒅」ジュリ一一二八号八六～八七頁（平一〇）。

（20）田邉誠「証拠収集手続について」民商一一〇巻四＝五号七二八頁（平六）。

（21）奥博司「文書提出命令⑤―インカメラ手続」『新民事訴訟法体系』第三巻二二一、二二二頁（青林書院、平九）。

（22）田邉誠「証拠収集手続について」民商一一〇

巻四五号七二七頁（平六）は、間接事実の積み重ねによって、裁判所が判断できる場合には、この方式を採用すべきではないとする。

(23)　もっとも、裁判所が閲読した結果、証拠としての必要性または関連性が全くない文書であることが明らかになった場合に、文書提出命令の申立てを却下することはできないとまで解するのは極論に過ぎるように思われる。

(24)　札幌高決昭52・5・30判タ三五九号二七二頁、大阪高決昭53・9・4判時九一八号八六頁等。

(25)　注釈民事訴訟法(7)一〇五、一〇六頁、注解民事訴訟法(5)二二一頁、反対―広島高決昭和52・12・19高民三〇巻四号四五六頁。

【追記】　民事訴訟法の一部を改正する法律（平成一三年法律第九六号）

平成一〇年四月に国会に提出された民事訴訟法の一部を改正する法律案（その概要は前頁注（7）参照）は、平成一二年まで継続審議とされていたが、同年六月に衆議院が解散されたため廃案となっり、新国会に再提出され、平成一三年六月にようやく成立の運びとなり、同年一二月一日から施行されるに至っている。改正法は、新民訴の制定時に保留された公務文書に関する提出命令について、情報公開法との整合性を保ちつつ、文書提出義務の一般義務化に対応して整備されたものである。

第一四　第三回弁論準備手続に向けた準備

一　期日間準備シミュレーション

1　提出文書に基づく主張準備

(一)　原告の主張準備

平成一〇年九月一六日、地裁二民から文書提出命令に応じて近畿企画から図面等の提出があった旨の連絡を受けた甲野弁護士は、早速事務員に謄写申請をさせ、その際、九月一八日に提出を約束している準備書面については、提出文書の検討が必要であるから数日遅れるかもしれないことを連絡させた。また、原告にも一両日中に事務所に来るよう日程調整を指示した。

九月一七日に謄写ができ、その日のうちに書証（甲一一＝地質調査報告書、一二の1ないし9＝鴨川学園新築工事設計図No.3・5・6・9・12・15・21・25・28、一三＝鴨川学園用地造成計画図）として、鑑定人分を含め四部作成して、証拠説明書（略）とともに各代理人事務所に持参して副本領収印をもらったうえで裁判所に提出した（図面の数字が読みにくくなるのでファクシミリでの送信はしなかった）。

そして、その日の夕方、原告が来所したので、提出された図面を見せた。原告は、あれだけ反対していたのに出させられたんですねと感心しきりであった。甲野弁護士は、新しい民事訴訟法になったおかげだよといいながら、早速、図面を広げて、被告から指摘されている瑕疵①と④に関係する部分を原告に尋ねた。

その結果、瑕疵①の関係では、鴨川学園用地造成計画図の第6図にその部分の造成地盤レベルが出ており、鴨川学園新築工事設計図No.28にもその部分の地盤断面が記載されていた。また、瑕疵④については、同設計図No.28に浄化槽の設計があることが分かった。

そして、右各図面を詳細に検討した結果、竣工図がないため正確には分からないが、瑕疵①の法面は、当初設計では緩やかな土羽になっているようであり、瑕疵④の浄化槽の位置も下水道配管の設計後に変更があった可能性があることが判明した。しかし、原告の施工位置が当初設計図通りに施工されているか否かは鑑定の結果に待つほかはなかった。

そこで、原告代理人は、以前に被告側が提出した第4準備書面と第5準備書面の反論をまとめた第5準備書面（資料35）を作成し、各当事者と裁判所にファクシミリで送信した。なお、残された問題（原告施工部分の評価、瑕疵に対する原告の主張の整理、瑕疵修補費用についての意見）については、鑑定書が提出された後に提出することにした。

(二)　被告の反論準備

被告代理人は、九月一七日に文書提出命令によって近畿企画から提出された図面を、次いで、二一日には、それに基づいた原告第5準備書面を受領した。

それによれば、被告の主張している瑕疵①と④については、事後的な設計変更の可能性がありそうであり、木谷専務に検討を要請した。

三日後の九月二四日に来所した木谷は、検討した結果、図面からすると原告の指摘は正しいようであるが、工事中、部分的な変更はしばしばあり、鴨川学園の工事は、多くの業者が参加していたため、連絡調整が必要で、近畿企画がそのため毎朝「現場会議」を開き、各業者の出席を要求しており、この変更も現場会議で指示されているはずであるが、前にも言ったように原告とその下請は、現場会議をよくさぼっていたから、変更に気づかなかったのではないかと思うという説明をした。

そこで、被告代理人は、以前に原告から現場会議の記録の一部が書証（甲一〇）で提出されていたので、原告代理人に架電して、原告第5準備書面で指摘されている設計変更について、現場会議で変更の説明がなされている可能性があるので、会議録全部を書証として提出するか、被告側に開示するよう依頼した。原告代理人は、補助参加人から預かっているものであり、協議の上で回答するということであった。

そして、原告代理人自身も現場会議録を点検し、瑕疵①の法面については、土羽の法面から間地石の法面に設計が変更されており、現場会議でその説明がされていること、その日には原告及びその下請は現場会議に出席していないこと、瑕疵④の浄化槽については、設置位置の変更の指示・説明は見当たらないことがわかり、補助参加人代理人とも協議し、被告代理人に開示することとし、九月二八日にその旨連絡した(1)。

被告代理人は、原告代理人から現場会議録を借り受け、九月二九日に木谷専務を呼んで一緒に点検し、必要部分をコピーし、右の点検の結果に基づいて、被告の主張を整理し、後記の第6準備書面に記載するとともに、右会議録の関係部分を乙七として提出することとした。

2　鑑定書の提出と鑑定を巡る対応

(一)　鑑定書の提出

平成一〇年八月一二日の第二回弁論準備手続に鑑定人の参加を求めて協議したとおり、八月一八日に原告から施工方法図の添付された第4準備書面が提出され、被告側の意見を求めた上で鑑定事項書を作成し、八月二〇日に書面宣誓の手続が取られた(2)。

これを受けて、鑑定人は、改めて現地の検分を行い、その後、鑑定人も交えた鑑定事項の協議（第二回弁論準備手続期日）の際に指摘しておいた地質調査報告書等の資料（文書提出命令によって提出されたもの）が九月一八日に届けられたので、それを基に再度現地の検分を実施して、それらの資料を総合して鑑定結果をまとめ、九月二五日に正本一通と副本三通の鑑定書（資料36）を裁判所に提出した。

これを受け取ったB書記官は、内容を一応点検し、鑑定事項に対する回答形式で全部の鑑定事項に対する結果が記載されていることを確認したものの、余りに簡潔でこの程度で当事者が納得するのか多少疑問を感じたが、とりあえず鑑定書が届いたことを告げてA裁判官に鑑定書を提出した。裁判官も目を通して、基礎資料が添附されていないので当事者側で点検ができないから、補充資料を要求しなければいけないかもしれないという感想であったが、とりあえず当事者に交付するように指示した。B書記官は、早速各代理人の事務所に鑑定書が提出されたことを連絡し、副本を受け取りにくるようにお願いした。

(二)　原告の対応

原告代理人は、早速事務員に鑑定書の副本を受け取りに行かせ、内容を点検したところ、計画どおり工事が順調に進捗したものとしての出来形の積算結果は一一四〇万六六二〇円であり、これに原告自身の施工した部分の工事遅延による経費増加分二九〇万三〇〇〇円(3)を加えただけでも、原告の主張額一二五〇万円を超えており、下請の経費増加分を加えれば原告の主張額を遥かに超えることになり、立証は十分可能と判断した。瑕疵についても、瑕疵①④

については、施主側の設計変更によるものであり、原告側は当初設計どおり施工していることが分かった。しかし、瑕疵修補費用についても被告の主張額の二〇〇万円を超える二二九万四八〇〇円から二二四万九三〇〇円と見積もられており、今後は経費増加分をより明確に主張することと瑕疵についての責任の範囲をできるだけ縮小することが勝負どころになると思った。すぐに原告にファクシミリで鑑定書を送信しておき、夕方手の空いたときに原告に電話を入れた。原告も一応目を通しており、自分の主張が正しいことが裏付けられたことに気を良くしており、「工事中断による経費の増加をみなくてもこれだけの工事をしているのに六〇〇万円しか払わないのはけしからん。早いこと残りをとってください。」という。原告代理人が瑕疵の修補費用も被告のいうより高いがその点はどうかと尋ねると、「瑕疵①④はうちの責任でないことがはっきりしたし、その他もうちの工事ミスと決まったわけじゃないでしょ。修理費用としては高すぎると思うけど、片一方だけ文句をいっても通らないでしょ。費用は鑑定人さんの言うとおりでいいけど、うちの責任でないことだけはハッキリさせてくださいよ。」ということであった。代理人はその方針で臨んでいいかを再度確認したうえで、その方向で主張していくことにし、準備書面の内容の協議と人証申請等の次回の弁論準備手続期日に向けた準備をするため、九月二八日に事務所で打ち合わせをする予定を組んだ。

そこで、原告代理人は、九月二六日、鑑定結果に基づいた原告の施工部分の評価を算定し、それに第3準備書面 (4) で主張した待機等による経費の増額分等を加算して、原告の施工範囲に関する請負代金額を整理し原告の請求額の合理性を強調し、瑕疵に対する原告の主張の整理、瑕疵修補費用についての意見をまとめて準備書面の草稿を用意し、九月二八日の打ち合わせを経て原告第6準備書面（資料37）を作成し、予定日の一〇月二日に提出した。

㈢　被告の対応

被告代理人は、鑑定書の副本を見て、被告の主張からすれば六〇〇万円に過ぎない工事が二倍近い鑑定になっており、被告側で認めた工事中断日の経費分が待機人員や待機機材数とそれぞれの単価が正しいとすれば一〇五万七〇〇〇円となることからすれば、原告側の下請分の経費増加も含めると原告の要求額を遥かに超えることになり、瑕疵の見積が被告の主張より高いことは被告に有利であるが、全体的には被告にとって厳しい内容であると思った。今後どういう方針で臨むか考えたが、とりあえず木谷専務の意見を聞くことにし、被告会社に鑑定書をファクシミリで送付するとともに、事務員に鑑定書をよく検討したうえ至急事務所にくるように木谷専務に伝言を依頼した。

夕方、木谷専務から電話が入り、細かな点検はまだできていないので、二、三日ほしいということであったので、九月二九日午後六時から打ち合わせをすることに決めた。

〔平成一〇年九月二九日(月)　乙山法律事務所〕

約束どおり来所した木谷専務は、鑑定事項の条件に従って当方でも積算してみたといい、見積書を示した。木谷専務の試算でも八二七万三〇〇〇円となっており、その点を乙山弁護士が質すと、これは裁判所に出してもらったら困るといいながら、近畿企画の要求で工法を変更したことが響いていると説明した。その上で被告見積書と鑑定書を対比しながら違いを点検していった。

その結果、鑑定書の積算数量がかなり多く見積もられていること、鑑定書には積算数量と単価と計算結果しか書いていないので、どの部分をどのように施工したと判定しているのかがわからず、正確かどうか点検のしようがないこと、矢板土止め工法については数種類の施工方法があり、原告は一番簡単なやり方しかしていなかったのに、鑑定書は最上級に近い工法を前提とした積算をしているようであることがわかった。

そこで乙山弁護士は、鑑定人について、証人として尋問を求めることにしたが、一〇月二日までに、鑑定結果に基づいた出来高評価についての準備書面を提出することになっていたので、問題点を整理して被告第6準備書面（資料38）を作成し、裁判所と各当事者にファクシミリで送信した。

なお、一〇月二日までに、瑕疵についての原告の主張に対する反論もする予定になっていたが、原告の準備書面の提出が遅れているためできなかったが、第6準備書面を提出した直後に原告の準備書面が送信されてきたので、一〇月五日にその反論を第7準備書面（資料39）として提出した（ファクシミリ送信）。

㈣　補助参加人の対応

補助参加人代理人は、八坂社長に鑑定書を見せて検討してもらった結果、鑑定人の評価は高すぎるとの異論があったが、被告代理人が何らかの対応をすると予想して、その出方を見ながら対応することにした。

3　立証計画の立案

㈠　原告の立証計画

原告代理人は、九月二八日に原告本人と協議し、鑑定結果に基づいた原告側施工部分の評価に関する主張内容（原告第6準備書面）を確認し、原告としては、本件工事の発注者が被告であることと出来高に応じてかかった経費を支払うという約束があったことさえ証明できれば、鑑定の結果と工事待機等による損害からみて、瑕疵の一部（②③⑤）が認められたとしても、ほぼ全額の勝訴の見込みがあることが確認された。

そこで、原告側としては、契約当事者問題について、吉田監理士と八坂社長を、請負代金が定額か出来高かの問題と工事待機による損害について下請の一人の馬場義治（桂配管）を、全体について、原告本人の尋問を求めることにし、一〇月二日に証拠の申出書を提出した。

その後、原告代理人は、以前に被告側から吉田監理士が加茂設計を辞めて仙台に帰り、独立の準備で超多忙だと聞いていたことから、京都の法廷に出頭してもらえるかどうかを確認する必要があるし、原告代理人としては全く面識もないので、一度電話ででも話を聞いておこうと思い、連絡を取ることにしたが、なかなか連絡がとれず、やむなく夜遅くに自宅に電話をかけようやく話ができた。原告代理人は、鴨川学園の工事代金の支払を巡っての紛争があり、下水道工事をした円山舗装の代理人であることを告げ、加茂設計を辞められたのに、以前のことで迷惑をかけて申し訳ないが、京都地裁に証人として出頭して当時のことを証言してもらいたいと頼んだ。吉田は、事実を証言することはやぶさかではないが、今、新会社の設立準備で多忙を極めており、長い時間を割くことはとてもできないことを丁寧に説明し、必要な書類は以前裁判所に送ったし、それで足りない点や分からないことがあれば、質問していただければ分かる範囲で調査して回答させていただきたいということであった。原告代理人は、裁判所とも相談して決めることになるが、その要望は伝えると約束した。

(二)　被告の立証計画

被告代理人は、九月二九日に木谷専務と打ち合わせ、瑕疵①④についての原告の主張の反論と鑑定の問題点等を指摘した被告**第6準備書面**をまとめた。

その上で、立証の方針についても協議し、被告側としては、被告が発注者でないことが立証できれば完勝できるので、その点に重点を置くが、八坂社長が原告側で供述すると見込まれるから、苦しい面もあり、その協議に立ち会っていた吉田監理士の証言が重要であること、仮にその立証ができなくても、請負代金が定額の一五〇〇万円であったことさえ立証できれば、工事待機分の損害を別途見なければならないとしても、瑕疵の修補費用と大差はないから、概ね勝訴できること、そして、その点については、八坂社長も被告側に立って供述してくれると思われるが、鑑定結果からみて出来高払いと判断されかねない面があるから、鑑定についても十分批判しておく必要があること、瑕疵については、吉田監理士と鑑定結果でほとんどまかなえることなどが確認された。

そこで、被告代理人は、契約当事者問題と瑕疵について、吉田監理士、請負代金問題について、八坂社長の尋問を求め、鑑定人を証人として尋問し、鑑定価格について質すとともに、全般について木谷専務に証言させる方針を決め、一〇月二日に証拠の申出書を提出した。

(三)　補助参加人の立証計画

補助参加人代理人は、八坂社長と打ち合わせ、補助参加人側としては、発注者が被告であることについてだけ、八坂社長を尋問することにし、一〇月二日に証拠の申出書を提出した。しかし、原告や被告から請負代金についても尋問されることが予測できたことから、八坂社長に対しては、できるだけ記憶を整理しておくように指示した。

二　期日前協議シミュレーション

1　期日間準備結果の整理

一〇月二日午前中に各当事者の証拠申出書が出揃ったので、B書記官は、七日の第三回弁論準備手続期日に向けて、期日間に提出された準備書面や人証の申請をカルテに記載して整理した。

九月一六日　近畿企画から文書提出
九月一七日　原告・甲一一～一三として提出
九月二一日　原告・第5準備書面提出（資料35）
九月二五日　鑑定書提出（資料36）
一〇月二日　原告・第6準備書面提出（資料37）
　　　　　　被告・第6準備書面提出（資料38）
　　　　　　被告・乙七提出
　　　　　　原告・被告・補助参加人～
　　　　　　人証申請

そして、B書記官は、前回の弁論準備手続期日調書（5）に基づいて、当事者双方の準備が、原告第6準備書面に対する被告の反論を除いて完了していることを確認したうえで、裁判官に記録を提出した。

なお、人証の申請内容は、以下のとおりである。

証人	馬場義治	原告申請	（主尋問 三〇分）
証人	吉田明夫	原告申請	（同 六〇分）
		被告申請	（同 六〇分）
証人	八坂英男	原告申請	（同 四〇分）
		被告申請	（同 五〇分）
		補助参加人申請	（同三〇分）
証人	木谷秀二	被告申請	（同 六〇分）
証人	鑑定人 a	被告申請	（同 三〇分）
原告	円山健一	原告申請	（同 六〇分）

2　争点整理表の作成

その日の夕方、裁判官から本件について、この件は次回期日（七日）で弁論準備手続を終結することになる予定であり、集中証拠調べを計画しなければならないけれども、人証数も多いし、尋問時間からみても一日で終えるのは無理とも思われるが、これまでの争点整理の結果を分析してみると、この事件は、争点が多そうにみえて、よくみると争いのない事実や鑑定結果から判断できる事項が多く、人証によって立証しなければいけない部分は意外と少ないこと、当事者は、争点に絞った尋問に慣れておらず、どうしても紛争の全体を供述させようとするから、尋問時間が長くなりがちだが、自己の主張事実について、争いがないか証明ができていることが分かれば、争点指向の尋問も可能になること、そのためには、裁判所において、どの点を人証によって立証しなければいけないと考えているか、反対にいえば、どこは立証不要と考えているかを明らかにすることが大事であること、そこで争点毎に、争いのない事実と立証不要の事実を箇条書きにして整理したものを作成するように依頼された。

B書記官は、A裁判官が以前から作成している争点整理案(6)のことですかと尋ねたところ、裁判官は、本件では、重要な争点（争点1・2）については当事者に主張の対比表を作成してもらうなどしてきているから、全体を整理し直す必要はなく、争点3・4についても、期日間に提出された準備書面で分かり易くなっているから、争点1から4について、先ず争点の細目（重要な間接事実）を箇条書きにし、それに立証の必要な点についてだけマークをつけるような簡単な整理表でよいのではないかと思うが、工夫してみて欲しいということであった。B書記官は、すぐにはイメージがわかず、しばらく構想を練っていたが、五日の月曜日は開廷日ではなく、和解や弁論準備手続も少なかったのでその間に作成することにし、昼過ぎまでかかって一応完成させて裁判官に提出したが、その直後に被告から第7準備書面が提出されたので、それをみて一部訂正した（その後、裁判官の意見を聞いて改訂したのが資料40の1である）。

3　期日前協議

〔平成一〇年一〇月六日㈫　二民裁判官室〕

当日はA裁判官の開廷日であるが、新しい訴訟運営が軌道に乗るにつれ、開廷日に入れる弁論事件も証拠調べをする事件も相当減少し、開廷日でも事件の入っていない時間が増えている。この日も午後は弁論が二件入っていただけで、三時ころまでに翌日の記録の点検を終えたA裁判官は、B書記官を呼んで翌日（弁論準備手続三件、和解二件）の進行についてミーティングをすることにした。

書記官から受諾書面による和解の調整をしていた結果、被告から今日受諾書面が提出されたことなどの報告を聞き(7)、受諾書面を点検するなどした後、本件についての協議を始めた。

まず、書記官の作成した争点整理表について、裁判官から一部表現や誤字等の指摘があったが、裁判官は、これで一層争点が明確になり、かつ、争点がここまで整理されれば、複雑そうにみえる本件でも集中証拠調べが可能だと代理人も考えるのではないかとその有効性を指摘し、書記官の労をねぎらった。

そして、書記官が早速改訂したものを各代理人の事務所にファクシミリで送信した。

その上で、次回は弁論準備手続を終結す

ることになるだろうとして、終結に当たって確認しておくべき事項として、以下のような点を指摘し、順次協議した。その結果に基づいて第三回弁論準備手続が実施されたので、ここでは項目を掲げるに留め、その内容と問題点等については、第三回弁論準備手続のシミュレーションにおいて詳しく紹介することにする。

【争点整理手続の終結時の確認事項】

(一)　主張の整理と確認

(二)　証拠の整理と立証計画

(1)　人証の一括申請

(2)　尋問事項書の作成

(3)　尋問時間の設定

(4)　尋問順序

(5)　隔離か同席かの協議

(6)　陳述書の利用についての協議

(7)　対質尋問の計画

(三)　結果上程方法の打ち合わせ

(四)　争点等整理手続終了段階の和解の可能性

三　新法における鑑定人の役割とその活用

本シミュレーションでは、鑑定に関する新法の規定を活用して、鑑定人に争点等整理段階から関与してもらい、鑑定事項の整理などの協力も得て、争点整理手続中に鑑定書が提出（弁論には上程されていない）されたことにより、事実上、鑑定の結果に基づいて主張整理がされてきており、この段階で、新法における鑑定人の役割とその活用について、整理しておくこととする。

1　鑑定人の審理への参加

新規則においては、鑑定について、前述の書面宣誓の制度の新設のほかに、鑑定人の発問権などを定めた（規則一三三条）。この規定は、適切な鑑定がなされるべく、鑑定資料の収集方法を充実させるためのものである。他方、鑑定資料の収集は、できる限り当事者公開のもとで行われたほうが望ましいから、その意味でも鑑定人の審理への参加は意義を有する。

規則一三三条の文言上は、証人尋問及び当事者尋問時における鑑定人の立会いを予定しているようであるが、それ以外の場面での鑑定人の審理への参加はどうか。

鑑定は当事者の立証手段であるが、鑑定人は裁判所の補助者としての立場を有する。鑑定人の審理への参加、とりわけ争点等整理への参加を推進することは、裁判所の補助者としての立場をより重視することになる(8)一方、裁判官は鑑定ないし鑑定人に対する依存傾向が強いとの批判は根強く、また、中立的な鑑定人の確保が必ずしも容易ではないという現実的な問題もある。

とはいえ、素人である裁判官には専門的経験則は分からないということは、制度的にも実際にも動かしがたい事実であるから、裁判官にとって専門的経験則の補充は不可避のことである。裁判所、当事者及び鑑定人間の対話を重視して、相互間に認識の齟齬がないように努めるとともに、公正かつ透明性の高い方法で専門的経験則の補充がなされるような運用を目指すことが建設的な姿勢ではないかと思われる。

以下では、鑑定事項や鑑定方法の決定に際し鑑定人の意見を参考にすることと、争点等整理の際に鑑定人の意見を参考にすることの二点について検討を加えたい。

2　鑑定事項及び鑑定方法についての鑑定人の意見の聴取

規則一二九条は、裁判所が鑑定事項を決定するにあたっては、相手方の意見も考慮して定めるとしただけで、鑑定人に意見を聴くことができるとはしなかった。しかし、鑑定の実際においては、鑑定を求められている分野においての専門家である鑑定人からすれば、裁判所が一方的に決めてくる鑑定事項に疑問を感じることもあると思われる。すなわち、回答に困るような内容である場合、趣旨が明確でない場合、当該事案に照らし、ピントが外れている場合、あるいは、求められている鑑定をするには莫大な費用がかかるのに、それを行うだけの価値がないと思われるような場合などである。さらには、鑑定人にとっては、鑑定事項の不適切さゆえに自己の学識経験が十分に活かされない不本意な回答しかできなかったのにも関わらず、鑑定書の提出後に証人申請をされて、鑑定結果に満足しない側の代理人からあれこれと追及されることに不満を持つことも考えられないではない。

そこで、鑑定事項及び鑑定方法について鑑定人に意見を求め、その意見を参考にすることが考えられる。鑑定の内容について、着手前に裁判所及び当事者と対話する機会をつくることによって、鑑定人が鑑定をしやすい前提をつくることができよう。また、鑑定人となるべき専門家の民事訴訟に対する理解も深まり、鑑定人の確保にもつながるものと思われる。

当事者の側からしても、事案に即し適切な鑑定事項で鑑定をすることができれば、補充鑑定等で証拠調べが長引くことを防ぐ効果が期待できる。

また、従来、実務においては、鑑定人の宣誓時に、当事者から鑑定人に対し、特にここに注意を払ってほしいといったような要望などを伝えていたが、書面宣誓の制度をとった場合にはこういった機会がないので、鑑定人を交えた協議の場を設けることは、その意味でも有益である(9)。

規則一二九条が鑑定人に意見を聴くことができるとしなかったのは、鑑定人を選任するには鑑定事項が決定されていなければならないからであって、鑑定人選任後に、鑑定人の意見を聴いた上で、当事者の申出により追加して鑑定を採用したり、裁判所が鑑定事項に変更を加えるといったことは、規則一二九条の予定するところでなく、適切な鑑定のため必要があれば認められるというべきである。

もっとも、専門家である鑑定人の意見は、素人である裁判官にとっては一般に重味があるものといえるから、鑑定人裁判との謗りを受けるような事態は避けなければならない。

ドイツ民事訴訟法四〇四条a二項は、「事案の特性からそれが必要であると認められる場合には、裁判所は、鑑定事項を作成する前に鑑定人の意見を聴取し、鑑定人にその職務について手ほどきを加え、また求めがあれば、鑑定人に委嘱の内容を説明しなければならない。」旨定めている(10)。

ドイツでは、従前も、鑑定決定を先に行い、鑑定事項は鑑定人の意見を聴いた上で決定するという実務上の取り扱いがなされてきたが、裁判官に経験が不足していると、無批判に鑑定人の提案する鑑定事項を受け入れ、あたかも鑑定人が裁判をしているような様相を呈し、また、実質も事件の勝敗を鑑定人が決することにもなりかねないという問題意識から、一九九〇年の司法簡素化法によって、この実務上の取り扱いを明文化するにあたっては、「特別な事情がある」限りという限定がつけられたというのである(11)。

日本においても、この点は留意されるべきである。鑑定人に意見を求めるのは、当事者双方において、鑑定人に意見を求めることが必要であるという点で意見が一致している場合に限られるべきであるし、また、鑑定事項の決定を鑑定人に丸投げして理由の説明も求めないようなやり方は妥当でないであろう。

3　宣誓の時期

本シミュレーションのように、裁判所、当事者及び鑑定人で協議して鑑定事項を決定する場合に、鑑定人の選任後まず宣誓を行ったと仮定すると、鑑定人の宣誓の効力は当該鑑定事項に限られ、宣誓後に別個の鑑定事項についての鑑定を命じるには別途宣誓をさせるべきであると解されている(12)ことから、鑑定事項を追加・変更した後にもう一度宣誓の必要が生じる。

しかし、鑑定人の選任後、まず宣誓を行うのではなく、鑑定事項の最終決定後に宣誓を行うという運用によって二度手間を避けることも許される余地があるというべきである。なぜなら、宣誓は、鑑定をする前にしなければならない（規則一三四条による証人についての同一一二条一項の準用）ものの、鑑定の場合、証人における証言に対応するものが鑑定人の書面又は口頭による意見陳述であると考えられるから、その意見陳述までに宣誓をすれば足りると解されるからである(13)。

問題は、鑑定事項についての協議時に鑑定人が述べる意見の法的性格である。

そのような意見自体が別個の鑑定（適切な鑑定を行うための鑑定）ではないかとも考え得る。そうだとすれば、やはり、鑑定人選任後、まず、鑑定事項についての鑑定につき、宣誓の上で鑑定人の意見を求めなければならないことになりそうである。

この点、鑑定人が、自らが行う鑑定にかかる鑑定事項の決定について意見を述べる場合であれば、鑑定人選任時の鑑定事項が白紙に近く、裁判所も鑑定の申出をした当事者も鑑定事項の決定を鑑定人に実質的に一任しているような特別の場合を除き、宣誓は不要と解することができるのではないだろうか。すなわち、相当程度具体的な鑑定事項をもってする鑑定申出が採用され、それについて選任された鑑定人が、自らがより適切な鑑定ができるように鑑定事項につき意見を述べ、それが当事者の鑑定の追加申出や、裁判所の鑑定事項の最終決定の参考にされるという程度にとどまる限り、鑑定事項についての鑑定人の意見陳述は、単に、鑑定人が裁判所の補助者的立場にあることに由縁する事実上の助言に過ぎないと解することができるからである。

とはいえ、鑑定事項協議時においての鑑定人の発言内容によっては、鑑定結果の予測がついてしまうような場合もあり得よう。そうすると、鑑定人の公正さに対する当事者の信頼を失いかねず、ひいては、忌避申立てを招く原因ともなる(14)。

鑑定人を交えた鑑定事項の協議にあたっては、鑑定人が宣誓をしないまでも、裁判官から、中立の第三者であることをわきまえてほしい旨一言申し添えることが望ましいと考えられる。

4　争点等整理への参加

争点等整理手続において、専門家としての鑑定人の意見を聴くことで争点等の整理が深まることが期待できる(15)(16)。

鑑定人の争点等整理への参加が、鑑定人の本来の役割から直ちに導かれるものとは言い難いが、鑑定人が裁判所の補助者的立場にあることを強調すれば、鑑定人の有する専門家としての学識経験を活用することも十分考えられてよい。

他方、鑑定人にとっても、争点等整理手続に立ち会うことで、事案に対する理解が深まり、適切な鑑定結果に資する面もあろう。

鑑定人に争点等整理に参加してもらう場合の注意点としては、当事者・準当事者等の陳述にも共通する点であるが(17)、裁判官が、鑑定人の発言には十分注意し、証拠調べの代用とならないような配慮が必要と思われる(18)。

なお、本シミュレーションでは、争点等整理そのものではなく、現地において「争点等整理補完型の進行協議期日(19)」を開き、それに鑑定人に出席してもらっている。このようなやり方は、争点等整理に役立つだけでなく、鑑定資料収集方法の透明性の確保という観点からも有意義である。すなわち、土木・建設等に関する鑑定においては、多くの場合、鑑定人が現地へ行って検分したり、測定等の作業をしたりということが必要になるところ、そのような検分や作業が当事者の面前で行われたほうが、当事者の側からみて、より透明性の高い鑑定といえるので、同じ機会に鑑定資料の収集もやってもらうのである。

5　弁論準備手続と鑑定結果の事実上の利用

(一)　争点及び証拠の整理手続メニューのうち、通常利用される機会の多い準備的口頭弁論と弁論準備手続とを比較した場合、その手続において行い得る訴訟行為には広狭の差異がある。

つまり、準備的口頭弁論では、その目的が争点等の整理であるという制約があるにせよ、口頭弁論には相違ないのであるから、準備書面の提出・陳述や書証の提出、さらには、証人等の尋問や鑑定、検証も、それを行うことが争点等整理に必要であるなら、これを行い得る。

他方、弁論準備手続では行い得る訴訟行為は、準備書面の提出・陳述と書証（文書・準文書）の取調べ、そして、もともと口頭弁論期日外においてなし得る裁判（証拠決定や文書提出命令、文書送付嘱託や調査嘱託、弁論の制限や分離・併合等の決定）に限られ（法一七〇条二項）、証拠調べとしての証人尋問や鑑定、検証はなし得ないこととされている。ただ、弁論準備手続においても、釈明処分として、訴訟関係（つまり、事実や争点）を明瞭ならしむるために準当事者に陳述させたり、検証をし、あるいは鑑定を命ずることは可能であるが（法一七〇条六項、一五一条）、釈明処分は、元来、証拠調べとしてなされるものではなく、当事者の弁論の内容を了解して、審理を円滑に進行させるためのものにすぎないから、釈明処分の結果として得られたもの、つまり、準当事者の陳述や検証内容、鑑定結果などは、弁論の全趣旨として斟酌され、あるいは、当事者が別途、検証調書や鑑定書を書証として提出した場合には、書証として訴訟資料になるにとどまるものであり、証拠調べとして尋問や鑑定、検証を行うものではない。そして、今次改正で新設された準当事者に陳述させる釈明処分はともかく、釈明処分として検証や鑑定が行われることは、実務上も希である。

(二)　ところで、当初の手続選択で弁論準備手続を選択し、事件を弁論準備手続に付して争点整理を進めていくなかで、事件の流動性や発展性の具合によっては、ある争点の見通しを前提として、次の争点が発生するような、争点が階層構造に生起する事案になってくる場合もあり、争点の実効的な整理及び手続の効率的な進行のために、釈明処分としてではなく、争点の解明としての証拠調べを兼ねて、公正な第三者の鑑定意見を参酌したいということもあり得るものと思われる。そうした場合に、弁論準備手続中に、当事者からある前提的争点について鑑定申請がなされ、裁判所が採用を決定し（これは弁論準備手続内でなし得ることは前述のとおり）、そして鑑定人に鑑定を実施させ（これは、訴訟行為ではなく、事実行為であるから、鑑定採用の結果として当然行い得る）ることまでは、手続的になんら問題はない。しかし、その後、鑑定人より鑑定結果が書面（鑑定書）で裁判所に提出されてきた場合に、その鑑定書の記載内容を弁論準備手続において、事実上、裁判所及び当事者が閲読して争点整理の資料として参酌することが許されるか否かが、必ずしも明瞭でない。

㈢　弁論準備手続においては、証拠調べは、あくまで書証に限られ、鑑定等はなし得ないという建て前を貫く限り、右のような鑑定書の参酌は、結果的に弁論準備手続で鑑定を実施したのと同様の結果をもたらし、許容されるものではないとの結論を導くことになろう。

しかし、これとは逆に、鑑定人より裁判所に送付されてきた鑑定書が裁判所の訴訟記録に綴じられることになる以上、当事者がこれを閲覧謄写して、書証として鑑定書を弁論準備手続に提出することはなんら差し支えないのであるから、そのような迂回を当事者に強いる手続的必然性がない以上は、事実上、鑑定書を弁論準備手続のなかで、資料として利用することは、別段、許容されないわけではないとの考え方も成り立つ。もちろん、これは、後日、事件が口頭弁論に戻された際に、正式に鑑定の結果（鑑定意見）を陳述することが前提である。

㈣　そして、この問題は、新民訴の手続構造のとらえ方の側面からアプローチすることも可能である。すなわち、新民訴の手続構造として、まず、弁論準備手続等の争点等整理手続で、効率的に争点等整理を行って争点を固め、次に、固まった争点につき、集中的証拠調べ、つまり集中的に行われる証人・本人尋問によって、早期に争点の判断を行うことが予定されていることについては異論がないと思われる。

そこで、この新民訴の手続構造につき、その主眼を集中証拠調べ（集中人証尋問）におき、弁論準備手続等の争点等整理手続は、これを効率的に行うための事前準備としてとらえる立場からは、集中証拠調べまでに行い得る準備はなるべく終えておき、争点等整理手続終了後は、直ちに集中証拠調べに入れるようにしておくのが望ましいものとされ、その結果、弁論準備手続における手続的制約も、比較的緩やかな方向で解され、鑑定や検証結果の事実上の利用も含めて、争点等整理に寄与するものは広く許容される方向になり得る。

これに対し、集中証拠調べは、これに適する事案にのみ、そのようにすべきであるというにとどまり、争点等整理手続の終了（終結）後には、事案に応じて、争点に対する比較的充実した各種証拠調べ手続の段階が予定されており、証人尋問に限らず、鑑定や検証は、その証拠調べ段階でなされるべきものと解する立場によれば、争点等整理手続のメニューとして弁論準備手続を選択した以上は、その手続的制約は甘受すべきであり、徒らに本来正面から許容されていない鑑定や検証を、事実上の結果の利用という名のもとで、拙速に行うような運用は慎むべきであるということになろう。そして、これを行う必要がある場合には、弁論準備手続をいったん取り消して、口頭弁論に切り替えれば足りるということになろう。

新民訴法は、証拠調べとしての鑑定や検証を審理のどの段階で行うべきか、そして、その結果の利用をどの段階で行うべきかという点について明確なスタンスを示していないので、どちらの見解も成り立ち得るものと解され、今後の実務の蓄積を待つことになろうが、関係者の共通の争点等整理の指針となるべき鑑定結果を弁論準備手続においては、別途、書証で提出されない限りは、一切、争点等整理に役立てることが許されないとするのは、やはり抵抗がある。

すなわち、本シミュレーションのような事例で、争点等整理手続を終結した後に鑑定をすることになれば、鑑定が終わるまで人証尋問を保留するか、同時に進行させるとすれば、鑑定で決着するかもしれない争点についても人証尋問をすることになるし、鑑定結果によっては、再度争点整理をし、あるいは鑑定人を証人として尋問しなければならない事態が生じ得る。

(五)　本シミュレーションでは、現状の裁判所施設が十分な数の（ラウンド）法廷を有さず、機動的な期日指定の要請から争点等整理手続としては弁論準備手続を選択せざるを得ないという実情を踏まえ、争点等整理の実効性が当事者の納得と紛争の早期解決に資するという観点から、弁論準備手続内で証拠調べとして行われた鑑定結果の事実上の利用を許容する立場に立ったものである。

〈注〉

(1)　現場会議録は、原告の施工部分と関係のない部分が大量に含まれており、このような文書をそのまま裁判所に提出することは、その存在や形状等が重要な場合は別として、記録を膨大化させ、かつ立証上必要な部分を不明確にさせるなど問題点も少なくないから、代理人間でのこのような協力は、立証の明確化に資するし、審理を促進するうえでも有益である。

(2)　その経過は第一二の三「鑑定事項の整理と書面宣誓」参照。

(3)　資料26　原告第3準備書面参照。

(4)　前同。

(5)　資料28参照。

(6)　井垣敏生「民事集中審理について－体験的レポート」判タ七九八号三六～三九頁（平五）、「〈座談会〉民事集中審理について」判タ八二八号五二～五八頁（平六）、最高裁判所事務総局「民事訴訟の運営改善関係資料－集中審理を中心として－」二五五～二六九頁（民資第二〇七号、平六）参照。

(7)　法二六四条で新設された制度であり、当事者が遠隔の地に居住していることその他の事由により出頭することが困難な場合に、その当事者があらかじめ裁判所から提示された和解条項を受諾する旨の書面を提出することにより、他の出頭当事者が期日に出頭してこれを受諾することによって和解が成立したものとみなすものである。この手続の詳細はここでは触れないが、実際にこの制度によって相当数の和解が成立しており、受刑者との和解に活用したこともある。裁判官が和解の基本方針を決定した後は、この手続を進めるのは主として書記官であり、和解条項案の提示の手続や細部の調整に大きな役割がある。

(8)　なお、裁判所の補助者としての立場をより重視した運用を図るのであれば、職権による鑑定は、釈明処分としてのもの及び鑑定嘱託を除いて許されないと解されている以上、双方から鑑定を申請してもらったほうが望ましいようにも思われる。しかし、鑑定費用の予納の問題もあり、双方申請に応じてもらえるとは限らない。

(9)　第一二の三1「鑑定事項の整理と書面宣誓」中の注（11）参照。

(10)　訳・山本克己

(11)　木川統一郎＝生田美弥子「民事鑑定を考える4・ドイツ鑑定法規の改正－日本の鑑定実務改善の参考－」判タ八五三号一〇頁。同論文は、ドイツの注釈書が指摘している「特別な事情」に該当する場合として、

①　鑑定という証拠方法自体が当事者間で争われており、この点について専門的視点から鑑定人の意見を聴いた方が安心だという場合

②　証明主題自体は当事者間に争いがなく、裁判所としても納得がいくのであるが、鑑定課題の文言構成が、果たして第三者鑑定人に誤解をひき起こす余地がないか不安が残るような場合

③　鑑定人が鑑定準備作業を開始する前に、裁判官が鑑定人に与えるべき前提事実に不足がないか、それとも証拠調べを続けて、不足した前提事実を認定することが必要なのか、鑑定人の意見を聴きたい場合

④　鑑定費用の予納額や全体の費用について、鑑定人と話し合う必要がある場合等を挙げている。

(12)　注釈民事訴訟法(6)四五五頁〔井上繁規〕参照。

(13)　書面宣誓の制度の具体的運用につき、宣誓書

を鑑定書と一緒に提出することも許されるという見解（最高裁判所事務総局民事局監修「条解民事訴訟規則」二八三頁（平九））も、その論拠を同じくするものといえる。
(14) 藤田耕三「民事事件における鑑定の諸問題－土木建築工事等に関する鑑定－」自正二九巻三号六六頁（昭五三）は、鑑定人に要求される公正さの内容としては、実体が公正であるばかりでなく、当事者の側から公正らしく見えるということも劣らず重要であると指摘している。
(15)「研究会・新民事訴訟法をめぐって」第一六回・ジュリ一一二四号一一二頁〔福田発言〕は、争点整理の最終段階で鑑定を採用し、最後の争点整理には鑑定人にも入ってもらうということも規則一三三条によって可能であるとする。
(16) 今回の民事訴訟法の改正経過においても、争点等整理を充実させ、かつ、充実させるため、鑑定の必要が見込まれる場合に、裁判所は、当事者の意見を聴いた上、争点整理段階から鑑定人に口頭弁論又は争点等の整理手続に立ち会わせ、裁判長の求めに応じて意見を述べさせることができるものとする旨の規定を設けることとしてはどうかという意見が裁判所部内で出されたことがあった（最高裁事務総局「民事訴訟の運営改善資料(2)」民資二〇八号三三頁、三六～三九頁（平六））。
(17) 第一〇の四「第一回弁論準備手続シミュレーション」参照。
(18) その意味では、あまりおしゃべりな鑑定人は好ましくないかもしれない。
(19) この概念については、第一一の三「進行協議期日の運営」参照。

第一五　第三回弁論準備手続

一　第三回弁論準備手続シミュレーション

（平成一〇年一〇月七日㈬）　京都地裁第五準備室

今回が弁論準備手続の最終回ということで、原告本人と被告の木谷専務も参加して、手続が進められ、終結に当たって必要な事項について協議がなされた。

1　主張の整理と確認

前回以降に提出された準備書面を陳述し、書証を提出した後、裁判所が各代理人に前日送付した争点整理表（1）について、各代理人の意見を尋ねたところ、原告からは、「原告施工分の出来高について」の争点として、「原告の作業員の雇用、建設機材の調達方法とその実情を被告側が知っていたか」を追加するように求められ、また、被告からは、「本件請負代金の合意について」の争点として、「変更前の工法は誰の指示によって決定したか」を追加するべきでないかとの意見が述べられた。裁判官は、両意見を入れ、前者を争点整理表の3の争点(1)の前に、後者を同表の2の争点(2)の次に入れて改訂することにした（2）。

それ以外には特段の意見はなく、本件の争点は、改訂した争点整理表（資料40の2）のとおりでよいことが確認されたので、これを本日の調書に添付することにした。

2　書証の整理

既に提出された書証について、意見を求めたところ、各代理人とも積極的に争う書証はない（3）ということであり、追加して提出する予定もないということであった。

3　人証尋問の計画

㈠　人証の確認と採用決定

各代理人に人証の予定を尋ねたところ、一括申出の規定（規則一〇〇条）に従って、既に証拠申出書を提出しているとおりであり、他に人証の予定はないということであった。そして、争点整理の経緯からして、いずれも必要な人証であることが明らかであり、裁判官は全員を採用することとし、先に整理した争点と人証との関係を協議し、争点整理表の争点毎に人証名を記載して、人証と証明すべき事実との関係を確認した。

申出のあった人証のリストは第一四に記載したが、再掲しておく。

証人	馬場義治	原告申請（主尋問　三〇分）
証人	吉田明夫	原告申請（同　六〇分）
		被告申請（同　六〇分）
証人	八坂英男	原告申請（同　四〇分）
		被告申請（同　五〇分）
		補助参加人申請（同三〇分）
証人	木谷秀二	被告申請（同　六〇分）
証人	鑑定人a	被告申請（同　三〇分）
原告	円山健一	原告申請（同　六〇分）

㈡　尋問方法についての協議
～テレビ会議による尋問と書面尋問

原告代理人から、吉田証人について、現在仙台にいるということであったので、事前に出頭の可能性を伺ったところ、新会社の設立準備で多忙を極めており、長い時間を割くことはできないし、自分の作成した図面等は既に送ってあるから、それで足りない点や分からないことがあれば、質問してもらえば分かる範囲で調査して回答するということであったと報告があった。木谷専務も出頭は無理なようですという。

そこで、裁判官が、それでは書面尋問の制度（法二〇五条、規則一二四条）もできたことであるし、それで実施してはどうかと提案した。各代理人は、吉田証人は、唯一の第三者証人で重要証人であるから、是非直接尋問したいという意見であった。それならばということで、裁判官は、幸い仙台にも京都にもテレビ会議装置が設置されているから、映像等の送受信による通話の方法による尋問（法二〇四条、規則一二三条）をしてはどうかと提案した。各代理人とも経験はなく、十分な尋問ができるのか懐疑的であったが、裁判官から、やってみるまでは私も多少不安があったけれど、実際には書証の提示等にも支障はないし、態度証拠なども法廷以上とまではいえないにしても何ら遜色はなく、大変有効な審理ができたとの説明があった。木谷専務からも、当社は二年前にテレビ会議システムを導入し、本支店の会議に使用しているが、慣れれば集まって議論するより無駄話もなく効率的だし、ビデオで記録も残せるし便利なものですよとの発言があった。そこで、各代理人は、出張尋問には時間的にも経済的にも負担がかかることではあるし、そういうことなら一度実践してみようということになった。

次に、鑑定人について、裁判官は、被告代理人に対し、尋問事項からみて、鑑定補充書を提出してもらうか、書面尋問で済ませることができるのではないかと提案した。

申請者の被告代理人は、積算根拠を尋ねることが中心であるが、尋問事項書に記載したように鑑定人が現場を検分して把握した事実の確認等もしたいので書面尋問を希望するということであった。原告代理人は、鑑定内容については特に争わない予定であり、被告が書面尋問を求めるのであれば、尋問事項を見てから補足的に尋問する事項を申し出るかもしれないとしながらも、書面尋問自体には異論がなかった。補助参加人代理人は、補助参加人としても鑑定書には異論があり、尋問したいとは考えていたが、さして遠隔地（京都↔大阪）でもないのに書面尋問ができるのですかと疑問を呈してはいたが、裁判官が決定するのならあえて異議はいわないといい、ただし、被告の尋問事項を見て不足する点があれば補助参加人としても尋問事項を提出するということであった。

そして、吉田証人のテレビ会議での尋問と鑑定人の書面尋問の時期について、各代理人は、これらの結果を踏まえて他の人証尋問をしたいから、他の人証を尋問する以前に実施してほしいとの要請があり、集中証拠調べの前に設定することになった。

(三) 陳述書の利用についての協議

その後、残りの四人の尋問についての協議に入ったが、尋問予定時間を単純に合算すると主尋問だけで四時間半になり、反対尋問を考えると一期日で尋問することは到底無理と思われた。裁判官は、各代理人に対し、この証人等について陳述書を提出する予定があるかを尋ねたところ、原告代理人は、原告本人について提出を考えているが、馬場証人とは事前の打ち合わせも十分できないし、そこまで負担をかけるつもりもない、八坂証人についても原告側からは困難であるといい、被告代理人は、木谷について提出するつもりであるが、八坂証人については原告と同様であるということであった。補助参加人は、八坂証人について考えていないということであったが、原告及び被告代理人から反対尋問の準備の関係もあり、出来れば提出して欲しいとの要請があり、応じることになった。

(四) 尋問時間の設定

その上で改めて尋問時間について協議し、馬場証人については主尋問三〇分、反対尋問二〇分、八坂証人については、契約当日と工法変更の会議にしか出席していないし、各代理人が申請しているほど尋問時間を要することはなく、陳述書を提出した上で、先ず補助参加人から尋問（三〇分）し、原告と被告は反対尋問的に尋問（各二〇分）すれば、全体で一時間一〇分程度で収まると見込まれた。また、原告本人と木谷証人については、それぞれ主尋問を四〇分ずつとし、反対尋問も同時間を取ることになった。

(五)　集中尋問の設定

右のように尋問時間（合計四時間四〇分）が予定されたので、裁判官は、これを二期日に分けて尋問するか、一期日で尋問するか意見を求めた。最初は各代理人とも一期日ではきつすぎるという雰囲気であった。

（原告代理人）二期日に分けるとどの程度の間隔で次回期日がはいりますか。

（裁判官）最初の分の調書が必要でないのであれば一〇日後に設定することは可能ですが、調書が必要であれば、作成に三週間みて、準備期間も入れれば一か月程度は先になると思います。

（原告代理人）一日はきついけれど、折角ここまで争点整理をしたのだし、一〇日にせよ間隔が開けば尋問の準備を二度することになるし、それも無駄が多いことだし、一気にやるのもいい面もありますね。

（原告）私は早くやってもらいたいですよ。もう一年以上も払ってもらえなくて困っているんですから。

（木谷）無理な請求をして、しかも相手を間違えているからこんなことになる。私もえらい迷惑だ。早く進めて白黒をはっきりさせてほしい。

（裁判官）双方の立場はわかりますが、ここで言い合うのはひかえてください。

（補助参加人）私は八坂証人の関係を準備するだけだから一期日でしても構いませんよ。早く済む方がありがたいし……。

（被告代理人）四人分の主尋問と反対尋問の準備をするのは並大抵ではないが、本件は、争点が絞られ、主として契約時点の会談と工法変更時を含むその後の数回のやりとりを中心にして、後は派生的な出来事を聞くだけだから、時間的にはきついが、十分準備して一回で済ませられるなら、やってみてもいいかもしれませんね。

（裁判官）皆さんがそういうことであれば、午前一〇時から一二時までの間に馬場証人と八坂証人を尋問し、昼の休憩を挟んで午後一時一〇分から始めて途中一〇分程度休憩して四時までで、原告と木谷さんの尋問をすることにしてはどうでしょうか。私も丸一日集中証拠調べをすることはそんなに多くはないですが、何件もの尋問の準備をするよりも一件だけ準備して、一日その事件に集中できるのは、事件を理解する上で極めて効率的だし、充実した尋問ができるように思います。もっとも、論点が多くて、証人毎に別の事項を準備しなければならないようなケースでは、集中力が続かず逆効果になることもあるという代理人もおられましたが……。その意味では本件は集中に向いているように思います。

右のようなやりとりの結果、丸一日使って四人の尋問を実施することになった。

(六)　尋問順序の決定

尋問順序については、①馬場証人（原告→被告）、②八坂証人（補助参加人→原告→被告）、③木谷証人（被告→原告）、④原告本人（原告→被告）の順序で尋問者は括弧内の順に行うことになった。補助参加人は尋問の必要がある場合は、これらの後に補充的に尋問することとした。

(七)　隔離尋問か同席尋問かの協議

馬場証人と八坂証人は隔離して尋問する必要もないがあえて同席させるメリットも

ないので、出頭時間を一〇時と一〇時四〇分に指定することにし、一時的に同席することになってもよいこととした。問題は、八坂証人と木谷証人を同席させるかで意見が分かれた。原告代理人は、八坂証人の証言に辻褄を合わされては困るということであり、被告代理人は、木谷証人は実質的には被告代表者に代わる者であって、原告本人が八坂証人の証言を聞いているのに木谷証人だけがその内容を知らされないのでは不公平だというものである。木谷専務は、原告代理人の辻褄を合わせるという発言に、「私は真実を申し上げているんで八坂社長がどう証言しようと関係はないですよ。辻褄を合わせるというのはどういうことですか。そんなことを言うのなら、そちらこそ八坂社長の証言を聞かせて辻褄を合わそうと考えているんでしょ。」と怒りを露わにした。被告代理人がたしなめ、裁判官も「あなたが辻褄を合わせるというのではなくて、原則として、証人同士は同席させないで尋問することになっているんですよ。刑事が参考人を別々に調べるのと同じなんですよ。」と説明した。

その上で裁判官は、八坂証人の言い分は補助参加人の準備書面と後に提出される陳述書で概ね明らかになっていること、木谷証人の立場は被告代理人の指摘するとおりであり、木谷証人に八坂証人の証言を聞かせないのであれば、原告もその間は退席してもらった方が公平だが、そこまでする必要があると思われないこと、八坂証人と木谷証人と原告は同一の会議に参加していたのであり、全員を同席させて尋問した方が虚偽を排しやすいし、皆が同じ認識のところは、三人に同じことを聞く必要もなくなるし、認識の違いがあった場合、木谷証人の尋問のときに一々八坂証人はどう証言していたなどと要約して伝えなくても、認識の異なる部分に焦点を当てた尋問がしやすいことなどの理由を挙げて、木谷証人も同席させることにした。原告代理人もようやく納得した。

(八)　対質尋問の計画

本件で最も重大な契約締結時の協議内容について、八坂証人、木谷証人、原告本人の各供述は、おそらく三者三様になると予想されるから、その状況の如何によっては三者又は二者の対質尋問が必要になるかもしれないということで、裁判官は、補助参加人に対し、八坂証人に午後も在廷してもらうよう要請した。補助参加人は、利害関係が大きいから傍聴しているとは思うが、念のため伝えておくということであった。

各代理人は、対質尋問の経験もないということで裁判官から概要を説明し、当事者側からも必要性があれば随時申し出ることにし、原則として、裁判官が最初に対質者に尋問する方式で行うことにした。

(九)　尋問事項書の提出

各代理人から提出された証拠申出書には、旧来どおりの簡潔な尋問事項書が添付されているだけであったところ、各代理人の意見は、現段階では証人等とも詳細な打ち合わせはしていないし、ある程度であれば詳しくできるが、尋問の構想も立っていない時点で提出しても総花的になるだけであまり意味はないのではないかということであった。

そこで裁判官は、陳述書を作成する段階ならば、詳細な打ち合わせも済んでいるし、尋問の構想も立っているだろうから、尋問の流れに沿った具体的な尋問事項書を提出することは可能ではないかと尋ね、各代理人もそうすることを約した。

(一〇)　期日等の設定

以上のような協議を経て、今後の予定を決めることになり、先ず、吉田証人の尋問期日の設定をすることになった。そこで、書記官は、民事訟廷に備え付けられているテレビ会議システム使用簿を借り出し、トリオホンを利用して期日を設定することにし、その場から吉田証人に電話をかけ、証人として採用されたこと、京都まで出頭していただくことが困難な事情があるということなので、仙台地裁まで出頭していただいてテレビ会議システムを使用して尋問したいことなどを説明し、詳細は後ほど書面でお知らせするがとりあえず期日を決めたいと告げ、電話を切らずに待ってもらうようお願いして、次いで仙台地裁の民事訟廷に電話をかけ、テレビ会議システムを利用したいことを告げ、正式には後に嘱託書を送付するので、期日だけ確保したいと申し入れた。その結果、関係者全員の都合のつく日時として一一月一六日(月)の午後二時から四時までの間に実施することになった(4)(この後、吉田証人の関係での尋問事項書の提出とテレビ会議での尋問期日が弁論準備手続終結後の最初の口頭弁論期日になるので、弁論準備手続の結果上程方法について協議したが、前者については、「テレビ会議による尋問」の項で説明し、後者については次項で触れることにする)。その関係で書面尋問の回答期限も同じ日とすることで作業を進めることになり、集中証拠調べの期日は一二月一五日(火)の午前一〇時から午後五時までと決定した。

そして、その二週間前の一二月一日までにそれぞれの陳述書と詳しい尋問事項書を提出することにし、弁論準備手続を終結した。

(二)　和解のための時間設定

右の時間設定にあたり、裁判官は、集中証拠調べが終了すれば裁判所も当事者も事件の見通しが明らかになってくるから、その直後に和解を試みることとしたいと提案し、各代理人も和解の可能性について協議することには異論がなかった。そこで、尋問の予定は四時までとし、その後一時間を尋問が長引いた場合の予備の時間と和解に充てることとし、五時まで確保することにした。その上で、裁判官は、被告代理人に対し、木谷証人が本件の実務担当者であっても最終的な決定権は代表者にあるのであろうから、できれば審理に立ち会って、木谷証人の言い分だけでなく、反対の証言等も聞いて、代表者として事件の見通しを立てて貰うことが解決のために極めて有益であると思うので、代表者にも審理に参加して貰いたいと要請した。被告代理人は、趣旨は理解できるが、一日付き合うだけの時間がとれるか聞いてみないとわからないとしながらも、できるだけ協力すると述べた。

(三)　出頭確保についての協議

裁判官は、一人でも欠席すると折角の計画が失敗してしまうから、関係者に念を入れて期日の周知をさせ、出頭を確保するよう要請し、これまでに失敗した例を引いて、自分の分については支払を受けているから事件に関心がない馬場証人や、証人として出廷することに当面重要性を意識しておらず、それより自分の仕事の方に関心があると思われる八坂証人などは、事前に要請していても容易に自己の業務で出張を入れたりするものであることを注意した。そして、原告と木谷証人に対しては、あなた方が主役だから風邪などを引かないように頑張ってくださいよ、代理人もですが……と冗談っぽく話しかけ、その上でそれぞれ申請者(八坂証人については補助参加人)が同行することにし、各人が責任を持って出頭を確保することになった。

4　弁論準備手続の結果の上程方法の協議

最後に、裁判官は、次回の口頭弁論期日（弁論準備手続終結後の最初の口頭弁論期日）の冒頭に弁論準備手続の結果を陳述する（法一七三条）ことになるが、どのようにするかについて各代理人の意見を聞いた。

最初に、補助参加人代理人から、争点整理表も完成し、証人と争点との関係まで記載して、それが弁論準備手続調書に添付されることになるのだから、「結果を陳述する」と述べる程度で十分ではないかとの意見が出された。

これに対し、原告代理人は、実益の程はよくわからないとしながらも、日弁連は新法の趣旨を尊重して、これまでのような形式的な結果陳述に終わらせないようにすべきだと提言（5）しているし、最初から形骸化の道に進むのは問題があるのではないかと述べた。

被告代理人は、本件では担当裁判官が変わるわけではないから、直接主義の要請からいえば、形式的な手続ということになるが、被告代表者は参加していないし、集中証拠調べの期日には会社の関係者らのほかにも一般傍聴者もいる可能性もあるし、公開主義の観点からも実質的な結果陳述をした方がよいとの意見が述べられた。

そこで、裁判官は、結果陳述は当事者がすることであるが（法一七三条）、最初に、裁判官の方から事案の要旨と争いのない事実の骨子を述べ、争点の項目を指摘することにして、それに続いて、原告と被告から、争点についての主張の骨子と立証方針を簡潔に述べていただくことにしてはどうか、それぞれ二分として全体で六分もあればできるのではないかと提案し、各代理人とも経験がなくイメージが湧かないといいながらも了承した。

裁判官は、これで弁論準備手続を終結すると宣言した。この弁論準備手続期日の結果は、資料41の期日調書のとおりである。

5　和解の勧試

弁論準備手続を終結した後、裁判官は、この手続の過程で事件の骨格も双方の意見の違いも明らかになったが、他方、提出された書証や鑑定の結果等から当事者側でも解決の方向性がある程度見えてきているのではないかと述べ、この段階で和解する可能性はないかと尋ねた。

原告代理人は、早期解決を希望しており、条件次第であるが協議には応じたいという意向を示したが、被告代理人は、契約当事者が誰かが争われており、被告は全く責任がないと主張しているのであり、証拠調べが終了した段階ならばともかく、現段階では代理人としては説得はできないし、裁判官が説得に乗り出すと予断を持っていると当事者が疑いかねないのでそれもして欲しくはないと述べた。

裁判官は、この段階での和解では、裁判所が重要な争点について積極的に見通しなどを話すつもりはないが、当事者間の協議を主体にして和解を試みる意義はあると思うし、ケースによることではあるが、争点整理完了時点での和解解決は相当数に昇ることを説明した。

被告代理人は、一度代表者や木谷専務と相談して、その結果で和解期日を指定するか否かを決めるように希望した。

そこで、裁判官は、和解期日の指定はせず、一週間以内に被告側の意向を知らせるよう求めた。

〜〜〜〜〜〜〜〜〜〜〜

被告側の和解の検討経過

手続終了後、木谷専務をともなって事務所に帰った乙山弁護士は、和解の件をどうするかと持ちかけた。木谷専務は、怪訝な表情を示し「どうして裁判になっているのに和解の話しをするのですか。」と尋ねた。

乙山弁護士は、「いやあ、裁判になっていても、和解で終わるケースは半分以上あるのですよ。別に和解をするといっても、裁判官を中にいれて、双方が希望する条件を出して話合いができるかどうか協議するということですから、もし話しができなければ裁判が進むということになるのです。それに、和解で裁判官と話しをすると裁判官の心証が少し分り、こちらも準備できるから、一度和解の協議に応じた方がいいと思いますよ。」、「しかし、どちらにしても、和解するならいくらかは支払わなければ和解にならないし、会社として幾らぐらいなら払えるという考えはありますか。」と尋ねた。

「いいえ。別にありませんが……。でも、うちは原告とは契約していないのですから、どうして支払わなければならないのですか。」

「いや、別に支払わなければならないということはないのですよ。ただ、もし、判決で負けた時のことを考えて、紛争を解決するために解決金を支払うということも場合によっては利益になるということです。」

「そうですか。でも、支払うといっても見当もつきませんが。」

「やはり、鑑定の結果は無視できないでしょうね。」

「でも、あれはおかしいですよ。とてもあんな金額にはなりませんよ。」

「まあ、確かにそういう点はありますけど、木谷さんの積算でも、八三〇万程だったでしょう。鑑定価格が、一一〇七万ですから、まあ少なくとも九〇〇万は見ておかなければならないのではないでしょうか。これに工事待機七日分の費用もいれれば、一〇〇〇万ぐらいになるでしょう。瑕疵については責任問題で難しいところもあるから、この関係で一〇〇万程を引くとして、九〇〇万になりますね。これから既払金六〇〇万を差し引くと三〇〇万になりますね。」

「とてもそんな金額は支払うことはできません。だいいち、こちらは契約していないんですから。せいぜい、一〇〇万円ぐらいなら考えられますけれども……」

乙山弁護士は、契約当事者問題で被告側が相当苦しい立場にあると感じていたが、そのことをこの段階で木谷専務に話すことは憚られたし、そうかといって、原告側に有利な鑑定結果がでている以上、とてもこんな金額では和解はできないだろうと考え、ともかく契約当事者が被告ではないという方向でできるだけの努力をして、その結果を見てからのことにしようと腹を決め、木谷専務には、この段階での和解協議には乗らないことにし、先ずは集中証拠調べでいい目が出るように頑張ろうといい、陳述書の作成と尋問の準備のための期日を設定して別れた。その後、裁判所には、今の段階では和解は無理なので審理を進めてほしいと連絡した。

二　弁論準備手続終結に当たっての検討事項

1　主張の整理と確認

旧法下では、争点の整理と確認に関しては、準備手続に付した事件に限って、事件が煩雑である場合に当事者に要約書面を提出させるか又は準備手続裁判官において結果を要約することを求めていた（旧規則二一条）だけで、準備手続に付されなかった事件については、争点及び証拠の整理が完了したときは、その旨を調書に記載するものとされていた（旧規則二六条）にすぎず、実際には、極く一部の事件が準備手続に付されていただけで、準備的口頭弁論が利用されることもほとんどなく、口頭弁論調書に争点等の整理の完了が記載されることも希有であった。

それどころか、争点及び証拠の整理が完了してから証拠調べをするという意識自体が希薄であったとさえいえなくもない。それが五月雨的な主張・立証を一般化させた原因といわれている。

新法は、その反省の上に立って、早期の争点及び証拠の整理を目指し、争点整理メニューを整備し、かつ、整理された争点を確認することを要請し、法一六五条一項において、「裁判所は、準備的口頭弁論を終了するに当たり、その後の証拠調べにより証明すべき事実を当事者との間で確認するものとする。」と定めた。そして、これを弁論準備手続にも準用し（法一七〇条六項）、また、書面による準備手続の場合は手続内で確認することができないから、手続終結後の口頭弁論期日において同様の確認を要求している（法一七七条）。その上、確認内容を調書に記載することを求めている（準備的口頭弁論と弁論準備手続では「相当と認めるとき」（規則八六条一項）、書面による準備手続のときは「必要的」（同九三条））。

これは、立証の対象となる事実（争点）を早期に明らかにし、それに基づいて集中証拠調べをしようとする新法の基本姿勢からくるものであり、旧法下での準備手続の終結時の当事者による要約書面や裁判官による要約調書の作成に代わるものではあるが、準備手続が極く一部の事件でしか行われていなかったのに対し、新法下では相当多くの事件において争点等整理手続が行われると考えられることからすれば、形式的には軽い面はあるが、より一般化する意味では拡大されたものといえよう。

準備書面を交換し、議論を重ねていけば、自ずと争点は明らかになるし、わざわざ終結時に改めて確認するまでもないという意見も聞かないではないし、実際にもこれまでのような準備書面の交換だけでなく、本シミュレーションが示すような口頭での討論がなされていけば、相互理解も深まり、あえて確認するまでもないという状態になることもありうるだろうし、むしろそれが理想といえなくもない。しかし、本件でも原告からは訴状を含めて七通、被告からは答弁書を含めて八通、補助参加人から一通の書面が提出されており、それが数か月にわたって順次提出されるのであって、その時点では理解していても、終結段階において正確な認識が維持されているとは限らないし、裁判官と当事者の全員が争点を共通認識することが言うほど容易でないことがわかるであろう。

立証計画を立てる段階で今一度総括的に争点の確認をすることは、適切な立証計画を立案するうえでもその意義は大きい。

争点確認の方法は、事案の複雑さによって異なるが、裁判所と当事者との間で確認するのであるから、当事者任せにしないで、裁判官も積極的に確認作業に加わることが必要である（6）。困難ではあるが自ら争点整理案を作成することが最も事案を把握する近道であることは経験上明らかである。副次的効果も少なくない（7）。

本シミュレーションでは、重要な四つの争点のうち、特に重要な二つの争点について、当事者に争点整理表を作成してもらい（8）、その後の弁論準備手続期日での討論を踏まえて改訂し、最終的には残りの二つの争点を付け加えて、書記官に争点整理表の案を作成してもらい、裁判官と協議して改良し、当事者に送付して、最終の弁論準備手続期日で当事者の意見を聞いて改訂版を作り、調書に添付することにした。

一つの共同作業の例を示したものであるが、簡単な事案では、口頭の確認で済ませられる場合もあるし、極めて複雑な、あるいは争点の多い事件では、主張責任のある方に争点項目とその要旨を作成させ、その文書フロッピーを反対当事者に渡して、争点に対応した形で認否や反論を記載してもらうような試みも有効である。事案に応じた適切な争点の整理と確認を励行することが集中証拠調べを成功させるための秘訣でもあるように思われる。

２　証拠の整理と尋問の計画

㈠　人証の一括申請（規則一〇〇条）

人証の申請は、旧法下においては、訴訟の進行状況に応じ、当該人証を取り調べる必要性が認められる度、審理が人証調べの段階に入った以後でも五月雨的に人証申請がなされていた。そして、その原因としては、旧法の随時提出主義（旧法一三七条）という建て前の外、まず、旧法の人証調べ手続自体が、新法のように「集中証拠調べ」（人証調べは、複数人証であっても、できる限り一期日あるいは近接する数期日で集中的に行う建て前）を予定せず、実際にも数か月あるいは数年にわたって延々と複数の人証を順次取り調べていた状況のもと、順次、次回取り調べ予定の人証申請を行っていけば事足りたことがあげられる。つまり、一括申請の必要性が訴訟実務上も、さほど高くなかったのである。

そしてまた、弁論段階で、事実や書証の整理あるいは、これによる争点の把握・確認が十分なされず、その後の立証計画が不完全なままの状態で、とりあえず人証調べに入るということも往々にしてあったため、その後に見落としていた争点が発覚したりして、新たな人証調べを行う必要が生じたりしたためである。つまり、一括申請を行う前提条件である争点確定が不十分で、一括申請を当事者に強いることが困難であったのである。

そして、これらは、当然のことながら訴訟遅延の要因になっていた。

ところが、新法では、適時提出主義（法一五六条）を採用する外、人証調べの方式も集中証拠調べを原則としており（法一八二条）、これを実施するためには、必然的に事前に取り調べ予定の人証がすべて出揃っていることが要請される一方（一括申請の必要性）、その前提として、争点及び証拠の整理手続のメニューが充実した結果、人証調べに入る段階では、裁判所及び当事者間で、争点の整理・確認ができており（法一六五条一項、一七〇条六項、一七七条）、当事者に一括申請を求める条件が整ったことから、規則一〇〇条は、「証人及び本人の尋問の申出は、できる限り、一括してしなければならない。」と明文で規定した。

ただし、右規定の『一括』という文言は、同一機会にすべての人証申請を一度に行うということに意味があるのではなく(9)、争点等整理手続の最終局面で、今後の人証調べの審理計画を立てる際に、両当事者の予定人証リストが出揃っていることに意味があるのであるから、争点等整理手続のなかで、数次に分けて人証申請がなされることを否定するものではない。また、右規定中の『できる限り』との文言からも、同条は訓示規定であり、訴訟の発展的性格から、当事者や裁判所が予期し得なかったような新たな争点が、その後に現出した場合には、これに関する新たな人証申請が排斥されないことは言うまでもないことである。

なお、通常、当事者は、争点等整理手続の最終局面において、その予定人証の一括申請を行うであろうが、その場合、当事者心理としては、集中証拠調べ実施後の新たな人証申請が、争点等整理手続後の攻撃防禦方法の提出であるとして説明義務の対象となったり（法一六七条、一七四条、一七八条）、時機に遅れた攻撃防禦方法（法一五七条）であるとの指摘を受けたりすることを懸念して、多少とも関連性があると思われる人証は、念の為に申請しておくという傾向が強くなるおそれがないではない。旧法時の準備手続においてもそのような傾向が指摘されていた。また、集中証拠調べに危惧を示す者からも、集中証拠調べを実現しようとする余り、人証の制限が強くなるのではないかとの懸念が示されている。しかし、本シミュレーションが示すように十分な弁論がなされておれば、当事者にはもとより裁判所にも誰が真に必要な人証かが理解できているはずであり、水増し申請に惑わされることはないであろうし、そのような必要性もないことが明らかとなるであろう(10)。

(二)　**尋問事項書の作成**（規則一〇七条）

人証申請をする際には、旧法の下においても尋問事項書の提出が要求されていた。この尋問事項書の目的としては、呼出状に添付して証人に記憶を喚起させたり、調査させる契機を与えるほか、証言拒絶事由等の検討の機会を与えることのほか、相手方の反対尋問の準備や裁判所の事前準備の資料（供述を録取する書記官にとっても詳細な尋問事項書の役割は大きい）とすることなどが指摘されており、それに資するようにできる限り具体的に記載すべきであると解されていた(11)。

しかし、旧規則三一条が「尋問事項の要領を記載した書面」と規定し、『要領』で足りると解し得たことに加え、当事者の尋問事項書作成の手間や相手方や当該人証に尋問内容の詳細を知らしめたくないという戦略的意図も手伝って、三～五項程度の抽象的かつ簡略な尋問事項書が一般的であった。

しかし、あまりに簡略すぎると、尋問事項書が証人呼出状に添付して予定証人へ送付されても、いかなる事項について、どの程度の証言を求められるのかが当該証人において判然とせず、事前に十分に記憶喚起がなされないまま尋問が行われ、効率的な証人尋問にならなかったり（「今度までに調べておきます」などという供述がまま見られることになり、尋問続行の原因となった）、相手方当事者においても反対尋問の準備が十分になしえず、調書を見てから反対尋問をしたいという要求がでたり、当日実施しても次回期日まで跨がったりして、尋問事項書の本来の機能を果たし得ないことも少なくなかった(12)。

そこで、規則一〇七条は、旧規則の「尋問事項の要領を記載した書面」を「尋問事項書」に改め、かつ、尋問事項書の記載について、「できる限り、個別的かつ具体的に記載しなければならない。」との規定を新設し（規則一〇七条二項）、旧法下の実務でみられたものよりも、詳細かつ充実したものの提出を求めている。

もっとも、当事者としては、証人尋問期日の直近（一週間以内が多い）に当該証人と詳細な尋問の打ち合わせを行うのが通例であり、その時点で、初めて煮詰めた詳細な尋問準備を行い、尋問内容や手順を確定することからすれば、尋問期日より数か月前の人証申請の段階では、なかなか詳細な尋問事項書を作成するのは困難な面もある。

しかし、かかる尋問事項書の作成が、集中証拠調べにおける最適証人の選択及び効率的実施、あるいは相手方の反対尋問権の実質的保障に資するという利点がある以上、当事者は極力、この規定の要請に応えるべく努力すべきであろう。提出時期については、「やむを得ない事由があるときは、裁判長の定める期間内に提出すれば足りる。」との規定（規則一〇七条一項ただし書（旧規則と同じ））があるが、これは審理の状況から急遽新たな人証申請をしなければならなくなった場合等が例とされていたように、むやみに広げるべきではないし、裁判長の定める期間についても一週間以内が通常である(13)。

新法の下で、充実した争点等整理が実施されれば、争点等整理手続の終了時点までに新規則が求めるような尋問事項書の提出ができない場合というのは想定しにくいが、証拠申出時には、その時点で可能な範囲での尋問事項書を提出しておき、反対尋問の準備等との関係で適宜な時期にさらに詳細な、例えば、具体的な尋問の順序に従って、尋問事項を整理し直して、争点と関連した見出しを付け、人証に示す書証なども記載した詳細な尋問事項書を再提出させるような運用も考えられる。

なお、尋問事項書の提出部数につき、旧規則三一条では原則三通となっていたところ、規則一〇七条一項では、裁判所へ二通提出し、相手方当事者へは別途直送することとされた（同条三項）。ちなみに、右裁判所提出用二通のうちの一通は、呼出状添付分であるから（規則一〇八条）、呼出状を送付しない同行証人や本人尋問の申請に際しては一通で足りる。

㈢　**尋問時間の設定**（規則一〇六条）

人証申請を行う場合には、申請書に尋問に要する見込みの時間（尋問予定時間）を記載しなければならない（規則一〇六条）。これは、旧法下でも実務上要請され、また多くの場合実践されていたものであるが、新法下においては、集中証拠調べ期日の証言時間の割り振り等、立証計画の策定に際し、より重要性が高まったことから新設されたものである。

ところで、右規則にいう尋問予定時間は、主尋問だけでなく反対尋問等も含めた予定時間であるが、実際には申請者側においてあらかじめ反対尋問の予定時間を予想することは困難な場合もあるので、申請に際しては主尋問予定時間を記載し、全体の尋問予定時間は、裁判所と当事者双方間で協議して決めれば足りると思われる。争点等整理手続が実質的に行われ、争点が明確にされ、尋問事項が整理されれば、争点中心の尋問を実現しやすくなり、必要な尋問時間もより正確に行えるようになるだろう。

集中証拠調べに向けた尋問時間の設定については、尋問制限の危惧を抱かせないよう十分な配慮が求められる。具体的な尋問時間の設定については、当事者の意見を十分聞くとともに、審理予定時間の中には休憩時間等尋問に使えない時間があること、供述の録取方法による尋問スピードの影響などもあることも考慮すべきことである。さらには、予定外の事態が生じること（弁護士事務所では饒舌であった証人等が法廷では思いがけず考え込んだりしてスムーズな供述が得られないようなこともある）も予想して、余り無理な詰め込みは用心すべきである。できればロスタイムを見込んでおくぐらいのゆとりが欲しい(14)。他方、当事者側としても、協議のうえ設定された尋問時間は確実に遵守する心構えが要求されるのは当然である(15)。

㈣　**尋問順序**（法二〇二条、二〇七条、二一〇条、規則一一三条）

尋問の順序の問題としては、どの人証から尋問するかという客体の順序と誰が先に尋問するかという主体の順序の問題がある。

前者については、証人尋問と本人尋問との先後関係では、証人尋問を先行させるのを原則としつつも、適当と認めるときには、当事者の意見を聞いて、まず本人尋問をすることができるものとされた（法二〇七条）。ところで、旧法のもとでは、本人尋問は、『裁判所が証拠調べによって心証を得ること能わざるとき』に行い得るとしていた（補充性（旧法三三六条））が、新法では、かかる要件は削除された。これは、事実関係を最も把握している者が当事者本人であり、まず当事者尋問から行ったほうが事案の解明に資する事件もあるとの配慮からである。したがって、事案によって、より効率的であると思われる場合には、証人尋問に先だって当事者尋問から行うことも可能である。とはいえ、通常は、主要な第三者証人から尋問し、最後に、事件全体に対して当事者本人の供述を証拠化して立証の穴埋めをし、また、直接当事者本人が自身の言葉で裁判官に言い分を表明する機会を設ける意味も兼ねて、当事者尋問は人証調べの最後に行われることが多いと思われる。補充性の廃止ないし緩和には立法過程においても議論があった。裁判所の多数意見は、事案解明のため有効な者から尋問するという観点から補充性の廃止に賛成であったが、日弁連は、本人尋問の先行により証人尋問を制限される恐れがあることと、当事者の供述の信憑性の両面から反対していた。一期日に集中証拠調べをする場合にはほとんど問題にならないが、複数期日が予定される場合には、当事者の意向にも十分な配慮が必要であろう(16)。

後者については、①申請当事者の主尋問→②相手方当事者の反対尋問→③申請当事者の再主尋問→④裁判所の補充尋問、という順序が原則であり、旧法下と変わりはない（規則一一三条一項、旧規則三三条一項）。ただし、旧法二九四条二項は、裁判長は当事者の尋問が終わった後に証人を尋問することができるとしていたが、新法は、二〇二条二項に「裁判長は、適当と認めるときは、当事者の意見を聴いて、前項の順序を変更することができる。」との規定を新設した。そして、当事者が変更に異議がある場合は、裁判所が決定でその異議について裁判することとしている（同条三項）。この規定についても立法段階でかなり深刻な争いになった。それは交互尋問制度をどこまで維持するかの問題であり、日弁連は、尋問順序の変更は当事者に異議がない場合に限定しようとするものであったが、裁判所側は、訴訟指揮にかかわることの最終判断は裁判所に委ねられるべきであるということと、本人訴訟の場合に不都合であることなどから賛成しなかった(17)。その結果が新法の規定となったのである。交互尋問制度には批判もあるが、立証の責任は当事者にあり、当事者が主体となる交互尋問が真実発見に役立っている側面は否定できないことと、欧米などに比べ人証の比重が高いわが国の民事訴訟の実情の下では、裁判官の尋問にも限界があるし、尋問しながら供述を評価することの困難性にも留意しなければならないこと(18)などから考えても、交互尋問制度は工夫しながらも維持されるべきである。したがって、裁判長が尋問順序を変更するのは、本人訴訟で当事者自身による尋問が適当でない場合のほかは、代理人の準備が極めて不十分で適切な尋問が期待できないような希な場合に限られ、それ以外では、当事者双方とも事前に接触できないような第三者証人で、当事者に異議がない場合には、裁判長から尋問することを検討してもいいのではないかと思われる(19)。

(五)　**隔離か同席かの協議**（規則一二〇条）

規則一二〇条は、「裁判長は、必要があると認めるときは、後に尋問すべき証人に在廷を許すことができる。」とし、複数の証人が採用されているときには、証人を隔離して尋問するのを本則としている。後続の証人の汚染防止を意図しているものであり、旧法二九八条をそのまま引き継いだものである。

しかし、五月雨的に証人を採用し、順次尋問していく場合には、先行の証人尋問調書を検討する機会があるのであって、実質的な意義はかならずしも高いとはいえなかった。それにもかかわらず、同日に複数の証人を尋問する場合には、同時刻に呼び出しながら、全く異なる尋問事項で隔離する意味がない場合でも後行の証人は退廷させるのが常態であった。このように実質的な隔離に特別な意を用いることは少なく、同様に、どのような場合に同席が必要かについて検討されることも多くはなかったと思われる。

集中証拠調べを実施するようになると、同じ会社の上司と部下を同日に尋問するような機会も増え、隔離する必要性も増大する。その反面、同じ場面を体験している複数証人を尋問する場合、同席させて尋問することが効果を生む場合も想定される。これまで集中証拠調べの実践の中で指摘されているのは、争点の明確化、真実顕出力の高さ、虚偽供述の牽制、重複尋問の防止などである。例えば、契約の場に立ち会った複数の人物からその状況を聞く場合、対立関係にある証人の場合は同席させることにより、その場の状況をよく知る者の前であからさまな虚偽を述べることをためらわせたり、虚偽供述をしても後で尋問される証人から具体的な反論がされるなど対質尋問的な効果が期待されるし、後行の証人には、いつ、どこで、誰が、どういう経緯で集まり、どのような会話がなされたかを逐一尋問する必要はなく、先行の証人の説明に異議のある点に絞った尋問をすることが容易になるということである。

したがって、集中証拠調べを計画する場合には、このような点にも留意し、誰と誰を隔離し、誰と誰は同席させるかについても当事者と十分打ち合わせをしておくことが重要である。その結果に基づいて、出頭時刻を調整したり、尋問終了後の在廷を予定したりしておくことが必要である(20)。

㈥　陳述書の利用についての協議

(1)　新法施行以前から、人事訴訟等の事件に限らず通常訴訟においても陳述書が次第に利用されるようになり、また、主に裁判所側から、陳述書の問題点を踏まえつつ争点整理段階における積極的な利用の提言がなされてきたところである(21)。

陳述書に関しては様々な議論がされているところであるが(22)、一般的にそのメリットとしては、①計算書類、専門的・技術的事項等を要領よく理解できる、②本来の争点を明確にし、真に尋問すべき内容を明らかにできる、③尋問の時間を短縮でき、効率的な尋問が可能である、④反対尋問の準備に便利である、などの点が、デメリットとしては、①直接主義、口頭主義に反する、②心証形成が困難になる、③反対尋問がしにくい、④作為が入る危険性がある、⑤代理人の負担が大きくなる、などの点がそれぞれ挙げられる(23)。

また、右のメリットの別の整理の仕方ともいえるが、陳述書には、争点整理機能、供述事前開示機能、主尋問代用(尋問効率化)機能があるといわれる(24)。すなわち、陳述書の争点整理機能とは、陳述書が争点整理段階に提出された場合には、事案の概要(提出者側のストーリー)を知ることに役立つとともに、準備書面に記載されていない事情にわたる点について、争いのない事実と争点を振り分ける際の重要な資料となる点に着目したものであり、主に前記のメリットの②に対応する。また、供述事前開示機能とは、陳述書が人証の取り調べの前に提出されると、供述の事前開示となって、相手方は陳述書の内容と他の証拠との矛盾点等を事前に調査することなどの準備ができ、反対尋問に資するという点に着目したものであり、主に前記のメリットの④に対応する。主尋問代用（尋問効率化）機能とは、陳述書を活用して人証調べを実施する場合には、主尋問で主要な争点を中心に尋問し、証拠調べの大部分を反対尋問にあてることが可能となるという点に着目したものであり、主に前記のメリットの③に対応する。

(2)　これらのメリット、デメリットあるいは各機能に対する重点の置き方等によって、陳述書の利用については肯定派、否定派、あるいは中間派等からそれぞれ議論がなされているが(25)、陳述書を利用する場合のメリット、デメリットに対する指摘は、陳述書の内容やその利用方法等によっては、具体的事件での当該陳述書に対しては、正鵠を射たものになる場合もあろうし、的外れのものになる場合もあるのではないだろうか。

例えば、準備書面で「……する旨の合意があった」との主張があり、これを相手方が否認していた場合に、双方から陳述書が提出されたことによって、事実経過や合意の有無に係るやりとりはほとんど争いがなく、結局、争点はその評価であることが判明した例や、ほとんどの事実経過は争いがないが、ある時のやりとりだけが大きく食い違っており、それを中心に効率的な尋問が行われ真実発見に役立ったなどの例がある。しかし、一方で、陳述書が出されてもそれをまんべんなく上塗りする尋問がなされ、あるいは陳述書合戦が繰り広げられ（陳述書に対する反論、再反論の陳述書が提出され）、尋問が拡散しかえって時間がかかった上、無用な事実上の争点を生んだなどの例もある。また、主要な争点に係る事実についてまで、「陳述書のとおりである」という形で尋問を済ませる例もある。

陳述書について議論がなされる場合、このような陳述書の利用方法や、その内容(26)についての具体的イメージが異なる面があることが、より議論に拍車をかけている感も否定できない。

(3)　陳述書の各機能やメリットを生かし、デメリットを最小限に押さえるか、あるいはその逆となるかは、右にみたように事件の内容、陳述書の内容や利用方法等によると考えられ、一概に肯定論、否定論と割り切れるものではないであろう。

そして、現時点において、実務で陳述書は既に定着しつつある上、陳述書を利用する弁護士の意見も必ずしも否定的ではないと指摘され(27)、また、反対論者であっても実際の事件においては相手方への対抗上陳述書を利用している弁護士も見られる。このような実状や、新民事訴訟法の下では争点整理を経た上での集中審理が予定され、これには陳述書の各機能の利用が有効であることは否定できないことからすれば、単に陳述書に反対するのみでは、陳述書の利用に係る実務の改善は期待できないであろう。陳述書のもつ各機能を生かしつつ、その弊害を防止できる陳述書の内容や利用方法を工夫（あるいは陳述書と同等の機能を持ち得る他の方法の工夫等）が必要であると思われる。

もっとも、陳述書は、当事者の主張的な記載で、準備書面に近いものであるにもかかわらず、手続上は書証として扱われるというヌエ的な性格を有することはつとに指摘されるところである(28)。

この点を重視し、証拠調べ等の形骸化の防止に配慮する観点から、陳述書ではなく、詳細な準備書面を出すことを申し出る弁護士もおり、なるほど、時系列的な詳細な準備書面に（あるいはこれと詳細な尋問事項書を併用するなどして）、陳述書とほぼ同等の争点整理機能や供述事前開示機能を持たせることも考えられる（もっとも、準備書面では、どうしても法的に構成された事実になる等、陳述書と同等までの効果は期待できないという意見もある）。また、同様の配慮から、陳述書を準備書面に添付する（したがって、その内容は主張となる）という形で、書証とは一線を画するという扱いも提唱されている(29)。

(4)　争点等整理手続を進めるに当たっては、裁判所は、陳述書の問題点にも十分に配慮し、漫然と機械的に陳述書の提出を求めるのではなく、当該事件において、陳述書の利用、あるいはそれに代わる準備書面（詳細な準備書面や陳述書を添付した準備書面）の利用が必要であれば、どのような観点からどのような内容のものが必要であるか代理人と協議すべきであろう。また、争点等整理の段階で陳述書の提出を求めなかったとしても、争点等整理手続の終了段階で立証計画を立てる際、集中審理を行うに当たって供述の事前開示や尋問の効率化のために陳述書の利用が有効であると考えれば、裁判所と当事者で、その内容や尋問方法について協議する機会を持ち、陳述書のより適切な利用についての工夫を見出していく必要があろう。

本シミュレーションでは、前記のとおり、人証として原告の下請の一人である桂配管の馬場証人、鑑定人のａ（書面尋問）、原告本人、被告会社の専務の木谷証人、補助参加人の代表者八坂証人、吉田証人（施工監理士）（テレビ会議による尋問）の六名を取り調べることとなったが、争点整理段階においては、代理人がかなり綿密に当事者と打ち合わせをし、また当事者、準当事者も出席して弁論準備手続が行われるなどして、効率的に争点整理を行うことが可能であったため、裁判所は、争点整理機能をもたせる意味での陳述書を当事者に求めることはしなかった。そして、主に供述の事前開示及び尋問の効率化のために、当事者及び補助参加人の代理人と協議の上、六名のうち三名（原告本人、木谷証人、八坂証人）については、それぞれ原告、被告、補助参加人から陳述書が提出されることとなったものである。

㈦　対質尋問の計画

対質に関しては、旧法二九六条及び三三七条に規定があったが規則一一八条及び一二六条に規定されることになった。規則一一八条一項は旧法の規定と同様であるが、二項は、裁判長が対質を命じたときは調書に記載させなければならないとし、三項は、対質を行うときは、裁判長がまず証人を尋問することができるとした。

対質とは、複数の証人や当事者本人を同時に尋問する取調べの方法をいう。複数の証人や当事者本人との間の供述に食い違いがある場合に、別々に供述をさせるよりも、同時に尋問し、矛盾点を追及することにより、各供述の信用性の差異が明確になり、より真実発見に資すると考えられている。

旧法においても、対質が認められていたにもかかわらず、殆ど利用されてこなかった。その理由は五月雨式の証人調べが行われてきたため、同一期日に証人や当事者本人が在廷することが少なかったことや、そもそも対質の有用性についての認識が十分なかったことなどにあると考えられる。

しかし、基本的に、人証間の供述が矛盾する場合には、対質の方法をとることにより、その信用性の判断がしやすいということは間違いないことであり、集中証拠調べの実施により、対質も行い易くなることから、その利用が図られるべきであろう。そのために規定が整備されたものである。

対質の方法については、各事案に応じた方法を検討することになるが、通常は、複数の人証を先ず個別に尋問し（隔離して尋問する場合と、同席させて供述を聞かせておく場合がある）、各供述の矛盾点を明らかにしたうえで、対質を実施し、その点について同一の問を発して、それぞれに自己の経験した事実を供述させ、あるいは相手の供述に対して反駁させる方法がとられる。ときには人証同士に言い合いをさせることもある。代理人も知らない極めて具体的な状況説明がなされ、相手が供述を変更することもないわけではない。

そして対質における尋問は、中立の立場にある裁判長がまずこれを行うことが適当な場合が多いであろう（新規則もこれを前提としている）。

どのような尋問方法をとるかは別として、いずれの場合でも、対質が成功するか否かは、裁判官及び双方の当事者、代理人が争点を十分に理解し、各証人や当事者本人の供述の意味や矛盾点を把握しているか否かにかかっている。

(八)　尋問終了者の在廷

集中証拠調べの場合は、前記のように状況に対応して対質尋問を行うこともあるし、後行の人証を尋問した結果、再度確かめたいことが生じることもあるし、聞き落としに気づくこともないわけではない。特に、実質的に対質尋問の効果のある再尋問の実施が見込まれる証人については、予め審理終了まで傍聴してもらうよう依頼しておくことが必要である。そのほか、尋問終了者が傍聴しており、反論されることもありうることなどにより虚偽の供述を牽制する意味でも有益であるともいわれている（30）。

(九)　関係者の同席

集中証拠調べを行うと、その一日で審理が全部終わることが多いから、右のような場合のほか、事件に関心のある親族はもとより、会社事件では、直接事件には関係していないが、代表者を含む上司が審理を傍聴したり、証人には申請されていない（又は採用されなかった）が、関心を持っていて傍聴する者もいる。事件関係者の同席が人証に精神的負担を与えることもないわけではないし、その点にも留意する必要はあるが、関係者の傍聴によって、予測していなかった供述や書証の提出に対応することができたり、適正な供述を確保する上で有益なことがあると指摘されている。また、集中証拠調べ後に和解を行う場合にも、実質的に決定権のある者が審理の一部始終を見ていれば、的確かつ早期の判断が得られるなどの利点もある（31）。

(一〇)　出頭確保

集中証拠調べの大きな欠点として従前から指摘されていたのは、尋問予定者の出頭が確保できないときには、計画が無駄になるということであった。そして、そのような事態もときに生じる。どのような審理方法でも病気や事故は避けられないのであるから、集中証拠調べでもそれは避けがたいから、そのような事態は気にしても仕方がない。問題は、避けられる事態を注意深く回避することであり、これをどれだけ少なくするかは、計画段階での工夫や証人の立場等に対してどれだけ注意を払うかにかかっている。先ず、当事者が誰も接触できない証人の場合は、呼出に成功するかさえ明らかではないし、保証債務履行請求事件で保証人の署名を偽造したなどと主張されている主債務者や使用者責任による損害賠償請求事件での不法行為者自身など責任を追及される可能性のある証人の場合も出頭確保はかなり困難である。このような「危険」な証人を見極め、集中証拠調べに組み込まないことも工夫の一つである。別に期日を決め尋問する方がよい場合が多いし、その供述を前提として、さらに争点整理を行う必要が生じる場合もある。これ程「危険」でなくても、自分に利害が及ばない証人は、うまく動機付けをしないと自分の都合を優先させてしまうことがある（本シミュレーションの馬場証人のような例）。証人側の事情のほかに、代理人サイドでも注意が及ばなくて、同行を約束しながら期日が近づいてから出頭を依頼して、すでに海外出張の予定が入っていたなどということもある。裁判官の方が多くの経験をするわけであるから、失敗の可能性のある証人については適当なアドバイスを忘れないことも必要である。書記官によるフォローも工夫したい(32)。

3　弁論準備手続の結果の陳述方法の協議

弁論準備手続の結果陳述の方法やその意義については、集中証拠調べ期日の冒頭で結果陳述を行った後に改めて論述する予定であるが、どのような方法で行うのかは、弁論準備手続を終結する時点で当事者と十分な協議を尽くしておかなければ、短時間でかつ要領の良い弁論（結果陳述）は期待できない。あまり形式的にならず、代理人の習熟度も考慮して、場合によれば裁判官がリード役を務め、争点を明示し、その争点にかかる重要な論点を各代理人に述べてもらうような方式も有効であるが、ともかく事案に応じ、当事者の意向も汲み入れた方式を当事者とともに考え、集中証拠調べの冒頭手続として定着させていくことが肝要である。

〈注〉
(1)　資料40の1参照。
(2)　この争点整理表は、第一四で説明したように書記官がワープロを使って作成したものであり、弁論準備手続期日にワープロ（又はパソコン）を準備室に持ち込んで協議しながら、裁判官又は書記官が即時に改訂していくことができれば、その結果もすぐにプリントして関係者に渡せるし、一旦メモをして、それを再度入力するという無駄も省けるし、すでに供述録取事務についてさえダイレクト入力（ノート型のワープロを法廷に持ち込んで供述を直接入力する方式）を実践している書記官もいる時代であり、争点整理にもおおいに活用すべきであろう。
(3)　書証の認否と調書の記載方法については、第一〇注（5）参照。
(4)　トリオホンの利用方法については、第一一「二　トリオホン／電話会議の活用」参照。このような期日指定を後日行うこととすれば、吉田証人と三人の代理人に期日を合わせるために何度も電話連絡をしなければならないことになり、集中証拠調べの期日の設定にも支障をきたしかねない。すべての準備室にトリオホンサービスが付加された電話が設置されることが望まれる。
(5)　日本弁護士連合会民事訴訟法改正問題委員会編「新民事訴訟法・改正のポイント」八一頁参照。
(6)　前掲注（5）八五頁は、弁護士の立場からであるが、裁判所による争点整理を重視すべきであるとしている。確かに、争点とする必要のない事項は裁判所が整理しないと当事者側では整理しにくい面があり、新様式判決の「争いのない事実等」の部分に該当するところは裁判所が整理するのが適当であろう。井垣敏生「弁論準備手続③―適切な事案の選択」新民事訴訟法体系第二巻三〇六頁注 四〇（青林書院）参照。

（7）最高裁事務総局編「民事訴訟の運営改善関係資料―集中審理を中心として―」民事裁判資料第二〇七号一九九頁参照

（8）資料18及び資料25参照。

（9）矢吹徹雄「証人尋問③―証人尋問の仕方」新民事訴訟法大系―理論と実務三巻五五頁は、規則一〇〇条が早期の一括申請（＝証人リストの事前開示）を意図しているとすれば、争点等整理手続の中で不要な証人や尋問事項がでてくるし、争点等整理後の最終段階での一括申請であれば、個々の争点が整理された時点での証人申請を制限する意味はないのであり、規定自体の意図も不明であり、合理的な規定とはいえないと指摘する。

（10）争点等の整理が実効性をあげれば、無駄な人証の申請もなくなることは集中審理の実践例の指摘するところである（最高裁事務総局編「民事訴訟の運営改善関係資料―集中審理を中心として―」民事裁判資料第二〇七号二一一頁。）

（11）菊井＝村松著「全訂民事訴訟法Ⅱ」四七九頁、四八二頁等参照。

（12）日弁連も、集中証拠調べの条件として、主尋問の事前開示を求め、その一つとして尋問事項書を重視している（前掲注（5）「新民事訴訟法～改正のポイント」一〇三頁）。

（13）最高裁編事務総局編「民事訴訟規則の解説」民事裁判資料五五号六三頁。

（14）前掲注（10）民事裁判資料二一一頁。

（15）大阪弁護士会民事訴訟法改正と民事裁判改善に関するシンポジュウム実行委員会が作成した「意見書―新民事訴訟法のもとでの審理のあり方」は、「主尋問時間を守らない当事者には、裁判所による尋問の制限があることもやむを得ない。」としている（判タ九三八号四三頁）。

（16）前掲注（9）矢吹六一頁。

（17）同六二頁。

（18）菅原郁夫「民事訴訟における証人尋問の再生をめざして」民訴四三号二〇七頁は、聞き役に撤することにより虚心坦懐に証言の信憑性の判断が可能であると指摘している。

（19）前掲注（18）菅原二〇九頁は、そのような証人の場合には、裁判長から尋問した方が適正な供述を獲得する可能性があると指摘している。

（20）前掲注（10）民事裁判資料二一六頁参照。

（21）篠原勝美「民事訴訟の新しい審理方法に関する研究」司法研究報告書四八巻一号（平八）、大藤敏「審理充実方策の実践」自正四六巻八号五頁（平七）等。

（22）那須弘平「争点整理における陳述書の機能」判タ九一九号一九頁、高橋宏志「陳述書について―研究者の視点から」判タ九一九号二七頁、西口元「陳述書をめぐる諸問題―研究会の報告を兼ねて」判タ九一九号三六頁、山本克己「人証の取調べの書面化―「陳述書」の利用を中心に―」自正四六巻八号五四頁（平七）等。なお、右西口文献には、陳述書について取り上げている論稿が多数挙げられている（四〇、四一頁）。

（23）那須弘平・前掲注（22）二〇、二一頁

（24）西口元・前掲注（22）三七頁。なお、陳述書によって書記官の尋問調書の作成が容易になるという付随的効果もある。

（25）前掲注（22）の文献参照。

（26）例えば、本人が自らの言葉で手書したかなり詳細な陳述書（人事訴訟でよく見られる）がある一方で、準備書面とほとんど異ならない陳述書（まれではあるが、準備書面の「原告は」を「私は」に、「である」を「です」に変換して、末尾に署名捺印したという極端なものも見られる）も存するが、代理人が本人から事情を聞いた上でワープロで清書してそれに本人が署名　捺印したもので、事件についての当事者の経験等を時系列的に述べたものが一般的である。

（27）那須・前掲注（22）二一頁。

（28）西口・前掲注（22）三九頁。

（29）同・四〇頁。

（30）前掲注（10）民事裁判資料二一八頁参照。

（31）前掲注（10）民事裁判資料二一四頁参照。

（32）前掲注（10）民事裁判資料二一三頁参照。

第一六　新しい民事訴訟と争点等整理手続（総括）

本シミュレーションにおける争点等整理は完了し、次回口頭弁論期日において、弁論準備手続の結果の上程と集中証拠調べが予定されている。

新法は、民事訴訟を国民に利用しやすく、分かりやすいものにすることを目標に掲げ、その実現の方向として、透明な手続によって証明対象を明確化したうえで、争点に的を絞った集中証拠調べを目指している。そのために新法は、訴状・答弁書・準備書面の記載、その提出方法、証拠収集手段の拡張、証拠の早期かつ適時の提出、争点等整理手続の整備等様々の規定を設けている。本シミュレーションでは、これらの諸規定をできるだけ活用して、争点等整理手続を進めてきた。個々の規定の意味、活用の方法、その成果や問題点は、それぞれの箇所(1)を参照していただくとして、①これまでの弁論にはほとんど関わることのなかった当事者等が争点等整理手続に参加してくることの意味と問題点、②充実した争点等整理をしていくうえで要的役割を期待されている書記官の争点等整理手続への関わり方、③実際に当事者の代理人として手続進行の中心となる弁護士から見た争点等整理手続の意義と問題点、④弁護士とも書記官とも協働（協同）関係を築きながら手続を主宰していくことになる裁判官から見た課題等について、争点等整理手続の総括として整理しておくことにする。

一　争点等整理手続への当事者等の参加

1　当事者の参加（主張段階における当事者の復権）

争点等整理手続は、事案が複雑な場合には特にその技術的な限界から当事者本人の主導によることは困難であり、旧法下においても争点等整理が行われた場合においても専門家である代理人によって法的に整理された準備書面等により攻撃防御を行い、裁判所と代理人の間で主張整理が行われるのが通常であった。そのため裁判の主役たる当事者本人（法定代理人を含む）が直接裁判所に対して事実経過を説明する機会が多かったとは言えず、この点も裁判が一般市民からわかりにくいと言われることがある要因の一つであったと思われる。そして、訴訟活動の全てを代理人に託し、自ら裁判の表舞台に立ちたくないと望む当事者もいる一方で、積極的な訴訟参加を望むタイプの当事者にとっては、法廷で何が行われ、裁判所がどこに関心を持っているのかについては重大な関心事であろうし、当事者がそれを知りたいと思うことも当然であろう(2)。また、訴訟手続の構造や、判決に至るまでの審理の経過を十分に知らない当事者が敗訴した場合には、自分の主張が十分に裁判所に伝わったのだろうか、主張のどの部分が認められなかったのだろうかと疑問に思うのは想像に難くない。そして、判決の内容や審理の経過につき代理人が詳細な説明をしたとしても、実際に訴訟に参加する意欲を持ちながらそのような機会が与えられなかった当事者の納得が得られるかについては疑問がある。このような点への配慮や、早期の事案の解明のために、近年、Nコート(3)など当事者参加型の訴訟運営が試みられてきたところである。

新法においては、各種の争点等整理メニューを整備し、事案に即した適切な手続選択により効率的かつ迅速な主張整理が行えるようにした上で、事案によっては当事者を含めた十分な議論により主張と証拠の整理をする訴訟運営を容易にしている。このように主張段階における当事者の参加は、当事者が裁判を自分のものとして参加意識を高められることや、裁判所や代理人にとっても真相を一番よく知っている当事者の参加により早期に真の争点等が明確になるという意義があるとともに、判決に至った場合においても手続の不透明感からくる裁判所に対する無用な不満感を少なからず払拭できる点において、民事訴訟を「国民に利用しやすく、分かりやすいもの」とするという新法が掲げた理念の柱になるものであると考える。

しかし、代理人の中には当事者本人の関与に消極的な意見も少なくない。本人尋問以外に訴訟に関与することの少なかった従前の実情からの戸惑いもあるだろうし、裁判官が代理人の頭越しに本人から直接事情聴取をして心証を形成したり、代理人の法的保護を受ける機会を奪うことになるのではないかとの危惧のようである。弁護士側のこのような意向を反映して裁判官の側にも当事者本人の参加をためらう傾向がないともいえない。本シミュレーションでも指摘(4)したように、裁判官から当事者等への発問については代理人の意向を尊重するなどの配慮が必要であるとしても、当事者が争点等整理手続に参加することに消極的であってはならないと考える。

2　準当事者の参加

いわゆる準当事者(5)の参加については、当事者の主張を補い訴訟関係を明瞭にするのに役立つものとして従来の訴訟運営においても事実上行われてきたものであり、新民訴法においても、民事保全法九条に基づく手続の実績やその有益性から取り入れられ、「口頭弁論において」準当事者に「陳述」させることができることとなった（法一五一条一項二号。一七〇条六項で弁論準備手続への準用規定がある）。しかし、「当事者のため事務を処理し、又は補助する者で裁判所が相当と認める者」の範囲は必ずしも明確ではないため、裁判所から準当事者の出頭要請があった場合などに、口頭弁論あるいは争点等整理手続の開始に当たり、裁判所と当事者の間でその範囲について議論が生じる可能性が考えられる。そこで、準当事者の範囲についてみると、「当事者のため事務を処理する者」とは、民法上の委任、請負、事務管理の規定と類似していることから、当事者との関係で自己の名をもって独立の行為を行うことのできる者と考え、また、「当事者のため事務を補助する者」とは、当事者との関係で事務を行うが、最終的には当事者の名をもって行為を行う者と一応の定義をする考え方があり、前者の具体例としては、当事者が法人の場合の顧問の会計士、税理士、建築に関与した請負人、建築士、設計士などが、後者の具体例としては、当事者が法人等の場合における営業担当者、労務担当者、経理担当者などが典型的であると考えられている(6、7)。このように、争点の関係で当事者本人などよりも事情を詳細に知っており、かつ説明の出来る者から事情を聴取する途を開いたこと自体は主張の整理やその明確化に有益であり、今後ますます新法下において活用されるであろう。しかし一方で、当事者や代理人から、釈明処分手続に準当事者を参加させること自体、あるいは当該関係者が準当事者に該当するかどうかの点で反対意見が表明された場合に納得の得られないまま進行することは、かえって協力を得られない結果になる可能性がある。また、釈明処分は訴訟関係を明瞭にすることを主たる目的として訴訟指揮の一作用として行われ、この処分に対しては独立の不服申し立てが許されないと考えられていることからすると（8）、争点等整理手続を円滑に進めるためには、準当事者の範囲や参加させることの是非について、釈明処分手続が予定されている期日の前段階において十分な議論を経た上で、当事者及び代理人の納得のもとに準当事者の出席を求めることが重要となると思われる。

本シミュレーションにおいては、このような配慮から、裁判所は、争点等整理手続の選択が行われた第二回口頭弁論期日において被告代理人に対し、丸太興業の木谷専務の出席の予定を聞き（9）、第一回弁論準備手続期日当日の手続を開始する前に、当事者補助参加人代理人との協議の中で、木谷専務に対し釈明処分としての陳述を求めることを確認し、当事者・補助参加人代理人もこれを了承している（10）。

3　準当事者の陳述の意味

準当事者を参加させて釈明処分を行う場合、次に問題となるのは、準当事者の陳述の位置付け、即ち、その発言が当事者の本訴での主張とどのような関係にあるのか、どのように扱われるのかという点であろう。

参加を要請される準当事者は、あくまでも訴訟関係を明瞭にするために争点等整理に必要であると考えられるがゆえに陳述を求められるものである。そして、本シミュレーションの木谷専務は、当事者たる丸太興業の役員であり、釈明処分の手続上は準当事者に該当すると考えられるが、限りなく当事者に近い存在であるから、その陳述内容は当事者たる法人の利益のためになされる場合がほとんどであろう。しかし、当事者である丸太興業の主張していない新たな陳述や、矛盾したり不利益な陳述があった場合、その陳述内容はそのまま当事者たる丸太興業の陳述又は主張と捉えられるのであろうか。

そうであれば、準当事者と代理人が入念な打ち合わせをした上で手続に臨んだとしても、釈明処分手続の質疑応答の雰囲気の中で代理人の予想のしなかった発言が顕れる可能性は十分にあるから、代理人としてはそのような事態を警戒せざるを得ないであろう（11）。

しかし、そもそも釈明処分における準当事者の陳述は訴訟関係を明瞭にする（当事者の主張を明確にする）ためのものであることを考えると、むしろ準当事者の陳述は、当事者本人の主張の解釈の参考資料あるいは補助的なものとして位置付けられるのが最も合理的であると言えよう（12）。したがって、もし、準当事者の陳述内容のうち当事者が援用するものがあれば、改めて準備書面での整理により後日主張するか、その場で代理人の関与のもとに調書記載による方法で主張整理するという取り扱いが望ましく、裁判所としても準当事者の陳述について代理人に対し陳述の意図を再確認させ、援用するかしないかの確認を求めるという配慮が必要であろう。

本シミュレーションにおいても、裁判所は、（原告本人及び）準当事者の説明等を聞いた上で、その中で主張として構成するものは、代理人の意見を確認した上で調書に記載するか、あらためて準備書面を提出してもらうという方法を提案し、このような方法により弁論準備手続を進めている（13）。

4　証拠調べの代用としての危険性

釈明処分において当事者等（当事者本人又は準当事者）に陳述させる場合、釈明の内容、程度によっては、釈明処分の範囲を逸脱し、事実上の人証尋問（本人尋問又は証人尋問）が行われるのではないか、特に当該当事者等がその後人証となることが予想される人物である場合には、争点等整理の段階で陳述することにより、裁判所が心証を形成してしまい将来の人証採用が排除されるのではないか、あるいは人証尋問はなされるとしても既に争点等整理の段階で形成された心証が動かし難くなるのではないかといった懸念が考えられる。すなわち、釈明処分手続において当事者等に陳述させ、それについて反対当事者や代理人が質問し、あるいは裁判所が質問するという形態が取られた場合には、人証尋問手続に酷似するが、宣誓が不要なことや反対尋問権の保障が約束されていないこと、陳述内容が必ずしも調書化されるわけではないことなどから、陳述の真実性を担保する制度的な裏付けなしに事実上の人証尋問が行われることになり、それによって裁判所が心証形成してしまうのではないかという懸念である(14)。

そもそも、釈明処分は審理の対象となる事実や争点を明確にして当事者の主張の形成について裁判所が後見的な役割を果たすことが出来るようにするとともに、主張の不明瞭さから生じる争点の多様化を防ぎ、争点を明確にして、迅速適正な裁判をすることを目的とするものであるとされ(15)、争点等整理の段階で争点に関係して当事者等に事情を聞くこと自体が審理の効率化のために有益であることは異論がないであろうが、一方で、釈明処分によって得た資料は当事者の弁論の補充として弁論の全趣旨の内容として斟酌されることがあり、その結果として裁判官の心証形成の一資料となる可能性があることは否定できない(16)。

そこで、以上に述べたような懸念に配慮しつつ、適正かつ有益な釈明処分手続の運営を行うためには、釈明処分の選択段階において裁判所と双方当事者が、誰に何を聞いてどのような点を明確にするのかについて十分な議論をし、代理人も当事者等の性格、説明力などの個性を把握し十分な打ち合わせのもとに手続に臨むことが必要であると思われる。そして、手続の途中において当事者等に陳述させることについての適否について疑義が生じた場合には、裁判所はなぜ争点等整理に必要なのかを具体的に示すなどして協力を得る姿勢が求められると考えられる(17)。

二　争点等整理手続への書記官の関与と役割

1　旧法下での書記官事務の実情

旧法下での弁論兼和解期日では、和解成立等の重要な訴訟行為が行われる場合に限って書記官が立会うという運用が実務の大勢であった。このような運用は、書記官の公証官としての役割を強調することによって論拠付けられてきたが(18)、弁論兼和解も法廷で行われる口頭弁論手続の一種であるから、（書記官の事務負担を度外視すれば）書記官が立会いをすることが好ましいことは誰しもが首肯するところであったであろう。にもかかわらず、このような運用が認められてきた最も大きな理由は、弁論兼和解の全期日に立会う時間的なゆとりが書記官になかったという点にあると思われる。

そこで京都地裁の民事通常部の書記官の執務の実情を見てみると、部によって差はあるだろうが、一週間に一日の法廷立会、そのうち尋問時間として予定されているのが午前一〇時三〇分から午後〇時と午後一時三〇分から午後四時までの計四時間、その中で実際に尋問が行われるのは一週間三時間程度で、その尋問調書作成に立会日以外の執務時間の六、七割を費やし、残りの三、四割を口頭弁論調書の作成、訴状審査、送達事務、期日間管理（準備書面の提出の催促等）、記録の読込み、電話での当事者からの問い合わせに対する応対、判決書のチェック、執行文付与、担保取消し等の雑事件の処理等の事務に当てる、というのが平均的であると思われる。このような状況下で、弁論兼和解の全期日に書記官の立会いを要求することが、書記官にとって時間的にかなり大きな負担となる状況であったことは確かである。

なお、京都地裁第二民事部では新民訴法施行以前から書記官は合議係、単独係とも弁論兼和解期日のみならず和解期日にも全事件立会いを実施しているが、やはり尋問調書が貯まってきて、その作成に追われてくると、期日間管理が疎かになったりといった、立会いに時間を取られることによるマイナス面も少なからず見られた。

しかし、平成一〇年四月からモデル部に指定され、単独係の書記官が二名増員（速記官二名減員）され、書記官一人あたりの法廷立会が三週間に二回となり、また尋問調書作成に録音反訳方式が導入された（速記要請できる時間と録音反訳方式を利用できる時間には特別な差はないが、後記注(24)に指摘したように、集中審理が本格化すれば、調書省略が大幅に増加し、省略できた時間は、速記の場合と違い、録音反訳方式を利用した時間にカウントされないため、実際上は、同方式の方が書記官の録取事務の負担は軽くなっている）結果、以前に比べ、争点等の整理手続期日への立会いがゆとりをもってできるようになってきている。書記官の争点等の整理手続への関与を実効性のあるものとするためにも、人的、物的な環境整備を早期に実現することが望まれる。

2　弁論準備手続期日への立会い

「新法下において、補正の促し、参考事項の聴取、期日外釈明、調書判決の準備、争点等整理手続への関与など、書記官も訴訟の初期段階から事件の進行状況を管理し裁判官と協働して訴訟運営にあたることが期待されることは、第三で述べたところであり、本シミュレーションで示してきたB書記官は、事件を理解した上で的確な進行管理を行うという意味でのコートマネージャーとしての役割を果たす新しい書記官像でもある(19)。旧法下でも「書記官はコートマネージャーとしての役割を果たすことが要求されている」と盛んに言われてきたが、実際には、訴状審査の充実や準備書面の提出期限を代理人に促すといった程度にとどまっていることが多かったように思われる。しかし、本シミュレーションで示した争点等整理手続において書記官が果たす役割の重要性にかんがみれば、右のような新しい書記官像への転換が、より効率的な争点等整理手続を可能にすると言えるであろう。そして、弁論準備手続においては、争点に関する当事者の主張を調書に記載することがあるという点のみならず、書記官が争点整理表等を作成したり、適切な期日間管理等を行うためには事件の内容を把握することが必要であるところ、そのような事件の内容の把握の上でも、また裁判官と情報を共有する上でも、書記官が弁論準備手続に立会うことは望ましいことである。

しかし、1に述べたような実情から、弁論準備手続に関しては旧法下の弁論兼和解と同様、調書に記載する必要のある重要な訴訟行為が行われるときに限り、裁判官からの要請に従って立会えば足りるのではないかという意見（さらにそのような場合でも裁判官から「連絡メモ」等で記載事項を確認すれば足りるという意見もある）も根強く（準備的口頭弁論については、法廷で実施される口頭弁論の一種であることから書記官が立会いをするべきであるし、これについては異論はないだろう）、また、実際の書記官の事務量の関係でそのような運用も多いと考えられる。

確かに、新たに判決書に代わる調書（調書判決・法二五四条）作成等の面での書記官事務の増加(20)や、弁論準備手続に付される事件の件数等を考慮すると、書記官が最も多く時間を費やす調書作成事務の負担が減少しなければ、弁論準備手続期日に常に書記官に立会いを求めることは書記官にとって大きな負担となるであろう。新法では、調書の記載に代わる録音テープ等への記録が認められることになった（規則六八条(21)）が、判決や最終準備書面を作成の際に、裁判官や代理人が調書を必要とすることは多いと思われ、この規定の活用によって、書記官の尋問調書作成事務の負担が大幅に軽減されるとは考えにくい(22)。

ところで、この調書作成事務についてみると、従来のいわゆる五月雨審理の下では、十分な争点等整理もなされないまま「とりあえずこの証人を聞いてみましょうか。」といった形で全体の立証計画を練ることなく証拠調べを行い、争いがない事実や争点についての共通認識も乏しかったことから、尋問事項の吟味も十分でなく、尋問は冗長になりがちであった。その結果、一事件についての尋問時間は長くなるし、書記官は事件の争点が理解できないまま尋問調書を作成することになるので、争点を判断するのに必要な事項とそうでない事項の区別をすることができず、結果的に逐語録的な調書を作成せざるをえない(23)ことになり、調書作成にも多大な時間を要するといった悪循環が少なくなかった。

新法は、十分な争点等整理を行ったうえで集中証拠調べを行うことを原則としており（法一八二条）、本シミュレーションで示したように争いがない事実と争点が確認された上で、無駄のない立証計画が立てられれば、真に必要な人証について、争点に対する判断に必要な範囲で、尋問が行われることとなるはずである。その結果、一事件における尋問実施時間は減少し、全体として尋問時間が減少することが見込まれ(24)るし、書記官も事件の争点を十分に理解したうえで尋問調書を作成することになるから、これまでよりも短時間で簡にして要を得た尋問調書を作成することが可能となると思われる。また、本シミュレーション部分の裁判官と書記官との会話の中にも出てくるとおり(25)、集中証拠調べ実施後の和解成立率が高い（集中証拠調べ後は裁判所は事件に対する心証をほぼ固めており、説得的な和解案を提示することができるし、当事者は事件の帰趨がある程度読めるから、和解の気運が高まることが多い）ので尋問調書作成が許可を得て省略となることも(26)多い。

このように争点等整理手続とそれに続く集中証拠調べ方式がうまく機能するようになると、書記官の尋問調書作成事務の負担が軽減され弁論準備手続期日に立会うための時間的なゆとりも生まれてくるはずであるから、書記官は原則として弁論準備手続期日に立会いをするという態勢が定着するものと思われる。

3　具体的な関与のあり方

(一)　期日への関与のあり方

本シミュレーションで示したとおり争点等整理手続期日には、旧法下の弁論兼和解期日に比べ争点等に関するより実質的な議論がなされることになるため、その中で要領を得た調書を作成するためには、書記官も記録をよく読んで事案を理解したうえで期日に臨むことが期待される。

　さらに争点等の整理は、裁判所と代理人との間だけで行うのではなく、当事者本人や準当事者に対しても参加を求め、その場で裁判所が直接、争点や事実経過等の事情に精通している者に対し釈明を求めることもできることは前記一でみたとおりである。

　そうすると弁論準備手続期日においては、期日までに裁判所が当事者に準備することを求めた事項の確認にとどまらず、裁判所の求釈明に基づく当事者等の陳述内容次第では新たな争点が浮彫りになったり、それまで争点と思われていた事実がそうでなかったことが確認されたりといったことが起こってくる。そういった事項は当然、調書へ記載すべきことになり、その意味でも弁論準備手続期日への書記官の立会いは欠くことはできないものであるし、さらに書記官には、これらの事項を要領よく調書に記載する能力が要求されてくることになる。

　本シミュレーションでは、裁判官が当事者に確認したうえ書記官に対し調書に記載すべき内容をその都度指示している(27)が、実際の期日においては、本シミュレーションのように理路整然と争点等整理が進行するとは限らない。むしろ議論が白熱してくると、裁判官も当事者に対し記載事項の確認をせず、書記官に対し記載事項を指示しないこともあると考えられる。

　しかしながら争点等整理手続は、裁判所と当事者とが争点に対する共通認識を築いていくために行われる手続であることを考えれば、裁判所と当事者との間に争点についての認識に齟齬が生じないようにするためにも、当事者に対し調書への記載内容につき確認を求めるべきであろう。

(二)　調書作成

　これまでの口頭弁論または弁論兼和解の期日調書には、余事記載をすることは好ましいことではないといった風潮があり、さらに調書の形式的記載事項の公証という点が重視され、どちらかというと事案の内容を理解するための実質的記載事項の工夫、調書の見易さ、わかり易さといった点に配慮されることが少なかったように思われる。

　しかし弁論準備手続調書の作成にあたっては、争点を「整理」するために行われた手続の調書であるという点を意識して、期日において何がどう「整理」されたのかが調書を見れば一目でわかる、そういった工夫を試みていくことも必要になってくると思われる。

　本シミュレーションで、具体的な調書作成における工夫、調書作成を効率的に行う方法の一つとして、了解を得て代理人からフロッピーディスクを借りて準備書面を改訂し調書に引用し、さらに当該期日での整理された事項が一目でわかるようその部分については網掛けをするといった方法を紹介したところである(28)。

(三)　期日間管理

　争点等整理手続期日を充実させるためには、書記官によるしっかりとした期日間管理が行われることが重要であることは言うまでもない。

　書記官の期日間管理については、第六の五で詳述したとおりである。

4　書記官の将来像

　本シュミレーションの弁論準備手続の終結に当たって作成された調書添付の争点整理表(29)では、争いのない事実を摘示し、争点に関する間接事実レベルでの整理もなされているが、書記官の研究メンバーからは、ここまでできる能力を備えたBのような書記官は、残念ながら数少ないであろうし、あまりにも理想像を描きすぎではないか、実際に京都地裁第二民事部書記官室でここまでのことができているわけではないという意見が多かった。これに対し、裁判官の研究メンバーからは、この争点整理表は、主要争点部分を代理人が整理して書面化(30・31)しており、新たに追加したのは、出来高に関する争点と瑕疵に関する争点部分だけであって、それに関する準備書面も少ないので、特別優秀な書記官でなくても十分できるのではないかとの意見もあった。

しかしながら、書記官のレベルアップを目指してその養成機関である裁判所書記官研修所での研修カリキュラムも変化してきている。例えばカリキュラムの一つである民事演習では、かつては主要事実レベルの事実整理が主眼とされていたが、最近では事案の真の争点について十分に把握する能力を養い、裁判官との共通認識を形成して実務における裁判官との協働関係を充実させることを目的として、争点となっている主要事実の認定に役立つと思われる間接事実、補助事実、証拠を摘示する演習をも実施するようになってきている。このような研修を通じて書記官のレベルアップを図ることができれば、近い将来、Bのような高い能力を備えた書記官が数多く現れると思われる。

三　代理人から見た争点及び証拠の整理

1　本シミュレーションにおける整理の感想

本シミュレーションにおける弁論準備手続では、契約当事者に関する主張整理表、請負代金の合意に関する主張整理表を作成し、これらの争点の判断に必要な主要な間接事実について徹底した主張の整理を行い、また、原告の工事の出来高及び瑕疵についても、鑑定人の参加を得た上で鑑定事項を協議の上鑑定し、かつ、これらの各争点につき、争いのない事実と争点を記載した争点整理表によって、当事者及び裁判所間で人証で立証すべき事項が確認され、集中証拠調べの計画が立てられた。

弁論準備手続に費やされた期日は三期日で、弁論準備手続に付された第二回口頭弁論期日から弁論準備手続終結の期日まで四か月余りであり、この間、原告及び被告が提出した準備書面の内容や期日間の準備等を考慮すると、率直なところ、現実の裁判でこれほどの争点等整理を右のような期間で行うためには、弁護士の手持ち事件数を相当減らさないとできないのではないかという感想もあった。一方で、前記のような主張の整理の結果をみると、次のような争点等整理の有用性も実感できた。

2　争点等整理の有用性

いわゆる五月雨審理の下においては、間接事実が十分に主張されないままに証拠調べに入り、その後、重要な間接事実が証拠調べの中で随時提出されたり、また証拠調べが終了後、最終準備書面ではじめて主張されたりすることや、あるいは当事者が意識しなかった重要な間接事実が判決の理由中で指摘されるということもあった。

しかし、本シミュレーションで示したような重要な間接事実も含めた争点及び証拠の整理を行うことによって、当事者が十分な攻撃防御を行うことが可能となる上、争いのない事実と立証すべき事項が明確になって、尋問時間も必要最小限度に短縮できるため、数人の集中証拠調べも可能となる。また、争点等整理手続の議論を通して、あるいは裁判所の釈明等により、立証されるべき重要な間接事実は争点に乗せられ、不意打ち判決を防止する結果ともなる。

争点等整理手続がこれらの点において、有用であり、真の争点に即した効率的な訴訟運営を可能にすることについては意見の相違はないと思われる。

3　整理手続に対する危惧

しかし、代理人の立場からは、争点等整理手続のあり方については、次のような観点からの危惧を払拭しきれない面もある。

(一)　争点をどこまで整理するのか（争点整理の深化）

新法は、弁論準備手続において、書証の取り調べ等ができることとし、また前記一でも述べたように争点整理段階で当事者や準当事者の陳述を求めて争点等の整理を行うことを可能にしている。このような手続は、裁判官がその段階での心証を形成することは否定できないし、またそれを前提にしていると考えられる。

右のような意味において、弁論準備手続は、新法自体が前提にしている争点等の整理手続と証拠（人証等）調べ手続の二つの手続の境界をあいまいにする要素も含んでいる。

前記一の「証拠調べの代用としての危険性」でも触れられているが、重要な間接事実についての当事者の主張を裁判所も交えて議論し、整理することを徹底していくと、例えば、主張の矛盾点につき釈明し、あるいはそれに反する書証について釈明をするなどの程度によっては、まさしく証拠調べそのものの様相を帯びることになる。どこまで争点整理を深化させ、どこで整理を終えるのかは難しい問題である(32)。

(二)　争点等整理の現実的可能性

しかし、代理人が一番危惧することは、新法が予定しているように、争点等整理手続において間接事実まで含めた主張を尽くすことが可能か、争点に関する証拠を全て提出することが可能かということである。

一般的に、当事者であれば訴訟で争点となった事項に係る事実経過を全て知っているはずであると考えられやすい。しかし、代理人として当事者から事情聴取をしていると、自分が体験した事実であっても記憶が曖昧であり、それを裏付ける証拠を確認しなければ主張することが躊躇される場合もあり、記憶が明確であるように思われても、他の事実と勘違いするなどしていることが後に判明することもある。

また、訴訟において重要な事実が、当事者が直接関与していない事実であることもあり、争点等整理の段階で把握している事実からだけでは（特に判例の動揺しているようなケースでは）、どのような法律構成を採るべきか迷うこともある。

そのような場合には、法律構成によって当然主要事実や間接事実が異なるため、幅広く選択的あるいは仮定的主張をしておくことが避けられず、証拠調べの結果を待って主張を選択し、あるいは再構成することが必要であることもある（本シミュレーションは、新法の下における理想的な訴訟手続を構築することを目指したものであるため、代理人としてはやや出来過ぎの感を免れない）。

代理人は、怠慢や多忙によるのではなく、右のような理由から、当事者の事情聴取に努めても主張そのものに確信が持てない場合もあり、そのような段階で、弁論準備手続に同席した当事者のあいまいな受け答えにより、（証拠調べの前に）裁判官により不利な心証をもたれてしまうことがあることを危惧する。

あるいは、いくつかの仮定的な抗弁を時に一つだけの抗弁に絞り込むように迫られるということもあり得る。しかし、証人尋問や文書提出命令等を駆使した結果、当初不明であった事実が明らかになり、当事者が述べていたあいまいな事実の意味が霧が晴れるように明らかになったり、仮定的な抗弁が正しかったということもあり得る。

以上のような事情がある場合において、裁判所が強硬に定型的な争点等の整理を進めようとした場合には、当事者と裁判所の間で軋轢が生じることが考えられる(33)。

4　成功の鍵

しかし、前記のように争点等の整理が効率的な訴訟運営、ひいては当事者にとって有益であることに変わりはない。要するに、代理人としては可能な限りの事情、証拠収集に努める一方、裁判官は、前記のように事案によって当事者が当面する様々な事情を理解して、訴訟の進行に関する当事者の意見を尊重した柔軟な手続をとる姿勢が必要であろう。

争点等の整理手続が成功するか否かはこのことにかかっているといっても過言ではないと考える。

四　裁判官から見た争点等整理手続

1　裁判官のリーダーシップの必要性

民事紛争は、常に当事者間に対立を孕んでいる。

しかし、一般の民事事件を念頭にいえば、その対立は、時には見せかけのもの（すなわち、あえて虚偽の主張をしている）であったり、単に誤解であったりする。真正争点についても、事実の争いではなく、評価の争いである場合がある。事実の争いの場合でも、同じく過去の事実でありながら、簡単に見分けのつくものから、調査・研究・鑑定などを行って専門的に分析しなければならない事実もある。民事紛争には、これらが複合的に存在して、複雑な様相を呈しているものが多い。本シミュレーションの事案からもこれらの要素が絡み合って争点を構成していることがわかる。架空争点は、当事者本人には当初から分かっている場合もあるし、誤解が解けるまで思い込んでいる場合もある。代理人も本人からすべての事実を正確に伝えられているとは限らない。鑑定をしなければ迂闊に主張できないこともある。このような状況の下で、代理人は、できるだけ当事者に有利な事実を強調し、不利な事実については無視したり、考えられる限りの反論を試みる。そして、できれば自分の手の内はあまり見せないで、自己に有利な証拠もできるだけ後で出そうとし、確実な証拠資料をみてから主張を構成しようとする。

事実は当事者しか知らないという意味では、争点等整理は当事者が主導で行うものであるが、だからといって裁判官が受け身でよいということではない。民事紛争のこのような実態からして、裁判官が、当事者（代理人）任せにしていては早期に真の争点を抽出することは困難である。争点等整理は、判断の枠組みを決める作業であるが、判断者である裁判官は、例えば、当事者の主張する間接事実からでは主要事実を推認することができないと考える場合など、争点等整理段階でも判断者としての役割を果たさなければならないことがあるし(34)、事実主張や法的主張に対する評価を示すことが必要になる場合もある。また、通常事件については、裁判官は、弁護士より相当多数の事件に関与しており、予想される主張や一般に存在する文書等についても想定できることが多いから、早期に事実の開示を求めたり、資料の提出を要請することが可能なことも少なくない（ただし、レアケースがあることを忘れてはならないし、代理人の方がはるかに専門的である場合もある）。さらに、裁判官の中立性ゆえに、対立が激しくて当事者だけではできない現場の確認などを実現させることが可能な場合もある(35)。そして、当事者が開示した主張や証拠についてもその矛盾や不十分さを指摘して整備させることも必要である。

本シミュレーションでは、釈明権の行使や争点等整理手続の選択（弁論準備手続、現地での進行協議期日、電話会議が行われた）、弁論準備手続における当事者間の討論のリード、争点等整理の進行計画の提示（準備書面の提出期限の設定、準備事項の確認等）、確認された争点の整理方法の提案、弁論準備手続への鑑定人の参加等いろいろな場面で裁判官のリーダーシップが発揮されている。従来の裁判官は、当事者（代理人）が提出する準備書面に対し釈明権を行使して整理するだけの役回りしかしてこなかったし、それが裁判官のありようであると考えてもきたように思われる。しかし、近時の弁論兼和解などによる争点等整理の経験は、両当事者と裁判官の三者の討論の重要性とそれによる争点整理の進捗を体得してきた。そのような実務改革の延長線上に新法は位置付けられるのであって、裁判官の積極的な役割が求められているというべきであろう(36)。

しかし、リーダーシップは裁判官であるから当然に可能になるわけではないし、リーダーシップはときに職権主義として批判を受けかねない(37)。裁判官としては、公平性を厳守し、双方当事者（代理人）との信頼関係を確立するとともに、事案の把握に努め、社会通念や取引の実態などについても精通する必要があるし（知らないことはどんどん聞いて理解を深める努力をすることが信頼につながる）、事案に応じた争点等整理の手法なり技法を研究し、テクニック面での信頼を得ることも重要である。また、弁論準備手続等での対話型の審理が増えれば、裁判官一般に苦手意識の強い口頭での討論にも長じる必要が生じてくる。これらのことは当然のことではあるが、言うは易くして実現することは容易ではない。新法の下で裁判官も変わらなければならない。

2　書記官との協働関係の確立

書記官事務については時代的変遷(38)があるが、本来書記官制度は、裁判手続の明確性と適法性を担保するための公証機関として設置されたものであり、記録の作成と保管（裁判所法六〇条二項）が事務の中核をなすものであることは一貫している。昭和三五年の裁判所書記官制度調査委員会の答申（適正迅速な裁判の実現に寄与するため、裁判所書記官は、事件の処理に関し必要な連絡準備その他の補佐的職務を行うものとすること）を受けた裁判所法の改正により、これに加えて「調査事務」（同条三項＝法令及び判例の調査その他必要な事項の調査を補助する）がその職務とされた。しかし、民事訴訟の運営自体の改革が進まず、書記官事務の中核を占める供述録取の負担が大きい中で、一部で訴状審査や判例調査などを依頼することはあっても、「調査事務」の内容が具体化されることも、その実践が裁判実務を動かす契機となることもほとんどないまま年月が経過していたように思われる。ようやくこの規定が見直されるようになったのは、昭和六〇年ころから始まった民事訴訟の改革の流れ(39)の中においてであり、調査事務の一環ないし付随的職務として推進されるようになった審理充実事務において、訴訟運営に積極的に関与する書記官の姿が次第に具体化していった(40)。今次の民事訴訟法の改正は、そのような書記官実務の変遷を受けて、利用しやすく、分かりやすい民事訴訟を裁判官と書記官の協働作業で進めて行こうという意図の下に、権限の拡大と審理充実事務についての法的認知が図られた。こうした書記官事務の拡大は、一部の書記官層に書き役から脱却したコートマネジャー(41)としての将来像を展望させているが、新しい職務にはその能力と時間が必要であることはいうまでもないところ、本来の公証事務、とりわけその中でも最も負担の大きい供述録取事務についての制度的軽減策は新規則六八条の調書の記載に代わる録音テープ等への記録の制度だけである。新制度を活用できる場面を拡大する方向で工夫していかなければならないことは当然であるとして、活用の範囲と参考書面の作成の負担がどうなるかはこれからの課題であり、そこに不安も残している(42)。

一方で、右のような制度さえなかった旧法時代においても、裁判官と書記官が協議しながら審理方式を検討し、計画的に審理充実事務を実践して争点整理に力を注ぎ、集中審理を実現してきた書記官層があり、それらの書記官の大半は、これらの実践により、①争点等整理完了時点での和解が多くなる、②人証数や尋問時間が短縮される、③争点中心の調書の作成が容易になる、④集中証拠調べ後の和解が多くなり、供述調書が省略されることが多くなるなどの効果が生まれ、供述録取事務が相当軽減され、審理充実事務の負担に十分見合うという。

他方で、そのような状況にまでもっていくにはそれなりに先行投資的な苦労があるし、先行投資をしたからといって必ず同じような成果が上がるとも限らないことにも不安があり、裁判官にも書記官にも躊躇がないわけではない。

しかし、審理充実事務の時代は過ぎ、いまや新法において、その目指すべき方向は明確にされているのであり、先ず裁判官がチームリーダーとして書記官を交えて、運営の方針を明確にし、役割分担を決めることから始めていくのが適切であろう。それぞれの手持ちの事件の状況も異なれば、経験の違いもあるのであるから、一律に割り当てるのではなく、チーム協議によって進めていくのがよい。訴状審査一つをとってみても最初から完璧な書記官はいない。できるだけ多くの疑問を見いだすことから始め、書記官同士の共同討議（疑問を持った書記官が、自身が文献の調査等を行うだけでなく、部屋全体での討議により検討を深めたうえで裁判官に問題の提起をする。これにより問題点に気づかなかった者にも問題の所在が分かり、次の訴状審査に役立つというようにチーム力全体の向上をもたらす）などの相互研鑽と裁判官との協議を通じて能力の開発向上に努めなければならない。

争点等整理への関与も出来るところから始め、成果を見ながら発展させていくことが肝要であろう。

そして、このような進行管理やコートマネージングが審理の充実に現実に役立つことを確認しながらさらなる工夫を積み重ねていくべきであろう。

チームリーダーの創意工夫とチームワークづくりと一定の成果が次のステップの糧となる。

そして、そのような過程を経て、それぞれが自己の役割を認識し、遂行する力を付けたとき、チームは新たな段階に至ることができるし、その一員であることに喜びさえ感じられるようになるのではないかと考える（本シミュレーションのB書記官の場合、中程度の経験を有し、かつ、担当書記官制の下での手持件数が六〇件程度であり、供述録取事務が一般の書記官の半分程度であることを前提としている）。

〈注〉

（1）「争点等整理手続の選択—争点等整理手続選択の時期、選択のための当事者との協議、手続選択のためのファクター」（第八の三）、「弁論準備手続の公開—弁論準備手続と憲法八二条一項の公開、相当と認める者の傍聴、関係人公開、準当事者の立場」（第一〇の三）、「トリオフォン／電話会議の活用」（第一一の二）、「進行協議期日の運営」（同）、「新法における鑑定人の役割とその活用—争点等整理への参加、弁論準備手続と鑑定結果の事実上の利用等」（第一四の三）等。

（2）井垣敏生「弁論準備手続③—適切な事案の選択」新民事訴訟法大系第二巻三〇四頁（青林書院、平九）参照。

（3）西口元ほか「チームワークによる汎用的訴訟運営を目指して—事前準備、争点整理及び集中証拠調べの一つのモデル」判タ八四六　八四七　八四九　八五一　八五八号（平六）参照。

（4）「第一〇の四　第一回弁論準備手続シミュレーション」参照。

（5）「準当事者」という言葉は旧法下において補助参加人等にも使用されていたことから、法一五一条一項二号の「当事者のために事務を処理し又は補助する者で裁判所が相当と認める者」を指すものとして「準当事者」の用語が一般化しているかの点につき、本研究会で疑問も提起されたが、本解説では、同号に規定される者を「準当事者」として以下呼称することとした。

（6）「注解民事保全法（上巻）」九五頁（青林書院、平八）では、民事保全法九条の「裁判所が相当と認める者」という要件は、同条の釈明処分の対象とするにふさわしい者かどうかについて、最終的には裁判所の判断に委ね、裁判所にその責任と権限による裁量の余地を与え、弾力的な運用を可能ならしめ、究極的に、争いのある事実関係を正確かつ迅速に明らかにすることを行いやすくしたものであるとする。また、同九六頁においては、釈明処分の対象者に含まれない者の例として、たまたま問題の現場を目撃していたにすぎない第三者（目撃証人）、当該事実関係を熟知していても当事者と敵対関係に立つ第三者、当事者と関係のない鑑定人的立場の第三者等を列挙している。

（7）定塚誠「8保全命令手続における審尋」民事保全法の理論と実務㊤一三六頁、（ぎょうせい、平二）では、前記具体例の他に、釈明処分の対象者として、「当事者の配偶者、親子、その他の親族などで、当事者のために契約に携わったり、紛争処理の交渉を行っていた者の場合、当事者との契約関係が明瞭ではないことが通常であろうが、当該事実関係との関与の程度や、当事者が老齢である等関与をした理由いかんにより『事務を補助する者』に、また、委任等の関係が認められれば『事務を処理する者』に該当しよう」としている。

（8）竹下守夫＝伊藤眞「注釈民事訴訟法（3）」口頭弁論一八二頁参照。

（9）第八の二参照。

（10）第一〇の二参照。

（11）本シミュレーションにおける乙山弁護士は、争点等整理手続の意義は認めつつも、裁判官が争点等整理の名の下にあまり突っ込んだ事情聴取をすることには警戒心をもっており、事前に木谷専務に対し、裁判官から何か尋ねられても直接答えないように注意していたが、木谷専務が積極的に発言しようとしたため、乙山弁護士が木谷専務に対し、調査した事項か確認したり、あるいは、席をはずして打ち合わせして整理するなどの対応をしている（第一〇の四）。

(12) 前掲注（6）注解民事保全法（上巻）九八頁では、準当事者は、当事者を補助するという意味で、補助参加人（旧民訴法六四条）と類似する面があるので、準当事者の陳述は、同法六九条二項の参加人の訴訟行為の効率に準じ、当事者の訴訟行為と抵触するときはその効力を有しないものとして扱うのが妥当であろうとしている。

(13) 第一〇のシミュレーション参照。また、裁判所が、本人、準当事者等に釈明させる場合において、事前に代理人と打ち合せる機会を与えるなどの工夫が必要であることにつき注（9）参照。

(14) 日本弁護士連合会「民事訴訟手続に関する改正要綱試案」に対する意見書（別冊二）三六頁（平六）。

(15) 菊井維大＝村松俊夫「民事訴訟法Ｉ」全訂版八五二頁（日本評論社、昭六二）。

(16) もっとも裁判官は、双方の主張自体の比較や争いのない事実等の中での主張の合理性、書証との整合性等により、訴訟の各段階において、事件についての見方ないし心証を持ち、新たな証拠を検討していく中でその見方ないし心証を確認または変更し、最終的な心証を形成していくのであるから、争点等整理段階でもある程度の当該事件に対する見方ないし心証をもっていることは当然であろう。

(17) 本シミュレーションにおける、被告が増額見積書を作成した理由をめぐるやりとり（第一〇）及びその注（19）参照。

(18) 東京地方裁判所プラクティス第二小委員会「弁論兼和解の標準的な運用への提言」民事裁判資料一九七号三七頁参照。

(19) 第六の（10）参照。

(20) 第二民事部に所属している研究会参加の書記官は、二月一五日当時（二係四名）で既に二〇件を超える調書判決を作成した。慣れないせいもあると思うが、やはりこれまでのいわゆる欠席判決のチェックに比べると負担感が大きいという意見であった。

(21) 口頭弁論の調書は、当事者が次回期日の準備をするのに必要な時期までに作成されるが、証人尋問等が実施された場合には当該期日の調書作成に時間を要することから、こうした調書作成の負担が期日の指定等、審理のあり方に影響を与える面があることを考慮し、同条を規定し、集中証拠調べの実施を期待したものである（最高裁事務総局民事局「条解民事訴訟規則」一五一、一五二頁）

(22) 立法段階でも、施行当初においても規則六八条は、公示送達事件やごく簡単な事件で控訴の可能性が全くない事件や和解のために事情を聞く程度の尋問でなければあまり使われることはないであろうとの観測がもっぱらのようであったが、新法の施行から半年ぐらいたち、次第に利用例が広がる傾向が見られるようであり、庁によっては半数くらいも適用をしているようである。そして、意外に参考書面の請求は少ないということである。実務上、尋問をしても判決に至らない事件も相当数あり、判決をしても確定する事件も多いのであるから、必要な場合にどの程度の参考書面を作成するかなどについても当事者と協議しつつ、利用の拡大が図られるべきであろう。

(23) 本研究会において、弁護士のメンバーには、調書は逐語録が優れているという立場から、争点整理を充実させることが要領調書の作成につながることを危惧する意見があった。これに対し、裁判官や書記官のメンバーは、微妙な事実認定が求められる事案では、必要な個所は問答式で調書を作成するなどの工夫をしており、すべてを逐語録調書とすることは、多くの無駄を生じるし、冗長な記録ができることになり、記録の膨大化を招くだけ、かえって本質を見にくくするなどの意見が多く、基本的な考え方の相違がみられた。その背景には、代理人としては、自己の尋問について細部に亘って記録化しておき、行間や紙背にまで行き届いた検討が加えられるのが理想であると考えるのに対し、裁判所側では、そのような必要性がある事件があることは認めながらも、全ての事件を同列に扱う必要性の乏しさを実感していることに加え、多くの事件を一定数の書記官で処理するうえでの適正なコスト意識があるように思われる。

(24) 最高裁事務総局「民事訴訟の運営改善関係資料―集中審理を中心として」民事裁判資料二〇七号一八四頁以下は、旧法当時の大阪地裁第九民事部の集中証拠調べについて、通常証拠調べと集中証拠調べの月別実施数と人証数及び証拠調べ時間を比較調査した結果を示しており、集中証拠調べによって、年間で見ても人証数も証拠調べ時間もかなりの程度で減少していることが示されている。

(25) 第一〇の四参照。

(26) 集中証拠調べ後の和解の成立率については、多くの報告があるが、七割を超えるというものから、三割程度で通常の審理とあまり変わりがないというものまであり、一概にはいえないが、四割から五割程度というところであろうか。しかし、集中証拠調べの場合は、全人証について調書を省略できることが多く、五月雨審理の場合と和解率自体が変わらなくても、調書省略率は集中証拠調べの方が格段に高くなる。

（27）第一〇の四のシミュレーション参照。

（28）第一〇の四のシミュレーション、資料20の「契約当事者に関する主張整理表」参照。

（29）資料40の2「争点整理表」参照。

（30）資料20「契約当事者に関する主張整理表」参照。

（31）資料25「請負代金の合意に関する主張整理表」参照。

（32）争点整理の深化という場合、裁判官側は、主要事実のみならず間接事実や補助事実に至るまで、実際に証拠調べで争点として取り上げられ、かつ、事実認定上重要性を持つ事実についてはもれなく争点等整理手続で掌握できることを目指すことを考えており、その過程で、裁判所のみならず当事者（代理人）にも事案についての方向性が見えてくればそれに越したことはないし、実はかなりの事件は十分な争点等整理を行えば、人証の尋問の必要がなくなる場合があるのではないかという思いがある。これに対し、弁護士側は、そのような意味の深化の必要性をいいつつ、裁判官が暗に心証を固めてしまい、人証の採用を厳しくしたり、尋問自体を実施しても固められた心証を覆すことが難しくなるというような危惧を抱いており、それゆえにあまり「深化」することを望まず、少し荒削りの骨格が整理された段階で、「正規」の証拠調べをして判断してほしいという希望を持っているようである。そこには、裁判官の心証形成のメカニズムについての認識の相違や忙しすぎる裁判官が安易な事件処理に走るというような基本的な不安があるように思われる。また、代理人としては、当事者との関係で、「正規」の証拠調べに特別な価値を置いているというようなこともあるのかもしれない。さらに検討を進めなければならない点であるが、弁論準備手続等での当事者も交えた率直な討論が一つの解決策を与えてくれるかもしれない。

（33）このような問題点を抱えているような事案においても、代理人は当事者の利益のためにあまり実情を裁判所に示せない場合もある。裁判官がそのような点について理解せず、争点等整理を強く押し進めようとすると、代理人との間に無用の軋轢を生じることがある。裁判官として、心しなければならないところではある。しかし、他方で代理人としても、事案に応じて当然存在すると思われるような文書は、早期に確認できるように当事者を指導するなどの努力を惜しむべきではない。本シミュレーションについていえば、原告が記帳していた工事日誌（甲九）のようなものは、内容や整理のレベルは異なっても、多くの現場作業では記帳されているのが普通であり、原告にすぐに持って来させていれば、主張の混乱を避けられた可能性は高い。それとともに、本シミュレーションでも弁護士事務所の事務員の活躍場面がいくつか出てくるが、裁判所側は、書記官との協働関係を重視し、書記官の権限拡大も図られている今日、弁護士事務所においても、事務員 補助者の能力資質の向上、権限拡大などを考える時代になっているのではないかとの指摘もある（座談会　新民事訴訟法下における弁護士の活動　判タ九五三号一〇頁（松森宏発言））。

（34）ドイツにおけるリラチィオーンス・テクニック—木川統一郎「西ドイツにおける集中証拠調べとその準備（2）」判タ四八三号二一頁（昭五八）参照。

（35）井垣敏生「民事集中審理について—体験的レポート」判タ七九八号二〇頁（平五）参照。

（36）豊田愛祥「訴訟代理人の立場からみた争点整理『新民事訴訟法の理論と実務』上巻二五二頁（ぎょうせい、平九）は「争点整理手続をスムースに進められるかどうかは、裁判所の適切なリードのもとに、両当事者が争点整理という目的のために、双方の思惑をどこまで押さえて協力できるかという点にかかっている。その根底にあるのは、三者間の信頼関係の樹立と裁判所のリーダーシップの確立である。その点さえ可能となれば、元来が裁判手続で紛争を解決しようとして考えている三者の集まりである以上、後はスムースに進むことになるのは当然の理である。」と指摘している。

（37）豊田・前掲注（36）二五二頁は「今、弁護士の多くは、期待と不安に包まれて、新法の施行を迎えているといって過言でない。一方で、弁論手続の集中化 活性化と証拠調べの迅速化が制度上約束されたことを喜びつつ、他方で、裁判所の職権行使の場面が多くなり、裁判官の頭で考えた審理計画に引きずられて、証拠の提出制限など代理人の訴訟活動への掣肘が増すのではないかという不安にかられているのである。」という。

（38）『新民事訴訟法における書記官事務の研究』Ｉ（平成九年度書記官実務研究）一頁参照。

（39）井垣敏生「民事集中審理について」判タ七九八号八頁の「民事裁判改革の動き」と同所に摘示した文献参照。

（40）書記官の職務権限と職務内容については、太田朝陽「裁判所書記官の職務」『現代裁判法体系』（新日本法規、平一〇）一三巻七〇頁以下が詳しい。

（41）山本克己（司会）「新民事訴訟法と裁判所書記官実務—二一世紀の書記官を目指して」判タ九四二号四二頁（太田朝陽書記官発言）（四二）前掲注（四一）四二頁（太田由美子書記官発言）

第一七　尋問に代わる書面の提出（書面尋問）

一　書面尋問シミュレーション

〔平成一〇年一〇月七日㈬〕二民書記官室

当日の第三回弁論準備手続で鑑定人aに対し書面尋問を実施し、同年一一月一六日までに回答書を得ることとされ、そのために先ず被告側が一〇月一六日までに詳細な尋問事項書を提出し、その後一〇月二六日までに原告と補助参加人側で反対尋問を希望する事項があれば追加の尋問事項書を提出し、そのうえで裁判所が尋問を必要とする事項があれば付加して、全体を整理し、一〇月末までに鑑定人aに送付して回答を求めることが計画されたことを受けて、B書記官は、期日間管理簿(1)に右計画を記載した。

〔平成一〇年一〇月一四日㈬〕二民書記官室

予定より早く証人尋問を申請した被告代理人から詳細な尋問事項書が提出（相手方には直送・規則一〇七条三項）され、同時に上申書で吉田証人の尋問前に鑑定人の証言を確認しておきたいので、書面尋問の回答書の期限を早めるよう要請があった。そこでB書記官は、念のため、原告と補助参加人の各代理人に対し、回答を希望する事項があれば提出することと、被告側の上申の内容を伝え、予定の期日を少し早めて一〇月二三日までに書面で提出するように連絡した。両代理人も吉田尋問前に証人aの回答がなされることは望むところであるとして二三日までの提出を約した。

〔平成一〇年一〇月二三日㈮〕二民書記官室

原告及び補助参加人から「回答を希望する事項書」がファクシミリで送信（相手方にも同時送信済み）されてきた。

そこで、被告の尋問事項書と併せて裁判官に提出したところ、裁判官から書記官に両者を整理して一本化するよう指示を受けた。

〔平成一〇年一〇月二六日㈪〕二民裁判官室

B書記官が立案した尋問事項書に基づき、裁判官と協議し、表現を少し手直しして、証人に送付する資料42の尋問事項書が完成した（1ないし3が被告の尋問事項、4が原告、5が補助参加人の回答希望事項である）。

〔平成一〇年一〇月二七日㈫〕二民書記官室

B書記官は、証人aにつき書面尋問をする旨の資料43の決定書を起案し、裁判官の押印を受けた上、証人aに対し、資料44の説明書と尋問事項書を送付し、一一月一一日までに書面で回答するよう要請した。

〜〜〜〜〜〜〜〜〜〜〜〜

平成一〇年一一月一一日に証人aから各項目毎に詳細な回答があった。特に積算方法については図解と数式を用いた説明があり、公共工事用の積算資料等も添付されていた。なお、回答の詳細は省略するが、土木工事のグレードについては、民間工事については幅が大きすぎて実態は明らかでないとして、鑑定書は公共工事の基準を採用しており、管理費もその基準で積算しているということであり、その基準と工事内訳書の見積を比較すれば、部分的に異なるが、平均して鑑定書の基準の方が二割程度高額になっているということであった。B書記官は、回答書を裁判官に提出するとともに、各代理人に連絡した（各代理人において謄写申請）。

二　尋問に代わる書面の提出（書面尋問）

1　新制度の概要

旧法三五八条ノ三は、簡易裁判所の訴訟手続に関する特則として、相当と認めるときは、証人又は鑑定人につき尋問に代えて書面を提出させることができるとしていた。同制度は、直接主義や口頭主義などの民事訴訟法の基本原則の例外であり、少額の訴訟を簡易・迅速に処理することを目的とする簡易裁判所において、裁判所に出頭するのが困難な証人、鑑定人の出頭に伴う負担を軽減するために認められてきたものである(2)。

新法は、適正・迅速にかつ利用しやすいシステムを作るために、多様な選択肢を用意した。書面尋問の拡大もそのような選択肢拡大の一つとして導入されることになったものであり、簡易裁判所においては旧法における書面尋問の対象に当事者本人を加え（法二七八条）、地方裁判所及び高等裁判所については、相当と認める場合において、当事者に異議がないことを条件とし、証人に限って書面尋問を認めることにした（法二〇五条）。

また、規則一二四条に書面尋問の基本的な実施方法に関する事項が定められ、反対尋問権の放棄に対する配慮として、申請当事者の相手方にも回答を希望する事項の申出を可能とし、これを簡易裁判所での書面尋問にも準用することとした（規則一七一条）。

2　「証人」の法的地位

法二〇五条は、証人尋問の節に「尋問に代わる書面の提出」のタイトルの下に規定されており、「証人の尋問に代え」て書面を提出させることができるものとしている。そして、一般に「書面尋問」といわれているが、これは通称であって、「尋問」というより「調査嘱託」に近いものと考えられる。そこで、採用された供述者は「証人」であるのか、あるいは「書面尋問」は証人尋問の一種であるのかが問題となる。この点については様々な見解が考えられるが、回答しない場合にも、不出頭の制裁（法一九三条）、勾引（法一九四条）、証言拒絶に対する制裁（法二〇〇条）の各規定は適用されず、宣誓義務（法二〇一条）もないと解するのが相当であろう(3)。

もっとも、国民の義務としての証言義務＝回答義務はあると考えるべきである。

なお、証人の場合は、民事訴訟費用等に関する法律一八条で旅費、日当及び宿泊料を請求することができるが、書面尋問の「証人」の場合も日当は問題となりうるが、請求できないものと解する。

3　要　件

(一)　相当性

(1)　証人の負担（出頭又は証言の困難性）と証言の重要性との比較

証人尋問は、証言内容だけではなく、供述態度等も証言を評価するうえで重要な証拠資料となるから、尋問の必要性がある限り、原則として、裁判官及び当事者の面前で宣誓の上、証言させるのが相当である。それが直接主義や口頭主義にも叶うことになる。しかし、病気、海外勤務、拘禁施設への収容、遠隔地、勤務状況等のため出頭が困難な場合、強い難聴等のため尋問が困難な場合なども少なくはない。これらの事情があっても尋問の必要性が高く、かつ、その供述が重要性をもつ場合には、万難を排しても直接の尋問を検討しなければならないが、調査嘱託が有益な証拠となる場合があるように、当該証人に対する尋問事項、当該証人の地位等によっては、そのような負担をかけるまでもないと考えられる場合もある(4)。このような費用対効果からみて、証人の負担が過重と思われる場合には、書面尋問の方法を検討するべきであろう（本シミュレーションで、補助参加人から遠隔地でないのに書面尋問ができるのかとの疑問が呈されているが、書面尋問については遠隔地要件はなく、相当性の判断要素の一つに過ぎない）。

なお、証人尋問を採用して実施期日を決定したが、出頭しなかった場合にも、不出頭の理由から相当性等が認められる場合は、書面尋問に切り替えることも可能と考えられる。

(2)　**反対尋問の必要性の程度**

書面尋問は、後述のように申請当事者の尋問事項に加えて、相手方も回答を求めたい事項を提出することができ、反対尋問的機能も持つが、本来、反対尋問は、証言を得た上で矛盾点を質したり、証言の信憑性を弾劾する手続であり、事前に相手方が回答希望事項を提出しそれが尋問事項として採用されたからといって、それで十分とはいえない。したがって、書面尋問は、本来の意味での反対尋問の必要性が低い場合、すなわち、当該証人の中立性や公平性に対する信頼があり、尋問事項が資料等から客観的に回答できるような場合が適切である。

(3)　**書面での回答方法の相当性**

一般的には、重要性が低く、簡単に回答できる場合が書面尋問に向くと考えられるが、逆に、尋問事項が専門的事項にわたり、資料等を参考にし、あるいは調査・研究をして回答するのが適当な場合も、書面尋問であれば、正確な回答が得られるメリットもある。ただし、この場合は、回答結果によっては後に尋問が必要になることもあり得るが、基礎資料を得る意味でも効果的なこともあると思われる。

また、第三者的な人物でどの程度の事実を知っているかわからないような場合に、とりあえず書面尋問をして、認識の程度を知るような利用方法や個人に対する調査嘱託的な利用も考えられる(5)。

(二)　**当事者に異議がないこと**

少額の争いを簡易迅速に審理することを目的とする簡易裁判所と異なり、地裁及び高裁では、国民の重大な権利義務に関する審理を行うことに鑑み、かつ、書面尋問は証人尋問の代用であり、前記のように直接主義や口頭主義に反する手続であることから、地裁・高裁での書面尋問については、当事者に異議がないことを要件としたものである。

4　手　続

(一)　**書面尋問実施の判断**

書面尋問を実施するか否かは、裁判所が裁量によって決めるべき事項であるが、証人については職権による尋問が原則的に禁止されているから、当事者からの尋問の申出（書面尋問である必要はない）が必要である。その上で裁判所が尋問方法として決定することになるが、一般には、申請当事者が書面尋問を申立て、その相当性と必要性を述べて、裁判所の職権の発動を促し、相手方の意見を徴し、異議がない場合に、裁判所は前述の要件を考慮した上で、書面尋問を実施することになることが多いと思われる。もっとも、新制度でもあり、当面は、裁判所が書面尋問を相当と判断し、主導的に提起し、当事者に異議がないことを確認して実施することが多いかもしれない。

㈡　書面尋問実施に伴う事務

⑴　尋問事項書の作成

まず、申請当事者から尋問事項書（規則一〇七条）が提出され、次いで、相手方に対し、証人に書面による回答を希望する事項を記載した書面を提出するか否かを確認することになる（規則一二四条一項）。これは、相手方に補足的尋問ないし反対尋問的な尋問の機会を与えるためである。そして、申請当事者提出の尋問事項と相手方提出の回答を希望する事項とを検討し、裁判所が補充的に尋問すべきであると考える事項がある場合はこれを付加し、裁判所が一つにまとめることになる（この際、どの尋問事項が誰の質問かは示す必要はないし、不適当でもある）。また、尋問事項によっては、尋問事項書に回答枠を設け、そのまま回答を書き込めば回答書となるような形式が相当な場合もあり、証人の負担を考えて工夫すべきである。右のような方法を採用したときは、書面の末尾に当該証人等の署名押印欄を設けておくべきである（規則一二四条三項）。

⑵　尋問事項書の送付

こうして作成された尋問事項書を証人に送付することになるが、尋問事項書の他に、①提出すべき期間（規則一二四条二項）や証人自身が署名押印すべきである旨（規則一二四条三項）等を記載した説明書及び②返信用郵便切手（民事訴訟費用等に関する法律一一条一項一号）を同封し、証人に送付することになる。

⑶　回答書の提出

証人から、回答書が提出されれば、調査嘱託の回答と同様に、口頭弁論に上程（顕出）することによって証拠資料となる。回答書が提出されない場合は、回答書の提出を強制する法的手続がないし、制裁規定もないから、証人尋問手続の実施を検討することになろう。なお、回答書の提出があっても、必要性がある場合には、再度、尋問事項を決めて、さらなる回答を求めたり(6)、裁判所の裁量により証人尋問手続を実施することも許されるであろう（7）。

〈注〉

(1)　第六の五「期日間管理」の項参照。

(2)　簡裁での利用状況は、最高裁事務総局『簡易裁判所民事執務資料』民事裁判資料一七七号六六頁以下及び同『簡易裁判所判事会同要録（民事関係）』民事裁判資料一二〇号五八頁以下参照。

(3)　「新民事訴訟法をめぐって」第一六回・ジュリ一一二四号一〇七頁以下参照。

(4)　前掲注(2)によれば、医師や弁護士など第三者的な立場で客観的な供述が期待できる場合、歩行困難な者、入院中の者などについて利用されているようであるが、簡裁の実務でもこれまではあまり多くはない。

(5)　前掲注(3)「新民事訴訟法をめぐって」第一六回・福田剛久発言（一〇六頁）、柳田幸三発言（一〇七頁）。このような利用が許されるとすれば、かなり広い範囲での利用が見込めるかもしれない。

(6)　「前掲注(3)新民事訴訟法をめぐって」第一六回・福田剛久発言（一〇七頁）参照。

(7)　その場合、当事者の申請にかかる立証事項の範囲を逸脱しない限り、職権で当該証人を尋問することも可能と考えられる（最一小判昭30・7・14民集九巻九号一〇三八頁参照）。

第一八　第三回口頭弁論期日（弁論準備手続の結果陳述とテレビ会議による尋問）

一　テレビ会議による尋問の事前準備

第三回弁論準備手続期日（平成一〇年一〇月七日）において、原告と被告の双方が申請した吉田証人については、一一月一六日午後二時から四時までの予定で映像等の送受信による通話の方法（テレビ会議）による尋問を実施することが決定された。その際、双方代理人に対し、尋問の流れに沿った具体的な尋問事項書を一〇月二〇日までに提出するように指示があり（法一〇七条一項）、また、尋問は、被告から先に行うことも決められた。

〔平成一〇年一〇月八日㈭　二民書記官室〕

B書記官は、右の決定を受けて、実施要領などを記載した資料45の嘱託書を作成して仙台地裁民事訟廷庶務係にファクシミリ送信した。また、テレビ会議システムを利用するのに必要な費用を算定するため利用料金早見表を確認し、吉田証人の尋問予定時間が合計一二〇分であることから、尋問の延長も考慮して予納額を少し多めの金額に設定して、双方申請であることからその折半した金額について予納手続をとるように連絡するとともに⑻、第三回弁論準備手続において作成が約束された具体的な尋問事項書（証人がある程度回答を準備できるように具体化し、尋問の流れに沿って整理し、かつ、示す予定の書証も摘示しておくように要請）の提出についても再度確認しておいた。

ところで、B書記官はテレビ会議システムを使用するのが初めてであったので、尋問期日にスムーズに操作出来るのか、録取事務にどのような影響があるのかなど不安に思っていたところ、テレビ会議の実施予定を関係部署に連絡する際に試験送信できることを知らされて、裁判官と日時の打合わせをした。試験送信の日時については操作手順が記憶に鮮明なうちに尋問期日を迎えた方がよいと考え、仙台地裁の都合を聞いたうえ、一週間前の一一月九日午後二時から三〇分程度の予定で、操作手順を中心に、進行順序、書証の映り方、音声及び画像の状態などをチェックすることにした。

〔平成一〇年一〇月二七日㈫　二民書記官室〕

仙台地裁民事訟廷庶務係からファクシミリ送信により、共助事件番号、立会職員の氏名及び官職、使用法廷番号、証人の旅費の概算額などの通知書に加えて、出頭する証人等のために仙台地裁への交通経路図及びテレビ会議用法廷までの庁舎案内図の送付があった。そこでB書記官は、吉田証人に宛てて、仙台地裁に出頭する旨の期日呼出⑼、詳細な尋問事項書、右の仙台地裁の庁舎案内図及びテレビ会議システムを利用した尋問を受ける証人等への説明書を送達した。また、テレビ会議利用料金の予納が双方とも完了していることを確認し、裁判官に報告しておいた。

〔平成一〇年一一月九日㈪　午後二時〕
京都地裁第二五号ラウンドテーブル法廷
（テレビ会議システム設置法廷）

裁判官とB書記官は事件記録と「テレビ会議システム・マニュアル⑽」を持参して、同マニュアルの「第3　受訴裁判所として行う場合」の手順に従って仙台地裁との試験送信を試みることにした。

最初に、ラウンドテーブルを所定の位置（その位置でメインカメラのプリセット＝事前調整がされている）にセットし、裁判官・書記官・各代理人の着席位置を資料46の配置図のように決めた（マニュアルでは、書記官は裁判官の隣に着席することになっているが、本シミュレーションでは、書記官が書画カメラへ移動することによる録取事務への負担を軽減する目的で書記官の横に書画カメラを置くことにした）。

その後、テレビ会議システム操作盤を操作して、各装置（テレビ会議システム本体・傍聴人用モニターメインカメラ・書画カメラ）の操作を練習した。

そして、以下のような留意点に気付いた。

① マニュアルは、裁判官・書記官・原告代理人、被告代理人各一名を想定して、アップする人物に自動的にメインカメラが向くようにカメラポジションが設定されており、本件の場合は、補助参加人代理人がいるため、着席位置の設定及びプリセットを調整する必要がある。

② 書証を示す場合、書記官が自席を立って、代理人から書証を預かり、書画カメラの操作を行うことになり、その間は供述を録取することができない。書記官が着席するまで尋問をしないように代理人に注意してもらう必要がある。

③ 頻繁に書証を示す場合は、そのための補助者を用意することを検討しなければならない。

④ 書証の全景だけでなく、一部を拡大して示したりする場合、質問する箇所にピントを合わせるまでに少し時間がかかるし、証人が京都から送られてくる画面だけを見ているとすると全体的な把握が難しい。事前に提示する書証の写しを証人の出頭する裁判所に送付し、かつ、示す部分に予めマークをしておくなどの工夫が必要である(11)。

試験送信終了後、B書記官は直ちに双方代理人事務所へ連絡し、試験送信で気づいた点を説明し、尋問に使用する予定の書証で予め送付しておいた方がよいと思われる書証に必要と思われる箇所にマークするなどした書証のコピーを提出するように依頼した。そして双方から出された書証のコピーを仙台地裁の担当者に送付して、電話連絡をしておいた。

なお、試験送信の状況を記録するため、ビデオテープをセットしていたところ、映像も音声も明瞭であり、供述録取の補助として、ビデオ録画もすることにした。

二　第三回口頭弁論期日の進行

平成一〇年一一月一六日(月)午後一時三〇分からB書記官は事務官らの援助を得て、試験送信で確認しておいた所定の位置にラウンドテーブルをセットし、各装置の電源を入れるなどの準備を整え、示される予定の書証のコピー等を揃え、尋問の準備をした。

開始予定の二時少し前に、原告・被告・補助参加人の各代理人と原告本人・木谷専務のほか、初めて被告会社の清水社長と補助参加人の八坂社長も姿を見せ、以前弁論準備手続を傍聴した原告の友人の宮川とテレビ会議による尋問を実施することを聞きつけたマスコミ関係者が二人傍聴することになった(12)。そこで、B書記官は、試験送信時に決定していた前記配置図に従って各代理人に着席を促し、他の関係者等は傍聴席に着席してもらうことにした。

二時五分前になって、B書記官は、法廷内の電話で仙台地裁のテレビ会議設置法廷内の立会職員に連絡し、吉田証人の出頭を確認したうえ、法廷内のファクシミリにより、事前に記載された出頭カードと証人旅費日当等請求書を受信し、開始準備が整ったので裁判官に連絡をした。二時定刻に裁判官が入廷した。

〜〜〜〜〜〜〜〜〜〜〜〜

午後二時から、京都地裁第二五号法廷（テレビ会議システムの設置されたラウンドテーブル法廷）で弁論準備手続終結後の最初の口頭弁論期日である第三回口頭弁論が開始された。

Ｂ書記官はテレビ会議システムの電源を入れ、登録済みの仙台地裁の短縮番号を入力すると仙台地裁の法廷内の映像がメインモニター画面に映し出され、テレビ会議による尋問が開始できる状態になった。

１　弁論準備手続の結果の陳述

書記官が事件の読み上げをした後、先ず、裁判官から本件事案の概要と争いのない事実と弁論準備手続で確認された争点の説明があり、その後、原告代理人、被告代理人の順でそれぞれの争点についての主張と人証調べによって証明すべき事実を説明して、弁論準備手続の結果を陳述した。その内容は、以下のとおりであり、所要時間は、裁判官が二分半、双方代理人が各一分半で、合計で六分程であった。

㈠　裁判官の説明

（裁判官）本件は、近畿企画が受注した鴨川学園の新営工事の一部を補助参加人の八坂土木が下請けし、さらにその一部である下水道工事を被告が下請けし、これを被告から依頼されて原告が施工した（ただし、四〇パーセントまで施工した後、その後の工事を止めている）として、その施工部分に対する請負代金として、既に受領した六〇〇万円以外に、まだ残金が六五〇万円あるとして、被告にその支払を求めている事件です。

本件の争点は、四つあって、第一は、本件工事を原告に頼んだのは被告か八坂土木か、第二は、被告が注文者とした場合、請負代金をいくらとする約束であったか、第三は、請負代金について、かかった経費を払うという約束があったとして、原告及びその下請けがした工事にかかった実際の経費はいくらか、第四に、原告側で施工した工事に瑕疵がなかったか、あったとすればその修理費用はいくらかということです。

第一の争点については、被告の木谷専務が本日の吉田証人に下水道工事の設計や見積をさせたことや支払済みの六〇〇万円について、八坂土木から同額の手形を貰い、原告には現金で支払をしていることなどの事実があり、それらは争いがないのですが、被告は、工事を紹介しただけだと主張し、原告は、被告から依頼されたと主張しています。しかし、原告と被告は契約書を作成しておらず、契約の日には被告も八坂土木も設計者の吉田さんも同席していましたので、そこでどのようなやりとりがあったかが重要な決め手になります。今日はその点を中心として吉田証人に伺う予定です。

それでは、原告の方から争点についての言い分を簡潔に説明してください。

㈡　原告代理人の説明

（原告代理人）第一の争点については、今、裁判官から説明があった以外にも木谷専務は、争点整理表に記載されたように工事図面を原告に渡して工事を依頼し、代金も支払ってきたし、途中で工事方法の変更を指示したりしており、被告が発注者であることはあまりにも明々白々である。第二と第三の争点については、工事が始まってすぐに費用の嵩む工法に変更になったこと、現実に工事が一八日間も中断したことは争いがなく、高い工法を指示すれば、その増加分を払うのは当然であるし、原告のような常傭の人夫もおらず、建設機械もリースしているような小規模の業者にとっては、工事の中断は死活問題であり、経費の増加分をどうするかということを確かめないで工事を続けることなどありえない。このような実情を知った上で事実経過をみれば、木谷専務が原告の要求に応じて、かかった経費の支払を約束したことは明らかである。第四の争点については、争点整理表に特に追加することはない。

㈢　**被告代理人の説明**

（被告代理人）本件各争点についての当方の主張は、争点整理表に記載されたとおりであり、詳細はそれにゆずるが、本件の特徴は、裁判所からも原告代理人からもご指摘のとおり、被告の木谷専務が注文者ではないにもかかわらず、一見注文者の行動でないかと見られ勝ちな言動を数々していることである。それらの個々の事実に目を奪われていると、原告代理人がいうように注文者は被告に違いないということになる。しかし、それは、木を見て森を見ざるのたとえ同然である。本件で最も注目しなければならない点は、原告も認めているように、被告が損こそすれ、全く利益を得ていないということである。

八坂土木から被告が受注し、それを原告に下請けさせたのであれば、利鞘を稼ぐのが常識である。被告も一旦はそうするつもりで吉田さんの見積書に利益分を上積みした見積書まで作っている。被告が下りて、八坂土木と原告が直接契約することになったから、八坂土木も同席の場で一五〇〇万円で原告が本件工事をすることになったのである。木谷専務は、紹介者としての責任感と親切心でしたことを逆手に取られているだけである。本件の森はなにかを見すえた審理を望みます。吉田証人によって、契約締結時点の話し合いの状況が明らかになると思います。

2　鑑定結果と書面尋問の結果の上程

裁判官は、九月二五日に提出された鑑定人ａの鑑定の結果を陳述し、一一月一一日に送付された証人ａの尋問にかわる書面（添付資料を含む）(13)を顕出した。

三　弁論準備手続の結果陳述

1　旧法の規定と実情

弁論準備手続は、旧法の争点等整理手続として予定されていた準備手続が実務上ほとんど利用されない中で、それに代わる有効な争点等整理の方法として実務が生み出した弁論兼和解における争点整理機能を純化した手続を創設する目的で、法制度的には準備手続の改正という形で整備されたものといわれている。

準備手続は、受訴裁判所が主宰するとは限らず、公開もされていなかったし、本質的にも弁論の準備にすぎないから、口頭弁論へ橋渡しをするために、「当事者ハ口頭弁論ニ於テ準備手続ノ結果ヲ陳述スルコトヲ要ス」（旧法二五四条）とされていた。その背景には近代民事訴訟の原則とされている口頭主義、弁論主義、直接主義、公開主義等の諸原理がある。しかし、わが国の実務は、一方で原理原則をいいながら、他方で効率主義から原則を後退させる運用が実務を支配するような傾向が指摘される。準備手続の結果陳述や裁判官の交代時等の弁論更新手続はその最たるものである(14)。口頭弁論の準備のための準備書面を陳述したことにして、法廷でほとんど議論がなされない形骸化した口頭弁論が定着してきた原因もこのような効率主義の反映というべきであろう。

2　改正論議と新規定

新法の改正論議の中でもそのような「実情」を背景に検討事項の段階で、上程不要の選択肢も提示され、受命裁判官が手続を主宰した場合だけ上程手続を要するものとする考え方も示された。裁判官や弁護士の中にも、実効性のない手続に批判も強く、不要説に対する支持も少なくなかったが、他方で弁論準備手続を公開を要しない手続とする以上、公開制との調和をもった手続を確保すべきであるとする意見が弁護士会を中心に強く(15)、裁判所側でも原則論だけではなく、この際、より実質的な形での弁論上程を考えるべきだとの意見もあって(16)、結果的には、「当事者は、口頭弁論において、弁論準備手続の結果を陳述しなければならない。」（法一七三条）と旧法と同一の規定が置かれるに至った（右規定は、争点等整理が完了して弁論準備手続が終結した場合だけでなく、弁論準備手続に付する裁判が取り消された場合にも適用される）。

そして、手続を実質化するうえでの最低限の指針として、規則八九条は「弁論準備手続の終結後に、口頭弁論において弁論準備手続の結果を陳述するときは、その後の証拠調べによって証明すべき事実を明らかにしてしなければならない。」と定めた。これは、弁論準備手続が終結した場合にのみ適用されるものとされており、その場合には、争点が明確になり、立証テーマも明確になっているはずであるから、集中証拠調べを実施する直前に再確認することが裁判所、当事者、証人等にとっても有益であるとの考えに基づくようである(17)。

3　結果陳述の意義

しかし、弁論準備手続は原則として受訴裁判所によって行われるから、直接主義は満たしているし、口頭主義も裁判所と両当事者（代理人）の三者の討論の実質化という意味では口頭弁論よりも弁論準備手続の方が充実していると思われ、そのように口頭弁論の実質化した弁論準備手続によって争点等の整理が進められ、最終的には争点及び立証方法の確認をしたうえでその手続を終結していることから、実際的な必要性をいうなら、公開主義との関係しか残らないことになる。一般の民事訴訟において、事件に関係のないいわゆる一般傍聴人はまれであることからすれば、傍聴人の有無にかかわらず同じような上程手続を要求しても インセンティブとしては、はなはだ弱いといわざるを得ない。また、規則の考え方に対しても、集中証拠調べ前に立証テーマを確認することが有益であるとすれば、それは弁論準備手続を終結して集中証拠調べに移行する場合に限られる理由はないのではないかとの疑問もなくはない。

右のように効率主義からの消極的な姿勢は依然として実務家の中には根強いものがあるが、ドイツでは、審理の冒頭に裁判官が事案と争点の説明をし、当事者も意見を述べるという実務が定着しているといわれており(18)、それも口頭弁論の活性化の現れであるとされている。

わが国においても、弁論準備手続により実質的に弁論の活性化が図られることが期待されるが、それでも争点等整理手続に当事者自身が全面的に関与する場合は少なく、代理人からの報告や準備書面等で相手方の言い分もある程度は分かるとしても、必ずしも十分ではないであろう。一般傍聴人がいない場合でも、当事者本人や争点等整理手続に関わっていない事件関係者が在廷することは少なくないのであるから、集中証拠調べの冒頭に双方の言い分が代理人あるいは裁判官から明確に述べられるようになれば、それまでにされてきた争点等整理手続の概要を知ることができるし、重要な争点が何で、今から行われる証拠調べの目的も認識することができるであろう。また、そのような慣行ができることによって、真に口頭弁論を活性化させる契機になることも期待されるのではないかと思われる。

弁論準備手続はあくまで口頭弁論の「準備」にすぎず、本則の口頭弁論への上程を不可欠とする原則論に加え、右のような実質的な意義も見出せるとすれば、効率主義にとらわれるのではなく、いかに結果陳述を形骸化させないで実務に取り入れるかを工夫すべきであろう。そして、具体的な上程の程度は、事件の重要性（社会的な注目度、一般傍聴者の有無等）、弁論準備手続での当事者等の参加状況、争点確認の方法（書面か口頭か等）等を考慮しつつ、双方代理人と協議して、できるだけ実務に定着するように努力をしていくべきであろう。

4　新法施行後の実情

立法過程からのこのような議論は、新法施行後も明確に解決されたとはいいがたく、日弁連は、結果陳述を形骸化させないために実質的弁論をどのように行うかが今後の課題であるとし、よき訴訟慣行の形成へ向けての努力を裁判所及び弁護士に求めている(19)。そして、この制度を口頭弁論の活性化の一つの鍵として重要視する弁護士の意見も公にされている(20)。

しかし、新法施行後半年程度の時点での全国の弁護士会に対する調査結果では、弁護士は、ほとんど行われていないと答える者が多いが、裁判官の方は、ほとんど全員が行っていると答えているとして、これは、弁護士の方にあまり意識がなく、裁判官が一方的に行っている結果陳述を見過ごしているためかもしれないと報告(21)されている。これをみれば、結果陳述は、実務に根付くどころか、その必要性さえほとんど意識されていないというのが現実かもしれない。裁判官の側にも、結果陳述の方法を記載したメモを準備しておき、弁論準備手続の最終段階で双方代理人に交付して説明をし、代理人主導の結果陳述を実践し、弁護士の口頭陳述の能力を高く評価する報告(22)もあるが、反面、証拠調べによって証明すべき事実を論じる弁護士はいないし、論じてもらうようなことはしておらず、代理人からの要望もないといい、争訟性の程度の低い事件でそのようなことを論じるのは芝居じみて感じられるとして、結果陳述として何をやるべきかは、もう一度本音で検討してみることが必要だとする意見(23)もある。

観念的な議論では実務は動かないことを示していると同時に、旧法当時から実践を試みてきた裁判官は、経験に裏打ちされて実務改革を実践しており、可能性を示してもいる。

以前からも社会的に注目を浴びる公害事件等では裁判官の交替による弁論更新も相当な時間をとって実質的に行われてきており、代理人がその必要性を見出せばより日常的な事件であっても不可能ではあるまい。すべての事件に形式的に求めるのではなく、さしあたって裁判所も当事者も必要性を認める事件からでも、具体的な方法も含めた協議をして、実践可能なところから試みていくことが必要であろう。誰もが必要性を感じないのであれば、法の定めがある以上全くしないことは許されないが、形式的であってもやむをえないのではないだろうか。

実践の方法については、冒頭陳述型、尋問事項型、新様式判決対応型などが紹介されている(24)が、本シミュレーションのやり方は最終弁論型という意見もあった。要は事案を口頭で述べることに意義を感じるような方法を工夫することである。それは、主として代理人の役割であろう。

四　テレビ会議による尋問シミュレーション

右の手続を終えたところで、裁判官は、次回に尋問する予定の木谷証人が在廷していることについて、原告と補助参加人に意見を求め、異議がなかったので同席を許した。

そこで、吉田証人の尋問が開始されることになり、裁判官から促されて、Ｂ書記官は、各代理人に対し、「書記官は録取事務をしながら、書画カメラを使って書証を示したりいたしますので、書記官が書証を示しているときには、証言を書き漏らさないためにも、書記官が席に戻って一呼吸置いてから質問を続けていただきますようご協力ください」と録取事務への協力要請を行った。その後、仙台地裁に接続し、テレビ画面に吉田証人が映り、画面内の小画面に受訴裁判所側の出頭者の全景が映し出された。

（裁判官）それでは尋問を始めたいと思います。吉田明夫さんですね。

（証人吉田）はい。

（裁判官）それではこちらの出席者を紹介したいと思います。私は京都地方裁判所の裁判官Ａです。私の右隣が原告代理人の甲野弁護士で、その隣が補助参加人代理人の丙川弁護士です。私の左側に座っているのが被告代理人の乙山弁護士です。そして、その隣はＢ書記官です。

テレビ会議システムを使っての証人尋問を行うわけですが、何かご不明な点があれば言って下さい。

（証人吉田）事前に送られた説明書を読みましたし、ここにいる裁判所の方から話を聞きましたから大体分かりました。ただ、送っていただいた尋問事項書に甲第一号証を示すなどと書かれていますが、どんな書類か分からないので一応推測しながら準備してきましたが(25)……。

（裁判官）書証は尋問の際にそちらにいる係官から示すか、テレビ画面に映し出すことにします。ほかになければ、これから始めたいと思います。

Ｂ書記官は、手元に置いてあるテレビ会議システムの操作盤を操作し、裁判官の受訴裁判所側出席者の紹介に合わせて法廷の全景や各出席者のズームアップの映像を交互に映し出した(26)。

（裁判官）それでは、まず宣誓をしていただきます。住所、氏名、生年月日、職業を順に言って下さい。

（証人吉田）住所は仙台市青葉区……一級土木施工監理士です。

（裁判官）さきほどの用紙に書いていただいたとおりで間違いありませんね。

（証人吉田）間違いありません。

裁判官は宣誓の趣旨説明及び偽証の罰の告知をしたうえで宣誓書を朗読するよう指示し、仙台地裁の立会職員が吉田証人に宣誓書を手渡して朗読が行われた。そして、宣誓書の朗読が終わると、裁判官は吉田証人に出頭裁判所側の書画カメラの上で宣誓書に署名押印するように指示し、立会職員の指示に従い吉田証人が署名捺印する映像が受訴裁判所に映し出された。そして立会職員は宣誓書を受訴裁判所にファクシミリ送信した(27)。

（裁判官）それでは被告代理人の方から尋問を始めて下さい。

〜〜〜以下、尋問内容省略〜〜〜

（裁判官）それではこれで尋問を終わりま

す。吉田さんご苦労様でした。

Ｂ書記官は操作盤の終了ボタンを押してテレビ会議の回線を切断し、後日の通信料金の支払手続に備えてモニター画面に写った使用時間と通信料金をメモした。使用時間は一時間四八分で予定より短かったが、その原因で大きかったのは、尋問事項がよく整理されていて、スムーズに尋問が進んだことと書証を書画カメラで示したのが二回しかなく、それ以外は事前に送付した写しを出頭裁判所の立会者から示してもらうことで足りたことと思われた。

吉田証人の証言内容の詳細は省略するが、証言の要旨は以下のとおりである。

①　土木関係の設計と現場監理が主たる業務であり、一級施工監理士の資格がある。

②　被告から本件工事の関係で見積と設計を依頼され、平成八年一〇月ころ、木谷専務と原告の三人で現地を検分し、八坂土木から下水道の配置等の図面（丙一）をもらい工事の概略を聞いた。

③　その後は木谷専務が忙しいので、直接八坂土木と相談するよう言われ、八坂土木から工事内容の説明や変更の指示を受けたり、訂正図面をもらったりして、それらの図面等と現地調査に基づき、本件工事の細部の員数等を割り出し、それに建設省発行のマニュアルで都市下水道工事の歩掛かり（単価）を見て見積をした。最終的に一六〇〇万円近い工事内訳書（甲二）を作成し、被告に提出した。八坂土木から受けた説明や資料は大体は木谷専務に話したと思うが正確には覚えていない。

④　内訳を算定する前提としての工法については、八坂土木から地質調査の結果、地表面から四～五メートルまでくらいは軟地盤はないから、経費のかからないオーソドックスな工法で見積ればいいというような意向であったから、オープンカット（勾配は二分）で掘削する前提で内訳を出した。そのことは木谷専務にも話したと思う。後に近畿企画から矢板止めでやるように指示があったと聞いたが、法規制を厳格に適用すればそういうことになる。実際の民間の施工では必ずしも守られていない。

⑤　平成八年一一月末ころ、現場事務所で八坂社長、木谷専務、原告と証人が集まり、原告が施工することに決まった。証人としては被告から設計を依頼されたりしていたから、八坂土木から被告が請負い、被告から原告に頼んだものと思っていたが、実際には注文者が誰かなど関心がなかったので、話の内容はよく覚えていない。

⑥　請負代金については、一五〇〇万円くらいでしてほしいと八坂社長も木谷専務も話しており、原告から順調にいけばなんとかなるかもしれないような話が出ていたように思う。八坂社長と木谷専務との間で話が付いているように感じた。

⑦　途中で原告はこの工事から手を引き、被告から原告の出来高の調査依頼があり、設計図を基に積算し四割と判定した。

⑧　瑕疵②については、曲管の使用でもたいした支障はないが、直線で設計されているから補修も直管を使うべきだと考えた。

～～～　期日終了後～～～

（裁判官）　皆さん、テレビ会議を利用した尋問はどうでしたか。

（原告代理人）　便利なものですね(28)。

（被告代理人）　声もよく聞こえましたし、ほとんど通常の尋問の場合と変わらないので良かったと思いますよ。ところで、仙台まで裁判所に出張してもらった場合と比べると金額的にはどのくらい安くなるんですかね(29)。

（Ｂ書記官）　その点は出張する場所や裁判所側の人数等の関係で一概には言えない部分がありますが、本件について試算したところでは、例えば裁判官と書記官各一名が仙台地裁へ出張して尋問する場合の臨検旅費とテレビ会議を利用して尋問する場合の回線使用料金（京都＝仙台、一二〇分で二万一六〇〇円）を比べると、証人の旅費日当等を別にすれば、当事者の金銭的な負担は四分の一から五分の一程度ということになるようです。

（補助参加人代理人）その点は当事者にとってメリットが大きいですね。しかし、直接目の前で証言態度を確認したいような事件もあると思うのですが、そういう事案ではテレビ会議による尋問は適当でない場合があるかもしれませんね。

（裁判官）そういう事案もあるでしょうね。ですから、当事者の利害に関わる面もあるので規則一二三条一項で「当事者の意見を聴いて」テレビ会議による方法を選択することになっているんでしょうね。

では、次回は計画どおり証人の馬場さん、八坂社長、木谷専務そして原告本人の集中証拠調べを実施しますのでよろしくお願いします。本日はこれで終了したいと思います。

五　テレビ会議装置を利用した尋問手続

1　立法趣旨と活用場面

テレビ会議システムを利用した尋問（法二〇四条、二一〇条、二一六条、規一二三条）は、電話会議装置を利用しての争点整理手続などと同様、民事訴訟は時間や費用がかかりすぎるという批判の声に応え、近年の情報通信機器の飛躍的な発達を背景に、それを活用することにより、迅速で費用負担の少ない裁判の実現を図る目的で規定されたものである(30)。具体的な活用場面を考えてみると、本シミュレーションのように、遠隔地に居住している証人等が仕事上多忙なことを理由に受訴裁判所への出頭に難色を示している場合、病気や怪我のために受訴裁判所への出頭は困難であるが最寄りの裁判所への出頭は可能な場合、その他、遠隔地に居住しているという要件を満たしたうえで、証人が訴訟当事者と法廷で顔を合わせることに難色を示しているような主観的理由がある場合などが考えられよう。このように、テレビ会議システムの導入で尋問手続のメニューが増えたことは、費用や労力の点において証人等の負担軽減が可能となり、訴訟当事者の立証活動においても証人の訴訟参加を容易にし、迅速で費用負担の少ない裁判実現に資するものとして期待されているのである。このほか、鑑定人尋問についてもテレビ会議を利用することができるので、代理人が鑑定人と鑑定方法や現場視察の日程などについての打合せを希望しているような場合は有効であるし、鑑定人の負担軽減にもつながるものと考えられている(31)。

2　書記官事務

近年の情報通信機器の発達により、書記官事務においてもOA機器を利用する場面が増えている。その場合、書記官が最も不安に思う点は、機械をスムーズに操作できるのであろうかという点であろう。この点については、例えば電話会議装置やテレビ会議システムの操作方法や手続マニュアルなどが各設置庁に完備され、内容的にも詳細かつ実践的なものであり、実際の手続をイメージするのに非常に有効なものとなっている。ただ、本シミュレーションの試験送信で様々な問題点が明らかになったように、事案によっては書証を示すのに時間を要することが予測されたり、録取事務について代理人への協力要請が必要であることに気付くこともあるので(32)、裁判官との事前の打合せは手続をスムーズに進行させるうえで欠かせないものであると思われる。

〈注〉

(8) テレビ会議システムは通常の電話回線を使用するため、一般家庭と同様に基本料金と通信料金がかかる。このうち基本料金は国庫負担となり、通信料金は民事訴訟費用等に関する法律一一条一項一号規定の「裁判所が証拠調べをするため必要な給付」に該当するので当事者負担とされている。そこで書記官は、通信料金の概算額に消費税を加算した金額について予納を促すことになる。

(9) 証人が出頭する場所に関し、規則一二三条一項は、「当該尋問に必要な装置の設置された他の裁判所」としているが、最高裁事務総局『条解民事訴訟規則』二六八頁注2（平九）では、『将来の技術の進展によっては、本条を改正することにより、尋問に必要な装置の設置された裁判所以外の場所に出頭することを認める余地がないわけではないと思われる』としている。なお、同項は、当事者（代理人を含む）については受訴裁判所に出頭させることとしているが、現在のシステムでも、当事者やその訴訟代理人が証人の出頭裁判所で尋問することは可能であり、検討を要するのではないかと思われる。

(10) 京都地裁では、中村文昭元民事訟廷庶務係長が何度も操作を繰り返した上で「テレビ会議システム　マニュアル」を作成し、各部に配布している。そして、実際に使用した者からの指摘に基づいて必要な改訂を加えてさらに使いやすいものにしていく態勢がとられている。

(11) 書画カメラで示しながら尋問する場合は、書証の記載内容や質問しようとしている箇所を早期に証人に理解させる工夫として、書画カメラ上の書証の該当個所を先に赤色等のポイントが付いた棒状の器具で指示したり、それを用いて代理人が書画カメラまで赴いて直接説明する、などの方法が考えられる。このようにすることで、通常の尋問において代理人が、証言台で書証の該当個所を口頭で表現する前に指で指示する時と同様の状況が作り出せる。しかし、そのような作業をしていると尋問時間が余分にかかるだけでなく、書記官の録取も難しく、できれば事前に送付した書証の写しを利用して尋問することが望ましい（原本を示すのが相当な場合には、事情が許せば原本の事前送付も検討されるべきである）。

(12) テレビ会議による尋問は、受訴裁判所の法廷に証人がテレビ会議装置を通して出頭していると解することができるので、受訴裁判所の法廷が公開されているのは当然であるが、証人の出頭している法廷については公開する必要はないと解されている（福田剛久「証人尋問①・OA機器を用いた証人尋問」『新民事訴訟法大系』第三巻三四頁（青林書院、平九）参照。

(13) 証人が回答書に説明のために補助資料を添付したり、回答の根拠を示すために手持の資料を提出することがありうる。この場合、文献等の客観的な資料であれば問題となることは少ないと思われるが、第三者の作成名義の文書の写しなどが添付されている場合は、別途、当事者が書証として原本を提出するなどの措置が必要となるのではないかと考える。

(14) 弁論更新時のやりとりは、ほとんどの場合、「裁判官が代わりましたので手続を更新します。従前どおりでよろしいですか。」「はい」という程度のやりとりである。そして、口頭弁論調書には

「従前の口頭弁論の結果陳述」と印刷された箇所にチェックを入れるだけである。しかし、この「儀式」を忘れて判決の言い渡しをすると、上級審から破棄差し戻しされ、別の裁判官において、右の「儀式」をした上で審理をやり直すことになる。そこで改めて原理の重要性を知るわけであるが、国民の目からみればあまりにも無意味なことをしているように見えるのではないであろうか。今回の改正ではこの点については触れられなかったが、弁論準備手続の上程と同列の問題であり、実務との調和を図りつついかに実質化していくかが課題である。

(15) 日弁連民事訴訟法改正問題委員会編『新民事訴訟法・改正のポイント』別冊NBL四二号八一頁(平九)は、一切の上程を不要とするのは、弁論準備手続が必ずしも公開法廷で行われないこと、争点整理や準備の名のもとに、実質的な弁論が行われ、公開法廷にはそれが現れることなく処理されてしまうおそれがあることなどから適当ではないと指摘している。

(16) 法改正前の議論は、最高裁事務総局『民事訴訟手続の改正関係資料』民事裁判資料二一〇号三八頁以下に紹介されている。

(17) 最高裁事務総局『条解民事訴訟規則』二〇四頁。なお、村上正敏「集中証拠調べについて(体験報告)」判タ九〇九号(平八)は、旧法当時から集中証拠調べ期日の冒頭で、裁判官において事案の概要を説明(冒頭陳述　数十秒から長くても二、三分)していることを報告している。その目的として、訴訟関係者全員に事件の内容を再確認させ、争点に的を絞った尋問を実現することと、傍聴人がいる場合は、裁判の公開を実質化することにあるとする。

(18) 日弁連ドイツ民事訴訟視察団編『弁護士から見たドイツ民事訴訟の実態』の平山正剛「ドイツ民事訴訟視察の印象」、井上英昭「ドイツにおける民事訴訟を傍聴して」、三宅省三「ドイツ民事訴訟みて歩き」等の各論稿は、早期第一回期日方式の期日でさえ極めて活発な弁論がなされ、その冒頭に裁判所の認識した事件の内容が述べられている状況が報告され、強く感銘を受けたとされている。もっとも、ドイツでは、第一回期日前に、弁論準備手続のように当事者(代理人)が対席して討論し、争点等の確認が行われているわけではないし、ドイツとわが国の弁護士制度の大きな違いや弁論期日の持ち方の違いから、そのままわが国に導入することに問題を指摘する意見もある。

(19) 前掲注(15)改正のポイント八二頁

(20) 山田敏「弁論準備手続⑤・弁論準備手続後の結果の陳述」『新民事訴訟法大系』第二巻三三三頁(青林書院、平九)以下は、実務改革の必要性を説き、口頭による弁論は、裁判官や代理人に対して事件への理解を深めさせる絶大な効果をもっており、当事者本人ら事件関係者にとっても極めて有意義なものであるとする。そして、弁論準備手続で行われる訴訟行為の広汎さからして、その手続が非公開で行われたうえ、手続結果の陳述が形式的に行われるなら、民事訴訟は旧法の実務以上に不透明になる恐れがあると指摘し、上程手続の実質化は今時改正の標語である「国民に利用しやすく、分かりやすい」民事訴訟の一部をなすものと位置づけている。また、木内道祥「上程更新」論点『新民事訴訟法』二〇八頁(判例タイムズ社、平一〇)は、弁論準備手続の上程は、同手続が公開制を備えていないために、そこで行われた結果を公開法廷に顕出することによって、同手続の公正を確保するにあるとして、その目的を達成できるレベルのものを目指すべきであるとして、同手続において「その後の証拠調べにより証明すべき事実」がどのような経過をたどって明らかとなり、それが今後どのように証明されようとしているのか、という経過と展望を含んだ結果陳述が必要であるという。

(21) 中本和洋「各地における新民訴法の運用状況」自正四九巻九号一一六頁参照。

(22) 村上正敏「大阪地方裁判所における新民訴の運用状況等について」前掲注(21)自正一〇六頁参照。

(23) 園尾隆司「新民事訴訟法の運用の実情とその検証」自正四九巻九号九四頁参照。

(24) 山田・前掲注(20)三四七頁以下参照。

(25) テレビ会議尋問に限ったことではないが、吉田証人のような立場にある証人の場合は、事前に自己の作成した設計図等を調査してくるであろうから、尋問事項書にも文書の表題を示すなどの工夫をしておけばより的確な準備を期待できるであろう。

(26) 「テレビ会議の方法による証人等の尋問の手引」書協会報第一四一号一五頁(平一〇)参照。テレビ会議装置の操作盤には、予め裁判官や代理人の座席位置やそのズームアップ、法廷の全景など、カメラアングルが登録されているプリセット登録ボタンがあり、これにより尋問中にカメラポジションを操作する手間が省けるようになっている。また、受訴裁判所から出頭裁判所のカメラ操作が出来るため、出頭裁判所の全景や証人へのズームアップも可能である。

(27) 宣誓書への署名捺印の方法は他にも考えられる

が、本シミュレーションではその一例を取り上げた。

なお、出頭裁判所から受訴裁判所に対しファクシミリ送信された宣誓書は証人調書末尾に添付され、宣誓書原本は出頭裁判所において共助事件記録に綴られることになる。

(28) 研究会メンバーも実際の事件においてテレビ会議による被告本人尋問を経験したが、双方代理人から本シミュレーションと同様、便利な手続であるという点や音声や映像の臨場感に関しても予想以上に良かったという感想が述べられている。

(29) 福田剛久「証人尋問①—ＯＡ機器を用いた証人尋問」『新民事訴訟法大系』三巻三三頁（青林書院、平一〇）では、「（テレビ会議装置を用いた証人尋問が）どの程度活用されるかは、当事者本人や証人の負担の問題について、裁判官や弁護士がどの程度意識して訴訟の進行に臨むかにかかっているということもできる。」としている。

(30) 前掲注(29)三三頁。

(31) もっとも、鑑定人との打合わせがさほど必要でないケースは書面宣誓の手続を利用する方が適している場合もあろう。

(32) テレビ会議による尋問においては、規則六八条の規定により「裁判長の許可があったときは、証人、当事者本人又は鑑定人の陳述を録音テープ又はビデオテープ（これらに準ずる方法により一定の事項を記録することができる物を含む。）に記録し、これをもって調書の記載に代えることができる」ので、その際には機器の操作に書記官事務の主眼が置かれることになろう。

第一九　集中証拠調べに向けた準備

一　原告側の準備シミュレーション

1　原告陳述書と尋問事項作成

〔平成一〇年一〇月七日㈬〕甲野法律事務所

第三回弁論準備手続を終え、原告を伴って事務所に戻った甲野弁護士は、事務員から出されたお茶を一口飲み、原告に対し、いま決まったばかりの今後の訴訟の進行、すなわち、鑑定人に対しては書面で質問して回答を得る方法をとり、吉田監理士に対してはテレビ会議システムという形で尋問をすること、それとは別に馬場、八坂、木谷、原告の四人を一二月一五日に一日かけて尋問することになったことを改めて説明し、原告が理解していることを確認した。そして、甲野弁護士は、書面尋問と吉田監理士の尋問の準備は自分の方で進めるが、テレビ会議での尋問も傍聴できるがどうするかと原告に尋ねた。原告は、それなら是非出席したいということであった。

次いで、甲野弁護士は、一番重要なのは一二月一五日の四人の集中証拠調べであり、ここで原告の言い分を証明できるかどうか、つまり裁判官に認めてもらえるかどうかがかかっていることを告げ、それに向けて準備を進めていかなければいけないと話した。

そして、甲野弁護士は、原告の準備しなければいけないことを三点指示した。

①　裁判所で約束したように原告自身の文章である陳述書を作成して裁判所に提出すること

②　馬場証人に裁判所で原告から本件工事を請け負った経過などについて証言してもらうことになったから協力してもらえるよう話しておくこと、そのことで近いうちに弁護士に会ってもらいたいこと、一二月一五日の午前九時半に原告と一緒に事務所に来てもらうよう承諾を得ること

③　原告自身の証言の準備をすること

すると、原告は、「私がその陳述書というものを書くんですか。法廷で証言するって何を言えばいいんですか。」と不安な表情を浮かべた。そこで甲野弁護士は、陳述書は原告の文章だから原告が書くのが原則だと答えると、自分は文章なんか書いたことがない、第一、何を書いたらいいのかわからない、現場仕事で忙しくとてもそんな時間はないと言いだした。そこで甲野弁護士は原告に対し、裁判所が作成した争点整理表（1）のコピーを渡し、裁判は大きく分けて、①発注者は誰か、②請負代金はどのように決められていたか、③原告が施工した分の出来高はいくらか、④原告が施工した工事に瑕疵があるかの四項目を中心にしてすすんできていること、この争点整理表の「争いのない事実」は被告も認めている事実だから、「争点」とされている項目についてだけ、すでに渡してある訴状や準備書面に原告の言い分は整理してあるから、これらを参考にして、詳しい経緯を日を追って箇条書に書いてみるように言った。甲野弁護士からコピーを受け取った原告は、それでも不安そうな表情を隠さなかった。甲野弁護士は、原告の表情を見ながら、法廷で何を言えばよいかはこの陳述書を作成する作業の中で、あわせて打合せをするから心配しないように告げた。そして、二週間後の一〇月二一日午後六時に書いたものを持参することを約束した。

〔平成一〇年一〇月二一日㈬〕甲野法律事務所

約束の午後六時を二〇分程過ぎてやって

きた原告は、仕事で遅れたことを詫びながら、なかなか時間がなくてと言って甲野弁護士にノートを差し出した。ノートを開いてみると、ボールペンの小さな字で、争点整理表のコピーのとおり、まず、「被告は、加茂設計に依頼して本件工事の設計をさせ、かつ、見積をさせている。ただし、その代金七五万円は被告から補助参加人に請求され、被告から加茂設計に支払われている。その理由、やりとり」と書いて行を改め、「被告が発注した証拠である。」と書かれてあった。次の行には「被告は、加茂設計の見積額を増額修正した見積書を自ら作成し補助参加人に提出している。」と書いて行を改め、やはり「被告が発注した証拠である。」と書かれている。さらに次の行には、争点整理表の一の【争いのない事実】の5項がそのまま記載され、行を改めて「そのとおり」と書かれ、その後の行も同じ調子で書かれていた。そして甲野弁護士が見ていくと、後ろの方で「工事代金の決定について、どのようなやりとりで決定するに至ったか。」と書かれて改行し、「私が、この工事は学校の建物の工事の進み具合で待たされたりすることもあると思うので、そういう時には増えた費用は保証してくださいと言ったら、木谷専務が心配ないと言った。」と書かれてあった。このような調子できわめて簡単に本件請負代金の合意の項の争点二項までは各項目に沿って書かれてあったが、その後の項目については書かれていない。しかも、文章の中には月日も書かれておらず、あれこれと書かれたまとまりのない項目もあった。ノートから顔をあげた甲野弁護士に原告は、時間がなかったし、とにかく書かなければと思って書いてみたものの、どう書いたらいいかわからなかったのでと、少し申し訳なさそうにうつむき加減で言った。甲野弁護士は、内心、これは大変だと思いながら、笑顔を見せて「よく頑張って書きましたね。」と答えた。そして、第三回弁論準備手続で裁判所が作成した調書に添付されている争点整理表(2)のコピーを改めて原告に渡し、「これは先日渡したものとほとんど同じですが、カッコの中に原告本人と書いてあるでしょう。この項目はあなたの証言がなければ証明できない事柄ですから、あなたに頑張ってもらわないといけません。証言してもらう準備としてのこの陳述書は大事ですから、この調子でいいから、後半部分についても全部書いて下さい。工事にかかってから工法を変えろと言われて困ったじゃないですか。それは、いつ、誰の指示だったのですか。その後も待たされたりして随分困らされたじゃないですか。その時どう言われて工事を続けてきたのかよく覚えているでしょう。経費の増額分を保証するからといわれたからでしょう。それは誰がどう言って約束しましたか。工事の瑕疵だと言われていることについても、あなたに言い分があるはずではないですか。」とけしかけるように言い、書いてくれれば、それを裁判所に出せるように手直しするのは手伝うから大丈夫と原告を励ました。すると原告は、うなずきながら少し明るい表情を取り戻した。そこで甲野弁護士は、一一月のスケジュールを見て、次回の打合せを三週間後にすることにし、「次の打合せは三週間後にしますので、必ず書いてくるように。今日書いて持ってきた分も付け加えることがあれば必ず書いてくるように」と強く言い、そうすれば、法廷で証言する準備にも入れるからと付け加え、一一月一一日午後六時に持参することを約束させた。一方、甲野弁護士は、内心、これでは、とにかく最後まで書かせたうえでどの程度手直しできるかをみるほかはなく、この作業を終えた後に改めて細部の尋問準備をするほかはないと考えていた。

〔平成一〇年一一月一一日㈬〕甲野法律事務所

原告は、今度は約束の時間に遅れずにやって来た。とにかく書いてみましたと言いながら甲野弁護士にノートを差し出した。そこには、前回の続きが同じように争点を設問にして、改行して答えを書くという形で書かれていたが、やはりきわめて簡単か、とりとめもない書き方であった。そして、瑕疵に関しては、「裁判になるまで瑕疵のことなど聞いたことがない。いまになってけしからん。」と書かれているのみであった。甲野弁護士はこれを読み、「よく頑張りましたね。これを私が少し手直しして、出来れば見てもらうことにします。」と言うと、原告はほっとした表情を見せ、おずおずと「あの、法廷ではどう言えばいいんでしょうか。」と尋ねてきた。これに対して甲野弁護士は、争点整理表を見せ、「この【争点】と書かれている項目を中心に、私が尋ねたことに答える形で証言してもらうことになります。いままで説明してもらったことが大部分ですから、心配いりません。」と言うと、原告は不安な表情を隠さず、「どういうことをどういうふうに聞かれるのか、教えてもらうことはできないのですか。」と言うので、「そんなに心配なら、細かい質問事項を今度見せて答えてもらいましょう。」と言うと、少し安心したようであった。そこで、甲野弁護士は、この陳述書の作成と打合せに使う尋問事項の作成、さらに、馬場証人への連絡と依頼の必要性を思い浮かべ、かつ、陳述書等の提出日が一二月一日であることを考え合わせ、一一月二〇日午前一〇時に事務所に認め印を持って来るように指示した。

〔平成一〇年一一月一三日㈮〕甲野法律事務所

甲野弁護士は、午後の予定が流れたので、この時間を原告の陳述書の作成その他の準備に充てることにした。

そこで原告が置いていったノートを読み返して考えたが、これをこのまま陳述書の体裁に直しても前後の文章の脈絡が続かないことがはっきりした。甲野弁護士は、これまでの原告との打合せなどを思い返しながら、原告は職人らしい一本気な性格で嘘がつけるような人物ではないが、細かな事実を正確に記憶していないし、物事をきちんと整理して表現したり、人を説得するような上手な説明が苦手で、いらだって感情的になることもあると見た。そして、原告のこのような性格を考えて、陳述書にはできるだけ客観的な事実を整理し、尋問の際必要に応じて記憶喚起に使えるようにして(3)、原告にも安心させるようにもっていき、尋問ではあまり細かなことに入らないで、原告の正直さがでるようにしようと考えた。

甲野弁護士は、原告から預かった資料や原告からの聴取メモを参照しながら、訴状や準備書面の記載を組み換えて、これに原告が書いたものを出来るだけ生かして組み入れていく形で陳述書を作ることにした(4)。

〔平成一〇年一一月一四日㈯〕甲野法律事務所

前日の夕方までに原告の陳述書作成の作業を終えることが出来なかった甲野弁護士は、朝から土曜休日としている事務所に出て、作業を続けた。そして、ようやく昼過ぎになって陳述書（資料47）を完成させ、主尋問時間が四〇分しかないことを考慮してできるだけポイントを絞った尋問事項も作り上げた。これらの作業で記録を読み直したので、一六日の吉田証人の尋問予定も同時に完了することができた。

〔平成一〇年一一月二〇日㈮〕甲野法律事務所

午前一〇時に事務所に来た原告に甲野弁護士は作り上げた陳述書のプリントを渡し、読んで違う点があれば指摘するように言った。一読した原告は、「このとおり、このとおりですよ。」と言うので、甲野弁護士は原告に、文章の末尾に署名して押印するよう指示し、陳述書を完成させた(5)。そして、尋問事項書を渡し、これに対してどう答えるか考えておくように指示し、尋問期日前の一二月一一日午後六時に事務所に来るように告げた。

原告が辞去した後、甲野弁護士は事務員に対して、完成させた陳述書と尋問事項書を渡し、陳述書は甲号証として、尋問事項書は、すでに原告本人申請は済ませていることから、改めて尋問事項書（原告本人）という表書きをつけて、一二月一日に裁判所と各代理人にファクシミリで送信するように指示した。

〜〜〜〜〜〜〜〜〜〜〜〜〜〜

一二月一日、被告と補助参加人の各代理人事務所からそれぞれの陳述書と詳細な尋問事項書がファクシミリで送信されてきた。甲野弁護士は、一読した後、陳述書は原告にファクシミリで送信させた。

〔平成一〇年一二月一一日㈮〕甲野法律事務所

事務所に来た原告に甲野弁護士は、尋問事項書を見て、何を聞かれるか、何を答えたらよいかわかるかと尋ねると、大体はという答えであった。そこで甲野弁護士は、大体わかるのなら上出来だ、今まで聞いた話を尋ねるのだから、不安に思う必要はない、記憶にある事実をありのままを述べるのが最良なのだから、つくって言おうとする必要はないと説いて聞かせると原告はそれでも不安な表情を見せながら納得したような顔をした。それから尋問は、甲野弁護士からするが、その後で相手の弁護士からも尋問されること、反対尋問は、主尋問を崩そうとして、細かなことや、言い間違いのようなことでもしつこく尋ねられることがあるが、その場合でも、反発して感情的にならずに、思い出せる範囲でいいから、できるだけ当時のことを考えて誠実に答えるのが一番いいこと、最後に裁判官からも疑問点を質されることもあるが、あなたは正直に答えているのだから冷静に考えて説明することなど、尋問にあたっての注意をし、自分が付いているから心配はないと励まし、あえて尋問の予行演習的なことはしなかった(6)。

原告は、私の尋問のことはそうしますが、この間送られてきた木谷専務の陳述書は嘘八百ですよと憤慨し、どうすればいいのか聞いてきた。甲野弁護士は、もともと被告とは今まで争点整理の中でも意見は違ってきたのだから、陳述書も反対のことが書いてあるのは当然で心配することはない、大事な点は私が反対尋問で追及するから、あとの証人などの尋問は任せてくれたらよいと述べ、一二月一五日午前九時半に馬場証人と一緒に事務所に来ることを確認して打合せを終えた。

2　証人の出頭確保と尋問の打合せ

甲野弁護士は、一〇月七日に原告に対し、馬場に連絡を取って一二月一五日に裁判所に行って証言してもらうよう依頼しておくことを指示していたところ、一〇月二一日に原告と打ち合わせたときに聞くと、原告は、「電話で頼んでみたのですが、年末のそんな忙しい時に勘弁してくださいよと言って取り合ってくれないんです。」と答えた。

これを聞いて甲野弁護士は、自分が直接話してみることにし、一〇月二六日に馬場証人に電話を入れたが、現場に出ているということであり、妻らしい応答者に、円山さんから依頼を受けている弁護士であると名乗ると、円山さんの件なら主人がお断りしたはずですということで、協力してもらうのは難しいような雰囲気であった。甲野弁護士は、また電話させてもらうのでよろしくお伝えくださいと言って電話を切った。

甲野弁護士は、年末の工事業者にとって多忙な時期に他人のために半日とってもらうことの難しさを痛感しつつ、しかし、同行を約束している証人であるし、原告側にとっては重要な証人でもあり、どうして説得するか考えた。そして、先ずは裁判所に簡易な方法で呼出（7）をしてもらい、裁判所が正式に証人として採用していることを理解してもらうことが近道かも知れないと思い、近いうちに裁判所と協議することにした。

そして、甲野弁護士は、一〇月二九日、法廷の合間に二民書記官室に顔を出し、B書記官に事情を話し、馬場証人に簡易呼出をしておいてほしいと頼んだ。B書記官は、早速、馬場証人の呼出手続をとった。

その後、甲野弁護士は、一一月一一日に陳述書の下書きを持ってきた原告に、馬場証人にまだ連絡がとれていないことを告げ、原告から頼んだ方がいいから、ここから電話をかけるように指示した。原告が馬場証人宅に架電すると丁度馬場本人が応答に出たので、原告は何度も繰返し一五日の出頭を頼んでいたが、よい返事が返ってきている様子がなかった。甲野弁護士は電話を替わり、原告から依頼されている弁護士の甲野だと名乗り、年末の忙しい時に迷惑をかけることになって恐縮していると詫びた。馬場は、裁判所から書類もきているが、忙しいし、裁判所など行ったこともないからなどと迷惑そうな態度だったが、甲野弁護士は、どのような証言をされても、支払った請負代金を返還して欲しいなどということはないと約束したうえで、とりあえず電話で少し事情を聞かせてほしいといい、簡単に原告から下請の依頼を受けた経過や工事の内容、請負代金の約束の仕方と実際に支払を受けたことなどを、原告から聴取した内容に従って問い掛け、答えを聴き取っていった。その内容が原告から得た内容とほぼ違わないことを確認した甲野弁護士は、今話してもらった内容を、今の問答と同じやりかたで裁判所で話してもらうと原告が助かるので、是非原告を助けてやってくれないかと頼んだ。すると、当初は頑なにみえた馬場も、この程度の話でいいのならと承諾してくれ、一二月一五日午前九時半に原告と一緒に事務所に来ることを約束してくれた（8）。

二　被告側の準備シミュレーション

乙山弁護士は、第三回弁論準備手続期日が終わった時点で、木谷専務とは、一〇月二三日午後二時を尋問のための打合せ日と決めておいた。

吉田証人のテレビ会議による尋問が一一月一六日に指定され、陳述書を一二月一日までに提出しなければならないし、しかもまる一日かけた集中証拠調べが一二月一五日に指定されたことから、他の仕事をある程度後回しにしてでも、この準備をすることにした。

一〇月二三日、木谷専務は、約束の時間に来所した。席につくなり、木谷専務は、乙山弁護士に話し出した。

「先生、今度、証言を聞いてもらったら、どっちの言っていることが正しいかはっきりしますよ。」

「そんなに簡単に思っていると大変なことになりますよ。今度は、一度に証人調べをしますから、後から、あれこれ言い直しがきかないので、もし証言をしくじったら取返しがつきませんよ。」

「そんなに大変なのですか。」

「そうです。だから、これから何回か打合せをすることになります。年末にかけて忙しいですが、お互い頑張りましょう。」

1　被告側陳述書作成／主張等の追加

乙山弁護士は、証言の打合せの前に、まず陳述書を作成する作業を優先させることにした。陳述書を作る作業の中で、当然、木谷専務の証言内容の確認をすることになるからだ。

そこで、乙山弁護士は、木谷専務に、陳述書を作成してほしいと依頼した。

「陳述書って何ですか？」

「過去の事実経過をわかりやすく書いた書面のことですよ。もちろん専務さんには証言してもらいますが、証言の前に事実経過を裁判所に理解しておいてもらう方が証言をよく判ってもらえるし、時間の節約にもなりますからね。」

「で、どんな風に書くのですか。」

「この問題の初めから裁判になるまでのいきさつを時間の流れに従って書いて下さい。ところで専務さん、ワープロは使えますか。

「はあ。あんまり得意ではないですが。事務員にでも打たせます。」

「では、私が書いていただきたいポイントをメモしたものをお渡しします。そのポイントについては、誰とどんな話をしたのか等できるだけ詳しく書いてください。」

「できたら、私が署名してお持ちするのですか。」

「いいえ。まず、私がチェックしますので、とりあえず出来たらお持ちください。」

一週間しても木谷専務から連絡がなく、乙山弁護士は電話を入れてみた。すると、なかなか上手く書けないというので、とりあえず、雑でもいいから書いてほしいといって、三日後に打合せの日を決めた。

一一月二日、木谷専務は、五枚程の紙に横書きにした陳述書を持参した。

「随分頑張りましたね。」

「どうも上手く書けなくて。先生の方で適当に直して下さい。」

木谷専務は苦笑しながら陳述書を差し出した。

乙山弁護士は、ざっと目を通した。なかなか良く書けているなぁ、いつも木谷さんのような依頼者なら楽だけどなぁと内心思いながら、「いやあ専務さん。良く書けていますね。」

「そうですか。そんなんで良いですか。」

「ええ。ただ、ちょっとこちらにとってまずい表現というか、誤解されるような表現がありますし、相手から突っ込まれるようなところがありますから訂正しましょう。」

そういって、乙山弁護士は、木谷専務に反対尋問で追及されそうなところをどう説明するのか確認しながら、陳述書の記載を何箇所か訂正したが、そのひとつは次のとおりである。

【訂正前】「八坂土木から本件工事の打診があった後、私は、以前から仕事を依頼していた加茂設計に、今回の工事の設計図と見積書を作成するよう依頼しました。」そして、私が加茂設計から出来上がってきた設計図と見積書を原告に渡しました。

【訂正後】「私は、八坂土木から是非工事してほしいと頼まれ、その際設計図と見積書も上げて欲しいといわれていたので、自社で受けるどうかは仕事の段取りもあって決まっていなかったのですが、自社でするにしても、他社を紹介するにしても必要なことですから、以前から仕事を依頼していた加茂設計に、一〇月一三日、今回の工事の設計図と見積書を作成するよう依頼しました。加茂設計から設計図と見積書ができあがってきたころ、当社は繁忙でもあったのでこの工事は請けないことに決めたので、原告を紹介することにし、原告に請けてもらいやすいように見積額を少し増額修正して八坂土木に渡し、その際、八坂土木には当社では請けないことをはっきりと伝え、原告を紹介しました。八坂土木は、増額した金額には応じず、一五〇〇万台でないとダメだというので、結局後で加茂設計の見積書を渡すことになりました。そのような経過があったので、平成八年一一月二七日、八坂土木と原告との契約の場に私も仲介者として立ち会い、設計図と見積書を原告に渡しました。被告が請け負って、原告を下請に使ったのであれば、吉田さんに作ってもらった見積書を八坂土木と原告の両方に渡すようなことをするはずがありません。それでは被告はただ働きをすることになるからです。そして、当社が加茂設計に支払った費用は、あくまでも一時的な立て替えであり、後日八坂土木に支払ってもらいました。」

木谷専務は「なるほど。やっぱり弁護士さんは上手く書くもんですねえ。」と感心した。「文章の場合は、証言とちがって注意しないと言い直しがきかないし、誤解されたりしますからね。」などと言いながら、乙山弁護士は、はたと疑問を感じた。

(乙山) 木谷さん、あなたの陳述書によれば、被告は、原告にこれまでにも何度も舗装工事などをさせたことがあると書いていますが、それも下請ですよね。丸投げ（請負った工事を自分では全く施工せず、そのまま下請に出すこと）をしたこともあるんですか。

(木谷) それは何度もありますよ。

(乙山) そんな場合でも利益は取るのですか。

(木谷) 丸投げでも当社が請負った以上、現場管理をし、出来具合も点検しなければなりませんからね。当然、経費というか利益は乗せます。

(乙山) それは大事な事実ですよ。単に今回は利益を得ていないというより、これまでは利益を乗せていたのに、今回は現場管理の経費さえも取っていないというのはインパクトが大きいですよ。両方の契約書などの資料は残っていますか。

(木谷) 調べてみますが、契約書がなくても帳簿を拾えば明らかにはできます。

さらに、工事の度々の中断の原因等について協議しているとき、木谷専務から、馬場証人（桂配管）の担当していたAゾーンは、原告担当のCゾーンと比べれば工事がスムーズに運んだ方で、原告が主張していた程の工事の遅れはなかったはずだといい、乙山弁護士とともに現場会議録（原告からその一部が甲一〇として提出され、原告の工事中断日の前夜の会議部分だけ乙七として被告側から提出済みであるが、その際に乙山弁護士は、会議録全部をコピーしていた）を再度調査したところ、確かに、Cゾーンの工事中断が一八日間もあったのに対し、Aゾーンでは一一日だけであった。ついでにBゾーンを調べたところ、大原設備が施工している時期に一二日、タカノ組に変わってから七日となっていることが分かった。

乙山弁護士は、争点整理中に気付かなかっ

たことを後悔したが、原告が他のゾーンでもCゾーンと同じくらいの中断があったという前提で主張していたため、それにつられて見落としていたもので、馬場証人の反対尋問の材料となると思った。

乙山弁護士は、弁論準備手続終結後の主張や証拠申請は問題にされると一瞬迷ったが、他の下請工事で現実に利益を得ていたことは重要な間接事実になると考え、主張することを決意し、一日も早くするため、木谷専務に早急に資料を揃えるように頼んだ（弁論準備手続終結後の最初の口頭弁論期日である一一月一六日を目処にしていたが、資料が揃わず、一一月二五日に過去の取引例四件の被告の請負金額と原告に下請させた金額を一覧できるようにした準備書面に、一件に関する二通の契約書（乙八の1・2）と三件分に関する帳簿の抜粋（乙九）と現場会議録のうちAゾーンに関する部分（乙一〇）を提出した(9)）。

その後続けて乙山弁護士は、準備書面（特に苦労して双方の主張を対比した「契約当事者に関する主張整理表(10)」と「請負代金の合意に関する主張整理表(11)」は大いに役立った）を何回も見返しながら、文章を細かくチェックすると、当初の印象以上に訂正箇所が多く、打合せ開始から、一時間以上経過しても、訂正が完了しなかった。やや、いらいらしながらも、木谷専務に事情を確認しながら訂正していると、事務員が次の依頼者が来所した旨を伝えてきた。乙山弁護士は、あと一時間位はかかると思い、溜め息をつきながら、木谷専務に、もう少しこちらで修正して、後日ファックスするので、そのとおりワープロで訂正して、完成させたものに署名押印して持参するよう指示した。その後、何度か電話で協議したりして、一一月一六日の吉田証人の尋問の後で木谷専務に渡し、表現は自分の言葉に直して完成させるように求めた。

そして、一一月二四日に木谷専務が完成したもの（資料48）を事務所に届けてきた(12)。

2　尋問事項書の作成と尋問の打合せ

陳述書が出来上がった段階で、乙山弁護士は木谷専務と尋問の打合せを始めた。乙山弁護士は、木谷専務に、集中証拠調べのやり方を説明し、自分だけではなく、相手方代理人や裁判官から質問されること、しかも場合によっては対質がされることもあると説明した。

だんだんに話を聞いている木谷専務の顔色が悪くなり、不安の色が表情に表れてきた。

「すみませんが、先生の質問されることと、相手方の質問することを書いてくれませんか。」

「いいですよ。どうせ尋問事項書や陳述書を作るので、こちらで用意しておきます。」

この日は、簡単なポイントについて打合せをしておき、本格的な打合せは、原告らの陳述書が出てきてからということで、一二月三日に行うことにした。

乙山弁護士は、陳述書の内容をワープロの画面に表示させ、尋問事項に直すため、修正する作業を行った（尋問は、裁判官にできるだけわかりやすく事実を提示するということと、相手方の反対尋問も想定して、予め防御することも念頭におかなければならないので、なかなか工夫がいる。乙山弁護士は、記録を確認しながら、どう尋問を組み立てるか何度も天井を睨んで考えながら、裁判官は、簡単に詳細な尋問事項を作れというけれども、だいたい陳述書を出せば、尋問内容は想像がつくのになあ、まったく民訴法が変わってから、代理人の苦労が増えて大変だよ、などとしょぼつく目を擦りながら、画面に向かいぶつぶつ独り言を呟いていた(13)。

こんな作業を続けながら、尋問事項を作成するのに、たっぷり二時間を要した。乙山弁護士は、これを尋問事項書として完成させた。

乙山弁護士は、出来上がった尋問事項をもとに、木谷専務と二回打合せを行った(併せて他の証人に対する尋問の打合せもしている)。

主尋問に対する準備ばかりではなく、予想される反対尋問も乙山弁護士は木谷専務にぶつけてみた。答え方のニュアンスが誤解されそうな時には、答え方についてアドバイスした。

「でも、いいですか。証言は覚えようとしたら駄目ですよ。覚えようとすると、失敗します。結局は自分の記憶のとおりに話すしかないのです。でも、言い方が悪いと誤解されますからね。」

乙山弁護士が木谷専務に次のようなポイントをアドバイスした。

① 証言のときには自信を持って答える。

② 事実を直接体験している部分と推測する部分とを分けて、むやみに思いますという言い方をしない。

③ 反対尋問に対しては、質問の意味を良く理解してから答える。

④ イエス・ノーで答えられない質問に対しては、イエス・ノーで答えられないと答える。

3　第三者証人との打合せ

乙山弁護士が悩んだのは、第三者証人との打合せをどうするかということだった。発注者問題と瑕疵については吉田監理士の証言が重要であるが、仙台にいるので、面談しての打合せはあきらめ電話で済ませることにした。八坂社長は補助参加人であり、代理人もついているので、代理人を通じて連絡をとり、打合せをすることにした。

問題は原告申請の馬場証人である。馬場証人は原告の下請なので、協力は得られそうになかった。木谷専務に聞いてみると、工事中何度か会っており、苦情を言われたりしたこともあって、おおよそ馬場証人の話す内容は予想できるというので接触はしないことにした(14)。

乙山弁護士は、馬場証人のことが多少心残りであったが、弁論準備手続を終結してから約二か月、途中、吉田証人のテレビ会議での尋問を挟んで、都合五回木谷専務と会い、陳述書を完成させ、尋問事項を作り、尋問の予行もして、集中的に準備を進めてきて、状況的に不利な感じを否めない事件であったが、かなりのところまでやれるのではないかと自信を取り戻していた。

しかし、乙山弁護士は、手持ちが五〇件程あるうえ、本件の他にも集中証拠調べが決まった事件があり、この間、二件を並行して準備を進めてきたため、提出する予定の訴状の提出が遅れ、依頼者にいつになったら訴訟を起こすのかと叱責されるということがあったりして、弁護士の紛議や懲戒を申し立てられる理由の中で多い理由が、着手金を払っても、何もしてくれないというやつだったなあということを思い出し、苦笑したのだった。そして、このところ何件か集中証拠調べを体験して、集中して準備することの長所を実感してきており、これで決着がつくことからすれば、トータル的には準備時間も相当少なくて済むことも明らかであり、業務態勢等も見直して対応できる方策を弁護士側でも検討していかなければならないと思った。しかし、さしあたってのところでいえば、他の業務との兼ね合いや、突発的な仕事もあることなどを考えると、集中証拠調べ前の準備期間は二か月程度は少なくとも必要だと感じた。

【付記】補助参加人の準備状況は省略するが、証人八坂英男の陳述書は資料49のとおりである。

三　裁判所側の準備シミュレーション

〔平成一〇年一〇月七日㈬〕二民書記官室

第三回弁論準備手続の立会を終えて書記官室に帰ってきたB書記官は、鑑定人aに対する書面尋問、吉田証人のテレビ会議での尋問と多少予期と異なった残りの四人の人証に対する全一日をかけての集中証拠調べとかなりハードなスケジュールについて、期日調書の整理をしながら、これまでにも集中証拠調べを経験しているが、全てがうまくいったわけではなく、代理人が同行を予定していたが出頭しなかったり、予定尋問時間を超過したため、当初計画していた尋問全てを終えることができなかったりといった失敗も経験していることを思い出していた。

これら失敗の原因はいろいろあるが、B書記官は、代理人が審理計画を十分把握していなかったことや同行証人との連絡等に手抜かりがあったことも一因でないかと思うような場面に出会ったことがあった。例えば、今回の弁論準備手続の終結時のようにせっかく尋問順序や尋問時間等、集中証拠調べの立証計画を詳細に策定しても、代理人が期日だけを訟廷日誌にメモして、立証計画の内容までメモしておらず、後で聞かれたこともあるし、争点等整理の終了から集中証拠調べ期日までの期間が長い（代理人が準備に要する時間等を考慮すると二か月程度の期間を空けておく必要があるし、また実際上の問題としても代理人のスケジュールが丸一日空いている日となると二か月くらい先の指定とならざるを得ないという面もある。）こともあって、そのうちにと思っているうちに期日が近づいて準備が間に合わなくなってしまったと聞いたこともある。

そこで、B書記官は、集中証拠調べを円滑に実施するためには、立証計画の内容を当事者にきちんと認識しておいてもらう必要があるし、集中証拠調べ期日まで二か月以上もあるので、この間に何かできないかと考え、意見を求めるため、A裁判官に相談したところ、確認内容を調書に記載するだけでなく、代理人にも再確認してもらえるような方法を書記官室で検討してみてはどうかと提案された。

さらにA裁判官から「本来なら期日に当事者に確認するべきでしたが、Bさん、今度の集中証拠調べは、丸一日と長いですが供述録取はどのような方法で行うことを考えているのですか。」と尋ねられた。B書記官は、本件ではきちんとした争点整理もできているので要領調書で対応することもできるとも思ったが、証人八坂、証人木谷、原告本人の三者間の話合いの内容については、詳細な尋問も予想されるので、録音反訳方式による逐語調書を作成するほうが望ましいと考え、馬場証人の供述のみ要領調書を作成し、その他の三名については録音反訳方式を利用したいと考えている旨返答し、A裁判官の了解を得た。

B書記官は、A裁判官の提案を書記官室で話し、皆で協議した結果、翌週にあるミーティング(15)で検討することになり、若手のS書記官がそれまでに案を作ることになった。

〔平成一〇年一〇月一六日㈮〕会議室

定例のミーティングでS書記官から「立証計画表」というタイトルの書面とそれを送信するファクシミリ送信書の文案が配られた。S書記官の構想は、争点等整理で決定した立証計画を一覧表にし、適当な時期に双方代理人にファクシミリで送付するというものであった。文案を検討しながら、議論の中で、せっかくこのような書面ができたのなら、集中証拠調べの立証計画策定時にこの計画表を当事者双方に交付して、ワーキング・ペーパーとして、代理人自身に記入してもらえば、代理人も自分に与えられた尋問時間を強く意識して尋問時間をオーバーすることも少なくなるし、立証計画を正確に理解してもらうのにも役に立つだろうという意見が出た。全員賛成で、そのためにいくつかの修正を加えることとして、完成したのが資料50の「審理計画表」である。書記官もこの計画表を整理して調書に添付することにした。

裁判官からも、「いいアイデアだし、次からさっそく使ってみよう。」と賛同を得た。

そこでS書記官から、そうすると期日間に代理人に送る必要はないのですかと質問が出て、代理人が自分で作ったワーキング・ペーパーは記録に綴るだろうから必要がないという意見と、計画がすんなりと決まるとは限らないから、きれいに整理された計画表ができるとは限らないし、書記官は調書の一部として整理しているのだから、注意喚起のためにも途中で送った方がいいという意見があり、集中証拠調べの一か月前に送付することになった。

さらに議論が発展し、そのころに一度、証人の出頭確保の状況についても確認してはどうかという提案があり、代理人が同行証人に期日の連絡を忘れているようなときには注意喚起として有効であるし、もし仮にその時点で出頭できないことが判明すれば、裁判所としても代替措置をとりやすいから、その意味でも有効だということで意見が一致した。そこでS書記官の担当で早急に文案を作り、書記官室で検討することになった（その結果、作成されたのが資料51の「事務連絡及び照会（回答）書」である。）。

〔平成一〇年一〇月二九日㈭〕二民書記官室

甲野弁護士が書記官室を訪れ、馬場証人がなかなか出頭を承諾しないという話があり、自分の方からもさらに説得は続けるが、裁判所からも簡易でいいから呼出をしておいて欲しいと要請された。

B書記官は、これを了承し、A裁判官にも甲野弁護士から要請があったことを連絡し、手続をとることを伝えた。

その際、A裁判官から、当事者から事前に頼まれていれば別だが、そうでない証人は、突然、年末の忙しいときに都合も聞かないで一方的に命令調の呼出状を受け取れば反発を感じると思いませんかという問いかけがあった。B書記官も改めて呼出状を見直してみて、確かにそう感じる人もいるだろうと思った。そこで、A裁判官は、B書記官に、呼出状の書式は全庁で検討しなければならないから、それは今のところ置いておいて、何か証人に出頭をお願いする文書を同封することを考えてみてはどうかと要請した。

B書記官は、早速文案を考え、書記官室でも意見を聴き、裁判官の意見も入れて、資料52の「証人として採用された方へ」という題の書面を呼出状に同封することにし、馬場証人に対する簡易呼出の手続を終えた。そして、今後は全ての証人の呼出にこの書面を同封することにした。

〔平成一〇年一一月一六日㈪〕京都地裁第二五号法廷

第三回口頭弁論期日（吉田証人のテレビ

会議による尋問期日）終了後、B書記官は、各代理人に少しの間法廷に残ってもらって、次回の集中証拠調べの内容確認を行った。

まず、甲野弁護士に馬場証人に対し普通郵便で呼出状を送付してあることを告げて、同証人の出頭確保ができたかどうかを確認したところ、甲野弁護士からなんとか出頭してもらえることとなったとの返答があった。

次に、各代理人に対し、弁論準備手続終了時に策定した立証計画の内容を記載した審理計画表（資料50）を各代理人に交付し、尋問時間等の確認を行ったところ、各代理人から尋問時間等の変更等の申出もなかった。

最後に、B書記官が資料50の審理計画表と資料51の照会（回答）書を期日間に交付して注意喚起と再確認を求めることについて各代理人に意見を求めてみたところ、「忙しさに紛れて同行証人に期日の連絡をとるのが遅れたりすることも稀にあるので、こういった計画表や確認の書面を期日の一か月くらい前にもらえると、注意喚起にも役立つのでありがたい。」といった好意的な意見が各代理人から返ってきた。

また、B書記官は、こんどの尋問については、馬場証人だけ書記官の要領調書とし、そのほかは逐語録が相当と思うので録音反訳方式で調書を作成することを告げて、法廷立会をしていない者が録音だけを聞いて反訳することから生ずる問題点を解決するために、指示代名詞を使った表現や動作による表現を避けること等の注意事項をまとめた「尋問等についてのお願い」を渡して理解を求めた。

書記官室に戻ったB書記官は、一二月一五日には全員の出頭が確保できる見込みであること、審理計画表の交付は代理人に好評であったこと等をA裁判官に報告した。

〔平成一〇年一一月二五日㈬〕二民書記官室

夕方、乙山法律事務所からファクシミリで被告第8準備書面と乙八の1・2、九が送信されてきた。

B書記官は、内容を見て、弁論準備手続が終結しているのに、今頃提出されて集中証拠調べがうまくいくか心配になり、早速A裁判官に報告した。

A裁判官は、内容的には、被告は、本件で全く利益を得ていないことを被告自身が契約当事者でないことの根拠として主張してきていたのだから、本件以前の取引では利益を得ていることは当然の前提となっていたといえるから、新主張として問題になることはないだろうが、新法では相手方の要求があれば、説明義務が生じるし、それで次回期日の進行に影響がでるのでは困るから、被告代理人に説明内容の準備をしておくように指示することを頼んだ。

B書記官は、早速、乙山弁護士に電話でその旨を伝え、了解を得た。

〔平成一〇年一二月一日㈫〕二民書記官室

集中証拠調べまであと二週間に迫り、各代理人から約束の陳述書がファクシミリ等で提出されてきた。B書記官は、いつものとおり陳述書の縮小コピーを自分用と裁判官用に作成し、裁判官に当事者側の提出物等の準備がすべて終わったことを報告し、何か準備することはないか尋ねた。

裁判官は、この事件は、争点整理表がしっかり整理されているし、工事範囲や瑕疵など面倒な争点が大幅に減ったから、特別に尋問のために準備することもないという意見だった。B書記官は、それでは、これまでの主張や工事日誌などの書証と三者の陳述書から交渉経過や工事経過を拾い出して時系列表だけでも作ってみましょうかと提案し、裁判官からもそれは役に立つだろうといわれ作ることになった（後日B書記官が作成したのが資料53の時系列表である。なお、各代理人には、参考までにということでファクシミリで送信しておいた）。

〔平成一〇年一二月一四日(月)〕二民書記官室

A裁判官は、日曜日に本件の最終の準備をするため記録を持ち帰り、争点整理表と書証（陳述書を含む）の総点検をした。その際、証拠説明書を基にして書証一覧表（資料54）を作成し、陳述書には疑問点を緑のボールペン(16)で書き込んだ。

月曜日の朝、A裁判官は、B書記官に書証一覧表を示し、参考にということで渡し、時間があいたときに少し事件の見通しや審理後のことを相談しようと持ちかけた。

夕方、事件がとぎれた時間帯に短いミーティングをし、陳述書の疑問点や和解の見通しなどについて話し合った。事件については、木谷専務がなぜ発注者でないといいながら、あそこまで深入りしたか、その点をどう説明するかにかかっているということで意見が一致した。審理後すぐに和解を試みることで時間を設定しているが、和解に進むとすれば、鑑定でも相当レベルの工事がされたことが明らかになっているから、原告側は相応の支払がされなければ応じないであろうし、被告は、なんといっても現実的な利益は全く得ていないから、なかなか支払には応じないだろうし、解決策があるとすれば、八坂土木が近畿企画からどの程度で請け負ったか、そこにいくらかの利益があるとすれば、それを吐き出す気持ちになってくれるかどうかだが、利害関係人として参加してくれるかどうか、なかなか難しいケースですねというようなやりとりをし、いずれにしても事案の見極めが大事だから審理結果をみて、進行を再度検討することになった。

四　集中証拠調べの実施に向けた裁判所の準備

集中証拠調べを成功させる鍵は、第一に適正な計画を立てることであり、その際に検討すべき事項については、先に紹介したところである(17)。しかし、立派な計画も現実にそれに従って遂行されなければ意味が無くなる。ここでは、計画立案後から集中証拠調べ期日までの裁判所の準備について、シミュレーションで示したことを含めて整理・検討しておきたい。

1　人証の出頭確保

集中証拠調べでは、一期日又は比較的近接した期日に必要な全ての人証の取り調べをすることになる。それは単に多数の人証を一括して尋問するというだけではなく、弁論準備手続の終結時に検討したように、同時に尋問することから可能となる尋問方法等の改善によって、真実顕出力を高め、心証形成を容易にさせること等のメリットを生かす審理方式であることに大きな意義がある。また、本シミュレーションからもわかるように、裁判所だけでなく、双方当事者が集中証拠調べ期日に向けてエネルギーを集中させて準備を進めているのであって、変更されたり、尋問が続行されると、改めて記憶を喚起する作業が必要になり、その負担は少なくなく、そのために審理のレベルが低下する恐れさえある。したがって、予定された人証全員の出頭を確保し、予定どおり完結することが特に重要となる(18)。

規則一〇九条、一二七条は、尋問の申出をした当事者は出頭確保の努力をする義務を負うことを定めているが、これは人証尋問の申出をした当事者は、当該人証の出頭について強い利害関係を持っているうえ、通常その人証と接触しやすい立場にあり、出頭の確保を図ることが比較的容易であると考えられることから設けられた規定である(19)。

しかし、当事者との関係の薄い証人、逆に当事者双方と深い利害関係を持っているために証言を拒む証人、事件の帰趨に関心のない証人、被告とはされていないが実質的には責任を追及される立場にある証人、多忙な（あるいは多忙な時期の呼出）証人、本人の場合でも敗色の濃い当事者、代理人に真実を語っていない本人等は、当事者（代理人）による出頭確保の努力にも限界がある。そのような立場にある人証の証言こそが事案解明や争点に対する判断に必要不可欠である場合が多い。したがって、裁判所としても出頭確保のための努力をする必要があることは言うまでもない。

そこで当研究会において検討された出頭確保のための若干の工夫例を紹介する。

《工夫例①～採用時の注意喚起》

人証の予定を確認せずに採用決定をすることが多いことから、都合をつけることができずに出頭できないといったケースも見受けられる。その対策として、医師等の多忙な人を同行証人として申請するときには、代理人にそのスケジュール等を事前に調査してもらう。そして、期日が指定されたときは、直ちに当該人証に日程を知らせて、都合が悪いことが判明したときは、早急に裁判所に連絡させる（早い段階での変更であれば、別事件の集中証拠調べ期日を入れる等の代替措置を取ることができるため、裁判所としても貴重な開廷日の空転を防止することができるし、相手方にとっても準備が進行していないであろうから、犠牲は少ない。）。

《工夫例②～証人に関する情報の入手》

証拠申出書に証人の住所、氏名のほか、裁判所から証人に対し連絡する場合などに備えて、郵便番号、ファクシミリ番号、電話番号、就業場所を明記することを求め、期日直前の出頭確認（ただし、呼出証人に対して、裁判所から就業先にまで電話やファクシミリによる出頭確認をすべきかどうかについては、検討の余地がある。）や直前の期日取消し等の緊急連絡のときに利用する。

《工夫例③～呼出証人に対する働きかけ》

証人に証拠調期日に出頭することの重要性（証人義務）、集中証拠調べの進め方（尋問開始時刻と終了予定時刻や対質尋問の可能性等）、その証言が裁判所の事案解明に必要不可欠であることを理解してもらい、さらに現実的な問題として、請求すれば旅費日当が支払われることを知ってもらう（出頭に要する費用は自己負担となると思い込んで、自ら出費をしてまでわざわざ裁判所に出向きたくないという証人も意外に多い。）ため、定型の期日呼出状（呼出は採用決定後直ちに行う）とともに資料52の「証人として採用された方へ」のような書面を同封し、呼出証人の無断欠席を防ぐ一助とする。

資料52において、証人の尋問開始時刻と終了予定時刻とを記載するようになっているのは、通常、長時間にわたる集中証拠調べ期日のうち、真に当該証人に居てもらうことが必要な時間を明らかにして、証人に時間のロスがないよう配慮するものである。対質予定があり、当該証人に対する尋問が一応終了した後も待機してもらう必要がある場合には、尋問終了予定時刻の下にその旨を書き添えることになる。

《工夫例④～出頭確保の確認と注意喚起》

同行人証の場合は基本的には申出をした当事者が責任をもって出頭を確保するべきである。

しかし、代理人から同行予定人証に対する期日連絡の遅れや出頭する決意を固められていないことなどから、直前に人証の出頭が確保できず、集中証拠調べが失敗する例があとを断たないことからすると、同行人証の出頭確保についても裁判所が何らかのケアをする必要がある。その方法としては、電話での確認なども有益であるが、証拠調べ期日の二週間ないし一月ぐらい前に資料50、51のような形式の書面を申請者にファクシミリ送信し、出頭確保の確認と注意を促す（呼出証人についても準備状況を確認する）ことが効果的である。

《工夫例⑤～簡易呼出》

本シミュレーションで示したように同行する場合でも簡易呼出を合わせてすることが出頭確保につながる場合もある。代理人に早期に状況を把握してもらい、必要性が認められれば裁判所側において速やかに対応する。

《工夫例⑥～不出頭者に対する対応》

呼出証人から出頭しない旨の連絡が入ることがある（規則一一〇条）。そのような場合のトラブルマニュアルを予め確立しておく。

(1)　正当な理由で疎明がある場合は、いつごろであれば出頭が可能かを確認した上、直ちに裁判官及び当事者に連絡をして、対応を協議し決定する。

対応としては、期日の変更／代替証人の手配／申請の取下／残りの人証のみで尋問実施等がある。

(2)　正当な理由であるが疎明がない場合は早急に追完させつつ、前記の対応をする。

(3)　理由が明らかでなかったり、正当な理由といえない場合、書記官は不出頭の理由を充分に聴取し（期日を変更すれば出頭可能か否かを含む）、直ちに裁判官と当事者に連絡して対応を協議する。

対応としては、申請者からの再度の説得／裁判官との協議を踏まえて書記官からの再度の説得／重要証人で尋問が不可欠であり、申請者が勾引してでも尋問の実施を要求する場合は、勾引されることもあることを再度警告し（呼出状には記載がある）、応じないようであれば勾引を検討する。その他は、(1)と同じ。

2　代理人との尋問時間等の確認

集中証拠調べでは一期日に四、五人の尋問を実施することも珍しくない。したがって、一人につき一〇分尋問時間が延びたとしても、合計すると四、五十分尋問が延びてしまうことになり、結果的に一期日で尋問を終了させることができずに終わってしまうということにもなりかねない。その意味で確認された尋問時間を守る(20)ことは、集中証拠調べを成功させる上で、証人の出頭確保とともに極めて重要な要素である。

しかし、集中証拠調べでの立証計画は、これまでのように一人か二人の人証について、主尋問と反対尋問の時間を決める程度のことではなく、裁判所が当事者と協議をしながら、尋問順序（客体の順序だけでなく主体の順序を含み、複数の人証の主尋問を先行させるなど幾つものメニューがある）、尋問時間、同席隔離の選択（それによって出頭時刻も影響する）、対質予定の有無、証人の同行の有無、陳述書の事前提出等詳細に策定される。立証計画自体が右のように複雑化してくることから、当事者（代理人）が正確に記録することは容易ではない。

代理人によっては、訟廷日誌に証拠調べの日時のみをメモして帰るといったことも時折見受けられ、心配になることも少なくない。

右に述べたような尋問スケジュールを理解してもらい、それを守ってもらうことの重要性を考え、これまでは、弁論準備手続終結時に確認した内容を手続調書に記載し、それを期日直後又は代理人が尋問の準備を始める頃合いを見計らって事務連絡として送付することを考えていたが、計画段階から代理人も加わってスケジュール表を作成した上で、途中でも再確認する方がより代理人に審理計画を強く意識させることができ、集中証拠調べを成功させるためには有益であると考えられる。

そこで立証計画を策定する際に、資料50の書式を代理人にも交付し、裁判所と協議しながら記入してもらった上で、裁判所が浄書・整理したものを調書に添付し、資料51とともに期日間に送付し、再確認と注意喚起と進行状況の把握を一括してすれば、より効果的であると思われる。

3　供述録取方法の検討

旧法下での五月雨式審理では、証拠調べが長期間に亘って続けられるのが一般であるし、その間の記憶喚起の資料が必要であるし、証拠調べを実施した裁判官が判決を起案するとは限らなかったので、その意味でも尋問結果をできるだけ詳細に記録化する必要があった。しかし集中証拠調べは、原則としてその期日で証拠調べを全て終了することになるから、裁判官にとっても、次回の準備のために尋問調書は必要ではないし、集中証拠調べを完了した事件を他の裁判官が判決するような事態もほとんど考えられないから、当該裁判官が記憶が鮮明なうちに判決起案をする場合にも事案によっては必要性が低い場合も少なくない。また、当事者にとっても最終準備書面を提出するのでなければ、和解の検討以外に次回期日の準備はないからそのために尋問調書を利用する必要性は少なくなった(21)。

そこで集中証拠調べを実施するにあたっては、その後の推移を予測（直ちに終結するのか、その場合は判決に対する控訴の可能性、和解を試みるのか、その場合は成立の可能性）し、その結果をどのような形で記録化すべきか（調書として書面化する必要性の有無、供述録取の方法）を検討する必要がある。

(一)　書面化の必要のない場合〜規則六八条による記録化

上訴の可能性が少ないと予想される事件で、裁判所も当事者も判決書の作成や次回期日の準備のために調書を使用する必要性の少ない供述については、録音テープ等に記録することにより調書に代えるという方法（規則六八条）を積極的に利用するべきである。

これまで書記官の調書作成事務の負担が大きいことを理由の一つとして実施されることが少なかった集中証拠調べがこの方法を利用することで広く実施されることも期待されている(22)。

規則六八条を適用するか否かは裁判長の許可にかかるが、当事者は、許可に際して意見を述べることができるので、集中証拠調べを計画する時点で、代理人も交えて録取方法についても協議しておくのが望ましい（本シミュレーションでは、弁論準備手続終結段階での協議はしていないが、和解の見込みも高くないし、事案自体も契約時やその後の当事者間の会話の微妙なニュアンスが判断の決め手になるようなケースであり、六八条適用相当と判断しなかったためである。)。

㈡　供述調書を作成すべき場合～逐語調書か要領調書か

集中証拠調べにおける供述調書のあり方については、事前に深化した争点整理が行われており、争点中心の尋問が行われることが期待されている。それが実現されると、書記官が要領調書化をする場面が少なくなり、供述調書が逐語調書化することが考えられる(23)。その意味で、争点整理の深化は、供述録取事務を時間的には低減させる効果を持つが、反面、内容的に濃縮されることにより、録取を困難にする側面を持つ。また、一度の立会時間が長くなることも考慮しなければならない。

これらを検討しつつ、供述調書を作成する場合、書記官は、事前に裁判官と人証毎に録取方法の協議をしておく必要がある。

㈢　逐語調書の作成～速記録と録音反訳方式

逐語調書は、微妙な事実経過自体が問題となる尋問、医療過誤事件における医師に対する尋問のように供述内容が専門的、技術的事項にわたる尋問、事実認定上、供述自体の信用性の評価が大きな意味を持つ尋問等のように供述者の発した言葉そのものが問題になる場合に必要とされている(24)。

逐語調書の作成が望ましい事件では、現在ではモデル部を中心に録音反訳方式が導入され、速記官による速記録とともに逐語調書の作成に利用されている。

速記録は、速記官が事前に訴訟記録を読み込み、固有名詞などを拾い上げて法廷に立会い作成されるものであるからその完成度は非常に高いものである。したがって、速記録を引用する場合は書記官の負担は、ほとんどない。

これに対して、録音反訳方式は、法廷等において証人等の供述を録取した録音テープの反訳を裁判所外部の反訳受託者に委託し、その反訳書を利用して、書記官が逐語調書を作成する方式である。反訳受託者は、証拠調べに立ち会うことがないし、訴訟記録も読むことがないため、書記官が録音した録音テープと固有名詞等を記した書記官作成の立会いメモのみを頼りに反訳書を作成することになる。そのため書記官としては、正確に反訳がなされているかどうかを確認するために録音テープを聞きながら校正作業をする必要がある。したがって、速記録による場合に比べると立会いメモ作成、校正作業の点で書記官の負担は大きいといえるが、書記官自身が逐語録的な調書を作成する場合に比べると、校正作業に要する時間は四分の一か五分の一程度であり、調書作成事務負担の軽減に役立っている。

4　要領調書作成を容易にするための工夫

逐語調書の作成が望ましい事件以外は、書記官による要領調書が作成される。要領調書とは、「当該事件の解決に役立つ争点を中心に陳述内容を取捨選択し(争点指向性を高めて)、法律的、内容的に整理して再構成した証人等の供述に関する報告書」であると言われている(25)。

要領調書の作成は、新法施行後も書記官事務の大半を占めている書記官も多いことを考えると、これをいかに効率的に行うかは、今後も書記官にとっての重要な問題である。

㈠　事案の把握

法廷に入る前の準備としては、情報の収集が必要である。本シミュレーションのように書記官が弁論準備手続に全て出席し、争点整理にも深く関わっているのは、書記官による進行管理を充実させることに主眼があるが、要領調書の作成にも役立つことは明らかである。真の争点を十分に理解したうえでの要領調書は、簡にして要を得た記録として適切な判断をするうえで役立つ。現実には、それが困難な裁判体も少なくはない。しかし、他の事務との関係から全件の立会は無理としても、事件を選択し、あるいは終結段階などの重要なポイントでの立会を工夫すべきであろう。

少なくとも記録を見て、争いのない事実を整理したり、固有名詞を記録の中から拾い上げて略語化しておくだけでも法廷等で手控えを取るのが楽になる(26)。突然立ち会うようなことになった場合は、裁判官から事件の概要を説明してもらえばいいし、遠慮することはない。

㈡　**資料の整理**

経過の長い事案などでは、流れを正確に整理しておかないと、誤解が生じたり、まとまりのない調書になることがあり、主張事実や書証等から争いのない事実を中心にした時系列表を作っておくと便利である。事案が複雑で書証も多数有るような場合は、整理表を作り書証も書き込んでおくと役に立つ。境界確定等の事案では、尋問に使う図面を一本化して、争点となっている箇所に共通の符号をつけたりすることも調書を効率的に作成するのに役立つ。また、このような事件では、正式に検証をしない場合でも、進行協議期日などで現場を把握しておくと調書が取りやすくなる。

これらの一覧表、時系列表、図面等を作成したときは、代理人にも参考に渡しておくと、有効に利用してもらえることが多い。

事前の資料作りは、手間がかかるが、裁判官とも役割分担をして、準備を怠りなくしておきたい。それが良い手控えを作る道であり、レベルの高い調書を短時間に作成することにもつながる。

㈢　**尋問事項書の活用**

新法になって、弁護士からは相当詳細な尋問事項書が提出される場合がある。そのような尋問事項書は、主尋問における質問をほぼ正確に記載してあり、大きく外れることなく尋問がなされていくことになる。折角このような尋問事項書が提出されているのにこれを十分に活用しない手はない。ワープロ等で作成されている場合は、フロッピーを提出してもらって、尋問項目毎に空欄を作って、尋問結果の要領を書き込めるようにしておくとか（こうしておいて、法廷でダイレクト入力している書記官もいることは以前に紹介したとおりである）、尋問項目毎に適当な番号や符号を付けておき、質問部分はその記号等だけをメモし、質問を録取しないようにすれば、それだけでも録取は容易になるし、このような使い方であれば、尋問が多少外れても、その部分だけ質問を録取すればよいから、大いに省力化できる(27)。

また、弾劾的な書証や後出以外の質問予定の書証番号が示されているので、予め当該書証のコピーを取るなどして尋問に備えることにより、質問意図が早期に把握できるという点においても録取作業に非常に有益である。

5　裁判官と書記官との情報共有手段としてのミーティング

裁判官と書記官とのミーティングの有用性については、旧法下からさかんに論じられてきた。確かに旧法下と同様に、書記官が供述調書作成に追われ争点等整理の期日に立ち会うこともなく集中証拠調べに臨んでいるような裁判体では、集中証拠調べが実施される前に裁判官から書記官に対し事案の概要や争点について説明をすることは、書記官の調書作成にとって有益ではあろう。

　本シミュレーションのような体制で裁判官と書記官の協働関係が形成されている場合は、その必要性は高くはないが、常に必要な情報を必要なときにその都度、お互いに発信しあうといった柔軟な方法で十分に効果があがるよう、裁判官と書記官の日頃からのコミュニケーションを充実させ、何でも物が言いやすい雰囲気作りをしておくことが重要であろう。


〈注〉
(1) 資料40に第三回弁論準備手続期日で修正した部分を手書きで書き込んだもの
(2) 資料41参照。
(3) 原告代理人は、陳述書を記憶喚起の材料にしようとの意図をもっているようであるが、陳述書を見ながらの供述は、法二〇三条によって裁判長の許可を要する。右規定は旧法と同じであり、その法意は、証言（供述）は現在記憶する事項を陳述するものであることから、記憶のないことを陳述させないことにある。ただし、計算関係や本人の作成した日記等を見て、数字や日時を明確にする必要がある場合には、裁判長の裁量により許可されることになる。しかし、計算関係等以外で陳述書を利用することは一般的には認められない可能性が高く、そのような利用の仕方は多くの場合妥当性を欠き、相手方からの異議の対象になるであろう。なお、新規則一一六条は、裁判長の許可の下で文書を利用した質問を認める規定を新設しているが、この文書に供述者自身の陳述書は原則として含まれないと考える。
(4) 陳述書の功罪やその作成方法等については、第一五、二2㈥陳述書の利用についての協議の項で整理したとおりであるが、原告のように文章を書くことに慣れていなかったり、記憶がよく整理されていないで感覚的に物事を捉えるタイプの人物にとっては、客観的事実（書証等で明らかになっている事実）に即した事実経過を分かり易く整理して文章にまとめるということは至難のことである。人事事件などでは、それでも本人に自由に書かせて、そのままあるいは浄書するだけで提出することもないではないが、複雑な取引関係の事件などでは、そのような感情的な表現を残したり、時系列的な整理もされていない陳述書は、審理を充実させる役にも立たず、かえって争点外の誹謗的言辞が反対尋問に晒されたりして、審理を混乱させることにもなりかねないのであって、ほとんどの代理人はそのまま提出することは考えないであろう。当事者本人にしても、それでは大きな不満を抱くのが通常である。
　したがって、代理人としては、これまで主張してきた事実を時系列的に整理し、それに本人から聴取あるいは本人作成の陳述書の下書きから生の事実を書き込んでいく作業をして、一応の形になったものを作ることになるのはやむをえないところである。準備書面の記載は、本人の言い分と書証から法的に整理したものであって、それを基礎とした陳述書を作文と非難するのは当たらない（もっとも、主張と大差のないものなら心証形成上あまり意味をもたない）。

　原告代理人の陳述書の作成方法に特段の問題があるようには見られない。むしろ原告のようなタイプの当事者の場合、書証等で動かせない事実を核として、記憶を整理させておかなければ、適正な尋問も困難になりかねず、原告代理人としては、時間的に大変であっても不可欠な作業というべきではないかと思われる。

　また、いろいろな問題点が指摘されながらも陳述書の利用が広まってきているのは、ある意味では弁護士に対する一般的な信頼感の顕れと見ることもできる。本シミュレーションでも、原告代理人が本人に注意しているように、記憶にあることをありのままに述べるのが最良であり、作られた陳述書は、かえって墓穴を掘ることになることは経験的にも体得されてきているのではないかと思う。

（5）代理人が陳述者から事情を聞いて、文章を整理して陳述書を完成させ、それに間違いがない場合に署名押印してもらうことは実務的にも極めて多いと思われる。本シミュレーションの場合は、曲がりなりにも本人に作成の努力もさせており、特に問題があるというわけではないが、このような場合には、人によっては、十分内容を吟味しないで署名したり、少々ニュアンスの違う表現の場合でも、まあいいかということで署名することもある。主尋問でも陳述書と異なる証言がされたり、反対尋問で大きく崩れたりして、実体以上に証言の信憑性を傷つけることになるのはこのような場合に多く、留意が必要である。

（6）自己の申請し、同行できる人証については、尋問の予行演習をすることも少なくないと思われる。それによって当該人証の供述時の状況を具体的に把握できるし、法廷のような公式の場所で話すことに慣れていない人証にとっては、不安感を取り除き、自信を持たせることにもなり、原告のような事実経過を順を追って説明するのが苦手で、表現力も十分でない場合には有益なことが多いだろう。しかし、その要否や相当性は、人証の特性に大きく影響されるものであって、尋問練習をしたことによって、そのときの答えを思い出すことにばかり、意識が集中して、真実味に欠ける供述態度になったり、一つ破綻をきたすと大きく崩れる場合もある。原告代理人は、原告が上手ではないが正直に供述する人物と見込み、かつ、本件では、数字や日時など細かな事実は、書証で大半立証できており、木谷専務らとの対話内容が主たる立証対象であり、その場面を想起しながらたどたどしくても真実味のある供述をさせることが上策と判断してあえて尋問練習をせず、正直に言えばよいということで自信を持たせる戦略を採ったものである。

　集中証拠調べでは、一度の尋問で事件の帰趨が決定されることが多いから、尋問に対してもこれまで以上に慎重な配慮が重要になってくる。

（7）証人等に対する呼出は、通常は呼出状を送達してするが、法九四条（旧法一五四条）はその他相当と認める方法によることを許している。ただし、送達と期日の告知以外の方法による呼出の場合は、証人等に対し、期日の不遵守による不利益を帰することはできないとされている。実務上は、同行することには問題はないが、勤務者等で正式に裁判所に出頭を要請されていることを証明する必要がある場合などに、正式の呼出状を普通郵便で郵送する等して呼出をすることがあり、それを簡易呼出と言っている。

（8）同行を予定している証人でも馬場証人のように出頭してもらうことに苦労することがないではない。集中証拠調べを実現する場合には、予定された人証全員の出頭確保は重要であり、代理人としても早期に証人と接触し、証人の状況を把握して対応を誤らないようにすることが肝要である。証人が出頭を嫌がるのはいろいろな事情があるが、党派性の少ない証人ほど関わりたくないという気持ちになるのは理解できないではないし、実際問題としても尋問時間だけでなく準備の時間や往復の時間までとられれば、仕事に差し支えることもあるだろう。また、自分にも火の粉がかかってこないか心配することもないではないだろう。証人になったことなど経験のないのがほとんどであり、尋問に対する不安もあると思われる。甲野弁護士が早期に簡易呼出を裁判所に頼んだのは、正式に裁判所から出頭を求められていることを自覚させるためであり、証言の如何にかかわらず、馬場に何の不利益もないことを約束したのはこのような心配を取り除くためであり、尋問の簡単なテストをしたのは、証人尋問に対する不安感を取り除くうえで有効であったといえ、これらの適切な判断の結果が出頭に結びついたものといえよう。状況の把握と適切な対応の例といえる。

（9）新法は弁論準備手続終結後の攻撃又は防禦方法の提出について、相手方の求めがある場合には、終結前に提出できなかった理由の説明を求めている（法一七四、一六七）。この点は、第四回口頭弁論期日に問題になったので、その際に検討することとする。

（10）資料20参照。

（11）資料25参照。

（12）代理人としては新法になり、陳述書の提出を求められる機会が多くなった。陳述書には功罪があり、その作成方法や使用については代理人としても慎重に考える必要がある。木谷専務のように相当やり手の企業マンでも本人が書いた陳述書をそのまま利用できることはまずない。文章の意味すらわからない場合や、関係のない事柄を長々と書いてあることもあるし、そこそこ書けていても記載内容が中途半端なため、意味が誤解されてしまうこともある。これらを逐一点検して、殆ど全文を代理人が書かなければならないということも多々あるのが実情である。

　乙山弁護士は、木谷専務のように記憶力が確かで理路整然とした説明ができ、物怖じすることなくしゃべれる場合は、陳述書を出さないことが多い。その方が陳述書をなぞるような尋問より迫真性があるし、心証へ働きかける力も強いと考えているからである。

しかし、本件では、弁論準備手続を終える段階で各代理人間の協議でも提出することになったし、実際に木谷専務に作らせてみると、代理人の目からみれば不十分なところも少なくなく、本人の真意を伝えやすいように説明を加えたり、誤解を招かないように表現のニュアンスを調整したり、不利な事実で自分からあえていう必要のないことは整理したり（ただし、反対尋問で追及が予想される事項については、先行的に反論を記載しておくことが有効な場合もある）する必要は少なくない。

陳述書を作る側からはこれらの配慮は当事者のために必要であるが、代理人は、事実と異なる内容の陳述書の作成を誘導するつもりがなくても、曖昧な部分を質すことによって断定的表現に変わったり、矛盾点を追及するあまり、首尾一貫したものに改変したりということがないとは限らず、その結果が虚偽と紙一重のようなものになる恐れは否定できない。

その意味での警戒心は、代理人も裁判官も怠ってはならないのであって、重要な争点部分の主尋問は必ず行い、反対尋問にも十分晒して、陳述書から重要な事実を認定するようなことがないように心すべきであろう。

(13) 乙山弁護士のぼやきが聞こえるようである。確かに、本件では、各当事者の主張も詳細であり、争点整理も書面で綿密になされており、陳述書すらなくても審理に大きな支障はないと思われるくらいである。それなのにかなり詳細な陳述書を提出するのだから、尋問事項書まで詳しくしなくてもよくはないかと考える気持ちは理解できるし、実務でもそこまでの要請をしないことがむしろ多いかもしれない。

しかし、乙山弁護士が述懐しているように、そこまで準備した事件でも、「どう尋問を組み立てるか何度も天井を睨みながら考え」なければならないのであって、まさにそこにこそ詳細な尋問事項書作成の意味がある。十分練られた練達の尋問は、このような努力の積み重ねから生まれるのではなかろうか。集中証拠調べは、わが国でも、尋問技術の発展を促すであろうが、その基礎を忘れてはならない。

(14) 昭和二三年に弁論主義　当事者主義を徹底する目的で当事者から直接証人等に尋問する方式、すなわち交互尋問制度が導入されたが、闇雲に発問するようなことでは、適正迅速な裁判を実現することはできない。そこで、昭和三一年、民訴規則四条は、「当事者は、主張及び立証を尽くすため、あらかじめ、証人その他の証拠について事実関係を詳細に調査しなければならない。」との規定を設け、証人にも事前面接する等して事実調査をすることを義務づけた。新規則八五条はこれを踏襲しているものであるが、いまだに一部の弁護士には、証人の汚染を避けるという理由から証人との接触は望ましくないという意識が残っているようである。

しかし、集中証拠調べの場合は、ほとんど一回で審理が終了することになるから、当然反対尋問も完遂しなければならないのであって、敵性証人であっても事前面接の必要性は高まるであろう。敵性証人との面接はしかく容易なことではないが、面接の機会の作り方、反感を抱かせたりしない面接方法、事実経過を聞き出す技術、証人の性格や能力や党派性の程度等の洞察など、代理人としても面接技術の向上を意識的に高めなければならないと思われる。

このような事前準備に対する慣行の改革が集中証拠調べを成功させるために必要であろう。

(15) 第二民事部では、毎月一回、全員でミーティングを行っている。審理を充実させるうえでの工夫などを出し合って、部全体で検討し、意見が一致したことは実践に移し、その結果なども報告しあって、さらに改善していくことにしている。

(16) A裁判判官は、供述をメモするときに、原告側の尋問に対する供述は赤、被告側の尋問に対するそれは青、裁判官の補充尋問事項は緑のボールペンを使って書くことにしている。そうすることで、主尋問に対する答えか反対尋問に対する答えかが分かるし、緑で書いた項目が当事者の尋問でなされれば消していき、残ったものだけ補充尋問で確認することができる。陳述書にも同じようにして書き込みをして利用している。

(17) 第一五、二、2証拠の整理と尋問の計画参照。

(18) もっとも、全員が揃わないとか一部の尋問が続行されたからといって、集中証拠調べの意義は半減するとしても、全てが無駄になるわけではなく、十分な争点整理ができていれば、変更や続行になったからといって、それほど落胆することもないし、実際にも集中証拠調べに向けて集中してきたエネルギーは、これまでの五月雨審理とは異なる価値を生んでいることを実感することができる。成功するように関係者一同が万全の対処をすべきではあるが、過度に失敗を恐れることは、強引な訴訟指揮などに向かわせ、当事者に反感や不信感を抱かせる元となり、かえって弊害が生じる恐れがある。

(19) 最高裁判所事務総局民事局　条解民事訴訟規則二四〇頁（平九）参照。

(20) 第一五、二、2、㈢尋問時間の設定でも指摘したように、計画段階からゆとりを持つことが必要である。そして、無理に決めたのでない以上、少なくとも主尋問時間は遵守されなければならない。

(21) 供述調書は、①裁判官の記憶が薄れて証拠資料が不明確になることの防止、②上級審への証拠資料の提供、③当事者に証拠調べの結果を記載した書面（調書）を裁判資料として提供、という三つの目的のために作成されるものである（最高裁判所書記官研修所　新民事訴訟法における書記官事務の研究Ｉ　八一頁（平一〇））が、集中証拠調べを実施することにより①③については、調書作成の重要性が低下したといえるだろう。

ただし、①は裁判官が集中証拠調べ終了後、記憶の鮮明なうちに判決起案ができる態勢が整っていることが必要であるし、計算関係など調書で確認する必要性の高い場合や、法廷で直接心証は取るとしても、微妙なニュアンスなどが問題になるケースでは調書での相互の供述の再確認が必要な場合も少なくはない。もっとも、裁判官自身が法廷でどの程度の手控えを作成するかにもよって左右されることではある。

また、和解を勧告した場合には、一、二週間で決着が付かない場合は、記憶の低下が生じるから、和解が成立せずに判決に至った場合は調書の必要性は高くなる。当事者側では、関係者が一同に会している場合は、和解続行となった場合でも調書の必要性はほとんどないが、企業関係などでは、和解を進める場合でも、社内協議のために調書を必要とすることがある。

(22) 前掲注（19）一五二頁参照。

規則六八条の適用ケースは次第に広がりをみせており、録音テープの利用だけでなく、ビデオの利用（録音テープに比べて、証人の表情等の非供述部分を含めた高度の再現性があるから、上訴審の裁判所にも当事者にも分かりやすく、今後の機器整備等の進展が望まれる）も一部では始まっている。しかし、他方で公示送達事件の尋問にしか利用していないという運用も少なくないようである。利用に消極的な理由の一つに、訴訟完結までに当事者から申出のあった場合や上訴審が必要と認めた場合には、証人等の陳述を記載した書面（以下「陳述書面」という。）を作成しなければならないことがあげられる。確かに尋問と陳述書面の作成との間に相当の時間を経ている場合は、録音テープの反訳作業をするようなことになり、通常の要領調書作成以上に時間を要することにもなりかねない。また上訴提起後の記録送付はできる限り短期間にすべきであるから、上訴提起が立て続けにあったような場合、その負担はかなりのものとなるとも考えられる。

しかし、上訴率は、集中証拠調べをした事件の一割ないし三割程度と見られ、利用に消極的になる理由とはならない。

なお、最近は、当事者からの申出をまたず、規則六八条の適用をする段階で、当事者に陳述書面（主尋問については、尋問事項毎に簡潔に結論を要約し、反対尋問については、重要な点を要約した程度のものから、インデックスと称してより簡潔でテープ等を聞くときの参考になる程度のものなどがある）を作成して交付することを約束し、録取直後に作成することによって、規則六八条の利用範囲の拡大を図り、時間を経てから作成する場合の問題点を回避する工夫をしている裁判体も現われているようである。

(23) 櫻林正己ほか「集中証拠調べの実践報告」判タ九二八号三〇頁以下参照。

(24) 前掲注（21）新民事訴訟法における書記官事務の研究Ｉ　二二五頁参照。

(25) 前掲注（21）新民事訴訟法における書記官事務の研究Ｉ　二二三頁参照。

(26) 民事訴訟の審理の充実と書記官の役割（書記官実務研究報告書第二二巻第一号）資料編一五頁参照。　書記官　一二四号二五頁参照。

(27) 本研究会メンバーの弁護士から、尋問直前には、主尋問をほぼ正確に記載した尋問用メモを作成していることが多く、書記官に交付することが省力化だけでなく、尋問結果の正確な記録に有益ならば、交付することを考えたいとの意見が述べられた。裁判官のメンバーからも医療過誤事件等専門的な事案では、事後にそのような尋問メモの交付を受けて速記録の作成の補助資料として活用した経験が示された。それが尋問直前に受領できるのであれば、質問部分を録取しないことによるゆとりと、尋問内容を耳と目の両方で正確に認識できることにより、より正確な調書が短期間で作成できるとの書記官の意見もあり、裁判所側では大いに歓迎すべきことという意見が多かった。しかし、弁護士メンバーの中には、相手方にも交付されるならば、問題はないし、また、尋問用メモを交付された相手方弁護士も、主尋問の答えのみをメモに書き込みながら尋問を聞くことによって、メモを取りながら同時に反対尋問の戦略を立てていくという作業が軽減されるメリットが考えられるが、相手方にそのようなメリットを与えたくないというのが正直なところであるし、かと言って一方当事者が書記官にだけ見せるというのは公正公平の観点から問題を感じるという意見もあった。

事案により、当事者双方とも十分な意見交換をして、疑問をもたれることのない形での活用が図られれば、益するところは大きいと思われる。

第二〇　集中証拠調べシミュレーション

一　開廷前の準備状況

〔平成一〇年一二月一五日(火)午前一〇時〕京都地裁第三五号法廷～第四回口頭弁論期日

鑑定、鑑定人ａに対する書面尋問、吉田証人に対するテレビ会議システムを使用した尋問を経て、最後に残った四人（証人馬場、同八坂、同木谷、原告本人）に対し、一日かけて集中証拠調べを実施する期日を迎えた（1）。

事務官（廷吏）は、午前九時に期日管理システム（2）を使ってパソコンで当日の開廷表を打ち出し、廷吏長に三部提出し（案内を求める人用に玄関受付等に備え置くため）、法廷の鍵を訟廷事務室で受け取り、法廷の鍵を開け、暖房の調整、法廷内の清掃、椅子や机の整頓（対質尋問が予定されている場合はそのための椅子も準備する）、法廷で使用する用紙類の確認、法壇の鉛筆を削ったり、備品の有無を点検するなどの開廷準備をしてから、法廷前の開廷案内板に開廷表を張り出した。

午前九時四五分ころになって、記録と審理計画表（3）などを持って再度法廷に行き、開廷灯を点灯した。

法廷前のベンチには、顔見知りの原告代理人と面識のない人が三人座って話していた（4）。

開廷灯を点けるのと同時くらいにその人達が入廷してきて、その内の一人が呼出状を示した。呼出状を持っていたのは最初に尋問する予定の馬場証人で、もう一人は原告であった。事務官は、原告と馬場証人に人定事項書（出頭カード）とボールペンを渡し、記載をお願いした。馬場証人が出頭カードの末尾の旅費日当欄の記載で逡巡しているのを見て、事務官は、事前に当事者から馬場証人分の旅費日当の予納があることがわかっており、事前に手続をしていたので、「請求します」の欄にチェックをしていただければ今日お支払いできますからと言うと、よろしいんですかと遠慮がちにチェックを入れた（5）。その後出頭してきた証人等も順次確認していき、出頭カードに記載を求めた。一〇時前には午後からの尋問者も含め全員が出頭した。

Ｂ書記官も午前一〇時一〇分前に法廷に行き、録音反訳用の機材（6）の点検をし、二台の録音機に予め証人等の氏名を記載した録音テープをセットし、手控えや筆記用具等を準備した。

午前一〇時丁度にＡ裁判官が入廷し、事務官が事件番号と代理人名を呼上げて、一件記録を裁判官に提出して審理が始まった（規則六二条）。

二　争点等整理手続終結後の主張・立証

最初に、被告代理人が一一月二五日付けの準備書面（過去の被告から原告への下請では、平均して一五パーセント程度の経費を控除して発注していた旨の主張）を陳述し、乙八の1・2と九の書証を提出した。（なお、原告は円山の陳述書を甲一四、被告は木谷の陳述書を乙一〇、補助参加人は八坂の陳述書を丙四として提出）。

これに対し、原告代理人は、弁論準備手続の終結後に新たな主張・立証をすることは不当であると述べ理由の説明を求めた。

被告代理人は、予め作成していた説明書（7）を読み上げて、以下のように説明した。

「被告としては、従前から請け負った工事を下請に出すときは、元請としていくらかの利益を得るのが通常であり、本件工事について、被告側において全く利益を得ていないことは、被告が発注者でないことを示す重要な間接事実であると主張してきており、追加主張は、右の事実を原告と被告間の別の工事の場合と対比してより明らかにしようとするものであって、右の間接事実を補強する事実に過ぎず、当初は、木谷証言によって証明することを予定していたが、同証人との打ち合わせの過程で、証言だけよりも客観的な資料で証明した方が明確になると考えて事前に提出することとした次第である。」

〜〜〜〜〜〜〜〜〜〜〜〜

裁判官は、追加主張及び書証の内容と期日の二〇日程前に提出されていることからして、原告の訴訟活動に大きな支障を与えるものではないし、審理にも影響は少ないとみて(8)、その程度の説明で先に進むことにし、証拠調べを開始することを宣言し、あらためて当日の予定を再確認し、時間的に余り余裕がないので、事前に送付してある「審理計画表」に従って尋問時間に十分配慮するように求めた(9)。そのうえで出頭者の確認をし、尋問予定者以外の事件関係者で傍聴している者について代理人に紹介をしてもらった(10)ところ、後に尋問を予定している八坂証人と木谷証人のほかに事件関係者では被告会社の清水三郎社長と残工事を施工した三条管工の岡本弘専務が傍聴しており、その他に弁論準備手続を傍聴した原告の友人の宮川俵二ら三人の一般傍聴者がいることがわかった。

八坂証人と木谷証人を同席のまま尋問することは審理計画を立てたときに決定していた(11)ことであるが、馬場証人の尋問の場合については決めていなかったので、裁判官は、各代理人に八坂証人と木谷証人が傍聴していてよいか尋ねたところ、各代理人とも異存はなかった。

三　尋問シミュレーションと留意事項

以下、順次尋問が実施されていったが、その詳細は省略し、尋問中のトピカルな部分だけ紹介し、それぞれの留意事項を見ていくこととする。

1　主尋問

(一)　主尋問の概要

証人馬場義治は、原告が依頼した下請の一人（桂配管）であり、原告は、訴状(12)では下請からの支払額を請求の根拠としていたが、争点等整理の段階で下請の請求額の正当性を立証することが困難であることが分かり、結局、鑑定によって下請を含む原告側施工分全体の出来高を立証することに方針を変更した(13)。そこで原告代理人は、馬場証人によって証明すべき事実を「原告とその下請との間において実費支払の合意があった事実」に限定して証人申請をし（規則九九条一項）、弁論準備手続終結時点での争点等の確認においてもそのことを明らかにしていた。

そして、尋問事項も、原告から鴨川学園の下水道工事の一部を請負った際の請負代金の合意内容を中心とするものであり、馬場証人は、主尋問に対して、

①　原告とは一〇年来の取引があり、工事によっては事前に見積書を提出して請負代金の合意をすることもあるが、小さい工事が多く、人工《にんく》や機材の実費に経費（利益）を乗せた請求書を回せば、そのとおり支払ってもらっており、請求額でもめたようなことはないこと、

②　本件工事についても、最初から具体的な代金の約束はしておらず、途中で工法

が変更するし、待機を要請されることも多くなり、苦情を言ったところ、かかっただけ払うから続けて欲しいと再三言われ、原告の責任でもなかったことから、実費を保証してくれるのなら協力しようと思って続けてきたこと、

③　平成八年一二月中旬ころから工事に入り、翌年二月に竣工する予定であり、代金は完成後の一括払の約束であったところ、竣工予定時期を過ぎても半分くらいしか進捗せず、原告と被告との間でもめていたようだったが、とりあえず出来たところまでは支払って貰わないと困るので、原告にかけあって二月末ころに請求し、一か月後くらいに全額支払を受けたこと、

④　請求額について、原告から特に内容の説明などは求められておらず、桂配管としても今となっては積算方法等を明らかにはできないが、実際にかかった費用と一割程度の経費をのせているだけで不当な請求はしていないなどと答え、予定の主尋問時間を五分程残して尋問を終えた。

㈡　主尋問事項

証拠の申出は、証明すべき事実を特定してしなければならない（法一八〇条）とされており、申請者が立証事項を決定することができる。したがって、証人等の申請に当たっては、争点の整理をし、綿密な立証計画を立て、当該証人等の特性（当事者との親疎、記憶力、表現力等）にも配慮して、証人毎に立証事項を定めることになる。

馬場証人は、工事内容が変更になったことや、何度も待機させられたことなども知っているはずであるが、あまり事件にかかわりたくない様子であり、どこまで正確な証言が得られるか予測が立たず、あやふやな供述をされることによる危険を考えて原告代理人は立証事項を「原告とその下請との間において実費支払の合意があった事実」に限定していた。これは、他方で、施工費用について、資料も残していない馬場に対して、反対尋問で細かく追及されるのを避ける意図もあった。

そして、主尋問は、立証すべき事項及びこれに関連する事項とされており（規則一一四条一項一号によって「関連事項」が追加された）、原告代理人は、ほぼその目的を達成したといえよう。

2　反対尋問

㈠　反対尋問シミュレーション

被告代理人は、馬場証人とは事前面接ができなかったが、馬場証人は、請負代金の相当性に関する証人であり、かかっただけ払うなどという契約はありえないこと、仮にそのようなあいまいな合意で工事をしても合理的な代金しか請求できず、馬場の請求額に合理性があるかという観点から反対尋問をすることを考えていた。

〜〜〜〜〜〜〜〜〜〜〜

被告代理人は、最初に、原告と桂配管との取引状況を尋問し、かなり密接な関係があることを浮き上がらせた上で（ポイント①）、以下のような尋問をした。

（被告代理人）これまで原告との間でも、他の業者との間でもいいですが、請負代金額を決めないでかかっただけ幾らでも（ポイント②）払うというような契約をしたことがありますか。

（馬場証人）ありますよ。見積書も出さないような小さな工事では、かかっただけ後で請求してくれというようなことはありますよ。信頼関係のある業者との間ではね。でも、幾らでもというようなことはないですよ。それは実際にかかったものを払うということですから。

（被告代理人）本件は、あなたのいう小さな工事に入るのですか。

（馬場証人）三〇〇万円余りの工事ですからね。原告とはいつも一緒に仕事をしていて信頼してもらっていますから。

（被告代理人）きちんとお答えいただいてないように思いますが（ポイント③）、それはいいとして（ポイント④）、本件では、大体の見込額も話に出なかったのですか。原告の方は、当初は一五〇〇万円を目処に請け負ったと言っているのですがね（ポイント⑤）。

（馬場証人）いや、まあ、よく覚えていないですが、確か三五〇万円という数字は出ていたように思いますね。それ以下で押さえてくれたらありがたいと言っていましたかね。

（被告代理人）やはりそうですか。あなたが担当したAゾーンは全体の二五パーセントくらいの範囲になるのですが、一五〇〇万円の二五パーセントは三七五万円ですから、原告は、一五〇〇万円で請けて、多少の利益を乗せて、下請に回したということになりますね（ポイント⑥）。

（馬場証人）ですが、それはあくまで見込額で、現場は建築工事と並行しての施工で、すんなりとはいかないと思っていましたから、施工が延びたりしたら見てくれるのか聞いたはずですよ。それで、かかっただけ払うから心配するなと言われて承諾したんです。

（被告代理人）かかっただけ払うと言ったのは、原告ですか。他の人からは聞いていませんか（ポイント⑦）。

（馬場証人）原告からは何度も聞いていますが、現場会議のときなどに八坂土木の社長も言っていたように思います（ポイント⑧）。

（被告代理人）あなたは丸太興業の木谷専務は知っていますね。木谷さんからそんなことを言われたことはないですね（ポイント⑨）。

（馬場証人）木谷さんは現場で何度も見かけましたし、現場会議に出席されていたこともあったし、ああ、そうそう、施工方法を変えることでもめたときは木谷さんが変更するように言ったんですよ。

（被告代理人）そんなことは聞いていませんよ。

（ポイント⑩）費用のことで木谷さんから実費を払うということを聞いていないでしょうと言っているんです（ポイント⑪）。

（馬場証人）ああそうですか。よく覚えていませんが聞いたことがあるかもしれませんね。

（被告代理人）いつ、どこでですか。

（原告代理人）異議があります（ポイント⑫）。主尋問の範囲を超えています。主尋問は、原告が馬場証人に工事を依頼するに当たって、実費の支払を約していたことに限定しており、被告代理人は、木谷さんから実費支払の話があったかということに論点をずらしています。

（被告代理人）原告は、木谷さんから実費保証の話があったから、原告も下請に対し、定額ではなく、かかっただけの費用を払うと約束してそれを実行していると主張しており、関連質問です。

（裁判官）関連性があることは認めますが、原告と木谷専務とのやりとりは、主として両者の尋問で解明する予定になっていますから、あまり深入りしないようにしてください。馬場証人、お答えください。

（馬場証人）具体的なことは覚えていません。木谷専務から直接聞いたのか、原告がそう言っていたのか……。

（被告代理人）終わります。

尋問はほぼ二〇分で予定通りに終わった。

(二)　反対尋問の範囲

反対尋問については、主尋問事項に限定

する方式（アメリカ方式）と広く関連質問を許す方式（イギリス方式）とがあるが、我が国は、旧規則三四条二号で前者の方式を採用しており、新規則も文言をわずかに修正しただけで同様の原則を維持し（一一四条一項二号）、反対尋問は、①主尋問に現れた事項、②これに関連する事項、③証言の信用性に関する事項に限定されており、尋問がその範囲を超えるもので相当でないときは、申立又は職権で制限されることがある（同条二項）。したがって、証人申請者の立証事項では、自己の主張の立証に支障を生じるときは、相手方は、自らも必要な立証事項を定めて証人申請することになる。もっとも、我が国の実務では、これまで関連質問の範囲が比較的緩やかに認められており、双方申請にしないまま、主尋問の範囲外と思われるような反対尋問も許容していることも少なくない。しかし、新法によって、争点と証拠の整理が綿密になされるようになれば、争点と立証の関係を明確に規制することによって、計画的な審理をしていく方向で見直すべきであろう。

㈢　**反対尋問の技術**

我が国では反対尋問が成功することは少ないといわれる(14)。最大の原因は、十分な開示制度を持たないことから決定的な材料を確保しにくいことにある。

加えて、相手方の申請した証人に接触し、事実関係を確認することを躊躇する傾向があり、いきおいぶっつけ本番の反対尋問になり、主尋問を固めさせるだけの尋問や揚げ足取りの効果のない尋問を長々と続けるような事態を招いている。可能な限り事前の接触によって証人の認識している事実関係だけでなく、申請人側との親疎の程度や記憶の正確性や誠実性等についてもできるだけ把握するように努力すべきである。陳述書が提出されている場合は、反対尋問がしにくいという面も否定できないとしても、主尋問の事前開示であり、綿密に点検すれば反対尋問の手がかりが隠されていることが少なくない。

集中証拠調べは、原則的に一回で証拠調べが完了するから、主尋問を崩しにくいという批判もあるが、調査を積み重ねて反対尋問を準備するのが適している事件等を除けば、関係者が一同に会していることから証人の汚染が防止できる面や事案の全貌を明らかにしやすい面もあり、かえって虚偽の供述を排する可能性は高く、効果的な反対尋問ができると考えることもできる。

いずれにしても綿密な事前準備をして、主尋問に注意を注ぎ、言葉だけでなく、供述態度なども十分観察するとともに、尋問するうえでの技術的な側面も軽視してはならない。

反対尋問を行ううえでの留意事項は、多数あるが、それらは文献(15)に譲るとして、前記反対尋問シミュレーションでポイントとして指摘した部分について簡単にコメントしておくこととする。

ポイント①～反対尋問の目的は、最低でも主尋問の信憑性を揺るがすことにあり、証人が申請側の当事者と親密であることは、主尋問側に傾斜した証言をしている印象を与え、裁判官に証言に対する警戒心を持たせる効果がある。具体的な攻撃材料もないのに、主尋問を順次再確認し、証言をかえって固めたり、説明不足を補足させるような反対尋問をよく経験するが、そのような場合は、具体的な反対尋問は避け、一般的な信憑性の動揺を狙うのもそれなりに有益である。

ポイント②～「幾らでも」というようなことは通常の契約ではあり得ないことであり、証人もそのようなことを言っているのではないが、あえて極端化した尋問をすることによって、証言の矛盾を浮き彫りにし、証人にも言い過ぎを訂正させる効果がある。

ポイント③～証人は、反対尋問者からの追及にまともに答えないことが少なくない。すかさず牽制をすることで証人に反対尋問者を手強く感じさせることは、その後の反対尋問に影響することもある。

ポイント④～しかし、あまり追及すると、警戒心やときには敵意をも持っている証人をより頑なにさせる恐れがあるから、徹底的に追及する必要のある事項でなければ、軽く切り上げるのもこつである。

ポイント⑤～被告代理人としては、仮に実費で払うと言っても一応の目標はあるはずだと考えていたが、直接それを聞くと否定される恐れが強い。そのような質問をするときは、親密感を持っている原告が言っているということで安心させて事実を引き出していくのも大事なテクニックである。

ポイント⑥～このような尋問は、通常は意見を求めるものとして許されないし（新規則一一五条二項五号）、その前の証言から推認すべき事実であり、本来裁判所の判断にかかる部分であり、最終準備書面を提出する機会があれば、そこで証拠評価として記載しておくべき事項であろう。しかし、集中証拠調べ終了後直ちに弁論を終結したり、和解が勧告される場合もあるから、反対尋問で有利な証言を引き出したときは、質問の形でそれを印象づけておくのも適切な場合がある。

ポイント⑦～被告代理人の尋問意図がわからないが、後の質問からすると、木谷専務が馬場証人に約束をしたことはないことを引き出そうとしたものと推測される。しかし、このような抽象的な質問をすると、その後の尋問が混乱したように、木谷専務も言っていたかのような結果になって、かえって被告側を不利に追い込む危険がある。よほど確信がある場合はともかくとして、直截に木谷専務から実費保証のような話はなかったねというように誘導的に押さえておくべきだろう。質問とその結果についての十分な洞察が反対尋問ではとりわけ重要である。

ポイント⑧～ポイント⑦は、右のような問題のある質問であったが、怪我の功名で八坂土木を引き出したのはよかった。

ポイント⑨～ポイント⑧で効果をあげながら（このような尋問の流れで、八坂土木の名しか出なければ、裁判官は、木谷専務が馬場に実費保証の発言をしたとは考えないのが普通であり、それで満足すべきであろう）、木谷専務が言っていないという答えに固執したため、被告側にとって不利な事情まで証言させる結果になっている。深追いした反対尋問が陥りやすい現象である。

ポイント⑩～依頼人に不利な状況が生じかけたら、機敏に矛先を変える必要がある。

ポイント⑪～ポイント⑨や⑪のような質問の仕方は、誘導質問になり、一般的には許されない（新規則一一五条二項二号）。ただし、証人を侮辱し、又は困惑させる質問は常に許されないが、誘導質問等は、正当な理由がある場合は除外される。その判断は裁判官がすることになるが、誘導質問については、刑訴規則は主尋問では原則禁止、反対尋問では必要な場合は許容されていることから、民事訴訟でも、反対尋問では比較的緩やかに扱われており、敵性証人などには有効に活用すべきである。

ポイント⑫～民事訴訟では、活発に異議を述べる代理人は少ないが、適切な異議は審理を軌道に乗せ、かつ、弁論を活性化させるものとして大いに検討すべきである。そのためには、尋問制限の可能性のある事項を整理し認識しておくことが大切である。異議は、反対尋問者の追及を中断させ、自己の証人にゆとりを与え、反対尋問の意図を理解させる効果もある。その意味でもタイミングのよい異議は効果的である（ただし、ここで「異議」といっているのは、実務上の一般的な呼称であって、正確には、制限されるべき尋問方法に対し、裁判長の職権発動を促す申立＝抗議＝objectionであり、裁判長の処分（尋問の許可又は制限の処分）に対する異議とは異なる）。

ちなみに、制限される可能性のある質問には、以下のようなものがある⒃。

⑴　立証趣旨と関連性のない質問（規則一一四条一項一号、二項）

⑵（反対尋問に対し）主尋問の範囲外の質問（同二号、二項）

⑶（再主尋問に対し）反対尋問に現われた事項外の質問（同三号、二項）

⑷　個別的かつ具体的でない質問（同一一五条一項）

⑸　証人を侮辱・困惑させる質問（同条二項一号）

⑹　誘導質問（同条二項二号、三項）

⑺　重複質問（同三号、三項）

⑻　争点に関係のない質問（同四号、三項）

⑼　意見の陳述を求める質問（同五号、三項）

⑽　直接経験しない事項の質問（同六号、三項）

裁判官も異議に対し、直ちに判断を示し、尋問を軌道に乗せることが大切である。

3　補充尋問

㈠　補充尋問シミュレーション

（裁判官）私の方から三点お尋ねします。一点目ですが、今までで最高どの位の金額の工事で実費支払というような契約でされたことがありますか。

（馬場証人）はっきり覚えてないですが、五〇〇万円程度の工事はあったかもしれませんね。

（裁判官）本件工事では三五〇万円を目安にしてほしいという話があったということですが、今言われた五〇〇万円の工事でも目安のようなことは示されるのですか。

（馬場証人）大体そうですね。原告の方は見積りはしているはずですから、一応は言われます。

（裁判官）それなのに見積りした金額で契約しないのは何か事情があるのですか。

（馬場証人）急ぎの工事だとか、段取りに問題のある工事だとか、簡単な工事で地盤のボーリング調査などしていないときなどですかね。やってみないと施工日数が決まらなかったり、使用機械に変更が予測されるからですね。

（裁判官）この工事はどれに当たるのですか。

（馬場証人）一番は段取りの問題だと思いますよ。現場が三つに分かれているし、建物工事との段取りに問題が多かったですからね。

（裁判官）そうすると、建物工事との関係で待機させられたりして工事が遅れたりというようなことがなければ、大体三五〇万円で収まるとみていいのですか。

（馬場証人）細かいことを言わなければそうなると思います。

（裁判官）今回は出来高から見ると予定より大分高い請求をされたようですが、原告からは何も異論はなかったのですか。

（馬場証人）ありません。高いと言ったって、実際あんなに工事がテレコテレコになったことはありませんよ。借りた機械を寝かせたり、集めた人間を遊ばせたり、しょっちゅうでしたからね。原告は、文句どころか、変な仕事を回して申し訳なかったと謝っていましたよ。

（裁判官）では二点目ですが、この工事は三つの工区に分かれていたのですね。それで工事の中断などは、全部の工区で一斉にされるのですか。

（馬場証人）工法を変えろということでもめたときは一斉に工事が止まりましたが、それ以外は違います。建物の足場が予定の日に取れなかったりということで、事情はそれぞれに違います。

（裁判官）そうすると工事が中断した日数も工区で違いがあるのですね。どのくらい違いがあったか分かりますか。

（馬場証人）詳しいことは覚えていませんね。だけど、本校舎のあったCゾーンでしたか、原告がやっていたところ、あそこが一番トラブルが多かったのとちがいますか。

（裁判官）この工事には下請が三社入られましたね。あなたが担当されたのがA工区、大原設備がB工区、その両方を引き継いだのがタカノ組ですね。

原告の主張では、Aが全体の二五パーセント、Bが二〇パーセント、Cが五五パーセントということですがそれでいいですね。

（馬場証人）よくは覚えていませんが大体そんなものでしょう。

（裁判官）それで、あなたの請求額が二五一万二〇〇〇円、大原設備が一九八万八〇〇〇円、タカノ組が一一二万円で合計五六二万円、原告の請求額が六八八万円なんです。この比率をみますと下請三社分が四四・九六パーセント、原告分が五五・〇四パーセントとなり、工事範囲の比率と完全に一致しているといってもいいくらいなんです。あなたがおっしゃるように工事の中断日数も違うし、業者も違えばこんなに一致することは偶然が過ぎるようにちょっと疑問をもったんですが、あなたの請求額について原告からなにか指示はなかったですか。

（馬場証人）いや、別に、その……。あのー、経費ですね……。

（裁判官）経費がどうしたのですか。

（馬場証人）いつもは原告の工事では一割見させてもらっていたのですが、工事を降りるときに迷惑をかけたから倍乗せてもいいと言われたんで、二割付けたんで……。二〇万ほど高くしましたかね。

（裁判官）　（電卓をたたき(17)）そうですね、二二万八〇〇〇円ほどになりますね。それで、支払は請求額どおりだったんですかね。

（馬場証人）はい、全額いただきました。

（裁判官）それじゃ、原告が余分に取ったというのではなくて、迷惑料のようなもので、注文者に支払わせるという趣旨なんですね。

それでは三点目に移りますが、本件のように同じ様な内容の工事を三つの工区に分けて施工するということになると、一人の業者が全体を請負って、施工の段取りをして計画的に実施していくのと比べると経費が嵩むことになりはしないかと推測するのですが(18)、いかがでしょうか。

（馬場証人）それは当然ですよ。全体を請けてやるのなら、堀方に使う重機にしたって、無駄のないように段取りしますが、ばらばらではそれだけロスも多くなります。

（裁判官）やはりそうなんでしょうね。それで参考に伺うんですが、甲二号証（吉田監理士作成の工事内訳書）を見てください。これを見られて、この見積りが三工区を別々の業者が施工することを想定しているかどうか分かりますか。

（馬場証人）見積人がどういうつもりでしたかは断言できませんが、分けてるようには見えませんね。

（裁判官）そうですか。その程度で結構です。ご苦労様でした。

(二) 補充尋問の役割と限界

補充尋問について検討するに、弁論主義の下では、主張のみならず証拠の提出も当事者の責任と権限に属するとされる（証拠の提出については、弁論主義の顕れではなく、証拠における当事者主義の顕れであるとする見解もある(19)）。これを極めて厳格に解すると、裁判所は、当事者の提出しない証拠を事実認定の資料とすることはできず（顕著事実と公知事実は例外）、当事者が証人からどのような証言を引き出すかも当事者に委ねられているから、基本的には、補充尋問もするべきではないという考え方になる。補充尋問は、当事者の尋問により得られた証言中の趣旨が不明確なものをより明確にさせること、日時・場所等について証言内容が特定を欠いた場合にこれを補充させること、証言内容について、その根拠を確かめること（伝聞による知識か否か等）等に限られるとする見解は(20)、このような考えに基づくのであろう。

しかし、事実認定は裁判の要であり、民事訴訟においても最も重視されなければならない。弁論主義の根拠については、本質説、手段説、法主体探索説、多元説、新本質説（第三の波）等多くの見解があるが、どの論者も真実の発見そのものを断念しているわけではないと考える。弁論主義の下での釈明権の行使について、矛盾や誤謬の指摘とその是正程度というように極めて狭い枠をはめる考え方は現在ではほとんど採られていない。現在の通説的な考えは、弁論主義の形式的な適用によって生ずる不都合を是正することに釈明権の目的を置いている。当事者に主体的な地位を認め、対立する対等な当事者が主張・立証を尽くし、中立的な審判者が判断するという三極的な訴訟構造が公平かつ真実発見に最も適した手続であるとの原則は維持しつつ、真実を発見し、適正な事実の認定をすることを目的として修正することを求めるものであり、近時の真実義務や完全陳述義務という発想もこのような考え方に根ざすものと考えられる（もっとも、証人に対する補充尋問である以上、当事者が申請した立証趣旨とそれに関連する事項には限定される）。

したがって、補充尋問についても先のような限定的な枠に縛られる必要はない。補充すべき事項が見出せないような立証活動がなされれば、それは理想的であるが、そうでない限り、当事者の主張　立証の枠の中で、証拠を十分に点検し、質すべきは質すという姿勢で積極的に人証尋問に関わっていくことがむしろ求められているのではないかと思われる。

また、集中証拠調べは、これまでの五月雨審理と異なって、裁判官にも（十分な事前準備をしていることが当然の前提であるが）事件の全体像を把握する場（法廷）が与えられているのであって、積極的に議論に加わっていくことが現実的にも可能であり、判断者自身が与えられた資料という限界の中ではあるが、納得いくまで証拠を吟味する必要があるし、それこそ集中証拠調べの目指すところでもあると考える。実際にも集中証拠調べの定着は、積極的に補充尋問をする裁判官を増やすことになるだろう。そして、それは必然的に裁判官の事件に対する疑問点の表明として心証開示につながるし、裁判官の事案解明への熱意として当事者に受け入れられれば、集中証拠調べ後の和解による解決にもよい影響を与えるのではないかと思われる。

本シミュレーションの示す補充尋問の例は、本来ならば被告代理人が反対尋問で質すべきことである。「書証は、多くを語る」ことを忘れずに、無駄なようでも図解したり、時系列に並べてみたり、電卓を叩きながら何か無いかと綿密に点検していれば、発見できるものは少なくないはずである（A裁判官も各ゾーンの請求額が施工範囲の比率と合致しているかを念のため確かめたところ、余りの正確な一致にかえって疑問をもったのであった）。

右のような疑問を抱いた場合でも、代理人が気付かなかったら、裁判官は、それはそれで仕方がないとしてやり過ごすことも一つの姿勢ではある。補充尋問をしないで、判決でその請求書の証拠価値を否定すればよいという意見もある。しかし、証拠に対する疑問であれ、経験則についての異なる見解であれ、それを開示し、議論をする機会を与えないで突然判決で示すやり方は、しばしば当事者に予期せぬ結果と受け取られ、弁明の機会のなかった当事者からの控訴を誘発する原因となる。しかも、弁明を聞けば納得できる場合も少なくはないのである。このケースでも、裁判官が補充尋問で質したから、不当請求が明るみに出た反面、利益を余分に二〇万円程乗せただけでそれ以外の請求は正当なものであることが分かったのであって、内心の疑問を明らかにしないで全部の証拠価値を否定されることを考えれば、必ずしも原告側にも不利な補充尋問であったとはいえないであろう。

したがって、疑問は質すべきである。ただ、裁判官がすぐに補充尋問をしないで、被告代理人に示唆して反対尋問をさせる方法もないではない。その方が適切な場合もあるが、裁判官が疑問点を教示し、それで証人を追及しはじめたら、裁判官自身が尋問するより以上に不公平感を与える場合もあるから十分な注意が必要である。

このケースでは、裁判官の補充尋問が適切ではないかと考えるが、裁判官は、中立性を疑われないように、丁寧かつ冷静に質問すべきである。シミュレーションの質問というより感想めいた裁判官の発言（原告が余分に取ったというのではなくて、迷惑料のようなもので、注文者に支払わせるという趣旨なんですね）は、請求内容の問題点を抉り出された恰好になった原告側に対する一つの配慮である。

〜〜〜〜〜〜〜〜〜〜〜〜〜〜〜〜

午前中の尋問が終わり、午後からの尋問の協議もする必要があったので、昼食は代理人の事務所ですることになったが、このような事態を受けて、原告と代理人との昼食はやや重苦しいものになった。

甲野弁護士は、下請の請求額の件で裁判官から追及を受けて馬場証人が説明した内容は、これまでの打ち合わせでも全く話されたことのない事実であり、原告の誠実さを信じていた代理人としては、裏切られた思いさえした。しかし、午後の尋問もあるし、あまり追及して萎縮させてはいけないと思い、冷静さを取り戻してから、馬場証人の請求の件について尋ねた。原告は、あっさりと事実を認め、下請に迷惑をかけたので、余分な経費もかかっただろうと思い、二割までなら見るといっただけで、別に比率を計算して細工したわけではないという。そして、原告の請求分も二割の利益を見ているのかと問うと、自分はそんなことはしていない、いつもよくやってくれている下請に迷惑をかけたからそうしただけで、自分の利益のためではないということであった。そうすると、裁判官の疑問は、一割程上乗せした結果が偶然そうなっただけだとわかり、原告の善良さを疑うようなことでもなかったと安心した。しかし、原告には、その趣旨をできるだけ法廷で明らかにするように尋問するが、反対尋問で追及されることは覚悟しておかなければいけないこと、疑いの目で見られると、取り返すのはなかなかしんどいことは告げておいた。

午後からの尋問で、原告代理人は、右のような気持ちでしたことだという供述を引き出したうえ、下請に対する思いやりは大切でも、支払うのは被告であるから妥当な措置ではなかったのではないかと尋問し、原告も思いが至らなくて申し訳なかった旨の供述をして、大きな汚点となる危険をうまく回避し、反対尋問でも相当追及されたがなんとか切り抜けた。

4　陳述書と尋問方法

(一)　陳述書を使った主尋問

（原告代理人）甲一四＝原告陳述書(21)を示す。

これは原告が代理人に説明した内容と書証などから分かる事実を代理人の方で整理し、原告に読んで載いてから、末尾に署名押印をしてもらったものですね(22)。あなたの言い分はこれに整理したとおりで内容的に誤りはありませんね。

（原告）はい、私の言ったとおりです。

（原告代理人）それでは、これから大事な部分だけさらに詳しくお尋ねしますから、それを見ていてください。まず、一の点ですが、円山舗装は個人企業で、常雇の職人が五人くらいで、手持の建設機械はほとんどなくて全部リースしており、受注先としては、被告会社を含む民間会社がほとんどだということですね。

（原告）はい。

（被告代理人）異議があります。原告は陳述書を見ながら答えています。法二〇三条に違反しますし、実質的な誘導尋問です。

（裁判官）異議を認めます。陳述書を見ないで答えてください。なお、ついでですが、今のところは、陳述書のとおりなぞるようなことになっており、重要な争点部分ならともかく、そうでないところは、付加するところもないのであれば、省略又は簡略にされてはいかがですか。

（原告代理人）（困ったような顔で、陳述書を手元に引き上げながら）はい、そうします。

〜〜〜〜〜〜〜〜〜〜〜〜〜〜〜〜〜〜

原告代理人は、原告本人の記憶力や表現力にやや不安を持ち、陳述書を示しての尋問を意図していたため(23)、相手方から初っ端に異議を言われ、裁判所からも陳述書を示しての尋問を規制されたので、尋問計画が狂い、不安を感じ、陳述書を取り上げられた原告本人も不安そうな表情をしていたが、気を取り直して、争点中心の尋問に切替えることにした。

原告代理人は、原告本人尋問の前に八坂証人と木谷証人の尋問が終わっており、発注者問題では、八坂証言が木谷証言より説得力があり、原告側に有利に展開していたので、その争点に関しては、代金の支払条件の協議の際、八坂社長に三か月サイトの期間を短くするとか、一部を現金にするように頼んだことがあるか、近畿企画から工法についてクレームがついたときや工事が中断したときの対処方法で八坂土木に直接連絡を取ったことがあるかなど、陳述書では十分に触れられていなかった点を補充し、原告が八坂土木を発注者として考えていなかったことを浮き彫りにすることに努め、尋問の主力を両証人が異口同音に証言する一五〇〇万円の確定請負であるとする点の切り崩しに置いた。この点については、争点整理で工事の遅れなどの外形的な事実はあらかた整理がついており、原告の記憶が不確かなところは、陳述書ではなく、その元となった工事日程表（現場で原告がメモしてきた日誌＝甲九）を示して切り抜け、原告の担当したCゾーンだけでなく、下請担当のA・Bゾーンのトラブルにも走り回り、経費が増加していくことに悩みながら、木谷証人にその保障を度々陳情し、その了解が得られたことから下請にも工事の続行を要請してきたことをリアルに引き出した。原告の供述は、滑らかなものではなかったが職人らしい木訥さが現われていて、代理人がまとめた陳述書の無機的な報告とはひと味違う証拠価値を付与できたと感じた。

陳述書があると主尋問を全部省略する場合や逆に陳述書のとおりに全部なぞるように供述させる場合もあるが、いずれも極端で大方の事件では適切でないであろう。どのような目的で、どのような内容の陳述書を作成しているかにもよるが(24)、いずれにしても集中証拠調べの段階で、主尋問においては、尋問効率化機能を十分に生かしながら、重要な争点部分についてはどれだけ深みのある供述を引き出せるか、それによっていかに感銘力を与えられるかを慎重に検討して尋問に臨むべきである。そのためには、①完全に省略する部分（争いがないか、争点の判断に影響を及ぼさない事項)、②誘導的にまとめて確認する部分（中心的争点について尋問する前提となる道行き部分)、③尋問に力点を置く部分、を明確に区分して計画を立てることである。そして、③については、陳述書を記憶させたり、陳述書の記載を思い出させようとしないで、生の事実に意識を集中させることが、陳述書では得られない感銘力のある供述を引き出す要諦であると考える。このような実践を行うことで陳述書裁判との批判を解消し、心証形成も十分に可能となる。

㈡　**陳述書がある場合の反対尋問**

（被告代理人）いままで何度も被告が受注した仕事の下請をお願いしましたね。北山興業の側溝工事、A団地の道路工事、B住宅の側溝工事、C団地の下水道工事、覚えておられますね。

（原告）はい。他にもあったと思います。

（被告代理人）乙八と九号証で契約書などを提出してますが、計算すると大体十二、三パーセントは被告の方で経費を取ってあなたの方に仕事をお願いしていることになるんですが、お分かりですか。

（原告）知りません。被告が受けた先との契約書など見せられたことがないです。

（被告代理人）そうでしょうね。陳述書を拝見しますとあなたも下請を使われることはあるようですね。そんな場合、やはり少しは元請の経費というか利益を残すんでしょうね。

（原告）普通はそうです。相手との関係で、そのときどきで違いますが……。やはり、元請である以上、工事に責任を持たなければいけませんし、だから現場にも監督をおいたり、いろいろありますから……。

（被告代理人）そのとおりですね。そういうふうに中間で利益を抜くといったら悪いかもしれませんが、下請さんからすれば抜かれることになるわけで、その額を下請に教えたりはしませんね。

（原告）そんな必要はありませんし……。

（被告代理人）だから、発注者と元請の契約書を下請に見せたりしませんよね。

（原告）ええ。

（被告代理人）反対に、発注者に対しても、いくらで下請に出すのかは言いませんよね。あまり沢山抜くと工事を手抜きされると心配にもなりますから……。あなたの経験でもそんなことはないでしょう。

（原告）発注者に下請との契約内容を話したことはなかったと思います。

（被告代理人）当然そうですよね。それなのに木谷証人は、こともあろうに八坂社長がいる前で、あなたに一五〇〇万円程でこの工事をしてくれと頼んだんですよね。なにかおかしいと思いませんでしたか。

（原告）こんな場で値段の交渉をするのか

とは思いましたが、八坂さんと話がついているんかなと特別におかしいなんて考えもしませんでしたし……。

（被告代理人）八坂証人の話を聞いていただきましたね。八坂土木は被告に一五〇〇万円で依頼したというのですから、被告は全く経費もなしにあなたに下請に出し、しかもあなたのお話では、木谷専務は現場監督のようにしょっちゅう現場に来ていて、もめ事があると対処していたというのですね。

〜〜〜〜〜〜〜〜〜〜〜〜〜

陳述書を提出することで反対尋問が効果を奏する場面が少なくなると言う批判があるが、被告代理人は、陳述書を綿密に検討し、一見矛盾なく記載されている物語の中から不自然な部分を抽出して、丁寧に周りの事実を押さえながら本丸へと攻め上がるように反対尋問を展開した。陳述書によって、原告が下請業者を使うことがあること、八坂社長の面前で下請金額の交渉がされたことなどが開示されており、それが反対尋問を効果的に行うことを可能にしたことは明らかである。反対尋問技術の開拓が十分でない我が国の現状は早急に改めていかなければならないし、それが民事裁判を充実したものにする大きな一歩であることは否定できないであろう。

5　弾劾証拠を利用した尋問

(一)　尋問シミュレーション

（被告代理人）あなた方が工事を下りたのが平成九年四月二五日でその月末に被告の方へ八〇〇万円の請求書をお出しになったのですね。それで被告から五月一三日に一五〇万円だけ振り込まれてきましたね。

（原告）そうだったと思います。

（被告代理人）その点は争いがないので、頭にいれておいてください。それであなたとしては、八〇〇万円を請求しているのに一五〇万円しか払ってくれなかったのですが、どう思いましたか。

（原告）どう思ったかと言われても……。とりあえず木谷さんに電話でどうなっているか聞きましたら、加茂設計で見てもらったら四割の出来高と見積が出ているから一五〇〇万円の四割で六〇〇万円だということで八坂土木からはそれだけしかもらっていない、まあ頑張ってみるから、ちょっと待ってくれというようなことでした。

（被告代理人）あなたは木谷専務はかかっただけ払うと言っていたというんでしょ。だったら八坂土木から貰えるかどうかは関係ないのではないですか。

（原告）そうですよ、うちは下請には請求されただけ全部支払ったので被告からの支払分はほとんど下請にいって私の方の工事代金はほとんど入っていない状況ですから、無責任だと腹が立ちましたよ。

（被告代理人）あなたの主張されるようなことなら当然ですよね。しかし、あなたはその後弁護士に頼んで翌年の一月二三日に内容証明を出すまで被告に請求したことはありませんね。

（原告）請求したかったですが、会う機会もなかったし、工事が完成すれば精算してもらえると思っていたんですが……。

（被告代理人）そうじゃないんじゃないですか。あなたは一五〇万円を受け取った後で木谷専務に工事費用が嵩んだのは近畿企画のせいだと言って憤慨していたのではないですか。それで木谷専務は八坂土木に掛け合っておくから、工事が終わった時点でなんとか精算してもらえるように言っておくということだったでしょう。

（原告）近畿企画が工法のことでクレームをつけたり、ゼネコンだと思って若い現場監督が口のきき方も知らないで、下請はみんな怒っていましたよ。工事の遅滞や経費増加は確かに近畿企画のずさんな管理も原因です。だけど私は被告と契約をしたんですから、元請とは関係ないですよ。木谷さんにそんなことを言った覚えはないです。

（被告代理人）話は変わりますが、あなた、工事残額の支払でもめていたころ、木谷専務とゴルフに行かれたことありますね。

（原告）木谷さんとは何度かありますが、そんなころには覚えがありませんね。

（被告代理人）裁判官、ここで書証を一つ提出します。乙一一号証です。

（原告代理人）これは何ですか。立証趣旨がわからないし、なぜ、今頃提出するんですか。

（被告代理人）原告の供述を弾劾する証拠であり、その趣旨は尋問の中で自ずと明らかになります。

（裁判官）そういうことならとりあえず尋問を聞いてから判断します。続けてください。

（被告代理人）（乙一一号証を示しながら）これは平成九年六月二三日のKSカントリーのゴルフのスコアカードですが、覚えておられますか。

（原告）忘れていたがこれを見れば分かります。

（被告代理人）あなたは木谷専務と一緒にラウンドしてますね。

（原告）これは業界の親睦ゴルフでこんなトラブルになる前から決まっていたことで、木谷さんと同じ組になったのはその日に決まったことで別に一緒に行ったというわけではありません。

（被告代理人）あなたは一五〇万円もらった後は木谷専務と会っていないといいましたが、間違いですね。この日、昼休みにビールを飲みながら木谷専務に、近畿企画に交渉に行ったことを話したでしょう。

（原告）覚えていません。

（被告代理人）その日に話したかどうかを覚えていないと言うんですか。近畿企画に行ったことがないと言うんですか。

（原告）近畿企画には一度行きました。

（被告代理人）それで支払って貰えなかったんですね。あなたの方はどういう要求をしに行かれたんですか。

（原告）近畿企画と契約しているわけじゃないですから要求というわけではないですが、被告から払って貰えないし、最終責任者は近畿企画なんですから、見積と違う工法を採用させたことと工事の遅れの責任上、直接でもいいし、八坂土木に支払うのでもいいから早く精算してくれるようお願いしたんです。

契約当事者でもないのにと無視されましたけどね。

（被告代理人）その話をゴルフのときに木谷専務はあなたから聞いているんですよ。でなければわからないでしょう。

（原告）話したんですかね……。

（被告代理人）それであなたは、近畿企画の態度に大いに憤慨し、今度は八坂土木に請求に行くと話していたでしょう。八坂土木ではどういう話になったんですか。

（原告）契約したのは被告とであり、被告からいわれるのならともかく、原告に直接支払う義務などないと言って断られました。それと被告とは一五〇〇万円の契約で出来高四〇パーセント分は支払済みだとも言われました。

（被告代理人）あなたの行動から見ると、契約は一五〇〇万円で成立しているが、その後の工法変更などで経費が高くなり、その責任は近畿企画か八坂土木にあると考えていたのでしょう。だから、両社に交渉に行き、目的を果たせなかったのに被告には催促もしなかったんでしょう。

（原告）いや、違いますよ……。

（被告代理人）終わります。

（原告代理人）どう違うと言いたいのですか。

（原告）いや、わたしは被告と契約したんです。

（原告代理人）そんなことはわかっています。なぜ、近畿企画や八坂土木に交渉に行ったのかということです。

（原告）すぐにでも払ってもらいたかったから最初に木谷さんに一五〇万円だけではどうにもならんから払ってほしいと頼んだんですが、木谷さんから上が払ってくれないと聞いたから、早く精算してほしいと言いに行っただけですよ。工事が完成したら精算すると木谷さんが言っていたから、それまではダメかと諦めていただけですよ。

㈡　弾劾証拠としての文書の使用

乙山弁護士は、木谷専務からの事情聴取（第一回弁論準備手続期日前）の際、木谷専務が原告とゴルフ場で会ったときに、近畿企画に本件工事の代金を請求したが支払ってもらえず、今度は八坂土木に請求するつもりだと言っていたと聞いており、その当日のゴルフのスコアカードを入手していた。このゴルフのスコアカードは、原告、木谷専務が一緒にプレーしたことを示すものであり、これにより、この時点では、原告と木谷専務は仲良く連れだってゴルフに行く間柄であって、原告が被告から残金を支払ってもらおうと思っていなかったこと、すなわち原告自身、被告を契約上の相手と認識していなかったことを示す事実として重視した。この点を事前に開示すれば、原告だけでなく八坂社長からも否定され、口裏を合わせられるおそれもあるし、何も資料なしに反対尋問で追及しても否定される公算が高いと危惧された。そこで、乙山弁護士は、原告の供述を弾劾するアイテムとして使おうと考え、スコアカードの書証申出は原告本人尋問の中で状況を作ってからすることにし、弁論準備手続においても当該事実の主張をしてこなかったのである(25)。そして、原告本人尋問で、一五〇万円の支払後、木谷専務に会っていないという原告の供述を引き出した上で、書証を提出したものである。

規則一〇二条は、証人等の尋問において使用する予定の文書は、原則として、尋問開始時の相当期間前までに提出しなければならないと定める一方、右の原則を適用しないものとして、証人等の陳述の信用性を争うための証拠として使用するもの、すなわち弾劾証拠を掲げている。

新法は、訴訟の進行につき、争点及び証拠の整理と証拠調べとを峻別して、これらを段階的にそれぞれ集中的に行うことを要請しているということができるが、ここでいう「証拠調べ」とは、人証が念頭に置かれている（法一八二条）。これに対し、文書の証拠調べ（書証）は、準備的口頭弁論はもちろん、弁論準備手続においても、受命裁判官による場合を除き、可能であり（法一七〇条二項、一七一条二項）、かつ、特に必要のない限り、提出されたその場で閲読することによって行われるから、書証については、争点等整理手続が終了するまでに申し出て、証拠調べも済ますことにより、争点の整理に役立てることがむしろ原則といえよう。

しかし、書証を尋問前に全て出すことに対しては、抵抗感も根強い。図式化して言えば、書証の多くはいわば点であるのに対し、人証は、その点を位置づけ、点と点とをつなぐものであるところ、その点が事案との関係でどこに位置づけられ、どのように他の点と関連しているのかについては、一応合理的な説明が複数あり得る。そこで、先に相手方に書証を見せてしまうと、相手方の当事者又は証人に十分に準備する時間を与えてしまい、一応合理的なストーリーを作り上げられてしまうのではないかという危惧があるのだろう。

実体的真実発見の観点からも、このような危惧にはもっともなところがあり、だからこそ、規則一〇二条も弾劾証拠としての文書の使用を認めているのであって、弾劾に成功した場合は、陳述の信用力が劇的に減殺され、訴訟の帰すうに重要な影響を与えることになるから、効果的な弾劾証拠の利用は検討されるべきである。

しかしながら、一応その場では弾劾の効果があったように見えても、陳述の証明力を回復させる文書が別途存在するが提出されていない場合、（評価面が争いになっている場合は特に）当該証人には答えることができないが相手方においては反論が十分に可能な場合もあろう。それに、その場で初めて見せられた文書について説明を求められたのに対し、当惑するばかりで要領の得ない陳述しかできなかったからといって、必ずしも陳述の信用性を疑わせるものとも限らない。それらの事情で結局弾劾の効果が発揮されないことが実務的には多いように思われる。

そして、弾劾が成功しなかった場合は、後出ししたことによる弊害（せっかく争点等整理を終えたのに、再び議論が必要となり得る）がクローズアップされてこざるを得ない。ことに集中証拠調べの場合は、指定された期日に証拠調べを終えることを目標としており、その計画を破綻させる危険性が高い。したがって、弾劾証拠としての後出しの効用を強調し、相手方申請の証人等に対して、過度に隠し玉的な弾劾証拠を用いるのは代理人の戦略として妥当でないというべきである。もっとも、集中証拠調べにおいては、関係者が法廷にいることが多いから、多少の休憩時間をとるなどの配慮で、そのような事態を回避できることも少なくはない。

㈢　弾劾証拠の提出と説明義務

当事者が弁論準備手続終結後の尋問時に書証を提出した場合、規則一〇二条は訓示規定と解されている(26)ものの、弁論準備手続終結後の攻撃防御方法提出として、説明義務が課される（法一七四条、一六七条）し、また、時期に遅れた提出であるとして、証拠申出を却下される可能性がある（法一五七条(27)）。

もっとも、文書の取調べは、通常、申出のあった期日において即座に可能であるから、時期に遅れた提出であるとして証拠申出が実際に却下されることはほとんどないであろう。しかし、弁論準備手続終結前に提出することができなかった理由の説明は、相手方の求めがあれば、必ずしなければならない。

民事訴訟法の改正にあたって、争点等整理手続の終了にいかなる効果をもたせるかについては、種々の議論があったところであるが、新法によって設けられた、争点等整理手続終了前に提出できなかった理由の説明は、「相手方の求めがあるとき」に必要であって（法一六七条、一七四条、一七八条）、争点等整理が各当事者の協力と信頼によって充実したものになる点に鑑み、訴訟当事者間の信義則に関連づけられて設けられた制度であるといえよう(28)。

本シミュレーションのスコアカードが弾劾証拠に該当するとしても、弁論準備手続において、当事者が互いに手の内を出しあったという前提で、かなり徹底的に争点を詰めたにもかかわらず、実はそのときには隠していたことがあったという点で、相手方当事者には裏切られたような心情が生じたとしても無理はない。代理人が尋問直前の打ち合わせの際に、書証としてまだ提出されていない重要文書の存在を知り、尋問時に当該文書を提出したような場合と比べると、本シミュレーションのような場合は、書証の後出しにつき、いわば確信犯である。

書証を提出した当事者は、そのような心情をもつ相手方の求めがあれば、提出遅延の理由、具体的には、弾劾証拠として必要かつ相当であったことを説明しなければならないのであって、その中では、当該書証の提出により訴訟を遅延させることがないことなどを弁明する必要があろう。その点で、書証の後出しには一定の抑止力がかけられるといってよいと思われる。弾劾証拠として許される範囲を一般的に定立することは困難であるだけに、理由説明の際の議論を通じて、弾劾証拠としてあえて後出しをすることが許される書証とはどういうものか、共通認識が深まっていくことが期待される。

6　一旦終了した人証の再尋問

(一)　再尋問シミュレーション

(裁判官)　八坂証人、もう一度証言台まで来てください。

〜〜〜八坂証人・証言台に着席〜〜〜

(被告代理人)　今お聞きのように、平成九年六月二二日以降に原告が八坂土木にお見えになったことがあるんですね。

(八坂証人)　時期は覚えていませんが、一度だけ会社に見えたことがあります。

(被告代理人)　どんなお話でしたか。

(八坂証人)　確か、被告に対する請求書をお持ちになって、一五〇万円は受け取ったが、残りの六五〇万円を早く支払ってほしいというようなことでした。それで、当社は原告とは契約はしていない、その請求書も被告に対するものでしょうと言って断りました。それでも工事が遅れたのは、段取りが悪いからだとか、設計図とそれから出した見積で契約しているのに、設計の基礎になった工法を高い方法に変えたんだから当然差額は払うべきだなどと言っておられました。当社としては、理由は分からなくもないが、契約した相手に言うべきことですよということでお引き取り願った次第です。それと先ほども証言したように、被告との契約代金は一五〇〇万円であり、そのうちの出来高相当は支払済みですから、その意味でも当社が支払をしなければいけないはずはないんです。

(二)　集中証拠調べと再尋問

裁判官は、一応全員の尋問が終わった後、既に尋問を終了した証人について尋ねることはないかと問うたところ、被告代理人から、原告が八坂土木に請求に行った経過について、八坂証人の尋問を求め、右のような尋問が展開された。

五月雨式の尋問では、聞き落としがあるとか、後に尋問した者の供述との関係で確認したいことがある場合でも、よほど重要な事情でも生じない限り、既に尋問を終了した人証の再尋問が行われることはない。それは、必要がないからではなく、そのようなことを許していては審理が著しく停滞するおそれがあるという訴訟経済面からの考慮が強く働くからである。そのため、代理人としては、争点に直接関係するか否かにかかわらず、あらゆる事情を供述させようとし、いたずらに長い尋問が繰り返される事態を招いていたところがある。

これに対し、集中証拠調べでは、一通り

の尋問を終えた後も、重要な人証には、その後尋問される者の供述を聞いてもらい、必要に応じて再度尋問されることがあることを告げておくことによって、容易に再尋問をすることができる。

再尋問が容易にできる集中証拠調べの効果は、①最初の尋問で聞き落とした事項をフォローできること、②他の人証の尋問結果から確認したい事項が生じた場合に尋問できること（この点は代理人にとっても意義があるが、とりわけ、集中証拠調べによって初めて事案の全貌を知ることになる裁判官にとって、全体を見渡したうえでの尋問ができることの意義は大きい）、③本シミュレーションで示したように弾劾証拠を用いての尋問のために、その尋問が済むまで事情を明らかにできない場合に対応できること、④後記の同席尋問の効果や対質尋問と同様の効果を生むことが期待できること、⑤和解をするにあたっても事件の帰すうについての共通認識ができることなどのメリットがあることなどが指摘されている(29)。

7　対質尋問

(一)　対質尋問シミュレーション

（裁判官）八坂証人と木谷証人と原告本人について対質尋問を実施します。

～～証人席に椅子を三脚用意し三人が着席～～

（裁判官）先ほどから平成八年一一月二七日の現場事務所での三者会談の様子についてそれぞれに説明を伺ったのですが、三者三様の供述でした。それで先ず最初にみなさんに尋ねますが、八坂土木から被告が下請して、それをさらに原告に請け負わせる、あるいは、八坂土木と原告が直接契約するという話が、明確に分かるような会話がありましたか。八坂証人、木谷証人、原告の順にお答えください。

（八坂証人）明確に誰と誰が契約するということが会話という形でと言われるとなかったように思います。しかし、私としては、取引先の平岡建設から被告を紹介され、被告の担当者という木谷専務に工事を頼み、設計も見積もしてもらい、費用も払い、しかも見積より一〇〇万か一五〇万程下げた金額、一五〇〇万円ですね、で合意もした後でしたね、原告の証言で思い出しましたが確か一七日に現場事務所で施工概要の説明を受けることになって参加したとき、後で知った原告の円山さんがきていたのです。そのときは、別に紹介もなかったので、被告の工事担当者かなにかくらいにしか思っていませんでした。二七日にまた現場事務所で三者が集まり、最終的に着工時期、工期、請負代金、支払方法等を決定したのですが、そこにも円山さんは参加されていました。吉田監理士も交えて、着工日等を順次決めていったんですが、私としては、八坂土木と被告との契約について協議しているつもりであり、原告のことは念頭にありません。木谷専務が連れてきた人で面識もない業者ですから、直接の契約をすることなどありえませんので、木谷専務から是非にそうしてくれとでも言われない限り、当然被告が使う下請と認識していますから、そんな話がでないことが、被告と原告との契約であることを証明していると思います。

（木谷証人）八坂社長、お言葉を返すようですが、それは違いますよ。確かに会社に寄せていただいて私の方で作った見積書（丙二）をお見せして値決めの話をし、一五〇〇万円でという話はありましたが、それは一七日と二七日の間で、社長が一五〇〇万円以上は出せないとおっしゃるから、それならこの間つれてきた円山舗装にさせますのでよろしくと申し上げたはずです。社長はわかったとおっしゃって、円山舗装の経歴やこれまでの実績を尋ねられ、説明させていただいたはずです。

（八坂証人）詳しくは覚えてないが木谷さんから円山舗装にさせること、その実績などを若干聞いたことはある。しかし、原告と直接の契約にしてくれということは聞いていない。そういう話があれば、初めての相手であるし、当社で独自に調査もするし、契約書も作る。被告が使う下請として紹介されたと考えているから、適格かどうかということで少しは実績などを聞いたがそれだけのことで済ました。平岡建設の紹介があったから私が木谷さんに会って工事を頼み、承諾を得たから設計や見積を頼み費用も払ったでしょう。後でわかったことだが、木谷さんは加茂設計の見積に被告サイドの利益を乗せた見積書を私に見せて折衝したじゃないか。被告が請け負ったのでなければそんなことはしないでしょう。一五〇〇万円ではできないから下りるというのなら、はっきりさせてもらわないといかんじゃないか。

（木谷証人）言葉足らずだとおっしゃるならそれはそうなのかもしれませんが、八坂土木と原告の直の契約にしていただいたからこそ、二七日に社長の目の前で一五〇〇万円で工事をするように原告に話し、しぶる原告を社長も説得していただいたんじゃないですか。うちが請けて原告に下請で回すんであれば、あの場で値段の話なんかすることはないですし、仮にするとしても一五〇〇万円でさせることなどありえないことじゃないですか。

（八坂証人）うん、確かにその点は少しおかしいとは思ったが、被告と原告との関係もわからないし、経費を取らずに仕事を回すような関係かなと思っていた。支払条件についても、当社が三か月サイトの手形で決済するといっているのに、被告が現金で払うというのだから、特別な関係でなければできることじゃないでしょう。まして、当社と原告との直接契約にしたというなら、考えられんことですよ。

（裁判官）お二人の話はそのへんにして、原告、どうですか。

（原告）二七日の話は、ほとんど木谷専務が取り仕切っていて、八坂土木と私の方との直接契約だというような話は全くありません。木谷専務と八坂社長が工期や請負代金のことなどを決めていって、三か月の手形での支払という話が出て、木谷専務がそれでいいかと聞かれたので、うちのような小さい所は三か月も待てるほどゆとりはありませんし、うちの下請にしたってすぐに払ってやらなければやっていけないわけですから、それは困ると言っただけで、八坂社長が私に三か月先の手形で払うとおっしゃったのではないと思います。

（以下、裁判官は、工事中断時の実費支払に関する木谷専務と原告との話し合いの状況について三者に尋問し、各代理人からも若干の尋問があり、対質尋問は終わった。）

(二)　対質尋問の方法・効果・留意事項

(1)　対質尋問の歴史

対質尋問については、明治二三年に制定された民事訴訟法以来、実施要件を拡張しつつ、一貫して人証尋問の一つの形態として規定されてきた。しかし、実務上その利用は極めて低調であった。その原因は、複数の人証を同時に尋問することの少なかった五月雨審理の定着した状況の下では、実施することが困難でありかつ益も少ないと思われていたこと、すなわち、二人の証人を別の期日に尋問し、証言の矛盾点を明らかにした上で、対質尋問を実施しようとすれば、再度両証人を呼び出さなければならず、審理の長期化につながるし、証人にも負担をかけることになること、それに対立する相手の尋問調書を十分に検討しあっていることから、効果を期待できないことである。加えて、人前での討論に慣れていない者と社会経験の多い者、あるいは声の大きい方が優勢になるなどの危惧、対質される人証同士の感情的対立での混乱の恐れ、結局は自己主張をしあうだけではないかとの思いなども理由の一つであったと考えられる。このような消極要因が実施をためらわせ、経験不足によりその効果的な実施方法の訓練の機会を奪い、さらにそれが消極的にならせてきたものであろう。その点は、集中証拠調べが民事訴訟規則で定められながら実務に定着しなかった歴史と重なるところが大きいように思われる(30)。

(2)　新規則の規定

真の直接主義の回復を目指す集中証拠調べ方式への実務改革の中で、ようやく対質尋問が容易になり、その意義を実感した裁判官を中心として積極的な活用が提唱され、新民事訴訟規則は、このような実務改革を受けて、規則一一八条で規定を整備した。

第一点は、旧法二九六条が「証人相互ノ対質」と規定していたのを「証人と他の証人との対質」（規則一一八条一項、なお、同一二六条で当事者本人と他の当事者本人又は証人の対質も可能とされている）と改めたことである。旧法当時から対質の方法としては、複数の人証を証言台に並べておいて、

① 同時に同一の問いを発し、各人証に答えさせる、

② 問いを発し、人証同士に言い合いをさせる、

③ 他の人証の供述を聞かせ、弁明や反論をさせる、

④ 人証相互に質問をさせ、議論させるなどの方法があるとされてきたが、旧法の文言では②④の方法のみとの誤解を招きやすいことから表現を改めたものであり、内容的な変更をきたすものではない。

第二点は、対質尋問が実務に定着していなかったことから、調書の記載方法が不明確であったのを、最低限対質を命じたことを記載させることとしたものである（規則一一八条二項）。しかし、尋問の当初から対質尋問を行う場合や一旦それぞれの尋問をした後に相違点にしぼった対質尋問を行う場合などによって調書の記載方法も工夫しなければならないので、対質命令以外の調書記載の方法は規則でしばらなかったものである。一般には、前者では一通の調書に対質者全員の人定事項を記載し、全員の宣誓書を添付し、対質命令（裁判長は、A証人とB証人との対質を命じた）を記載した後、陳述の要領として対質尋問の内容を記載し、後者の場合は、それぞれの尋問調書を作成し、対質者のいずれかの調書に対質を命じた時点で対質命令と対質尋問の内容を記載し、他の調書には、対質が命じられた時点にその旨を記載し、対質尋問の陳述の要領を記載した調書を特定しておく方法が取られる(31)。本シミュレーションの場合も後者の例に従って八坂証人の調書に対質尋問の陳述の要領が記載された。

第三点は、尋問を裁判長から行うことができることとした点である（規則一一八条三項）。これは、対質尋問が主として既に当事者による尋問を実施し、対立点が明らかになった後で実施されることが多いことから、通常の尋問の順序と異なり、先ず裁判長からすることができるものとしたものである。しかし、必ずそうしなければならないものではなく、尋問の順序をどうするかは、対質尋問を実施することになった事情、例えば、対質尋問は、裁判長が必要性を認めたときに実施されるもので当事者に申立権はないが、実際には当事者が具体的理由を明らかにして職権発動を求めて実施

が決定されることがあり、そのような場合には、対質尋問を希望した当事者から最初に尋問させるのが妥当なことが多いことなども考えられるので、当事者の意見を徴して妥当な順序を検討すべきである(32)。

(3) 対質尋問の効果と留意事項

対質尋問によって、対立する供述の信憑性を判断する材料が得られることは多いし、対質者間で自らの供述の間違いに気付いて訂正することさえある。

それは、代理人や裁判官が尋問して、質問の答えだけを求めようとする通常の尋問の場合より、実際に事実を知っている者同士が並んで供述している状況からか、より臨場感のある説明がなされることが多く、いたずらな否定がしにくいからではないかと思われる。本シミュレーションで示したわずかな尋問の状況からも理解しうるのではないだろうか。

もっとも、対質尋問は、人証間に強い対立感情を抱かせ、自己の供述に固執し相手を強く非難したり攻撃する者もいるのも事実である。そのような状況を適正にコントロールして冷静な供述が得られるようにすることが重要であり、適切な訴訟指揮が不可欠であるが、実際に経験してみると、危惧する程の対立が生じることはまれであり、そのような場合でもしばらくは様子を見ることで、各人証の人物像などがかいま見えて、供述の信憑性の判断に有益なことも多い。感情的になってくれれば、裁判所はそのような態度も含めて観察していることを告げれば、効果的に抑制することができることが多い。案ずるより生むが易しである。

また、対質尋問を行えば、供述の対立点が簡単に氷解すると考えるのも問題である。前記のように人前での討論の経験の違いなどによる供述能力の差や強い者に押されて、自己の供述を変更したり、十分な供述ができない者もおり、それらの状況を的確に評価するためには、裁判官も代理人も経験を積み、十分な洞察力が必要となることを忘れてはならない。

四　集中証拠調べによる人証尋問

1　同席尋問の意義と効果

証人同士の尋問の場合には、後に尋問する証人に先行証人の証言を聞かせない隔離尋問が原則とされ、尋問が終了した証人も本人が希望して法廷に残って尋問を聞く場合は別として、意識的に在廷させることも少なく、対質尋問もほとんどされてこなかったのが旧法時代の証人尋問の姿であった。

刑事事件の取り調べのように、関係者を分断して個別に供述を求め、判断者のみがその全体を把握し、その中から真相を発見しようとしているのであろう。しかし、刑事事件の取り調べでは、全体を把握した上で相互の供述の相違点を分析し、他の証拠とも対比検討が加えられ、繰り返し不自然な供述に対する追及がなされ、次第に真相に近づいていくのであり、民事訴訟の証拠調べでは、後半の詰めを欠いた個別尋問になっているところに大きな違いがある。

集中証拠調べの実践の中で、無意識的な隔離尋問に対する疑問が呈せられ、隔離の必要性が吟味されるようになり、真に隔離の必要な場合以外は、後に尋問する予定の証人を在廷させて尋問したり、隔離して尋問した場合でも、尋問終了後に在廷させて、必要に応じて再尋問を実施したり、対質尋問も行われるようになり、人証の同時在廷が格段に多くなってきている。

これらを総称して「同席尋問」というとして、従来のように個々の人証が分断され、関係者不在の法廷で監視されることの少ない状況で尋問され、しかも後にその供述が他の人証から質される機会も極めて少ない人証尋問と比較して、同席尋問は、相互監視という抑制効果が働くことが期待できる尋問形態であり、真実顕出効果の高い尋問方法といえる。集中証拠調べによる事案解明力の高さは、このような尋問形態の追求から生まれるものと考えられる。

もっとも、それは、尋問者である代理人や裁判官の争点把握の深さと的確な尋問技術と深い洞察力が加わることによって実現されるものである。

2　証人の汚染防止の配慮

当事者（代理人）と証人との事前接触については、フランスやドイツなどでは法的にあるいは弁護士倫理上禁じられており、アメリカではディスカバリー手続の中で証言録取（ディポジション）を使用できるが、事前に他のすべての当事者に対し、書面によって適切な通知をしなければならず、尋問はトライアルと同様の慎重な手続で行われ、イギリスでは事前面接は行われるが、その結果を陳述書にし、早期に相手方に交付することが実務上行われている(33)。

これに対し、我が国の民事訴訟においては、旧規則四条で主張立証を尽くすために証人についても事前に事実関係を詳細に調査することを求め、新規則八五条もこれを引き継いでいるが、事前接触について相手方に通知することなど一切の制約をしておらず、証人の汚染に対して配慮した規定はなく、一方当事者との接触が無制限に行われ、その内容も明らかにされることはほとんどないのが実情である。しかも、証人尋問においても英米のような厳密な証拠法則の支配がなく、宗教的背景を持たない故に宣誓の効果にも多くを期待できないともいわれており、証人の中立性保持に対し無防備というべきである。

そのようなこともあってか、わが国の民事訴訟においては、証人といえどもいずれかの当事者に傾斜していることが多く、その党派性ゆえに供述証拠の価値を低くしているが、第三者的な証人に対しても、その中立性保持に対し十分な配慮がなされていないように思われる。中立性が揺らぐことを「汚染」というならば、証人の汚染防止にもう少し意を用いるべきであるし、供述を評価するうえで汚染度に対するシビアな分析も必要である。

馬場証人の例(34)でいえば、原告代理人が事前に電話で出頭要請と尋問内容を告げ、尋問の一時間前に原告代理人事務所で会い、法廷の雰囲気に慣れてもらうために一緒に早めに法廷にきている。事前接触時における代理人の馬場証人に対する発言に問題とすべき点は見あたらないが、それでも馬場証人の意識に原告に対する親近感や代理人に対する遠慮が生まれていることが補充尋問（請求金額に対する原告の示唆の有無）に対する馬場証人のためらいの中に顕れている。幸い裁判官の追及と支払を受け終わっているという立場の安定から正直に話す気になったのであるが、そうでなければ偽証を生む危険があることが読みとれよう。

第三者証人に対しては、争点等整理段階において当事者間でどのような接触の仕方をするか、場合によれば双方が同時に面接したり、双方とも接触はしないとするなどの協議を行うべきではないだろうか。また、当事者の一方が同行しないで裁判所が正式に呼出をし、尋問も裁判官先行で行うことなども、証人の汚染防止の観点から考慮されるべきであろう。

供述証拠に頼りがちな我が国の民事訴訟において、信憑性の高い供述を得るための工夫について、十分な配慮がなされなければならないが、その面での研究はいまだ十分ではない。同席尋問は、尋問場面での対策であるが、その前における証人の汚染防止の必要性についても認識する必要があるだろう。もっとも、新民訴法は当事者に周到な事前準備を求めており、二律背反的なところがあって、制度改革なしにははなはだ困難であるが、せめて汚染されていない証人がいる場合には、ディポジションの手法を検討するなど十分な考慮が払われるべきであろう。

3　交互尋問制の意義と裁判官尋問

証人の尋問は、その尋問の申出をした当事者、他の当事者、裁判長の順序でする（法二〇二条一項）。これは旧法二九四条と同旨の規定であり、当事者主導の交互尋問制度を表明したものである。証人の尋問について、大陸法系の影響を受けた明治二三年の民事訴訟法は、裁判長がするものと規定し、当事者の尋問を禁止しており、大正一五年の改正でようやく当事者の補充尋問権を認めたに過ぎなかった。戦後、英米法系の影響が強くなり、昭和二三年の改正で職権証拠調べの規定が削除され、代わりに交互尋問制度が導入された。そして、この制度の下での民事訴訟は五〇年余の歴史をもつに至ったが、陪審制度や証拠開示制度を欠く片肺的な交互尋問制度に対しては戦後最大のエラーとさえ批判する強い反対意見もある(35)。批判の理由は多岐に亘るが、大きな理由は、裁判官の職権尋問に比べていたずらに時間がかかりすぎる（ドイツの四～五倍といわれる）ことと、判断者に必要な情報が十分に引き出せず、裁判官による尋問の方が真実発見のために優れているのではないか(36)、というものである。制度を擁護する者においても、代理人の準備不足がこのような批判を生むとの指摘がなされている(37)。しかし、単に代理人の準備にのみ責を負わせることはできないのではないかと思われる。すなわち、従前のように裁判所も争点の整理に熱心ではなく、とりあえず重要な証人（あるいは当事者が一番事情を知っているからという理由で先ず当事者）から尋問を始めようというのであれば、いきおい、尋問は総花的にならざるを得ないのであって、そもそも交互尋問の呈をなさなくても仕方がないのではないか。また、職権尋問にも多くの短所が指摘されているし(38)、以前にも述べたように(39)、欧米に比べて格段に人証の比重が高い立証構造をもつ我が国の民事訴訟の実態に照らして、当事者よりはるかに情報に乏しい裁判官に十分な尋問能力があるかも疑問である(40)。したがって、交互尋問制度は、新法の下で訴訟運営を定着させていく中で、批判を止揚しつつ、発展させていくべきであると考える。

新法は、右の交互尋問の原則規定に加え、裁判長は、適当と認めるときは、当事者の意見を聞いて、前項の順序を変更することができることとしたが（法二〇二条二項）、これは主として本人訴訟や代理人の準備不足等により適切な尋問ができないような極めて例外的な場合に活用することを予定した規定であり、交互尋問制度の根幹に関わるものと解されている。原則的にはそうであるとしても、前記のような証人の汚染防止の観点からの尋問順序の在り方についても当事者との協議を前提として考慮されるべきものと考える。

4　争点中心の尋問

従来の必ずしも争点を明確にしないで人証の尋問を順次積み重ねていき、その様子を見ながら主張も構成していくというような審理から、本シミュレーションが示すように争点を十分に整理し、そのうえ当事者と裁判所との間で確認してから、集中証拠調べを計画するような審理方式に転換していけば、必然的に争点中心の人証尋問がなされると思われがちである。しかし、これまでに染みついた尋問方法、例えば、最初に証人の経歴を聞き、当事者あるいは事件と関わりになった理由を尋ね、主尋問でありながら、争点とかなり遠いところからジワリジワリと争点に近づいていき、関連性のありそうなことはその軽重にかかわらず、出来るだけ重層的に示し、物語を完結させるような尋問をし、その中から有益なものがあれば拾いあげようとするような尋問に慣れた代理人にとっては、道行きを省いて、あるいはそのような部分は陳述書等で代替して、ずばりと核心に切込むような争点中心の尋問に切り替るのはしかく容易でないようである。

その原因は多々ある。右のような旧弊に馴染んでいることもあるが、人前で議論することにも、ましてや法廷で尋問を受けることなどに慣れていない人に事実を分かり易く語らせるには、気持ちを落ち着かせ、雰囲気に慣らし、記憶を喚起しやすいように時の流れに沿って尋ね、争点との関連などあまり難しいことを言わずに、しゃべりたいようにしゃべらせる方が証言させやすいというのもあながち否定はできない。そうして膨大な資料を作っておいて、その中から大事な部分を代理人が抽出して事件を組立てることによってこそ、誤りのない事実認定ができるという感覚が代理人の意識を支配しているように思われる。

市民はもとより、当事者にも何のことかわからない「弁論を更新します。」という一言で直接主義を満たしていることにしてきた形骸化した審理構造の下において、実際に判決を書く回り合わせになった裁判官に調書だけからでも何とか人証の人柄まで理解してもらおうとすれば、資料作りに精力をつぎ込む右のような尋問にも一理があるということになるのかもしれない。

しかし、本シミュレーションで見てきたように、争点整理段階から当事者が参加し、争点が何かを発見していく過程で自らも議論に加わり、その集大成としての集中証拠調べとなれば、当事者も枝葉にとらわれることはなくなり、まさに争点の解明に向けた直截な尋問が可能になるはずである。陳述書に争点部分を書かず、背景事情や重要でない経過だけを書き、「以下、私が被害を受けた事実については法廷で申し上げます。」と書かれておれば、当事者は、法廷に臨んで、いち早くその部分を説明したくなるのが自然である。陳述書にも書き、当事者も特に争ってもいない導入的な質問などまどろっこしくて早く本論に進んでくれと言いたくなるのではないだろうか。代理人が無用な心配りをするには及ばない。そのようにもっていくことが集中証拠調べのマネージメントであり、裁判所と代理人が協力して争点中心の尋問は実現できるのである。

〈注〉

(1) 普段は一〇時から数件の弁論事件を入れているが、一〇時から集中証拠調べを計画している期日には開始時刻を守るため、弁論事件は一件も入れないことにしている。集中証拠調べが一〇時半や一時半から始まるときも弁論件数は極力少なくし、裁判官も書記官もその一日は集中証拠調べの事件に専念できるようにすることが望ましい。

(2) 期日管理システムについては、第三の注(1)参照。

平成一一年三月になり、最高裁判所から従前の「期日進行管理」ソフトの改訂版として、「期日進行管理プログラム三訂版」の配布があり、第二民事部はこれの運用を検討中である。

このプログラムは、従前と同様にマイクロソフトアクセス95をカスタマイズしたものであるが、従前のプログラムに比べて、概要次の点の機能充実が図られた。

① 期日間管理　事件の進行状況、準備書面等の提出状況の把握については、従前は各事件カードを開き、個別に確認しなければならなかったが、今回の改訂により期日の立会い後に、書記官が提出期限を事件カードのフィールドに入力することにより、一覧表形式の「書面の提出管理簿」を出力することができるようになり、さらには、当事者宛ての催促の連絡文の作成が容易になっており、期日間の管理の効率性が向上した。

② 各種事件一覧表作成機能　旧プログラムを各現場の職員が積極的にカスタマイズして、各裁判所の実態に応じて使用できるフォーマットを作成していた結果が集約され、より利用可能性のある表の作成、出力が可能になっている。

③ 統計表作成機能　従前の統計表作成機能は、司法統計の要求するデータ抽出のすべてを満たしていなかったが、今回の改定により、必要とされるデータの抽出がほぼ可能となっている。

今回のプログラム改訂は、全国の職員が現場の必要性に応じて、積極的にカスタマイズして当プログラムの有効活用に努力してきた成果が生かされたものであり、第二民事部でも、このプログラムの有効性は理解ずみで、後は、実際の執務にどう役立てていくか、同部の態勢にあわせた帳票、データの作成方法についてさっそく検討を開始している。

(3) 審理計画表については、資料50参照。従前、廷吏は、記録を見て当日の尋問予定者を開廷表の余白にメモするなどして、出頭の有無等の確認をしていたが、尋問の順序や尋問時間までは記録上では分からないことが多かった。その点、審理計画表は、これらの情報が一目で分かるようになっており、廷吏が在廷している必要のある時間帯なども予測でき、合理的な法廷立会をするうえでも有益である。

(4) 原告代理人は、事前に馬場証人に面談することを希望したが、証人の都合と合わなかったことと、尋問内容が比較的簡単なことであったので、尋問当日早めに事務所に来てもらい、簡単な説明と打ち合わせをすることにした。その結果、馬場証人は、九時過ぎに原告と一緒に原告代理人事務所に行き、初めて甲野弁護士と会った。馬場証人はかなり緊張していたが、電話で話したようなことを聞くだけだから、大丈夫だと励まし、相手方からも尋問されるが、事実を答えてもらえばよいから、気にしないではきはき答えて欲しいと頼んだ。一五分ほど事務所で話した後、法廷の雰囲気に慣れてもらうため早めに裁判所に来ていた。

(5) 資料51の『事務連絡及び照会(回答)書』で、原告代理人から馬場証人については旅費日当を予納するとの回答があったので、その手続を取り、保管金として受け入れていた。以前は、代理人が直接証人に旅費日当を渡すようなこともあり、現在でも、同行証人では事実上そのようにしている代理人もいるようであるが、証人の汚染を考えるならば改められるべきではないかと思う。その意味で、馬場証人が逡巡しているときに、原告代理人の意向を聞かなかったのは、適切な措置である(その場で原告代理人が請求してよいと言えば、証人としては原告からもらうという意識になるおそれがある)。なお、事務官は、馬場証人の尋問終了後、裁判官の支給決定印をもらい、保管金係に案内し、支給を受けられるように手引きした。

(6) 法廷には、書記官席の横にマイクミキサー一台、ステレオ録音再生機二台(バックアップ用が一台)が設置されている。マイクミキサーには、裁判官席、原告席、被告席、証人席に設置された四本のマイクから音声が入力され、ステレオ録音再生機には、マイクミキサーを通してクリアーな音声がテープの終わる三分前に自動反転するプリエンドメモリー録音方式(反転による音声の途切れはない)により録音される。マイクミキサーのインジケーターが出力レベルを表示するため録音状態を確認することができる。

また、ステレオ録音再生機は、ダブルカセットになっており、録音テープ二本のリレー録音ができるので、片面四五分テープで三時間弱の連続録音ができる。

(7) 被告代理人は、右準備書面を提出する時点で原告側や裁判所から問題にされることを懸念していたが（第一九、二、1参照）、本件以外の工事ではきちんと利益を得ていることを立証することで、被告の最も重要な主張が補強されることは明らかだと考え、あえて追加主張　立証をすることにしたものであるが、集中証拠調べの計画に支障をきたさないように、また、規則八七条二項で書面を要求された場合にも即座に対応できるように、あらかじめ裁判所の要請を受けて、説明書面を準備していた。

(8) A裁判官は、この準備書面が提出されたとき、弁論準備手続でも十分主張できたことであるとは考えたが、内容的にも時期的にもさほど問題になるまいと思いつつも、集中証拠調べの時間をロスしたくないこともあって、B書記官に指示して、被告代理人に法一六七条の説明の準備をしておくように要請させた。もっと重要な事項の場合には、相手方の意向を聴取したうえで、期日間に書面で説明させる方がよいこともあるだろう。

(9) 尋問時間の遵守は、集中証拠調べを成功させる鍵ともいえるものであり、代理人が具体的に尋問の準備をする前に予定時間を確認することの重要性は先に述べたとおりであるが、尋問が始まると代理人も時間のことなど忘れてしまいがちであり、尋問直前の再確認は、代理人だけでなく、証人等にも時間の枠があることを認識させることにもなり、それなりの効果があるように思われる（「審理計画表」については、資料50とその解説参照）。

(10) 隔離して尋問する予定の証人が早く来て傍聴していることがあり、代理人に面識があれば指摘されて退席を促すことになるが、知らないで尋問を開始することもあるから、複数の証人を尋問する場合は注意を要する。また、集中証拠調べをするようになると、一日で審理が終わることが多いこともあってか、事件関係者が傍聴することが多くなる。そして、事件に深く関わっている者や親族などは、証言に一喜一憂してボディアクションで何かを訴えようとしたり、傍聴席から発言するような事態もないではない。

真に必要な場合は在廷証人として尋問することもないではなく、訴訟運営上も把握しておくことが望ましい。ただし、一般傍聴者に、傍聴すると身分を確認されるかのような誤解を与えない配慮は必要である。

(11) 第一五、一、3、(七)隔離尋問か同席尋問かの協議参照。

(12) 資料1参照。

(13) 第一一、一、1原告側の立証方針協議の項及び資料41）の争点整理表参照。

(14) 木川統一郎「交互尋問制度の運用と将来」『新実務民事訴訟講座2』八四頁以下で、日本の交互尋問の病理の一つとして、反対尋問の形骸化を強く指摘する。反対尋問は、アメリカにおいては成功の可能性があるし、西ドイツにおいても然りであるが、日本の実務では成功の可能性が低いという。その原因は、反対尋問者側に十分な証拠が開示されず、証人との面接も事実上申請者側に限られていることを指摘している。新法は、開示の面で多少は改善の可能性を示しているが、基本的な解決策までは示されておらず、同教授も指摘されるように、集中証拠調べの導入は改善策として重要な役割を担っている。

(15) 加藤新太郎編著『民事尋問技術』第四章反対尋問〔永石一郎著〕。同書二三九頁に反対尋問に関する参考文献が整理されている。なお、同書の執筆者による座談会　民事訴訟における尋問技術（判タ九〇五号）参照。

(16) 注釈民事訴訟法(6)〔太田幸夫著〕三七六頁以下参照。

(17) A裁判官は、いつも法廷に計算機能のほかに期間計算や曜日計算などのプログラムを入力したポケットコンピューターや必要に応じて縮尺計などのアイテムを持参し、尋問中に必要な計算等がすぐにできるように準備している。

(18) 裁判官が適用しようとする経験則はできるだけ尋問の機会等に開示し、当事者に反論のきっかけを与えておくことが予期せぬ判断との批判を受けないためにも望ましいことである。

(19) 谷口安平　口述民事訴訟法　一九七頁参照。

(20) 注釈民事訴訟法(6)〔太田幸夫著〕三七四頁参照。

(21) 原告陳述書は、資料47参照。

(22) 原告陳述書の作成経過は、右同第一九の一1原告陳述書と尋問事項作成参照。原告代理人は、さんざん苦労して、基本的には書証を中心に事案を整理し、原告との打ち合わせで出てきた諸事情を織り交ぜて作成にこぎつけたものであるが、法廷での説明がその経過を忠実に反映したものといえるか多少の疑問を感じざるをえないが、この程度の説明しかされないのが普通であろう。陳述書が代理人主導で作成されたかどうかなどその作成過程が反対尋問の対象となることは少なくなく、先行的に作成過程を供述させる代理人が多いのも反対尋問にさらさない工夫と思われるが、本人の十分な関与なしに作成された場合は、陳述書と供述に矛盾が生じたりして、その証拠価値を大きく減退させる原因となるから、留意が必要である。

(23) 第一九〈注〉(3) 参照。

(24) 本シミュレーションで陳述書を利用することになった経過は、第一五の一3人証尋問の計画(三)陳述書の利用についての協議参照。本件では、供述の事前開示と尋問の効率化を目的とするものである。

(25) 第九、一、被告期日間シミュレーション参照。

(26) 最高裁判所事務総局民事局「条解民事訴訟規則」二三〇頁(平九)参照。

(27) 法一五六条、一五七条、一六七条等にいう「攻撃又は防御の方法」とは、当事者がその判決事項の申立てが正当であることを支持し、基礎づけるために提出する一切の訴訟資料であって、証拠の申出もこれに含まれると解される(菊井維大＝村松俊夫「全訂民事訴訟法Ｉ」七七七頁(昭五三)参照)。

(28) 期日における口頭での説明内容につき、相手方は、書面の交付を求めることができる(規則八七条二項)点でも、対裁判所ではなく、当事者間における制度であるといえる。

(29) 井垣敏生「集中証拠調べ」『現代裁判法体系』⒀民事訴訟・所収二五九頁、最高裁事務総局編「民事訴訟の運営改善関係資料―集中審理を中心として―」二一八頁。なお、後者の二一九頁に、大阪地裁第九民事部の例が報告されており、尋問終了者の八五・五パーセントが法廷に残って尋問を聞き、その点についての大阪弁護士会のアンケートでは、よかった点として、残っていたのでもう一度聞くことができた、時間の節約になった、和解について認識が出来たこと等が指摘されているが、まずかった点はないとされている。

(30) 対質尋問については、西口元「対質尋問」前掲注(29)体系⒀所収及びその主要参考文献が詳しい。

(31)「新民事訴訟法における書記官事務の研究(1)」二四一頁、東京地裁新民事訴訟法施行準備委員会「東京地方裁判所における新民事訴訟法」規則に基づく実務の運用　七〇頁参照。

(32) 日弁連編「改正のポイント　新民事訴訟法」一一四頁参照。

(33) 最高裁事務総局「外国の民事訴訟の審理に関する参考資料」五一、五七、六一頁、司法研修所編「アメリカにおける民事訴訟の運営」一六六頁参照。

(34) その尋問の詳細は第二〇の三3補充尋問参照。

(35) 木川統一郎「戦後最大のエラー・交互尋問の導入」判タ四〇〇号九六頁(昭五五)参照。

(36) 村松俊夫「交互尋問について」法時三八巻一一号九八頁(昭四一)参照。

(37) 石井良三「民事法廷覚え書」参照。

(38) 本間義信「証人尋問に関する制度上の問題点―比較法的検討を含めて」自正三一巻五号(昭五五)は、裁判官尋問方式の短所として、裁判官の能力・誠実さへの依存、証言の冷静で客観的な評価に困難が生ずる危険があること、尋問が暗中模索気味になること、裁判官が当事者的立場に立つことにより、証明に成功しなかった当事者に不公平感を与える可能性があること等を指摘をしている。

(39) 第一五の二(四)尋問順序参照。

(40) 本人訴訟では裁判官が主尋問をすることがあるが、当事者に詳細な尋問事項書を提出させて実施しても、簡潔には終わるが、果たして十分な供述を引き出せているのか不安を覚えることもある。

第二一　集中証拠調べ後の手続

一　トラブルが生じた場合の対処

集中証拠調べにトラブルはつきものである。①予定した人証や代理人の病気・事故等による不出頭、②人証の出頭確保の不手際や人証の正当な理由のない不出頭、③尋問時間の超過、④遅れて提出された主張・立証等に対応するための期日の続行などである。かつては、これらのトラブルを危惧するあまり、集中証拠調べ自体の阻害要因とされていたこともあるが、新法前からの実践の広がりの中で、ありえないことではないが、杞憂に過ぎないといってもいいほどその比率は低いことが実証されてきた(1)。しかし、本シミュレーションを含め、これらの報告例は、集中証拠調べを軌道に乗せることを大きな目標として、いわば手作りで丁寧に一件一件を作り上げるような状況におけるデータと理解すべきであろう。新法の施行により、集中証拠調べは全国的に広まりを見せているが、すべての裁判官・弁護士が習熟しているわけではないことはいうまでもない。したがって、集中証拠調べを始めた当初は、これらのデータ以上にトラブルが生じるであろう。しかし、新たな主張立証が真に必要であれば、その機会を設けるべきであるし、尋問が計画通り進まなければ、続行期日を指定することを躊躇してはならない。

多くの試行錯誤を重ねた経験の紹介は枚挙に暇がないほどあり、研究は必要であるが、それらを紐解いただけで十分であるとはいえない。自らの経験程貴重なものはないと思う。後悔先に立たずで、最初は誰でも誤りを犯すものである。右のようなトラブルを避けるための処方は随所に示してきたつもりであり、ここで改めてその説明をする必要はないと考えるが、一言だけ付け加えるならば、トラブルが発生すれば、①は不可抗力だからあきらめるよりないが(それでさえ、結婚式を病気で流す人は滅多にいないことを考えれば、動機付けで多少は回避できるのではないか)、それ以外は何らかの原因を蔵しているものであり、裁判官も書記官も代理人もその分析を怠らなければ、一つのトラブルが次のステップの糧となるのであって、恐れるに足りないだけでなく、反面教師とすればよい。

肝心要のことは、集中証拠調べは、集中証拠調べのためにあるのではなく、充実した適正な裁判を分かりやすい手続で行おうとするものであることに基軸を置いていることを忘れないことである。

二　終局に向けた手続

1　最終弁論

本シミュレーションが示したような完璧に近い争点整理がなされ、代理人も裁判官も人証以外の証拠資料を完全に理解したうえで、集中証拠調べを実施すれば、その完了時には、一般の事件であればほぼ共通の認識ができるのが普通である。その時点でも判断に迷うような事件がないわけではないが、多くの場合、評価に係わる事項であろう。そうであれば、あえて証拠調べの結果についての最終陳述が必要とはいえない。

しかし、事実認定に重要な影響を与える供述がなされ、その評価が分かれる可能性があるような場合や経験則の適用について意見がある場合など、裁判官の注意を促す必要がある場合は、集中証拠調べの結果について、最終弁論を行うことが望ましい。刑事の一般の事件では即日実施されてきており、民事事件でも、膨大な書証と供述証拠を絡ませて精緻な分析を行う必要があるような事件を除けば決して困難なことはないと考える。本件では、双方代理人とも冒頭陳述（2）を援用しつつ、自己の主張が証明されたと考える所以を簡潔に述べて、証拠調べを終えた。

2　最終準備書面

心証形成に迷うような事件、全体の証拠を慎重に分析する必要があるような事件については、双方から最終準備書面が提出されることが望ましい。その形態は、本シミュレーションで作成したような「争点整理表（3）」が作成されていれば、その争点項目毎に証拠評価を記載すれば足りるし、同一の争点項目について双方の意見が述べられれば、裁判官が判断する上で双方の見解の相違点を十分認識した的確な判断を形成できるし、後述のような争点中心の判決をする上でも資するところは大きいと思われる。

三　集中証拠調べ後の和解

1　和解シミュレーション

㈠　関係者に対する裁判官の尋問

本件では、集中証拠調べ直後に和解のための協議をすることが予定されており、裁判官は、和解を念頭に置きながら、対質尋問の終了時点で、八坂証人、木谷証人及び原告本人に対し、対質尋問ではないと断りながら、以下のような尋問をした。

【八坂証人に対し】

（裁判官）あなたは、木谷さんが一六五一万二〇〇〇円の見積書（丙二）を持参してこられたときに、それを拒絶し、一五〇〇万円を提示されましたね。その理由は、あなたの方が請負われた金額から見て高すぎるということでしたが、請負金額は幾らだったのですか。

（八坂証人）あまり言いたくないですが……。まあ、いいですか、約一八〇〇万円です。

（裁判官）今日の審理の結果と鑑定の評価などからみますと、実際の工事出来高は一八〇〇万円を相当越えるようにも見えますが、八坂土木としては、元請の近畿企画にその分を請求するというようなお考えはありませんか。

（八坂証人）全くありません。実際の費用が幾らかかろうと、定額で請負った以上そのような請求をすれば当社の信用にかかわります。

（裁判官）話は変わりますが、木谷さんがあなたの前で原告に一五〇〇万円の話を出したことについてですが、振り返ってみれば異例のことといえるのでしょうね。そのときにはお気づきにならなかったのでしょうか。

（八坂証人）そのときは全く気になりませんでした。こういうことになって考えれば、私の方がかなり代金を抑えたこともあり、それでそのままの金額で下請に回したのかなとも思いますが、原告と被告の人間関係も分かりませんしね。木谷さんがそうならそうとはっきりおっしゃるべきですね。

【木谷証人に対し】

（裁判官）あなたは、発注者でないとおっしゃりながら、相当深くこの工事に関与されていますが、お世話好きなんでしょうかね。これまで被告が発注者として原告に下請を頼まれたときとあまり違いがないのではないですか。

（木谷証人）まあそう言われればそうかもしれませんね。それと今までは原告との関係では全部うちの下請として仕事をしてもらっていましたから、下請で使うのと、直の契約にしてもらうのとの区別が私自身はっきりしていなかったんですね。それと本件現場の近くで当社の工事があったものですから、ついでに本件現場を見に行ったりして、原告からなにかと相談があるとそれに乗ったり、八坂土木に連絡したり、ちょっと世話を焼き過ぎたのが誤解を招いたのかもしれません。

【原告に対し】

（裁判官）工事が変更になったり、工事の中断などで経費が嵩み、それを相手に請求することになるのであれば、かかった分を見てもらうというような曖昧なことではなく、きちんと見積を出して合意を取り付け、リース料の支払関係などの資料を整理しておくべきですね。被告との取引では、これまでもそういうことはしてこなかったのですか。

（原告）追加工事や変更工事は何回かあったと思いますが見積書まで出したことはありません。大体のことは話し合うことはありますが……。

（裁判官）本件工事については工法変更のように明白に工事費が高くなる事情が生じたわけですが、どの位高くなるという話もしなかったのはなぜですか。

（原告）特に理由があったわけではないですが、当面の矢板などの資材を被告会社が提供してくれましたし、それでずるずるとなったんです。

㈡　**和解協議の方法**

裁判官は、弁論を終結し、判決言渡し期日は和解について協議しその様子を見てから決定することにし、とりあえずは追って指定としたうえ、和解の仕方について、全員が一同に会して、みなさんから和解についてのご意見を伺い、協議をしていただくという方法もありますし、その中で必要があれば裁判所から本日の審理の結果を踏まえての和解の方向性等についての意見を言わせていただいてもいいと思いますが、それとも最初から交互面接方式でいきますかと尋ねた。

原告代理人は、判決に熟する段階まできていることでもあり、裁判所の判断を基礎に置いた解決策を同席で提示願って、その上で個別の事情を聴取して調整していただきたいとの意見であった。被告代理人は、同席で和解をした経験はないが、感情的対立が激しいというわけでもないし、とりあえず同席ではじめてもらってもかまいませんと述べた。補助参加人代理人は、当方は関係がないですねということであったが、裁判官は、和解にどのように関わるかは協議の結果によることであり、是非参加してほしいと要請した。そのうえで一〇分間休憩してからラウンド・テーブル法廷で協議を始めると告げて閉廷した。

㈢　**各当事者の打ち合わせ**

原告代理人は、本人に対し、審理の状況からみて、被告に責任があることは証明できたと考えるが、請求金額がどこまで認められるかは、下請の経費を上増しさせた点、鑑定結果が施工レベルを相当高く設定している点、瑕疵についての評価の三点を裁判官がどう見ているかにかかるが、請求額（一六五〇万円）の三分の二程度も確保されればいい方だと思うと説明した。原告は、そんなものですかと多少不満な様子であったが、早期に支払って貰えるのであれば考えるということであった。

被告代理人は、一日審理を傍聴していた清水社長に感想を聞いたところ、木谷専務の話だけで今日まできたが、物事は両方の話を聞かないと分からないものであることがよく分かったと前置きして、ある程度の支払には応じざるを得ないのだろうという感触を得ているようであった。木谷専務が当社には責任はありませんよと主張したが、社長に意見を求められた代理人は、和解の席につく以上、幾らかの支払に応じなければ和解はできないこと、今日の審理での裁判官の補充尋問などからみて、おそらく判決は、発注者を被告と認定するだろうと思われること、最初は定額の請負だったという点は認められても、工法の変更や工事中断の責任は免れず、問題は出来高の評価と瑕疵をどこまで認定してもらえるかだが、半額程度は考えて置いた方がよいと思うとの意見を示した。木谷専務はそんな弱腰ではなどと非難めいた発言もしたが、社長からけじめのつかない言動が誤解を招いてしまったんであって、半分以上は君の責任だとたしなめられた。その上で、社長は、妥当な金額の負担は辞さないが、三条管工との紛争が続くのではやりきれないから、是非この機会に一気に解決することを要請して欲しいと希望した。そこで金額の話に及び、被告代理人は、弁論準備手続終結段階で検討したところでは三〇〇万円程度になる(4)ことを社長に説明し、三条管工を入れると相当上積みしなくてはいけなくなると述べた。社長は当社もこのご時世で苦しいし、なんとかその程度で全体の解決をはかってほしいと要請した。

補助参加人代理人は、八坂社長に対し、裁判官が和解に参加を要請しているのは、先ほどの尋問からして、八坂土木の利益の一部を解決のために提供することを求められるだろうと話し、審理経過からみて、八坂土木が注文者と認定することはほとんどないと見ているので、断固拒否するという方針でもよいといいつつ、和解で決着すれば裁判は終了するが、判決となれば敗訴した方が控訴し、さらに審理が続く可能性があり、三条管工との問題もあって、当分裁判との関わりを断つことができないこと、それによる経費も考えなければならないことなどを説明した。社長は、代理人にその経費は五〇万円から一〇〇万円程度と推定されることを聞き、被告を紹介してくれた平岡建設との関係からもあまり長く争いを続けるのは得策ではないので、加茂設計の見積額（甲二＝一五九二万八〇〇〇円）までなら応じてもよい、最大限訴訟の経費五〇万円の上乗せ程度の範囲で三条管工との問題も終わりにしてほしいと述べた。

(四) 裁判所側の協議

A裁判官は、部屋に戻ると早速B書記官に感想を求めた。B書記官は、被告が全く利益を得ていないことや木谷証人が嘘をいってるようには感じなかったことから、発注者を被告と断定できるか疑問があるけれども、木谷専務の動きは外形的には発注者としか見えないし、どう判断していいのか迷いがあること、被告を発注者としても、出来高の評価には原告側で下請の請求額を上げているようなところもあり、かなり減額されることになるのでしょうかというような意見を述べた。A裁判官は、外形的に発注者としての言動があることは注文の意思表示を黙示でしていることになり、それが真意と異なるとすれば錯誤の問題が生じる可能性があるが認定は困難だし、仮にそう判断すれば、発注者の外観を作り、原告に工事をさせたことで不法行為責任を問われかねないから、結局、原告の施工した部分については支払を免れがたいと説明し、認容額について、考え方を示して計算を頼んだ。その結果、判決の場合の認容額は、三九一万七八四〇円となった。金額算定の理由は、原告側の出来高を鑑定と書面尋問の結果から鑑定金額一一〇七万一二〇〇円の八割の八八五万六九六〇円（A）、工事中断による経費増を原告主張の二九〇万三〇〇〇円の八割の二三二万二四〇〇円（B）、瑕疵については、鑑定金額の八割を基準とし、瑕疵①についてはその七割（工事内容変更の現場会議に出席しなかったことで三割減額）の一九万八二四〇円、瑕疵②は五六万二〇〇〇円、瑕疵③は四三万六八〇〇円、瑕疵⑤は六万四四八〇円（瑕疵分合計一二六万一五二〇円）（C）と認定し、A＋B－C－既払額六〇〇万円＝三九一万七八四〇円である。これに遅延損害金まで加えると約四三〇万円となる。

㈤　和解協議

原告側は本人・代理人、被告側は清水社長・木谷専務・代理人、補助参加人側は八坂社長・代理人が出席した。三条管工の岡本専務や原告の友人の宮川らは廊下のベンチで待っていた。

（裁判官）一日の審理でお疲れだと思いますが、もう少し頑張ってください。ところで、同席で和解の協議をするとなると、判決との関係もあり、弱気なことを言うと敗訴を覚悟しているようにとられかねないということで強気一本槍の方がいるんですが、和解は、お互いが譲り合って問題を解決しようということですから、状況を冷静に分析し、妥当な譲歩案を示していただくことが肝要です。裁判所は、それを判決の資料とするようなことは全くありませんから、安心して意見交換をしてください。

最初に、原告からどのような解決を希望するかご意見を伺いましょう。

（被告代理人）ちょっと待ってください。休憩の間に協議した結果、当方としては、三条管工との問題も一気に解決することを希望していますので、岡本専務も入っていただきたいのですが。

（補助参加人代理人）当社も希望いたします。

（原告代理人）三条管工と被告あるいは八坂土木との関係は当方には分からないし、争点として取り上げてもいないので、この和解を参考に別途協議されるべきではないかと思います。当方としては、年末でもあり、早期解決を強く望んでおり、三条管工を傍聴させることはやぶさかではありませんが、和解に参加させることで長引くのでは困ります。

（裁判官）ではとりあえず、傍聴していただいて本件の解決に影響がないような状況なら参加も検討するということにしましょう。

～～～岡本専務入室～～～

（裁判官）それでは原告のご意見からうかがいます。

（原告代理人）当方としては、工事終了から既に一年半以上も経過しているうえに昨今の建設業界の情勢もあって、本来減額すべき理由はないと考えますが、年内に支払がなされることを条件に三分の二程度、すなわち四三〇万円まで譲歩するつもりはあります。

（裁判官）それでは、被告側のご意見をどうぞ。

（被告代理人）木谷専務としては善意でしたことという気持ちが拭えないところですが、会社としては紛争が長引くのは好ましくないと考え、三〇〇万円までで三条管工も含めた解決を希望します。

（補助参加人代理人）当社としては、全く支払う立場にはないのですが、契約書をきちんと作成しなかったこともあり、加茂設計の見積額より九〇万円あまり低い額で契約したいきさつもあって、その程度なら紛争の早期かつ全面的な解決のための原資として提供する用意があります。

（裁判官）三条管工としては、事情を正確に把握はしていませんが、瑕疵修補を含む残工事を完成されて、一四〇〇万円の請求をし九〇〇万円の支払を受けたが、残り五〇〇万円について、争いになっているということですね。

（岡本専務）（契約の経過、工事費の内容、これまでの被告及び八坂土木との折衝の経緯等を説明した後）当社としては、できるだけ裁判などにしないで解決したいというのが社長の意向でして、この訴訟にも関心をもっているのですが、こちらで和解ということになれば是非一緒に解決していただきたいと思います。

（裁判官）それぞれに前向きの提案をいただいたんですが、裁判所の意見を参考までに申し上げますと、原告に対しては四〇〇万円に近いレベル(4)でお考えいただきたいと思います。そうすると、被告が三〇〇万円、八坂土木が九〇万円として、その全部を原告に払うことになり三条管工分は別途解決ということになります。それでは、被告や八坂土木のご趣旨に反することになります。年内決済ということで原告にももう少し譲歩いただくとしても、被告と八坂土木側でもう一歩頑張っていただく必要があると思います。できれば被告の方で四〇〇万円、八坂土木が利益の三分の二の二〇〇万円を提供いただけるとなんとか全体的な解決が可能になるかと思います。

（原告代理人）それをどう配分するんですか。原告としてはせめて四〇〇万円は確保したいのですが。

（裁判官）それは被告らの拠出金を見てから判断しましょう。一〇分休憩して、それぞれ協議してください。

〜〜〜休　憩　後〜〜〜

各代理人は、協議の結果、被告側で四〇〇万円、八坂土木が一五〇万円それぞれ拠出して全体的解決を求めた。ただし、被告は、四〇万円の一〇回払いとすることを強く希望した。

裁判官は、各代理人及び岡本専務から配分案は裁判所で調整してほしいと依頼された。そこで裁判官は、三条管工は訴訟の経費を使っていないから、原資五五〇万円から経費分として八〇万円（鑑定費用四〇万円＋弁護士費用＝着手金四〇万円）を控除した四七〇万円を、原告の請求権の基礎額を四〇〇万円、三条管工のそれを三〇〇万円（同社の請求は五〇〇万円であるが、鑑定等をしたものではないことから、原告の請求額からの低減率と同じ約四〇パーセント減としたもの）として案分し、原告に経費分込みで三五〇万円、三条管工に二〇〇万円とし、原告分は年内二〇〇万円（被告五〇万円、八坂土木一五〇万円）、三条管工分は年内五〇万円、一月末から被告が毎月五〇万円を支払い、原告と三条管工が隔月に受領する旨の提案をした。

そのうえで、検討のため再度休憩をとった。

〜〜〜再休憩後〜〜〜

被告、八坂土木及び岡本専務は前記提案を受諾する旨述べた。しかし、原告は、金額的には同意したが、年内に支払うことを強く求め、支払方法についての協議を続けた結果、八坂土木が一五〇万円、被告が一〇〇万円を年内に支払い、それを原告が受領し、残りの一〇〇万円は翌年一月と二月に五〇万円ずつ被告が支払い、三条管工は、提訴もしていないので、三月から六月まで月五〇万円の四回分割で応じることにし、原告分も三条管工分も分割金の支払いについて清水社長が個人保証することで合意した。

それによって、実質的には和解が成立したが、三条管工の代表者が出席していないため、近い期日を決めて、代表者の出席を求めて和解調書を作成することにし、各代理人に無理をいって一二月二五日午後四時五〇分に和解期日を指定して、原告分は右期日に現金を準備してもらうことになり、集中証拠調べの調書はそれまで反訳を留保し、和解が成立すれば省略することにした。

Ｂ書記官は、右の合意内容を弁論調書に記載するとともに、和解調書を事前に作成するため、岡本専務に三条管工の資格証明の提出をお願いし、清水社長の住所を確認して、資料が整ったところで和解調書を作成し、当日、当事者に確認後、裁判官の認印をもらって即日交付できるように準備した(5)。そして、右和解期日に無事和解が成立した。

提訴から約一〇か月である。お互いの労をねぎらい、建設業界の苦悩を語り合いながら、被告の清水社長は、高い勉強代だったが、和解もできたことだし、責任をもってさせてもらうから、また仕事があれば声をかけてほしいというようなことを八坂社長に話し、八坂社長も今度はきっちりと書面も作ってお願いしましょうと応じて、なごやかな雰囲気の中ですべての手続を終えた。

なお、和解調書の送達は、原告が申請し、裁判所はこれを口頭受理した(6)。

2　集中証拠調べ後の和解の特徴

集中証拠調べ後の和解は、異論がないわけではないが、一般に成立率が高いといわれている。その原因は、本シミュレーションに集約的に示されており、それが集中証拠調べ後の和解の顕著な特徴でもある。

第一に、心証の共通性である。

すなわち当事者が裁判官とほぼ同じ証拠を直接認識することができることである。それでも当事者本人は、証拠を我田引水的にしか見ないこともないわけではないが、裁判官の和解を念頭においた補充尋問に示されているように、それぞれの当事者の問題点を議論する中で、自らの立場を認識する契機を得ることができる。裁判官の心証は、同席あるいは交互面接方式の和解手続の中で示す方法もあり、使い分けが必要であるが、紛争の本質的な問題性を補充尋問の形で行うのは、それとなく裁判官の認識を示し、反論の機会を保障する意味と当事者対席の場で行うことによるフェアネスに留意したものである。このような審理を通じて事実をどのように評価すべきかについては、代理人の援助がとりわけ重要である。

第二に、認識範囲の拡大である。

当事者はもとより関係者も同席している場で審理が行われることから、状況を認識する人の範囲が拡大される。本シミュレーションの例でいえば、被告の清水社長が傍聴していたことにより、当事者性の高い木谷専務より冷静に状況を認識できたことが和解の重要な契機となったことは明らかであろう。会社事件では決定権のある役職者が傍聴したり、市民事件では家族や信頼できる知人に傍聴してもらい、審理後それらの人々を交えた協議で客観的な状況を理解し、和解に至ることは少なくない。

第三に、判決との整合性の高い和解ができる。

裁判官は、ほとんどのケースで集中証拠調べが終了した時点では、判決ができるだけの心証をもつことになり、判決との整合性に基盤を置いた和解案を提示することが可能である（五月雨審理であっても終局を見越して完全に事件を把握するように努めればこの点はクリアーできるとはいえ、実際にはなかなか困難なことである）。和解は、各当事者がそれぞれに和解のメリットを見出すことによって成立するのであるから、判決の結果と常に一致する必要はないが、当事者としては、その点に不安がある状態では正しい判断ができないことになり、判決の結果については、明言まではしないとしても概ね理解できる状態にあることが望ましい。判決の帰趨が分かれば和解には応じないのではないかという意見があるが、そのような見解は、結果についての見通しができない不安状態におくことによってしか和解ができないという認識を背景にしているのであろう。しかし、真の和解は、正しい状況認識の下で、自分はどこをどんな理由で譲歩し、相手にはどのような譲歩を求めるのかを理解し、それぞれの要求を出し合って交渉をするところから生まれるのである。本シミュレーションでいえば、裁判官の心証の開示や和解提案により、判決であれば、原告が四〇〇万円程度（利息や訴訟費用も加えればもう少し高くなる）の勝訴となることは読めるであろう。それを原告が譲歩して三五〇万円で了解したのは、不景気で年末の資金繰りに困っている状況で、和解をしなければ一審判決が翌年一月ころ、仮執行宣言が付されても執行は早くて二月になり、控訴されればさらに応訴せざるをえず、弁護士費用もかかり、その回収はほとんど見込めないこと、回収の不安については社長の個人保証を受けることとし、全体として判決よりメリットがあると判断したものである。被告については、八坂土木に利益の半分を拠出してもらったこと、分割弁済になったことに加えて、三条管工との問題が解決したことは大きいであろう。三条管工は、金額面でも支払条件でも相当の譲歩を強いられているものの、訴訟の負担（本件訴訟の経過をみれば、経済的にも精神的にも訴訟にどれだけのエネルギーがいるかは容易に分かるであろう）なしに解決ができたことは望外の価値があったといえるであろう。八坂土木だけは、裁判所の要請をはねつければ、さしあたって経済的負担をする必要はなく、被告や三条管工から仮に提訴されることがあってもおそらく敗訴するおそれは少ないであろうから、一五〇万円の拠出は相当の損に見える。しかし、係争が長引けば、弁護士費用等の経費が嵩むし、弁護士費用が訴訟費用とされていない我が国にあっては、その負担は無視できないし、企業として紛争を抱えていることのマイナス面も否定できず、工事内容からみて請負代金を押さえすぎた面での非難もないではなく、利益の半分の拠出はその面でも妥当性をもつものと思われる。補助参加人代理人もそのような観点で説明をし、八坂社長もその判断を受け入れたものである。

右のような集中証拠調べ後の和解の特徴からうかがえることは、集中証拠調べは、当事者自身が紛争の原因や解決の方向を見出す契機をその審理方法自体の中にもっていることである。すなわち、集中証拠調べは、裁判官や弁護士だけでなく、当事者自身や関係者にまで比較的容易に事件の全貌を知らせることが容易である（五月雨審理であっても、努力して事案を丁寧に検討すれば、心証形成ができないわけではないし、複雑な事案ではそうしなければならない場合もあるが、当事者本人にまで十分な理解をさせるのは相当困難が伴う）。それこそがわかりやすい審理であり、新民事訴訟法が目指すものでもある。そして、そのような審理方法によって、自ら正確な状況を判断し、自己決定ができるようになるものと考える（7）。

3　同席での和解

これまで我が国の和解においては、当事者が同席するというやり方がとられるのは極めて稀で、当事者が交互に裁判官に面接するという方式がとられてきた。

その理由としては次のようなことが考えられる。

① 相手方当事者のいる前では、本音が言えないため、建前の話に終始してしまい、和解へ向けて譲歩が行われにくい。

② 同席では、当事者同士が感情的になる。
③ 裁判官も、一方当事者だけと心証の開示も含め様々な話をすることで和解に導きやすい。

しかし、民事訴訟においても当事者の主体的な紛争解決というものを尊重すべきであるという考え方からすれば、紛争を解決する主体であるはずの当事者が同席しないという方式はそぐわないし、交互に裁判官が面接することは不公正であるという感覚も強くなってきている。

そこで、方向としては同席和解が目指されるべきであると考えるが、集中証拠調べによって共通の認識ができている場合は、和解による双方の利害得失を中心とした冷静な議論ができる可能性が高まっており、本シミュレーションでもその可能性を示している。事案や当事者の性格等を勘案して妥当な方法を選択すべきであるが、和解は交互面接方式しかないと決めつけないで、当事者と協議して挑戦してみる姿勢も必要であろう。ただし、同席和解では、交互面接方式と同じ様な情報提供や情報コントロールはできないので、当事者は、代理人と十分に打合せを行い、冷静に状況を理解し、主体的に和解案を検討する姿勢が求められるし、裁判所側としては、それまでの訴訟活動が反映するよう、十分な準備のもとに和解案を検討すること、そしてその和解が当事者にとってどのように利益があるのかを説得力をもって説明することが必要であろう（8）。

四　集中証拠調べと争点中心の判決

本シミュレーションでは、集中証拠調べが終了した後和解が成立したが、和解が成立しない場合には、弁論が終結され判決手続に至ることとなる。ここでは、争点等整理の結果との関係等にも触れつつ、「判決」について概観することとする。

1　判決の機能と記載事項

判決の機能または判決書作成の目的としては、既判力、執行力、形成力の及ぶ範囲を明らかにするとともに、訴訟当事者に対し、裁判所の判断及び判断経過を知らせ上訴するかどうかを考慮する機会を与えること、上訴審に対しその再審査を容易ならしめること、一般国民に対し具体的な事件を通じ法の内容を明らかにするとともに、裁判所の判断及び判断の過程を示すことによって裁判の公正を保障すること、判決をする裁判官自身に対しては、自己の考え、判断を客観視することを可能とすることなどがあげられる（9）。

このような機能を有する判決書の記載事項として、旧法一八一条一項は、「主文」（一号）、「事実及び争点」（二号）、「理由」（三号）、「当事者及び法定代理人」（四号）及び「裁判所」（五号）を必要的記載事項とし、また、「事実及び争点」の記載は、口頭弁論における当事者の陳述に基づき要領を摘示してこれをなすことを要する旨を定めていた（10）（同条二項）。

前記のような判決書の機能ないし作成の目的は、新法下においても変わるものではなく、したがって、新法における判決書の必要的記載事項の基本的部分に変化はないが、新法は、後記2で述べるように既に実務で提唱され、定着しつつあったいわゆる新様式判決を念頭におき、あるいは実務の考え方に即して、判決書の記載事項を整備したものであるといわれる（11）。

すなわち、新法二五三条一項は、「主文」（一号）、「当事者及び法定代理人」（五号）、「裁判所」（六号）については旧法と同様とするが、旧法が「事実及び争点」（二号）、

「理由」(三号)と規定していた点を、「事実」(二号)、「理由」(三号)に改め、その「事実」の記載においては、「請求を明らかにし、かつ、主文が正当であることを示すのに必要な主張を適示しなければならない」と定めている(二五三条二項)。

右の「請求」とは、訴訟物と同義であると解され、請求の趣旨により審判の対象が特定される場合には、請求の趣旨の記載をもって足りるが、通常の金銭給付の請求等のように請求の趣旨のみからは訴訟物が特定されない場合には、訴訟物の特定のために必要な範囲で請求原因事実も示されなければならないことになる(12)。

また、主文が正当であることを示すのに必要な主張とは、これまでのいわゆる旧様式判決におけるように当該訴訟における当事者のすべての主張を記載することは必ずしも必要ではなく(13)、例えば、主位的主張と予備的主張がある場合に、主位的主張が認容される場合には、予備的主張は事実として記載しなくてもよいものと解されている(14)。もっとも、主文を導き出すために必要がない当事者の主張を記載しないことについては当事者の不満もあるであろうし、上級審への配慮もあって、程度に差はあるとしても記載するのが実状であると思われるし、また、記載する方が望ましいと考えられる(15)。また、争点整理手続では、重要な間接事実も整理することが予定されていることから、「事実」には、重要な間接事実も含むという議論も考えられるところ(16)、判決書の必要的記載事項の「事実」の解釈としては主要事実ということになるであろうが、「事実」の中に付加的に間接事実を記載することが望ましいこともあろう(17)。

なお、新法二五三条一項四号は、「口頭弁論の終結の日」を判決書の必要的記載事項としているが、これは、口頭弁論終結時が判決が確定した場合の既判力の基準時となる重要な事項であることから、新たに必要的記載事項とされたものである。

また、旧法一九一条一項及び三項に規定されていた判決書に対する裁判官の署名・捺印に関する部分は、新法からは削除され、同様の規定が規則に定められている(規則一五七条)。

2　争点中心主義と判決

(一)　新法においては、争点等整理手続を経た上で、集中証拠調べを実施することを予定した様々な規定が整備されているが、前記で述べた判決書の機能等に照らせば、判決書の記載事項も、裁判所の判断の形成の過程である審理のあり方と密接に関係を有することは当然である。そして、争点等整理手続を経た後、集中証拠調べを行うという争点中心的審理が行われる場合には、判決の記載事項もこれに対応して、争点に対する判断を基本とすることが合理的であり、判決書の機能等にも合致するものと考えられる。

近年、争点中心型審理が指向され、様々な試みが行われ、その報告等がなされてきたが(18)、このような流れの中で、「適切な訴訟指揮に基づいて、要件事実の理論に裏付けられた事実主張が十分に尽くされるならば、ほとんどの事件では、当事者が真に裁判所の判断を求めている事項すなわち中心的争点は自ずから限られたものとなり、これに立証が集中され、裁判所の判断もここに焦点を合わせることにより、判決書は、より簡潔で分かりやすくなる(19)」との考えに基づき、新様式判決が提唱され、新法施行前から新様式判決が多く見られるようになっていたところである。

従来の旧様式判決は、「当事者の主張」

の項に、請求原因、抗弁、再抗弁をその認否とともに記載し、「理由」の項で、「事実」欄に記載された要件事実の順序に従い、争いのない事実は改めて明らかにし、争いがある事実について証拠を検討して判断を示すというスタイルであるが、新様式判決は、旧様式判決の事実欄に記載されるべき事柄について、「請求」と「事案の概要」に、当事者の主張等を争いのない事実又は争点を判断する前提となる事実等と争点を区分して記載し、事案の概要の冒頭部分には、当該事項の紛争の要点に当たるものを記載するというスタイルが一般的である。新様式判決は、このような記載により、重複が多く見られ、平板になりがちであったなどの旧様式判決に対する批判に応え、真の争点に対する判断を直截に示し、当事者が容易に理解できる判決を目指そうとするものである。

(二)　右に述べたように、争点中心型の審理が行われた場合には、争点に対する判断を中心とした判決が合理的であると考えられるが(20)、争点整理手続等と判決の関係については、次のような点も指摘することができる。

まず、争点整理手続は、本シミュレーションでも示したとおり、当事者が自ら（裁判所の釈明等を受けながら）整理していくものであるから、争点に対する判断を基本とする判決は、この当事者の作業に応えるものとなり、当事者は自らが争点とした事項について裁判所の判断を的確に知ることができることになる。したがって、当事者の主張や重要な間接事実及び証拠についての当事者と裁判所の認識の齟齬から生じるいわゆる肩すかし判決（当事者が重要な争点であるとの認識が乏しい間接事実の有無や証拠評価により勝敗が決せられるような判決）も避けることが可能になると考えられる。

また、判決には、争点整理手続の結果を効率的にかつ正確に（裁判所が誤解することなく）反映させることができる。本シミュレーションを例にいえば、争点整理手続の段階で、各争点が明確にされたことはもちろん、各争点についての争いがない事実や、重要な間接事実についての主張も十分に整理されている(21)。したがって、新様式判決における「事実の概要」で記載すべき「争いがない事実」や「争点」、「当事者の主張」の部分は、争点整理において既にほぼできあがっている（しかもその整理については前記のように当事者及び裁判所の間で認識が一致している）ことになる。裁判所は、あとは、その整理した各争点等につき判断を示せば足りることになる(22)。この意味では、従来、判決起案の段階で裁判所が当事者の主張を整理するために行っていた作業が、争点整理段階で当事者と裁判所の間で効率よく行われ、裁判所は真の争点に対する判断にその労力を集中できることになると考えられる。

もっとも、新様式判決については、旧様式判決より分かりやすい、争点を中心に重要なところが丁寧に判断されているという評価がある一方で(23)、その批判も根強いといわれる。その批判としては、例えば、旧様式判決であれば、判決書の記載のみから要件事実や立証責任についての誤りは明白になるが、新様式判決ではそれが不明確なことがあり、この点では旧様式判決の方が上級審に便宜であることや、判決を起案する裁判官にとっても、その吟味が不十分になるおそれがあること、新様式判決は、旧様式判決のような定型的なパターンがあるわけではなく、その内容等も裁判官によってかなり差があることなどがある(24)。

このような意味では、新様式判決はまだ

発展途上にあるというべきものであるが、前記で述べたような新法下の争点等整理手続と判決の関係のメリットを生かし、かつ、右のような批判に答えられる判決をめざし、今後、争点等整理手続の運用とともに、さらに研究、工夫が重ねられることが必要であると思われる(25)。

〈注〉

（1）井垣敏生「民事集中審理について―体験的レポート」判タ七九八号六頁、最高裁事務総局「民事訴訟の運営改善資料」民資二〇七号二二五頁

（2）第一八の二弁論準備手続の結果の陳述での原告代理人と被告代理人の説明参照。

（3）資料41参照。

（4）第一五の一、5被告側の和解の検討経過参照。

（5）一旦合意が成立しても、後日もめることもないではないから、合意事項を弁論調書に記載して明確化しておくことは疑義を避けるためにも妥当な処置である。また、利害関係人の参加や訴訟物外の和解が含まれる場合は、条項も複雑になり、事前に検討しておくことが望ましいし、本件のような経過の場合は、あらかじめ準備しておいて、即日和解調書を交付するのが相当である。

（6）新規則一条（旧法一五〇条と同旨）は、申立ては、特別の定めがある場合を除き、口頭ですることができるとされており、和解調書の送達申請については除外規定はないから、二民では平成八年から口頭受理調書のフォームを作成し、口頭受理をしている。送達が速やかにできるし、代理人の手間も省け好評である。京都地裁全体としては平成一〇年から実施している。

（7）集中審理と和解に関しては、大阪地裁第九民事部における集中審理の報告（注(1)「民事訴訟の運営改善資料」二二八頁）で集中証拠調べ後の和解率や弁護士アンケートの結果が詳細に紹介されており、極めて高い和解率とその原因について分析されている。

（8）交互面接方式と対席方式での和解の違いについては、那須弘平「和解の在り方」『現代裁判法体系(13)民事訴訟』所収。

（9）司法研修所『七訂民事判決起案の手引』一頁、菊井＝村松『全訂民事訴訟法Ｉ』一〇四四、一〇四五頁、江見弘武「判決①―判決書」『新民事訴訟法体系』二四二頁等参照。

（10）旧様式判決の理論的根拠、実践的根拠、評価等につき、吉川慎一「判決書」『新民事訴訟法の理論と実務〈下〉』一一五～一二二頁参照。

（11）法務省民事局参事官室編『一問一答新民事訴訟法』二九〇頁、江見・前掲注（9）二四二頁、新堂幸司『新民事訴訟法』五五八頁参照。ただし、「研究会・新民事訴訟法をめぐって(19)」ジュリ一一三〇号九八頁〔福田発言〕は、二五三条は、新様式判決を念頭においてそれを明文で定めるという観点から設けられたものではなく、判決書作成の目的から、最小限どこまで必要かという観点から同条文ができたという側面が大きいとしている。

（12）したがって、「金銭給付の請求の場合に、新様式判決で記載されている」請求（例えば、被告は原告に対し、金一〇〇万円を支払え）のみでは、法二五三条二項にいう「請求」としては足りず、事案の概要に記載されている「事案の要旨」あるいは「当事者の主張」等とあいまって同条項の「請求」が記載されていることになる。

（13）もっとも、旧法一九一条二項の「要領ヲ摘示シテ」の解釈によっては、旧法下においても、同様の解釈も可能であったと考えられ（ジュリ・前掲注(11)九八頁）、新様式判決の提言も「中心的争点以外の事実主張も、主文を導き出すのに必要不可欠である限り、概括的に記載しておかなければならない」とし、これを前提にしているようである

（最高裁事務総局「民事判決書の新しい様式について・東京高等・地方裁判所民事判決書改善委員会、大阪高等・地方裁判所民事判決書改善委員会の共同提言」二頁）。

(14) 前掲注(11)一問一答二九二、二九三頁。その他、請求原因を認めて、抗弁が認められないとして請求を認容する場合の再抗弁以下の事実や、請求原因事実が認められないとして請求を棄却する場合の抗弁以下の事実も記載する必要はないことになる（江見・前掲注(9)二四八頁）。

(15) 弁護士側からも、少なくとも訴訟において問題となった実質的な争点についてはその内容や判断は必ず記載すべきであるとの意見（第二東京弁護士会民事訴訟改善研究委員会『新民事訴訟法実務マニュアル』一七七頁）や、その事件がどういう事件かを理解する上で欠かせないものは主文の判断に必要でなくても書いた方が良いという意見（ジュリ・前掲注(11)九七、九八頁）が多いように思われる。

(16) ジュリ・前掲注(11)一〇二、一〇二頁参照。

(17) 同一〇一頁（福田発言）、吉川・前掲注(10)一三六頁参照。

(18) 第一の一、1参照。

(19) 前掲注(13)二頁参照。

(20) 吉川・前掲注(10)一二五、一二六頁は、新様式判決の構成は、争点整理を経て、当事者と裁判所の認識を一致させた上で、その中心的争点につき実質的な証拠調べを行うという新しい審理方式に合致した構成であり、審理内容が争点中心型であることを前提にしており、逆にいえば、争点中心型の審理でなければ、新様式判決の実践的な目標は達成できないとする。

(21) 資料41参照。

(22) 本シミュレーションで作成されたような争点整理表等のフロッピーを用いれば、事実欄の記載は容易であるし、また、そのまま別紙という形で用いることも考えられる。

(23) ジュリ・前掲注(11)九七頁（秋山発言）参照。

(24) 江見・前掲注(9)、吉川・前掲注（一〇）一二七頁参照。

(25) 江見・前掲注(9)参照。なお、新様式判決の在り方を見直す報告もなされている（最高裁事務総局民事局監修『民事訴訟の審理の充実促進に関する執務資料』二九六頁、同『民事訴訟の運営改善関係資料(2)』三九〇頁参照。）。

第二二　集中証拠調べの総括

一　代理人からみた集中証拠調べ

1　集中証拠調べの効用と適切な事案

㈠　弁護士の立場からも、集中証拠調べが適正に実施された場合には、旧来の五月雨式証拠調べ（1）の場合に比して、訴訟の進行が促進されて、事件がより迅速に決着をみるということは実感できるところである（2）。

㈡　しかしながら、旧来より判決結果や和解内容において、より妥当性が高まったと言えるかという点に関しては、集中証拠調べの経験の蓄積が少ないせいか、あまり実感がわかないというのが正直なところである（3）。換言すれば、集中証拠調べであれ、五月雨式（順次取調べ方式）であれ、適切な事前準備により適正な証人尋問が実施された場合には、結論（心証）にそう著しい違いは生じないのではなかろうかとさえ思われる（逆にそうでなければ困るとも言い得る。）。

㈢　新法施行後の実務においては、旧法下より集中証拠調べの実施件数が確実に増加しているものの、事件の性質・内容や期日の都合によっては、順次取調べ方式が採用される場合もあり、両者は併用されている状況にある。一般に集中証拠調べは、これが実施されることにより、対立する複数の人証が原則一期日で取り調べられ、相互の主張・供述の矛盾点が質されることによって事案が一挙に解明され、早期に事件が決着せしめられるので、迅速かつ適正な紛争解決に資するものとされる。しかし、これはあくまでも一つのモデルであって、すべての事案に妥当するものではない。集中証拠調べを規定する法一八二条も、集中証拠調べを必須のものとせず、『できる限り』としているのも、事件ごとの個別の事情を汲んでのことであろう。そのような事情の有無も顧慮せずに、無理に集中証拠調べを実施しようとすれば、かえって拙速審理であるとの批判を招き、また、実際にも判決結果や和解内容の妥当性が低下することも予想される。

㈣　ところで、集中証拠調べが妥当しない類型の事件として、よく公害訴訟や医療過誤訴訟、あるいは消費者事件等があげられる。このような類型の事件は、事案が複雑であり、また、関係人が多数の場合もあり、さらに、証拠が遍在しており、ある程度証拠調べをしなければ争点を明確化できないこともあり、鑑定や検証等のほか人証尋問も実施しなければ争点整理自体が困難な場合もある。また、争点整理後に人証調べを行うにしても、専門的な領域に亘る供述を行う重要証人においては、主尋問と反対尋問との間に相応の準備期間を置くのが当事者の公平の見地より相当とされ、また、これが真実発見に資する場合もあり得る。

通常の訴訟類型に属するものであっても、争点整理手続終了後も、引き続き人証調べ以外の証拠調べを行い、また、あらたに収集し得た書証を取り調べたりして、当事者双方に十分な攻防を尽くさせて、じっくりと事案の解明に努めた方が、訴訟手続自体は若干長引いたとしても、結局は双方が訴訟結果に納得して上訴することもなく、紛争自体は早期に解決するといった場合もなくはない。集中証拠調べを実施する場合、敗訴当事者からみて拙速審理と映らないようにすべきが肝要である。

㈤　そのほか種々の事情で出廷が不確実な人証や事前打ち合わせが困難な第三者証人で尋問時間が図りづらい場合や、専門的事項に関わる証人の場合など、出頭や尋問時間の遵守が読み切れないような場合にも、その証人だけを尋問する期日を設けた方がよいと考えられる。このような場合に無理に集中証拠調べを計画すれば、破綻をきたし大きなロスをするおそれがある。

さらに、右のような事情がなくても、日程的に相当先にしか期日がとれず、かつ、人証相互の関連性がさほど重要でない場合には、集中証拠調べに拘泥する必要はない。

これらの個別の事件ごとの事情を勘案して、集中証拠調べを実施するか否かを決めればよい。

2　当事者本人の訴訟参加意識

集中証拠調べを実施すれば、短期（一期日あるいは近接する数期日）に集中的に関係者の尋問が行われることから、当日に傍聴するだけでも事件の様相や訴訟の形勢が把握しやすくなる。

そのうえ、集中証拠調べの事前準備には、弁護士との長時間に亘る入念な打ち合わせが行われるのが通例であり、その際には当事者本人は、これまで弁護士から手渡されている準備書面の控や書証の写しを再度入念に検討することにならざるを得ず、事件に関する法的知識や訴訟の状況についての知識も豊富になり、弁護士にお任せではなく、自身の事件として危機感をもって、より積極的に参加することとなる。それは、集中証拠調べへ向けて緊張と関心を高めていく。

当事者本人が、訴訟手続に主体的に参加し、本人の目の前で現実に訴訟が進展すること、また、役割意識をもって訴訟に参加することは、訴訟結果に対する納得という効果をもたらし、ひいてはユーザー本位の手続という色彩が強くなり、司法制度への国民の信頼を強固にすることに繋がるのである。

3　当事者本人との情報の共有化と協働関係

このように、集中証拠調べを契機として本人の訴訟への主体的参加意識が高まれば、必然的に訴訟関係事実や法律評価、あるいは弁護士がどこを問題点として捉えているのか、そして相手方の今後の出方として何を予測しているのかという点になどについて認識が深まり、弁護士と情報の共有化が促進されて連携が強まる。

これを別の角度から見れば、弁護士としては、当事者が主体的、意欲的に訴訟に参加するため、勢い当該事件への取り組みにも一層力が入ることになる。集中証拠調べの事前準備においては、当該事件の構造や適用される法律の条項、さらには判例の動向などを、今一度、当事者に理解しやすい形で説明できなければならず、また、その時点の訴訟状態における個々の事実認定上の問題点や法律の要件効果といったミクロ的な視点と、事件全体の流れや筋といったマクロ的視点の両方から弁護士の所感を伝えることが求められる。そして、これを前提に当事者本人が訴訟の内容について種々抱く疑問について、専門家として的確に応答できなければならない　また、尋問当日も、当事者の期待に違わない的確な主尋問を行い、第三者証人からは、最大限有利な証言を引き出し、当事者本人尋問では、当事者が主張したいことを適宜証言させることが必要となり、さらに敵性証人については、傍聴席で尋問を聞いている当事者本人が相手方の主尋問で納得できないと受け止める部分について、要所を突いた反対尋問を行わなければならない。

これらの点において弁護士の対応（事前準備や尋問能力）が不十分であれば、弁護士としての信頼が得られないことになるので、その意味では、集中証拠調べは、弁護士の力量やリーガルサービスの真価が問われる局面とも言い得る。

このような経緯で、当事者本人と弁護士との協働意識や一体感が増し、当事者本人が訴訟内容について十分な情報を保有するようになれば、たとえ訴訟が敗訴あるいは敗訴的和解という結果に終わったとしても、手は尽くしたとして充足感が残り、結果に納得が得られよう、紛争自体が終息することに繋がっていくと考えられる。

4　当事者の訴訟負担の軽減

集中証拠調べにより、訴訟全体の審理期間の短縮化が図られることによって、紛争の解決（判決にせよ和解にせよ）が時機に適ったものとなる。また、解決結果も訴え提起当初から同一の裁判官が事件を担当し、あるいは一挙に人証調べを行うことにより、事案に対する理解が深まり（審理の途中の時点で裁判官が転勤で交替し、従前の裁判官によって行われた尋問の際に得られた印象や態度証拠などがすべて無に帰することも避けられる。）、内容的により適切妥当なものとなるであろうことが制度上期待できる。これは、勝訴当事者にとって早期の権利保障を実現することになり、好ましいことであるのは当然のこととして、敗訴当事者にとっても、かかる法律関係（法的立場）を前提として新たな社会的な展開を模索でき、また、紛争のために無用の費用・労力を費やすことを回避せしめるという意味では利益ともなり得る。

実際、訴訟手続遂行に必要な当事者の労力は、訴訟が長くなればなるほど相当な負担となってくる。訴訟手続を弁護士に委任したとはいえ、証拠資料の探索、整理、説明は当事者がするほかはない。記憶が薄れ資料は散逸して行き、事実関係が風化し、不明瞭になっていく中での作業はいうほど簡単ではないし、時がたてば日常の生活や業務の方へ関心の重点が移って行き、ある種後ろ向きの作業といえる訴訟準備作業の負担感が、相対的に増幅してくることにもなる。そして当事者本人としては、できればこの作業負担から早く解放されたいと思うようになる。早期審理は、当事者本人の訴訟遂行に付随して必然的に発生するこれらの労力的・事務的負担を軽減させることになる。

また、当事者本人は、個人にせよ、企業にせよ、裁判沙汰を引き摺っているということ自体が、ある程度の心理的な負担となっているから、訴訟の早期決着は、それ自体が一つの価値になり得る。

そして、これらのことは、個々的な事件の当事者メリットを超えて、紛争を訴訟で解決しようというインセンティブとなり、司法制度の社会的基盤をより強固にすることに繋がっていく。

5　弁護士事務の効率化と負担感

集中証拠調べは、理論的には弁護士の訴訟事務の効率化をもたらす。従前のように、複数の人証を複数回の期日に亘って順次取り調べていく方式と比較すると、集中証拠調べは短期・集約的な事務処理を要求されるものの、細切れの尋問期日の度ごとに記憶喚起のために訴訟記録を読み返し、また、当事者と重複した内容に亘って打ち合わせをしなくてもよい分だけ審理全体のトータルの準備時間の節減や労力の軽減が図られると考えてよい。

このようにトータルの準備負担は軽減されるものの、集中証拠調べが数人の尋問を原則的に一期日で実施し、これで訴訟の決着をつけてしまおうというのであるから、当然、尋問のための事前準備の負担も集約されることになる。争点等整理手続の終結から集中証拠調べ期日まではかなりの期間があるから、あらためて主張についても記憶喚起の作業をし、それに加え、当該訴訟の天王山ともいえる集中証拠調べに臨む以上、やはり、すべての訴訟資料は再度チェックし直さないわけにはいかないからである。とりわけ、反対尋問については、これまでの主尋問と反対尋問を別期日に行う場合と異なり、周到な準備をしたうえで尋問に臨むことはできないのであるから、主尋問で証言・供述されそうなことを様々な角度から予想・仮想し、弾劾に使用できそうな書証の準備や、それまでの相手方の主張や書証等と証言・供述内容との矛盾点を突くような反対尋問事項の組み上げ等の準備をしておかなければならない。つまり、事件の事実関係や証拠関係の隅々まで押さえておく必要があるということである。

そのような作業のためには、少なくとも継続した数時間から数日の準備時間が必要となる。ところが、一般的な弁護士は、一日の執務時間中に様々な事件や相談等を扱って時間を細切れに使っているので、一つの事件の準備のためになかなか思うように纏まった時間が取れないのが実情である（数十件の手持ち事件や随時要請される新件受任、顧問先等の相談業務などは、それぞれ、同時並行的に処理が進められ、そして程度の差こそあれ、それぞれが早期の処理が要請されるものであり、このような執務体制の変更は、そう容易ではない。）。このため、結局、集中証拠調べの事前準備は、夜間や土日の休日に行わざるを得なくなり、一層負担感が増幅する。

また、尋問当日には、複数の人証を一日で取り調べるのであるから、弁護士としては長時間の緊張と集中（とりわけ反対尋問につき）とを余儀無くされることになり、精神的、体力的に相当な負担感を持つ。自己の年齢や体力、体調を考慮して、集中証拠調べの期日を設定する時点で、どの程度の集中証拠調べにならば対応が可能であるかの見通し判断を誤らないようにしなければならない。集中証拠調べは、十分な事前準備と行き届いた尋問を前提として、事案の早期かつ妥当な解決に資するものである。

6　集中証拠調べ実施上の注意点

(一)　証人の出廷確保の努力（尋問期日の数日前に、証人や本人に出廷場所や時間を再確認するなど）を含めた弁護士側の十分な事前準備は言うに及ばず、尋問時間の遵守、的確な尋問の組み立て、冗長でない簡潔明瞭な発問、書記官や速記官が記録化しやすい早さでの発問、傍聴する関係者にも分かりやすい尋問、傍聴席等に臨席する双方当事者の感情的対立を徒らに煽ることがないような質問表現、証人に対して示す書証の該当箇所への付箋貼付、書証に記入させることが必要な場合のコピーの用意、弾劾証拠の提出準備等の工夫による無駄な時間の削減努力などへの配慮が求められる。

(二)　また、取調べが後順位の証人の証言内容次第では、先順位で既に証言を終えた証人を、再度対質等の方法で尋問を求めることも念頭に置くべきであり、証言を終えた証人の帰宅を認めるか否か等も含め、審理全体の流れを見通した検討が欠かせない。

(三)　(一)のような万全の準備を整えていても、相手方の対応や思いがけない供述によって、予定通りの進行が困難になることもないではない。そのような場合でも、裁判所は、できるだけ時間内に審理を終えるように求めてくることもあるが、協力すべきは協力するにやぶさかではないが、事実を解明する上で重要性があれば、途中の休憩や場合によれば審理の続行をも求めるべきである。

四　当事者（代理人）と裁判所の心証が大きく食い違うことが明らかとなり、判決を求めて控訴も検討すべきような場合は、必要に応じて最終準備書面を提出し、証拠評価や経験則の適用について十分な議論を展開すべきである。最終準備書面まで必要でないとしても、口頭での最終弁論を行い、重要な観点は告げておくことが望ましい。

五　集中証拠調べ終了直後の和解勧告は、自然な気運として和解に流れる場合には大いに歓迎すべきであるが（機を逸すれば和解が成立しにくくなることもある。）、代理人としては裁判所の心証と共通認識がもてたとしても、当事者が十分に得心しない場合や当日の雰囲気に飲まれているような状況がうかがえるようなときには、和解協議に入るとしても詰め切ることまではしないで、後日、冷静になったところでじっくり説明し、あらたな対処方法を検討することが必要になってくることもある。代理人としては、当事者の状況を的確に把握し、悔いの残らない和解を心がけるのは当然である。

六　以上のような点に留意しつつ、集中証拠調べの長所を生かして、今後の実務に定着させていくことは、法律実務家に課せられた課題であり、これまでの実務慣行や業務形態にとらわれずに、適正妥当な運用の方法を模索していくべきである。

二　書記官からみた集中証拠調べ

1　やりがい

本シミュレーションで描いてきたような書記官を前提とすれば、書記官が裁判官とともにコートマネージメントの一翼を担っていることがわかるであろう。このような関わり方ができれば、書記官も裁判官と同様に訴訟が適切かつ迅速に解決され、当事者の納得が得られる形で完結することに協働のやりがいを感じることができるようになる。

集中証拠調べは、書記官にとっては、コートマネージメントサポーター（コートでのマネージャーはあくまで裁判官である。）として努力してきた成果が発揮される場であり、民事訴訟における書記官の存在価値を実感し、またそれをアピールできる大きな機会としてとらえることができるだろう。例えば出頭確保が難しいと予想されていた重要証人を先に紹介した工夫（4）を試みるなどして、出頭させることに成功したり、証人が出頭できないことが判明した時に当事者と連絡調整して適切な代替措置を講じ、その結果、集中証拠調べが成功したり、争点整理表や時系列表などの補助的作業が審理の円滑化に効果を発揮したりして、適正かつ迅速な紛争解決ができたりしたときなどは、自分の仕事に充実感を覚える。逆に、予定していた陳述書等の提出が遅れたり、証人が出頭しなかったりして、審理が軌道にのらなかったときには、サポーターとしての準備不足や力不足を突きつけられることもある。

そして、滞りなく審理が終われば、このような関わりをしてきた結果として、書記官も事件についてのある程度の方向性を見出すこともでき、例えば、証拠調べ終了後の和解に向けたミーティングの場で和解の可否や和解案などについて、裁判官から意見を求められたときには、自分の心証に基づき意見を述べたり、議論をしたりすることも可能になり、訴訟への参加意識が高まるだけでなく、事件の見方等についてもさらに能力を磨くことができるようになる。そして、それがまた適切な訴訟運営へ向けた力量を高める契機となり、単に裁判官の補助者としての仕事から、訴訟運営のパートナーとしての仕事へと発展させていくことになる。

その意味で集中証拠調べは、書記官にとっては、裁判官との協働を実感できる絶好の機会ととらえることもできよう。

2　負担感

しかしながら、録音反訳方式、速記録及び規則六八条による記録化が許可されたときは別であるが、集中証拠調べ実施後は、書記官の前には長時間に及ぶ尋問調書の作成という現実が待っている。

集中証拠調べは、長時間で、かつ争点に絞った無駄のない尋問が実施されるはずであるから、録取の間は気を抜くことはできない。要領調書を作成するといっても自ずから限度があるから、尋問調書の作成は、現在も書記官事務のなかで大きな割合を占めるものであることは間違いない。

しかし、従来の五月雨審理での証拠調べと異なり、書記官も争点等整理手続に積極的に関与し争点を理解した上で法廷に臨むことになるから、かなり完成度の高い手控えができているので、調書作成時間は、全体としてかなり短くなった感がある。

また、争点等整理が充実してくると、証拠調べ前に事件が和解等で解決することも多くなるし、集中証拠調べを実施することになっても、充実した審理がなされ、合理的で事案に即した和解案が説得的に示されれば、和解の成立率も高くなり、それらの結果、書記官の尋問調書の作成が省略されることも多くなる。

このように集中証拠調べがきちんと機能してくれれば、従来の五月雨審理での証拠調べに比べて尋問調書作成の負担は、かなり軽減されてくるはずである。

3　裁判官との協働関係

そうなることが期待されているにもかかわらず、書記官の中には、集中証拠調べに対して、従来の五月雨審理での証拠調べと同様、あるいはそれ以上の負担感を感じる者もいないではない。その最も大きな要因は、集中証拠調べの運用そのものに問題があるように思われる。

本シミュレーションで示したほどの完璧な争点等整理は困難であるとしても、集中証拠調べは、ある意味では当事者と裁判所の努力の積み重ねのうえに成立しているのであって、その過程での工夫不足や手抜かりがあれば、五月雨審理での証拠調べの期日だけを圧縮したような名ばかりの「集中」証拠調べになってしまい、争点への尋問の集約が不十分となったり、尋問時間の遵守も甘くなり、新たな主張や証拠の提出も押さえきれず、集中証拠調べが成功しないケースも多くなってしまう。

そのような「集中」証拠調べでは、関係者を一堂に集め、その供述等を聞いたとしても、裁判所も当事者も確たる心証をその場では形成するには至らないようなことも増えてくるし、それが和解での解決を困難にする要因にもなりかねない。それだけでなく当事者に「裁判所は訴訟を早く終わらせることしか頭にないのではないか。」という不信感を抱かせかねない。

そのような事態は悪循環を生み、人証尋問への立会時間は長く、長時間の緊張を強いられ、しかも争点の整理や理解も不十分で、尋問対策も十分なされていないと調書化にも困難を感じざるをえないということになる。

このような事態を避けるためには、第一に、裁判官の企画力と実践力とリーダーシップが求められるが、書記官もその計画の実現に向けて、できるところから自己の役割を見出し着実に実践していくことが重要である。両者の協働関係を確立し、その成果を一歩一歩積み上げていくことによってさらに効果的な集中証拠調べが行えるようになっていくであろう。それ以外に集中証拠調べを書記官にとってもやりがいのあるものとする道はないであろう。

三　裁判官からみた集中証拠調べ

1　心証のとりやすい審理

従来の五月雨審理においては、証拠調べ期日ごとに記録を検討し、従前の尋問調書を読み返し、証言の記憶喚起した上で（自らが直接尋問を聞いていない場合もある）、当該期日の尋問に臨むことになるが（それが常に十分になされているとは限らない）、時には、初めに聞いた証人は半年ないし一年、中には数年前ということもあり、このように時間を隔てて聞く各証人の証言を対比し、その信用性を比較する場合と、一期日ないし近接した複数の期日で集中的に証拠調べをする場合を比較すれば、後者の方が心証がとりやすいことは明らかであろう。

このような時的要素に加え、一期日ごとに一人ずつの証人を尋問する場合においては、いきおい尋問も導入部分から始まって、従前の証人が既に証言したことを確認するなど尋問が冗長になりがちであるが、弁論準備手続で争いがない事実と争点を明確にし、代理人と裁判所の間で尋問の計画を立て、効率的な尋問がなされる場合には、裁判官も真の争点に神経を集中し、尋問を吟味できるという効用もある。

さらに、ある証人の尋問が終了した後の別の証人の証言により、先の証人に確認したい事項が出てくる場合もあるところ、五月雨審理の場合には、尋問の終了した証人を再尋問しない限りそれを確認することはできないが、集中証拠調べの場合には、必要がある場合には、ある証人の尋問が一応終了した後も、同証人に引き続き傍聴（待機）してもらい、右のような事項が出た場合に再度尋問することも可能である。また、対質尋問をすることも可能である。補充尋問も裁判官自身の不明点を納得がいくまで尋ねることができる。

証拠調べをしなければいけない事件は、いずれも事実認定上の争点があり、事実認定を誤っては裁判の信頼が根底から崩れるのであって、裁判官が日夜苦吟しているのも主として誤りなき事実を見極めたいからである。長年五月雨審理をしてきた裁判官が集中証拠調べを経験すると、そのほとんどが心証の取りやすさを指摘していることは、この審理方法の本質を示すものといえよう。

2　集中証拠調べと審理の充実

前記の代理人からみた集中証拠調べの項で、弁護士の実感としては、集中証拠調べによって旧来より判決内容や和解内容において、より妥当性が高まったようには思えないという指摘があり、大阪弁護士会のアンケートでも、集中証拠調べは迅速審理には効果が高いが、審理の充実の面ではそれほどの評価を得ていない。

その原因は、正確にはわからないが、一つは、代理人たる弁護士にとっては、ほとんど常に直接主義で審理されていることであろう。すなわち、弁護士は、当事者自身との打ち合わせから始まり集中証拠調べでなくとも最後まで自分で審理をしていくことがほとんどである。二つには、弁護士は、書面から心証を取ることは、責任のない修習生時代にわずかに経験しただけであり、現に重大な権利義務に関わる判決で自己の判断を示さなければならない裁判官の立場を実感として分かっていないところがあるのではないかと思われることである。

もとより五月雨式（順次取調べ方式）審理でも、あるいは書面審理になっても、正しい事実認定がなされなければならないことはいうまでもなく、真偽が微妙なケースでは、忠実な供述録取や適切な再尋問なども含めて、適切な判断のための努力を怠るべきでないし、本当に真偽の判断に悩む事件はそれほど多いわけではなく、多数の事件は、審理方法がいずれであれ、結論は自ずと見えてくるであろう。

しかし、真偽の微妙なケースでの判断の迷いは深刻であり、心証に自信がなければ、経験則の形式的適用になりやすい。民事裁判での誤判率についての正確な統計はないが、一審と二審で事実認定が異なるケースは控訴事件の一割程度という意見がある。これを誤判率とみると、控訴事件は判決の四分の一程度であるから、誤判率は判決のうち、二・五パーセントとなる。これを高いとみるかどうかは意見があるであろうが、弁護士がときに事実認定で首をひねるような判断があると感じていることと無関係だろうか。

いずれにせよ判断者たる裁判官にとって分かりやすい審理ができることは、より確実性の高い判断をあまり悩むことなくできることを意味しているのであって、終局とともに最終判断に到達できることは、当事者にとっても同じであろう。

3　充実した審理のための準備

もっとも、集中証拠調べとは、法一八二条が規定するように、争点及び証拠の整理が終了した後に行われるものであり、これを経ないで単に一期日に複数の人証を調べたとしても、前記のような効用は期待できないであろう。どの証人で何を立証するのか、各証人の尋問時間、尋問の順序、他の証人の際の在廷の有無、出頭の確保等を、代理人と裁判所の間で十分に協議することが、集中証拠調べを成功させる重要な鍵であると思われ、裁判官にはそのような企画をする能力が求められる。

そして、集中証拠調べは、争点等整理段階において、事案を見据えて適切な尋問計画を立てることとその実現にむけた準備作業を完遂することによってしか成功に導くことはできず、そのためには書記官との息のあった協働関係が必要である。

また、争点に集中した証拠調べの中で、各証言等を比較し、適切な補充尋問を実施するためには、これらの準備を整えた上で、さらに直前において、裁判官も再度集中して記録の検討を行う必要がある。

そのような準備なくしては、心証のとりやすさを望むことはできない。しかしながら、五月雨審理のように何回も記録を読む重複を避けられるというメリットや、尋問調書を含まない薄い記録は気持ちを軽くするし、今日の尋問で勝負が決まるという緊張感は、直前の集中した検討、準備のインセンティブにもなるものである。

弁護士も前述のような直前の綿密な準備が欠かせないことはいうまでもないし、審理の計画の遂行が主として弁護士の肩にかかっていることの認識を高めてもらうための工夫も必要である。

4　洞察力の涵養

順次取調べ方式の証人尋問に比して、関係者が一同に集う中で、前述のような尋問方法を駆使して法廷で心証を形成しようとする以上、裁判官としては、証人が証言時に置かれている立場や双方当事者との関係を把握したうえで、微妙な証言ニュアンスを的確に聞き分け、見分ける力（洞察力）

がより一層求められる。的確な訴訟指揮と問題の本質に迫った補充尋問によって、関係者全員の信頼を勝ち取ることはそう容易なことではないが、それなくして集中証拠調べの成果を得ることもまた難しいといわなければならない。

また、当事者に対しては、時間のみを気にして事件を事務的に処理しているという誤解を与えることがないよう、当事者本人の言い分に法檀の上から耳を傾ける姿勢が当事者に伝わるように心掛けることも必要であろうと思われる。そうでなければ、先述のとおり集中証拠調べは、当事者（とりわけ敗訴当事者）の納得が得られず、ただ単に事件処理を急ぐが故に、拙速に人証尋問をまとめて行ったという外形のみが残り、反って国民の民事裁判に対する信頼が揺らぐことになるからである。

なお、集中証拠調べ終了後の和解勧告についても、当事者と共通の認識が形成できているかを慎重に観察し、認識に差があれば、十分な根拠を示して理解を求めることが必要である。そして、当事者にとって和解が有益であることを実感できるような事実に即し、双方の事情を十分汲んだ和解案を提示するように努めなければならない。

いやしくも尋問調書の作成事務や判決の負担回避のみを意図しているかのように映る強引な和解勧告及び取りまとめは避けなければならない。

〈注〉

（1）新法下においても、五月雨式証拠調べは一概に排斥されるべきものではなく、事件の性質（内容）や期日の都合等の事情によっては、これが妥当なものとして採用される場合もある。『五月雨式』という用語が一種侮蔑的なニュアンスをもっているとすれば、『順次取調べ方式』とでもすべきであろう。

塚原朋一「集中証拠調べの理念、効用及び実践」『新民事訴訟法の実務と理論』二三〇五(下)四一頁）は、例外的とはいえ、実務においては一定の場合の適切な証拠調べの形態として残存することを指摘している。

（2）大阪弁護士会のアンケート結果で、集中審理が迅速面でメリットがあるとする回答は七七パーセントに達している（最高裁事務総局　民事訴訟の運営改善関係資料―集中審理を中心として　民資二〇七号二四一頁）。

（3）前掲注（26）のアンケート結果で、人証調べによる事実の解明の程度は、通常の人証調べと集中証拠調べを比較して、集中証拠調べが優れているとするもの二七パーセント、余り変わらないとするもの六六パーセント、通常の調べ方が優れているとするもの七パーセントであったという結果が紹介されている（同資料二三九頁）。

（4）第一九の三裁判所側の準備シミュレーションと同四1人証の出頭確保参照。

おわりに

平成九年一月に研究会を発足して、平成一一年三月、ようやく完結の日を迎えた。この間に三四回の研究会を開催し、平成九年八月一五日号を第一回として二〇回に亘って研究報告を本誌に掲載していただいた。日常の職務を全うしながら時には苦しい思いもしながら続けてきたわけであるが、多くの読者からのご意見や励ましの言葉を力に続けてこられたことを深く感謝したい。

この間、京都地裁第二民事部に所属した全職員が参加し、京都弁護士会所属の弁護士四名と助言者として京都大学の山本教授に加わっていただいて、新民事訴訟法の意図する民事裁判の在り方をシミュレートしてきたわけであるが、裁判所の訴訟運営の面では、二民の実際の運営状況の半歩前進したところに目標をおいて、シミュレーションの結果を踏まえて実務をさらに改善することに努めてきた。

そして、この共同研究を通じて、裁判官、弁護士、書記官が相互にその職務の実態を知り合うことができたことは大きな成果であると思う。知り合うことによって信頼関係が生まれ、それを土台として新たなステップに進むことが可能になったのではないか。弁護士メンバーからも裁判官・書記官に対し厳しい指摘をいただいたし、裁判所側からも多くの注文をし続け、その結果が新しい民事訴訟のシミュレーションとして結実してきたものであり、今後の実務に何ほどかでも裨益ができれば幸いである。

民事訴訟法学会編
民事訴訟法・倒産法の現代的潮流　8,000円
石川明編
みぢかな民事訴訟法　2,800円
川口誠・二羽和彦・清水宏・萩澤達彦著
民事訴訟法　3500円
遠藤功・文字浩著
講説民事訴訟法　3400円

梅本吉彦著
民事訴訟法　5,800円

松本博之・河野正憲・徳田和幸編著
民事訴訟法［明治36年草案］1　37864円
民事訴訟法［明治36年草案］2　33010円
民事訴訟法［明治36年草案］3　34951円
民事訴訟法［明治36年草案］4　43689円
　民事訴訟法［明治36年草案］セット149515円

松本博之・河野正憲・徳田和幸編著
民事訴訟法［大正改正編］1　48544円
民事訴訟法［大正改正編］2　48544円
民事訴訟法［大正改正編］3　34951円
民事訴訟法［大正改正編］4　38835円
民事訴訟法［大正改正編］5　36893円
民事訴訟法［大正改正編］索引　2913円
　民事訴訟法［大正改正編］セット207767円

松本博之編著
民事訴訟法［戦後改正編］1　近刊
民事訴訟法［戦後改正編］2　42000円
民事訴訟法［戦後改正編］3-1　36000円
民事訴訟法［戦後改正編］3-2　38000円
民事訴訟法［戦後改正編］4-1　40000円
民事訴訟法［戦後改正編］4-2　38000円

松本博之著
証明責任の分配〔新版〕　12000円
池田辰夫著
新世代の民事裁判　7000円
中野哲弘著
わかりやすい民事訴訟法概説　2200円
わかりやすい民事証拠法概説　1700円
徳田和幸著
フランス民事訴訟法の基礎理論　9700円
アーレンス著　松本博之・吉野正三郎編訳
ドイツ民事訴訟の理論と実務　9417円
グリーン著　小島・椎橋・大村訳
体系アメリカ民事訴訟法　13000円
林屋礼二・石井紫郎・青山善充編
図説判決原本の遺産　1600円
林屋礼二・小野寺規夫編集代表
民事訴訟法辞典　2500円
日本立法資料全集

　貝瀬幸雄著
比較訴訟法学の精神　5000円
国際化社会の民事訴訟　20000円
　三井哲夫著
要件事実の再構成（増補・新版）13000円
国際民事訴訟法の基礎理論　14544円
裁判私法の構造　4980円
　萩原金美著
裁判法の考え方　2,800円
スウェーデン行政手続・訴訟法概説　4500円
若林安雄著
日仏民事訴訟法研究　9500円
　和田仁孝著
民事紛争交渉過程論　7767円
民事紛争処理論　2800円
　井上治典著
多数当事者の訴訟　8000円
　山本和彦著
民事訴訟審理構造論　12621円
　金祥洙著
韓国民事訴訟法　6000円
証券仲裁　5000円
　古田啓昌著
国際訴訟競合　6000円
　小室直人著
訴訟物と既判力　9800円
上訴・再審　12000円
執行・保全・特許訴訟　9800円

小山昇著　訴訟物の研究　37728円
判決効の研究　12000円
訴訟行為・立証責任・訴訟要件の研究　14000円
多数当事者訴訟の研究　12000円
追加請求の研究　11000円
仲裁の研究　44000円
民事調停・和解の研究　12000円
家事事件の研究　35000円
保全・執行・破産の研究　14000円
判決の瑕疵の研究　20000円
民事裁判の本質を探して　15553円
よき司法を求めて　16000円
余禄・随想・書評　14000円
裁判と法　5000円
法の発生　7200円

林屋礼二・石井紫郎・青山善充編
図説判決原本の遺産　1600円
滝川叡一著
明治初期民事訴訟の研究　4000円
石川明・中野貞一郎編
民事手続の改革—リュケ教授退官記念　20000円
高橋宏志著
新民事訴訟法論考　2700円
中野貞一郎訳
訴訟における時代思潮　クライン著
民事訴訟におけるローマ的要素　キヨベンダ著
太田勝造著
民事紛争解決手続論　8252円　品切

シミュレーション新民事訴訟〔訂正版〕

2001(平成13)年 3月31日 私家版初版第1刷発行
2002(平成14)年 6月20日 訂正第1版第1刷発行
3105-0101

京都シミュレーション新民事訴訟研究会
発行者 今 井 貴

発行所 信山社出版株式会社

〒113-0033 東京都文京区本郷6-2-9-102
TEL 03-3818-1019
FAX 03-3818-0344

© 京都シミュレーション新民事訴訟研究会 2002
ISBN4-7972-3105-X C3332
分類327.221 3105-012-010-002

資料編

なお，掲載当時は縦書だったが，裁判文書のＡ４判横書き化が平成13年１月１日から実施されたことに伴い，横書きに改めた。

目　　次（資料索引）

資料１

訴　　　　　状

〒606-0015 京都市左京区岩倉幡枝町860

原　告　　円山舗装こと

円　山　健　一

〒604-0981 京都市中京区御幸町通丸太町下ル　御所ビル４階

甲野太郎法律事務所　（送達場所）

（TEL 075－○○○－○○○○）

（FAX 075－○○○－○○○○）

右訴訟代理人弁護士　　　　甲　野　太　郎

〒612-8393 京都市伏見区下鳥羽渡瀬町２　下鳥羽ビル３階

被　告　　　　株式会社丸太興業

右代表者代表取締役　　　　清　水　三　郎

請負代金請求事件

訴訟物の価額　金　　６５０万円

貼用印紙額　　金　４万０６００円

請　求　の　趣　旨

１．被告は原告に対し，金650万円及びこれに対する平成９年５月１日から支払済みまで年６分の割合による金員を支払え。

２．訴訟費用は被告の負担とする。

との判決並びに仮執行の宣言を求める。

請　求　の　原　因

１．原告は道路舗装を業とする者，被告は土木建設を業とする株式会社である。

２．原告は平成８年11月27日頃，被告との間で下記のとおり，下水道工事（以下「本件工事」という）を請け負った（甲第１号証の１，２）。

⑴　工事内容　京都市左京区下鴨本町50番地における学校法人鴨川学園の小学校校舎建設に伴う下水道工事

⑵　工事期間　平成８年12月10日から平成９年２月10日まで

⑶　工事代金　金1500万円。但し，工事期間の変更等が生ずる場合には実際に要した費用及び経費。

３．原告は上記請負契約に基づいて，平成８年12月10日頃，本件工事に着手し，平成９年４月25日，被告の要請により工事を中止したが，中止までに，原告は，別紙図面⑴，⑵のとおり，全工事量の約５割の工事を完成させた。

なお，原告は，本件工事を一部は原告自身が行い，他の部分は下請業者である訴外桂配管こと馬場義治及び同大原設備こと大原清隆及び同タカノ組こと鷹野栄昌に依頼して施工したものである（以下，原告及び上記下請業者の施工した部分を「出来高部分」という）。

４．出来高部分の請負工事の遂行によって実際に要した費用及び経費は，1250万円で

ある。

その内訳は，原告自身について要した費用及び経費688万円，訴外桂配管，同大原設備及び同タカノ組への支払い分562万円の合計1250万円である（甲第3～6号証）。

5．**本件工事の請負代金については，上記請負契約の締結に際し，被告は，原告において実際に要した費用及び経費を支払う旨約していた。**

本件工事の施工費用については，当初総額1592万8000円の概算が示されたうえで，一応1500万円を目処とすることとされていたが（甲第2号証），本件工事は小学校の建設工事と並行して施工される下水道工事であることから，建設工事の進行と関連して本件工事の工期の変更等の可能性も予想されたので，原告は被告からその場合には工事に要した費用及び経費の支払いを約束されていた。そして，本件工事着工当初，原告は，被告の指示に従ってオープンカット工法で施工していたが，その後，被告の指示により，施工経費のかかる土止め工法に変更して工事を続けた。その際，原告は被告に対し，費用及び経費が増加する旨申し出たが，被告は指示のとおりに頼むという返事であった。その後も，他の工区の工事との調整のために作業員の待機や機材の待機を指示されたりして，工事の進行は遅れた。平成9年2月20日頃，原告は被告に話合いを求め，かかる工事の進行状況では費用及び経費がかさんで当初の金額では不足する旨申し出たが，被告からは，かかった費用及び経費は保証するから工事を続けてほしいという返答であった。

そこで原告は工事を続行することとし，撤退を申し出た訴外桂配管及び同大原設備に代えて，新たな下請業者である訴外タカノ組に依頼して工事を続けたが，遂に被告が赤字を理由に工事の中止を指示してきたのである。

上記のように，本件請負契約については，当初から実際にかかった費用及び経費を支払うとの合意があったうえ，その後の変更等の都度，その旨の確認をしてきたものである。

6．**原告は被告に対し，平成9年4月30日，本件工事代金残額として800万円を請求した。**

原告は被告から，費用及び経費の内金450万円は工事期間中である平成9年3月21日支払いを受けており，残額は800万円であった。被告はこれに対し，同年5月13日に金150万円を支払ったが，その余の残金を支払おうとしない（甲第7，8号証の1，2）。

7．よって，原告は被告に対し，本件請負契約に基づき請求の趣旨記載の判決を求めて本訴に及ぶ次第である。

証　拠　方　法

甲第1号証の1　下水道配管図
甲第1号証の2　配管断面図
甲第2号証　工事内訳書
甲第3号証　工事内訳書
甲第4号証の1　請求書
甲第4号証の2　領収書

甲第５号証の１　請求書
甲第５号証の２　領収書
甲第６号証の１　請求書
甲第６号証の２　領収書
甲第７号証　　　請求書控え
甲第８号証の１　内容証明郵便
甲第８号証の２　配達証明書

附　属　書　類

1．甲号証写　　　各１通
2．業登記簿謄本　　１通
3．委任状　　　　　１通
平成10年２月28日
原告訴訟代理人弁護士　　　　甲　野　太　郎（印）
京都地方裁判所　御中

別紙図面(1)～甲第１号証の１の下水道配管図に原告の施工部分を朱書したもの（略）
別紙図面(2)～甲第１号証の２の配管断面図に原告の施工部分を朱書したもの（略）

【別紙】

証　拠　説　明　書

甲第１号証の１
1．証拠の標目　下水道配管図
2．作　成　者　加茂設計事務所
3．立 証 趣 旨　本件請負契約の工事内容を平面図で示したもの
甲第１号証の２
1．証拠の標目　配管断面図
2．作　成　者　加茂設計事務所
3．立 証 趣 旨　本件請負契約の工事内容を断面図で示したもの
甲第２号証
1．証拠の標目　工事内訳書
2．作　成　者　加茂設計事務所
3．立 証 趣 旨　甲第１号証の１及び２に基づき，当初本件工事の施工費用として概算1592万8000円が算出された事実
甲第３号証
1．証拠の標目　工事内訳書
2．作　成　者　原告
3．立 証 趣 旨　原告が実施した工事に要した経費及び費用の内訳

資料 1

甲第４号証の１
　１．証拠の標目　請求書
　２．作　成　者　桂配管
　３．立 証 趣 旨　本件工事代金として251万2000円が請求された事実
甲第４号証の２
　１．証拠の標目　領収書
　２．作　成　者　桂配管
　３．立 証 趣 旨　上記請求額全額が原告から支払われた事実
甲第５号証の１
　１．証拠の標目　請求書
　２．作　成　者　大原設備
　３．立 証 趣 旨　本件工事代金として198万8000円が請求された事実
甲第５号証の２
　１．証拠の標目　領収書
　２．作　成　者　大原設備
　３．立 証 趣 旨　上記請求額全額が原告から支払われた事実
甲第６号証の１
　１．証拠の標目　請求書
　２．作　成　者　タカノ組
　３．立 証 趣 旨　本件工事代金として112万円が請求された事実
甲第６号証の２
　１．証拠の標目　領収書
　２．作　成　者　タカノ組
　３．立 証 趣 旨　上記請求額全額が原告から支払われた事実
甲第７号証
　１．証拠の標目　請求書控え
　２．作　成　者　原告
　３．立 証 趣 旨　原告から被告に工事代金残額800万円を請求した事実
甲第８号証の１
　１．証拠の標目　内容証明郵便
　２．作　成　者　原告代理人
　３．立 証 趣 旨　原告代理人が被告に工事代金残額800万円を請求した事実
甲第８号証の２
　１．証拠の標目　配達証明書
　２．作　成　者　郵政省
　３．立 証 趣 旨　甲第８号証の１が被告に到達した事実

資料2

平成　年（ワ）第　号　　　　京都地方裁判所第2民事部

訴 状 審 査 表 （審査日：　／　）

担当	チェック項目	補正事項・疑問点等	指示欄	連絡日	連絡方法	結果
J・CM	□付箋	訂正・挿入・削除・印漏れ・（　）	要 不要	／	☎FAX	
J・CM	□管轄		要 不要	／	☎FAX	
J・CM	□訴額・貼用印紙	追貼・その他	要 不要	／	☎FAX	
J・CM	□当事者の表示	訂正・挿入・削除・差替え・その他	要 不要	／	☎FAX	
J・CM	□物件目録	訂正・追完・差替え・その他	要 不要	／	☎FAX	
J・CM	□図面など	訂正・追完・差替え・その他	要 不要	／	☎FAX	
J・CM	□早期提出を促す書証など	登記簿謄本・戸籍謄本・手形小切手・その他	要 不要	／	☎FAX	
J・CM	□請求の趣旨		要 不要	／	☎FAX	
J・CM	□請求の原因		要 不要	／	☎FAX	
J・CM	□疑問点その他		要 不要	／	☎FAX	

審査結果	補正なし	欠席判決　適・不適	補正期限　／　頃	調書判決準備 要・不要

J＝裁判官　　CM＝書記官

資料3

平成　　年（　）　　　号

訴訟進行に関する照会（回答）書

原告，原告代理人　殿

平成　　年　月　日

京都地方裁判所

本件につき期日の指定及び訴訟進行を円滑にするため，下記照会事項回答欄にご記入のうえ，ファクシミリ又は郵送により早急に当部に提出されますよう，ご協力をお願いします。

記

1　被告への訴状の送達は，特別送達による方法でできますか。
□できる　□できない　□常時不在のため困難　□わからない

2　被告の住所が不明で公示送達になる可能性がありますか。
□ある　□ない　□わからない

3　被告が第1回口頭弁論期日に欠席する可能性がありますか。
□ある　□ない　□わからない

4　被告側と事前に交渉をしましたか。
□した　□していない

5　本件に関連して民事保全手続きをとっていますか。
□とっている　□とっていない

6　本件と関連する別事件はありますか。
□ある（事件番号平成　年（　）第　号第　民事部係属）
□ない

7　被告に代理人弁護士が就く可能性はありますか。
□ある（　　　弁護士）　□ない　□わからない

8　和解による解決を希望されますか。
□希望する　□進行に応じて検討する　□希望しない

9　被告の連絡先電話番号をご存じでしたら，ご記入願います。
□自宅（　　　　）　□勤務先（　　　　）

平成　　年　月　日

回答者氏名（　　　　　　）

資料4

参考事項聴取表 （聴取実施日：　　／　　）

聴取者〔書記官 A・B〕，回答者〔原告本人・原告代理人　　〕，方法〔☎・FAX 郵送〕

項　　目	聴取内容	項目及び聴取内容
□事前交渉 有・無		□和解について
□送達関係		□その他
□出頭可能性		
□保全事件		
□関連事件		
□被告代理人の有無		

資料5

求釈明実施表 （実施日：　　／　　）

日付	求釈明事項	認印	処理方法等	回答予定日	記録	結果
／	（訴状請求原因　　項）		原告 ／ ☎・FAX 郵送 被告 ／ ☎・FAX 郵送 参加人 ／ ☎・FAX 郵送	／	送付文書編綴 その他	
／	（答弁書　　項）		原告 ／ ☎・FAX 郵送 被告 ／ ☎・FAX 郵送 参加人 ／ ☎・FAX 郵送	／	送付文書編綴 その他	
／	（原告・被告・参加人／　　付準備書面）		原告 ／ ☎・FAX 郵送 被告 ／ ☎・FAX 郵送 参加人 ／ ☎・FAX 郵送	／	送付文書編綴 その他	
／	（原告・被告・参加人／　　付準備書面）		原告 ／ ☎・FAX 郵送 被告 ／ ☎・FAX 郵送 参加人 ／ ☎・FAX 郵送	／	送付文書編綴 その他	

資料6

い	A	平成10年(ワ)第500号	請負代金請求事件〔鴨川学園下水工事〕

受理9.3.3.～終局/…～期間/日	結果	判決 和解 取下 認諾 却下	控訴	棄却 取消 変更 和解

原告	円山舗装こと ☎075-○○○-○○○○ 円山健一 （甲野太郎） FAX 075-○○○-○○○○	被告	㈱丸太興業 ☎ - - 代表者 清水三郎（ ） （ . . ） FAX - -

回	期日	原告準備事項	裁判所指示事項・予定	被告準備事項
①	9.4.3. 10:10	C，甲1-1～8-2	N	

請求	650万＋H9.5.1～年 6 分	
事実の概要	H8.11.27頃 XY 下水工事請負契約 ・内容＝鴨川学園（小学校校舎）の下水道工事 ・期間＝H8.12.10～H9.2.10 ・代金＝当初1500万 （工事期間の変更等に応じて実費＋経費） H8.12.10頃 工事着手 H9.2.20 頃 XYが会合（工法変更，他工区との調整による作業員や機材の待機での工事費用の増加について） →Y:「かかった費用等は保証する」 H9.3.21 Y→X 内金450万支払 H9.4.25 Yの要請で工事中止～完成工事量＝5 割（1250万） 〔出来高分の実費等:X=688万，下請業者（桂配管，大原設備，タカノ組）=562万〕 H9.4.30 X→Y 800万請求 H9.5.13 Y→X 150万支払	
争点		

人証			－				－		
			－				－		

資料 7

平成10年(ワ)第500号　〔原告代理人に直送済〕

答　弁　書

原　告　円　山　健　一
被　告　株式会社丸太興業

右当事者間の標記請負代金請求事件につき被告は以下のとおり答弁する。

平成10年 3 月24日

〒604-0985 京都市中京区麩屋町通丸太町下ル　京ビル 4 階

電話　075—○○○—○○○○

ファクシミリ 075—○○○—○○○○

被告訴訟代理人弁護士　乙　山　次　郎　印

京都地方裁判所第 2 民事部　御　中

第 1　請求の趣旨に対する答弁

1　原告の請求を棄却する。

2　訴訟費用は原告の負担とする。

との判決を求める。

第 2　請求の原因に対する認否

1　本件工事は，発注者が訴外私立鴨川学園，元請人が同近畿企画開発株式会社であり，その下請人が同八坂土木工業株式会社（以下「八坂土木」という）である。

そして，原告は，八坂土木と本件工事の請負契約をなしたのであり，被告は八坂土木を原告に紹介したにすぎない。

したがって，原告と被告が下水道工事請負契約を締結したことを前提とする以下の主張についての認否は本来不要であると考えるが，被告に関する事項及び紹介者として承知している限りにおいて認否することとする。

2　請求原因第 1 項は認める。

3　同第 2 項は，被告を発注者とする主張は否認する。

原告と八坂土木との間での下水道工事契約の内容についての認否としては，工事内容，工事期間については認める。但し，工事代金については金1500万円の確定額であり「工事期間の変更等が生ずる場合には実際に要した費用および経費」との主張は否認する。

4　同第 3 項のうち，原告主張の日時に原告が本件工事に着手し，工事を中止したことは認めるが，その中止が被告の要請によるとの点は否認する。原告が自ら手を引きたいと述べたのである。また全工事量の約 5 割を完成したとする点は否認する。工事の完成割合は約 4 割である。

また，原告が一部の工事を行い，他の部分は下請業者である桂配管，大原設備及びタカノ組に依頼して施工したことは認める。

5　**同第４項は不知。**

6　**同第５項の被告が原告において実際に要した費用及び経費を支払うことを約束していたとの主張は否認する。**

本件工事の施工費用として，当初総額1592万8000円の概算が示されていたことは認めるが，1500万円は単に目処とされていたにとどまらず，確定した請負代金額であった。

また，本件工事着工当初，オープンカット工法で施工していたが，その後，被告の指示により土止め工法に変更して工事を続けたことは認めるが，オープンカット工法が被告の指示によるとする点及び原告から工法変更時に費用及び経費が増加するとの申出がなされたとの点は否認する。工法の変更を被告が指示したのは八坂土木の担当者が不在であったため，被告が紹介者として，八坂土木の意向を伝えただけである。

工事の進行が遅れたとの点は認めるが，その原因が他の工区の工事との調整のための待機指示によるとする点は否認する。

平成９年２月20日頃に話合いがなされたことは認めるが，被告がかかった費用及び経費を保証すると返答したとする点は否認する。

原告が新たな下請業者である訴外タカノ組に依頼して工事を続けたことは認めるが，被告が工事の中止を指示したという点は否認する。原告が自ら手を引きたいと述べたのである。

7　**同第６項は認める。**

但し，被告が原告に対して工事代金の一部を支払ったとする点についての認否は追って行う予定である。被告が当代理人に初めて本件訴訟の委任をした日時がごく最近であり，事情を正確に調査把握するための準備が間に合わないためである。

第３　書証に対する認否

1　甲第１号証の１，２	いずれも認める。
2　甲第２号証	認める。
3　甲第３ないし６号証（枝番を含む）	いずれも不知。
4　甲第７，８号証（枝番を含む）	いずれも認める。

第４　付属書類

1　訴訟用委任状　　　　１通

以　上

資料 8

民事事件の着手金及び報酬金

経済的利益	着手金	報酬金
300万円以下の場合	8%	16%
300万円超え3000万円以下の場合	5%＋9万円	10%＋18万円
3,000万円を超え 3 億円以下の場合	3%＋69万円	6%＋138万円
3 億円を超える場合	2%＋369万円	4%＋738万円

（ただし，30%の範囲内で増減額することができる。）

平成１０年（ワ）第５００号　請負代金請求事件

ファクシミリ送信書

原　告　円　山　健　一
被　告　株式会社丸太興業

上記事件につき，下記文書を送信します。
（送信書を含む送信枚数　　４枚）
折り返し，受領書を当方及び裁判所に御送信下さい
平成１０年３月２４日

被告代理人　乙山　次郎　印
TEL 075－○○○－○○○○
FAX 075－○○○－○○○○

原告代理人弁護士　甲　野　太　郎　殿

【送 信 文 書】（次のうち○印のもの）

① 答弁書 …………………………… ３枚
2 準備書面　（　・　・　付）………………… 枚
3 証拠申出書（　・　・　付）………………… 枚
4 証拠説明書（　・　・　付）………………… 枚
5 証拠書類 …………………………… 枚
（　　　　　　　　　　）
6 …………………………… 枚
7 …………………………… 枚

資料10

平成１０年（ワ）第５００号　請負代金請求事件

受　　領　　書

原　告　円　山　健　一
被　告　株式会社丸太興業

上記事件につき，下記文書を受領しました。
（送信書を含む受信枚数　　４枚）

平成１０年３月２４日

原告代理人　　　甲　野　太　郎　殿

□ 被告代理人弁護士　乙　山　次　郎　殿
□ 京都地方裁判所　第２民事部（　係）御中
FAX 075－○○○－○○○○

【受 信 文 書】（次のうち○印のもの）

① 答弁書 …………………………… ３枚
2 準備書面　（　・　・　付）………………… 枚
3 証拠申出書（　・　・　付）………………… 枚
4 証拠説明書（　・　・　付）………………… 枚
5 証拠書類 …………………………… 枚
（　　　　　　　　　　）
6 …………………………… 枚
7 …………………………… 枚

資料11

被告第１準備書面（要旨）

（平成10年４月23日）

第１　被告から原告に対する本件工事代金の支払について

１　被告の支払の事情

被告が原告に対し，本件工事代金の内金として，平成９年３月21日に450万円，同年５月13日に150万円を支払ったことは認める。

しかし，これは被告が契約当事者として支払ったものではなく，以下の事情によったものであり，被告の計算と独自の負担としてなされたものではない。

もともと，被告は平成８年秋頃，訴外平岡建設株式会社の工事部長から八坂土木工業株式会社（以下「八坂土木」という）に力を貸してほしいと頼まれたが，被告は下水道工事は専門外であり，しかも当時は他の仕事も忙しかったため業者を紹介する限りで協力することとし，八坂土木の代表者八坂英男と原告を引き合わせ，これにより両者間に契約が成立したのである。

その際，八坂土木が提示した支払条件が３か月先の手形であったため，資金繰り上現金での支払を受ける必要があった原告から，被告に対して，一旦被告が原告に現金で支払をし，後で被告が八坂土木から同額の手形で支払を受ける形で協力してほしいとの依頼があった。被告としても従来の取引関係を考えて協力することにしたものである。

このようにして，本件工事代金は，被告が原告に現金で立替払いし，八坂土木に同額を請求して手形で返してもらうことになったのである。

２　450万円の支払経過

原告から被告への請求	平成９年３月　2日	乙第１号証の１
被告から八坂土木への請求	平成９年３月　5日	乙第１号証の２
八坂土木から被告への支払	平成９年３月15日	乙第１号証の３
被告から原告への支払	平成９年３月21日	乙第１号証の４

上記のとおり，被告は原告から450万円の請求を受け，同額を八坂土木に請求し，同額の約束手形（満期―平成９年６月15日）の交付を受けてから原告に同額を現金で支払ったものであり，被告は，割引料相当額の損害を受けることはあっても，何らの利益を受けていない。

３　150万円の支払経過

原告から被告への請求	平成９年４月30日	甲７号証
被告から原告への支払	平成９年５月13日	乙第３号証の１
被告から八坂土木への請求	平成９年５月15日	乙第３号証の２
八坂土木から被告への支払	平成９年５月18日	乙第３号証の３

被告は，原告が本件工事を中止した後に800万円の請求を受け，八坂土木に話したところ，八坂土木が本件工事の中止までの原告施工出来高分は40パーセントであるとして，定額請負代金1500万円の40パーセントにあたる600万円から既払の450万円を控除した

150万円を支払うとのことであったので，平成9年5月13日，原告の開設する銀行口座に150万円を振り込んで支払うとともに，同月15日付けで八坂土木に同額の請求をし，同月18日振出で同年8月18日が満期の約束手形を受取ったものであり，上記支払についても，前記同様何らの利益も受けていない。

4　このような原告，被告と八坂土木三者の支払関係及び被告において一銭も差額を取得していないことからして，被告がなした支払はあくまでも，原告と八坂土木の支払に協力したまでのことであり，契約当事者としての支払でないことは明らかである。

第2　工事中止までの出来高について

本件工事が中止された後に，本件下水道工事の設計をした加茂設計の吉田管理士が現実の出来高を見積っており，それによれば出来高は全体の40パーセントと査定されている（乙第2号証＝工事出来高書）。

なお，上記工事出来高書には，出来高の見積はなされているが，施工範囲についての記載はなく，訴状添付の別紙図面(1)(2)の朱書のとおり施工されているか否かは，現時点では判明していない。

仮に，原告の主張する施工範囲が正しいとしても，原告の出来高評価は，単に平面図及び立面図から施工割合を算定しているだけであり，吉田の評価のように掘削土量や掘削方法等から精密に算定したものではなく，出来高の評価は吉田の見積の方が正確というべきである。

第3　原告のなした工事の瑕疵

原告が本件工事から撤退した後，八坂土木から訴外三条管工株式会社が残工事を請負って完成させているが，同社が残工事を施工する際に調査したところ，別紙瑕疵説明書のとおり，5か所に瑕疵があり，その手直しに200万円余を要したということである。

したがって，仮に原告の出来高が50パーセントであったとしても，実質的な出来高は550万円にすぎず，むしろ50万円を過払いしていることになるから，本件請求は全く理由がないというべきである。

証拠方法（兼証拠説明書）

（号　証）		（標　目）	（作成者）	（立　証　趣　旨）
乙第1号証の	1	請求書	原告	原告から被告に450万円の請求
同	2	請求書控え	被告	被告から原告請求分を八坂土木に請求
同	3	約束手形写し	八坂土木	八坂土木振出の450万円の約束手形
同	4	領収書	原告	被告から原告に450万円の支払
乙第2号証		工事出来高書	加茂設計	原告の出来高40％の判定
乙第3号証の	1	振込通知書	幸陽銀行	被告から原告に150万円の振込
同	2	請求書控え	被告	被告から八坂土木へ150万円の請求
同	3	約束手形写し	八坂土木	八坂土木振出の150万円の約束手形

瑕 疵 説 明 書

1　配管露出による追加人孔

下図にあるように，原告の設置した人孔A－3と人孔A－4を配管で結ぶと法面から配管が露出してしまうため，追加人孔を設置して，配管の位置を変更しなければならなくなった。

瑕疵図①

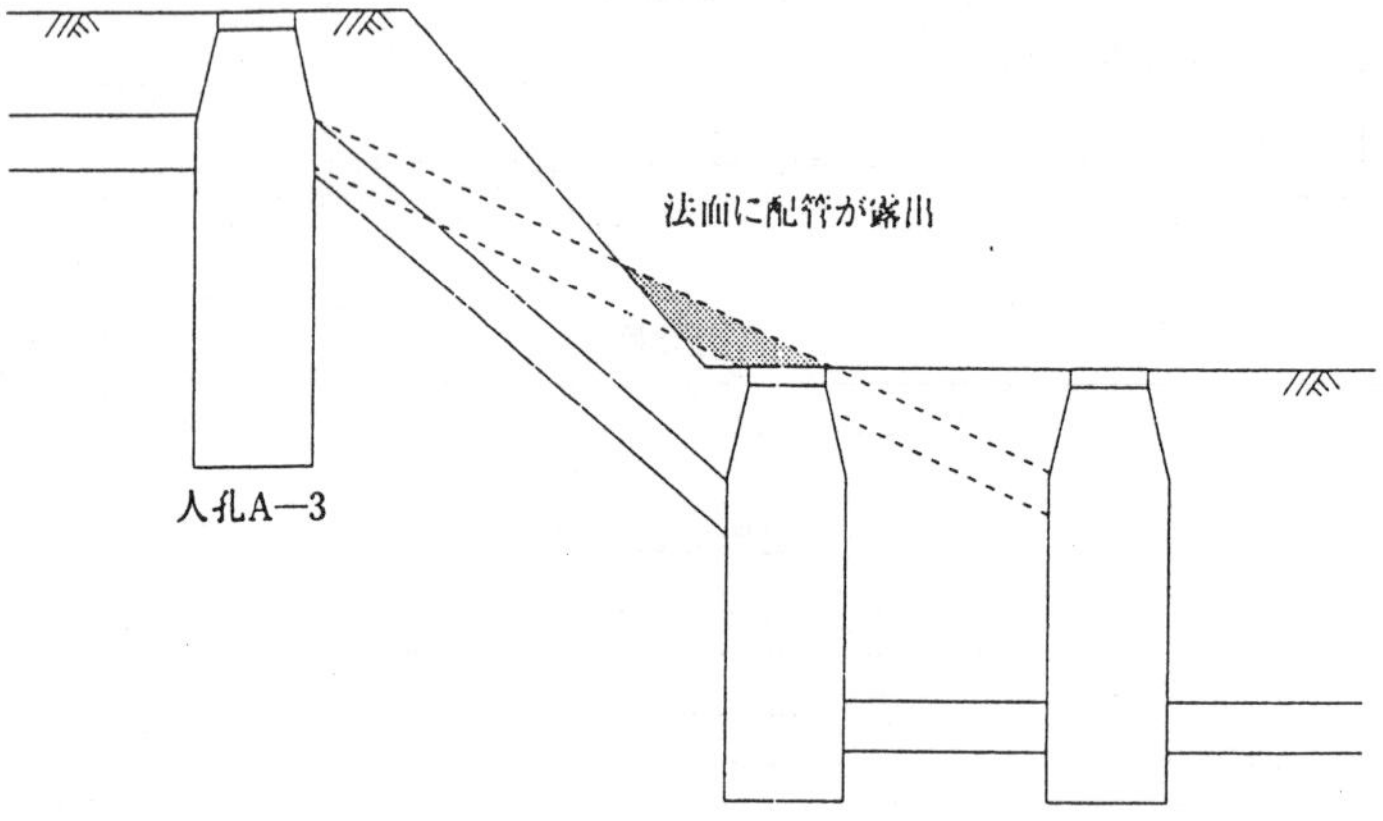

2　人孔の位置の変更

下図のとおり原告の設置した雨水管の人孔A－8が，設置予定の汚水管の埋設位置にかかる位置に設置されていたため，同人孔の位置を横に約50センチメートル移設しなければならなくなった。

瑕疵図②

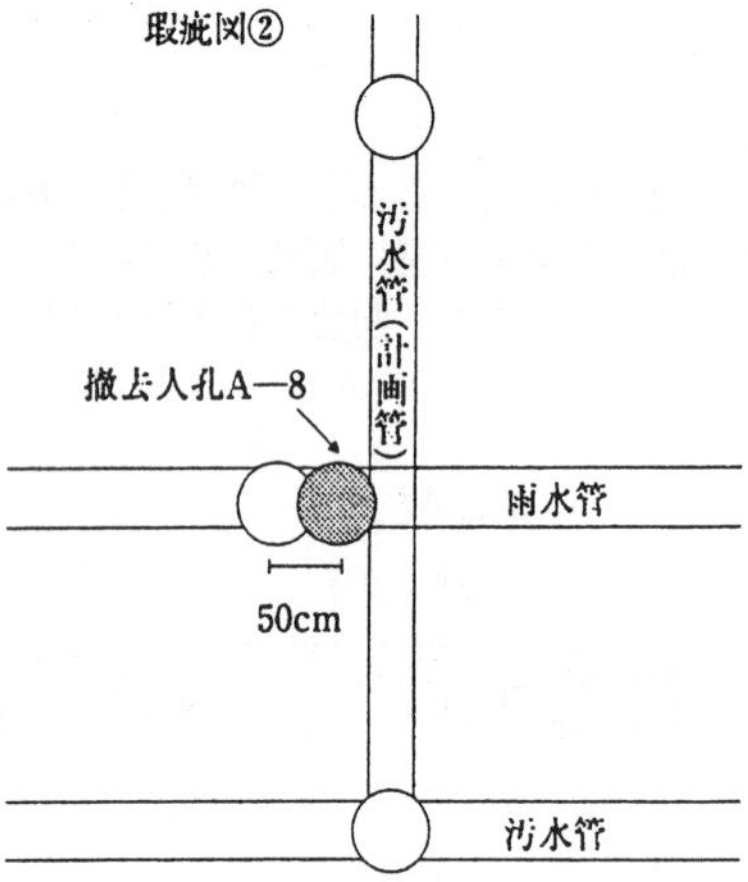

3　管径の誤りによる設置替え

下図のとおり，会所桝18までの管と同20以降の管の径が20であることから明らかなように同会所間の管の径も20のものを使用しなければならないのに，原告は15の径の管を配管してしまっており，これを20の管に替えなければならなかった。

瑕疵図③

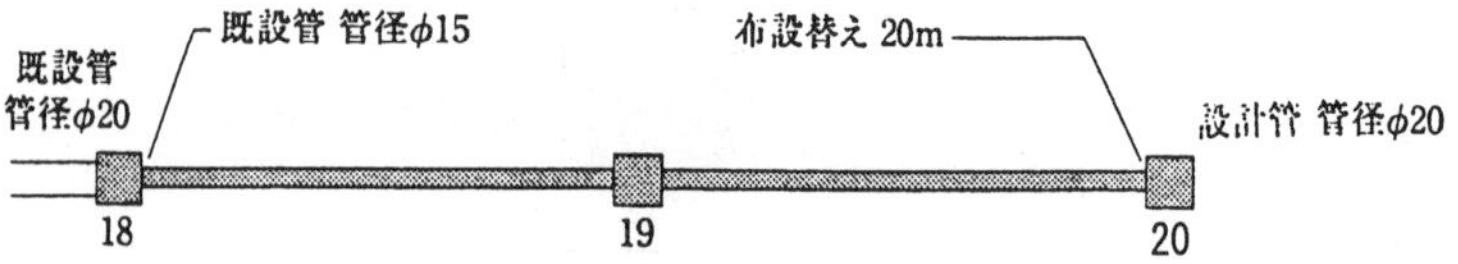

4　浄化槽回避のための配管変更と追加人孔

下図のとおり原告の設置した人孔とそれを結ぶ配管の位置では，浄化槽に当たってしまうため，浄化槽を回避するために，追加人孔を設置して配管が浄化槽を回避するように変更する必要が生じた。

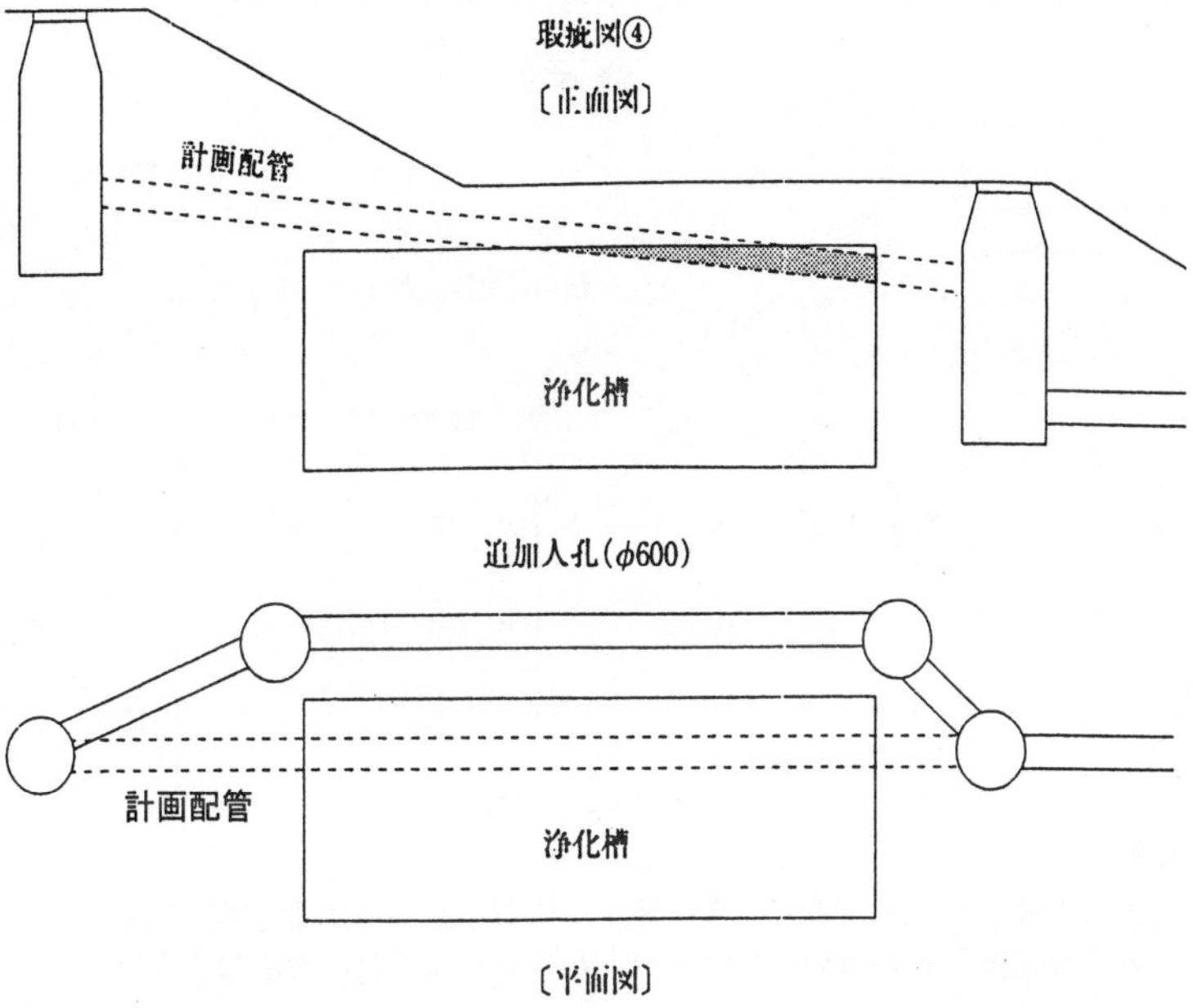

5　人孔の設置位置の誤りによる調節

本来，人孔はその上部面が地盤面と同一位置になるように設置しなければならないにもかかわらず，下図のとおり原告の設置した人孔は，地盤面より低い位置に設置されている。このため，入口部分にコンクリートで地盤面まで高さ調節をしなければならず，また，配管と接合できないためインバート工により高さ調節をする必要を生じた。

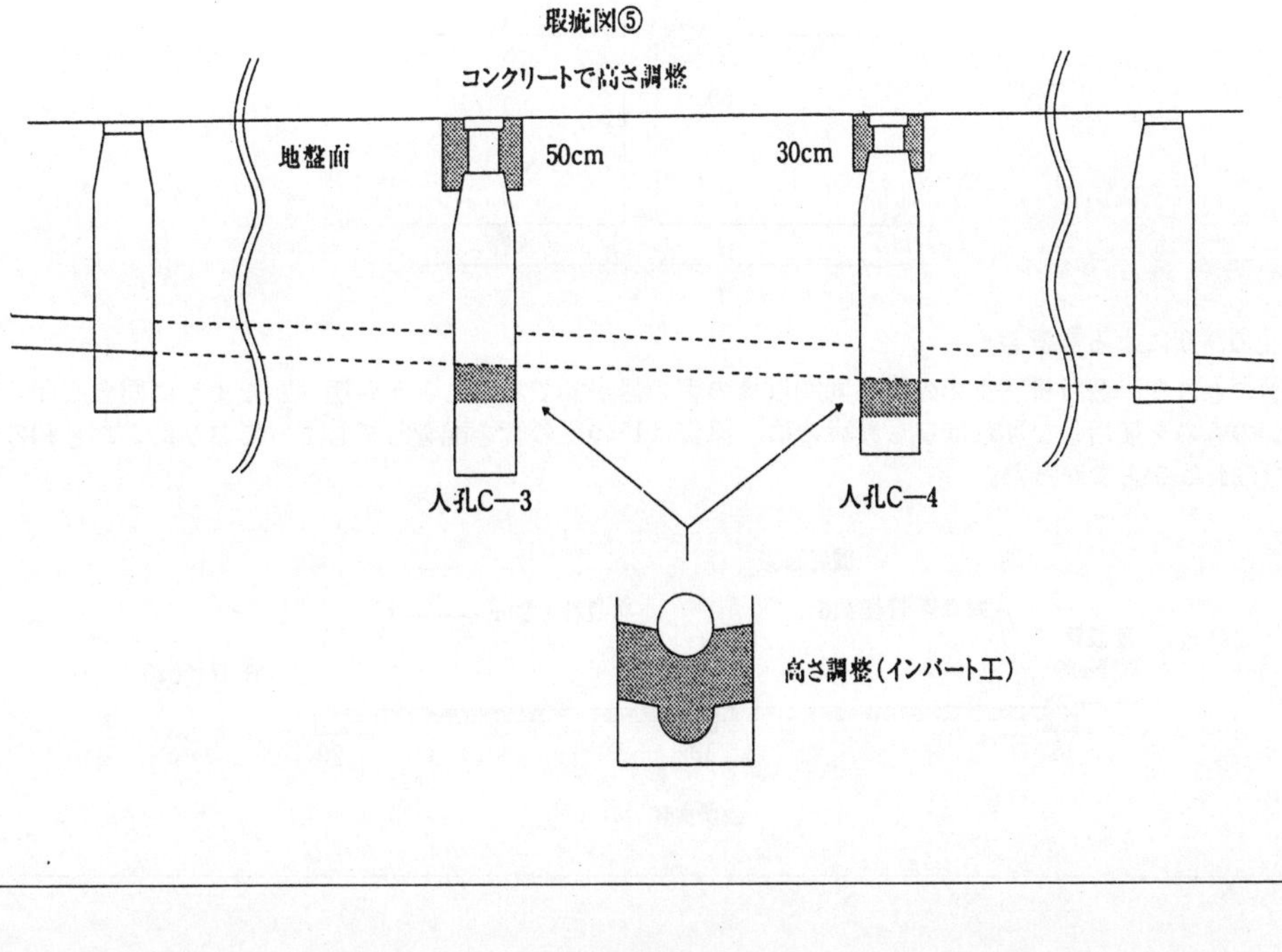

資料12

原告第１準備書面（要旨）

（平成10年５月20日）

第１　原告と被告との間の契約関係の成立について

１　本件契約の発注者

被告は，原告を補助参加人八坂土木に紹介したに過ぎず，本件工事代金の一部を支払ったことを認めながら，原告の要請に応えただけで，何らの差額も取得していないと主張する。

しかし，被告が原告と補助参加人の紹介者に過ぎないという被告の主張は全く事実に反する。すなわち，

⑴　原告は，平成８年10月９日，被告から本件工事の下請の打診を受け，同年11月17日に鴨川学園の工事事務所で工事に関する説明を受けたうえ，同月27日，口頭で被告と本件契約を締結したこと

⑵　上記契約当日，原告は被告の木谷専務から，被告が加茂設計に発注して作成させた本件工事の設計図（甲第１号証の１，２）見積書（甲第２号証）を交付されていること

⑶　工事金額の決定について，もっぱら木谷専務が1500万円程度に収めるよう要求してきたこと

⑷　その際，木谷専務は，補助参加人から受け取る手形（３か月サイト）での支払を要請したが，原告は，被告との従来の取引においてはすべて現金決済であり，これまで取引をしたことのない訴外八坂土木の手形で本件請負代金の支払がなされることを嫌い，従来どおり被告との間で現金支払を求め，被告による現金支払によることに決まったこと

⑸　そして，現実に被告から原告に600万円が支払われたこと

⑹　工事開始後，被告から交付された上記設計図に基づいてオープンカット工法で工事を進めていたところ，元請の近畿企画開発株式会社からクレームがつき，木谷専務の指示で土止め工法に変更したこと

⑺　上記工法の変更による施工費用の増額分について，木谷専務はその支払を約したこと

⑻　工事の進行の遅れから工事費等が高騰していったなかで，平成９年２月20日ころ，木谷専務は，原告に対し，かかった費用は払うから工事を続行するように要請してきたこと

以上のような各事実からみれば，被告が本件工事の発注者であることは明々白々というべきである。

２　工事代金の取決め

請負代金額について，被告から，1500万円程度という話があったが，工事現場を検分し，工事の概要の説明を受けたところ，鴨川学園の全体工事は，甲区がA・B・Cの三区に分かれているだけでなく，建物周囲の下水道工事は，建物工事の足場が撤去されないと取りかかれないなど他の工事の進捗に大きく影響されるところがあり，工事期間等の変更がある場合には，作業員の待機，機材のリース料の高騰等経費の増額が予測されたので，１応，1500万円を目処にはするが，工期の変更等との関係で，実際に要した費用及び経費の支払を保証するよう求め，木谷専務がこれを了承したから，原告は本件工事の請負を承諾したのである。

３　被告の利益について

被告は，差額の取得をしていないと主張する。そのこと自体は原告の預かり知らぬところであるが，原告と被告とは，従前から取引関係があり，本件についても原告は当然被告との取引であって，これまで取引をしたことのない補助参加人との取引であるとは全く考えていなかったのである。そして，本件契約のみならず，今後も従来と同様の取

引関係が継続されていくことが原告のみならず被告にとっても利益になるものと信じて疑わないものである。また，被告と補助参加人との間においても取引関係があるものと推察されるが，これらの関係を保持することは，それ自体が利益であって，本件で差額の取得がないからといって，被告にとって本件契約の締結が利益のないものとは考えられないことである。なお，被告は，八坂土木から受注した本件工事を原告にいわゆる「丸投げ」しているものであることを考慮されるべきである。

第２　原告施工分の出来高について

１　出来高比率

被告の提出にかかる加茂設計の工事出来高書は，工事の施工範囲を特定しておらず，原告が実際に施工した範囲（訴状の別紙図面(1)(2)）をすべて計算しているか不明であり，正確であるとはいえない。なお，原告の算定方法については，別途主張するが，原告においても単に施工距離等のみから単純計算しているわけではなく，掘削土量，コンクリート量等も積算しており，50パーセントにのぼることは明らかである。

２　工事内容と費用・経費の内訳

原告の請求額は，出来高割合のほかに，実際に要した費用に基づくものであり，その内訳を明らかにする必要があるが，目下，当時の作業員の出面帳や工事日報等を整理中であり，追って主張する。なお，工事中止に至った経過も上記の整理ができた時点で同時にする予定である。

第３　原告施工分の工事の瑕疵の主張について

１　瑕疵説明書１について（原告施工部分）

原告は，被告から交付された図面（甲第１号証の1・2）に基づいて人孔を設置しており，人孔Ａ－3・4は上記図面の位置と一致している。地盤は他社が施工したものであり，配管が露出するとすれば，設計・施工後に法面の掘削角度が変更されたことによるものと考えられる。いずれにしても原告の施工に瑕疵があるといわれる理由はない。

２　瑕疵説明書２について（桂配管施工部分）

被告主張のような移設の必要はなく，曲管を使用すれば何ら問題はない。したがって，瑕疵ではない。

３　瑕疵説明書３について（大原設備施工部分）

設計図によれば，会所桝20まではφ15，20以降をφ20で施工することになっていた（甲１号証の２参照）から，仮に被告指摘のような事実があったとしても，設計流量からしてφ20の管に取り替える必要はない。もし，取り替えるのであれば，会所桝16から18をφ15に取り替えるほうが安価である。

４　瑕疵説明書４について（原告施工部分）

原告は，被告から渡された図面（甲第１号証の1・2）に基づいて人孔を設置したものであり，被告の主張は不可解である。これは，後に浄化槽の位置が変更されたことに起因するものと思われる。したがって，原告施工の瑕疵ではない。

５　瑕疵説明書５について

事実とすれば，調整の必要は認める。但し，この程度の調整はこの種の工事には常に伴うものであって，瑕疵という程のものではない。

（乙号証の認否）

乙第１号証の1・4，乙３号証の１の成立は認める。

乙第１号証の2・3，乙第２号証，乙第３号証の2・3の成立は不知。

資料13

補助参加人第１準備書面（要旨）

（平成10年５月18日）

1　本件下水道工事請負契約の当事者について

本件下水道工事請負契約（以下「本件工事契約」という）は，原告と被告との間で締結されたものである。被告は，本件工事契約の当事者について，原告と補助参加人との間で締結されたものであると主張するとともに，被告が行ったことは，単に，原告に対し補助参加人を紹介したにすぎないと主張している。

しかしながら，被告の主張はまったくのまちがいであり，このことは，以下に述べる事実から明らかなことである。

⑴　被告に本件工事の下請を依頼したのは，補助参加人であり，さらに，被告が原告に対し本件工事の下請を依頼したものである。すなわち，補助参加人は，平成８年９月中頃，元請人である訴外近畿企画開発株式会社が請負った学校建設のうち，給排水設備関係の工事を上記近畿企画から請負い，そのうち，本件下水道工事部分を同年10月初頃被告に依頼した。そして，その後，被告が原告に対し，さらに，本件工事の下請を依頼したものである。

⑵　補助参加人は，従前原告との取引関係がまったくないのみならず，原告の建設業界における実績も知らず，そのような会社と補助参加人が直接に請負契約を締結することなど，あり得ないことである。

⑶　被告は，補助参加人から本件工事を請け負った後，訴外加茂設計事務所（以下「加茂設計」という）に対し，本件工事の設計及び見積を依頼し，設計料の支払をしている。そのことは，被告から本件工事の設計及び見積の依頼を受けた加茂設計の吉田監理士からの要請に基づき，平成８年10月17日に補助参加人作成の下水道配置図（丙第１号証）を上記吉田監理士に渡しており，それに基づいて下水道配管図（甲第１号証の１），配管断面図（同号証の２）及び工事内訳書（甲第２号証）が作成されていることから明らかである。また，被告は，平成８年11月10日，上記設計料相当額として75万円を補助参加人に対し請求し（丙第３号証の１），補助参加人は同月12日被告に対し上記金額全額の支払をしている（丙第３号証の２）。

⑷　被告は，上記加茂設計の見積額1592万8000円を増額修正した見積書（丙第２号証，金額1651万2000円）を自ら作成し，平成８年11月10日に補助参加人に提出している。

2　本件工事契約の請負代金額について

本件工事契約の請負金額は，1500万円の確定額である。すなわち，平成８年11月27日，補助参加人の工事事務所（鴨川学園の現場）において，補助参加人会社社長八坂英男・被告会社専務木谷・原告の三者が集まって話し合いを行い，原告が施工することが決まったが，その際，請負代金を1500万円の確定金額とすることで，原告と被告との合意がなされたものである。

証　拠　方　法

丙第１号証	下水道配置図
丙第２号証	見積書写し
丙第３号証の１	請求書写し
同　　２	小切手控え

資料14

⑴ 期日間管理簿

／ ～ ／							担当者
月	(ワ) 原・被・参 準・書・認	／ ／・／	(ワ) 原・被・参 準・書・認	／ ／・／	(ワ) 原・被・参 準・書・認	／ ／・／	
火	(ワ) 原・被・参 準・書・認	／ ／・／	(ワ) 原・被・参 準・書・認	／ ／・／	(ワ) 原・被・参 準・書・認	／ ／・／	
水	(ワ) 原・被・参 準・書・認	／ ／・／	(ワ) 原・被・参 準・書・認	／ ／・／	(ワ) 原・被・参 準・書・認	／ ／・／	
木	(ワ) 原・被・参 準・書・認	／ ／・／	(ワ) 原・被・参 準・書・認	／ ／・／	(ワ) 原・被・参 準・書・認	／ ／・／	
金	(ワ) 原・被・参 準・書・認	／ ／・／	(ワ) 原・被・参 準・書・認	／ ／・／	(ワ) 原・被・参 準・書・認	／ ／・／	

⑵ 期日間管理簿

月	事件番号	当事者等	準 備 内 容
1			
2			
3			
4			
5			
6			
7			
8			
9			
10			
11			
12			
13			
14			
15			

資料15

当 事 者 照 会 書

原告　円　山　健　一
被告　株式会社丸太興業

上記当事者間の京都地方裁判所平成10年（ワ）第500号請負代金請求事件について，原告は，民事訴訟法第163条に基づき，下記事項について照会する。

平成10年４月23日

〒604-0077　京都市中京区御幸町丸太町下ル　御所ビル４階
甲野太郎法律事務所
原告訴訟代理人弁護士　甲　野　太　郎　印
（TEL　075－○○○－○○○○）
（FAX　075－○○○－○○○○）

被告訴訟代理人弁護士　乙　山　次　郎　殿

記

1　照会事項

(1)　原告は，被告から加茂設計事務所作成の本件下水道工事の「下水道配管図」（甲第１号証の１），「配管断面図」（甲第１号証の２）及び工事内訳書（甲第２号証）の交付を受けたものであるが，上記各書面は，いつ，誰が，加茂設計事務所の誰に，依頼したのか。

(2)　前項の各書面の作成についての費用は，いくらであり，いつ，誰が支払ったのか。

(3)　被告は，被告提出の第１準備書面において，被告が原告に対し，本件工事代金を支払ったことを認めるとともに，八坂土木から同額の支払を受けた旨主張しているが，八坂土木から被告に対する支払及び被告から原告への支払いは，それぞれ被告の帳簿上，どのような費用として処理されているか。

2　照会の必要性

(1)　照会事項(1)及び(2)について

被告は，答弁書において，本件下水道工事請負契約が原告と被告との間で締結されたという原告の主張事実を否認している。本件下水道工事の設計及び見積をいつ，誰が依頼し，その費用を誰が支払ったかは，本件下水道工事請負契約の当事者が誰かということについての重要な間接事実であるところ，前記１の(1)記載のとおり，原告は被告から加茂設計事務所作成の各書面の交付を受けており，被告は前記照会事項の事実を了知しているはずである。

(2)　照会事項(3)について

被告は，被告提出の第１準備書面において，被告が原告に対し，本件工事代金の一部を支払ったことを認める一方，同支払は八坂土木に代わって一時的に立替払したにすぎず，後に八坂土木から同額の支払を受けている旨主張している。請負工事代金の支払を誰が行ったかは，本件下水道工事請負契約の当事者が誰かということについての重要な間接事実であるところ，被告による前記支払及び八坂土木からの支払受領が，帳簿上どのように処理されているかは，被告の主張の真偽を確認するためにも，また，原告が反論・主張をするためにも必要である。

3　回答期限

平成10年５月１日までに回答されたい。

以　上

資料16

回　　　答　　　書

原告　円　山　健　一

被告　株式会社丸太興業

上記当事者間の京都地方裁判所平成10年（ワ）第500号請負代金請求事件についての平成10年４月23日付当事者照会書について下記のとおり回答する。

平成10年５月15日

〒604-0077　京都市中京区麩屋町通丸太町下ル　京ビル４階

乙山次郎法律事務所

被告訴訟代理人弁護士　乙　山　次　郎　印

（TEL　075－○○○－○○○○）

（FAX　075－○○○－○○○○）

原告訴訟代理人弁護士　甲　野　太　郎　殿

記

1　照会事項(1)に対する回答

本件下水道工事の設計及び見積を加茂設計事務所へ依頼したのは，被告であり，同事務所で本件工事関係を担当したのは吉田管理士である。依頼日は，平成８年10月13日である。なお，被告が加茂設計事務所に設計等の依頼をしたのは，八坂土木がまだ設計図を作成していない時点で被告に下請の打診をしてきたので，自己が引き受けるにせよ第三者を紹介するにせよ，設計や見積がなくては，対処できないから，八坂土木に要求したところ，同社から費用は全額負担するから，被告において設計・見積を取ってほしいと頼まれたからである。

2　照会事項(2)に対する回答

設計図等の作成費用は75万円であり，平成８年11月15日に八坂土木が加茂設計に支払っている。

3　照会事項(3)に対する回答

金銭出納簿に記帳し，出入金処理をしているだけであり，預かり金勘定などの処理はしていない。なお，八坂土木からの入金は「約手・八坂土木（鴨川学園／円山）」と記載し，原告への出金は「円山舗装（鴨川学園）」と記載している。

4　回答期限について

原告は，平成10年５月１日までに回答を要求していたが，休日を除くと実質４日間しか調査期間がなく，それも月末の繁忙期と連休が重なっており，相当な回答期限の設定ではなかったことを付記しておく。

以　上

資料17

書類の提出・交付方法一覧表

	提出・交付の方法／書類名	当事者からの提出方法			裁判所からの交付方法		
		ファクシミリ送信による裁判所への提出の可否（根拠条文）	副本の提出を要するもの	当事者間の直送を原則とするもの（受領書面の提出）	裁判所からの送達を要するもの（根拠条文）	裁判所からの送付（ファクシミリ送信を含む）で足りるもの	
ア	移送の申立書	○		○			
	訴え変更申立書（請求の拡張・減縮）	×（規３Ⅰ①②）	○		○(法143Ⅲ，規58Ⅱ)		
	訴えの取下書	×（規３Ⅰ②）	○		○(同意不要の場合，通知で可規162Ⅰ Ⅱ		
	訴え提起前の証拠保全の申立書	×（規３Ⅰ①）					
カ	鑑定事項書	○				○(鑑定人・規129Ⅳ)	
	鑑定を求める事項の記載書面	○		○(規129Ⅱ)			
	鑑定人の宣誓書	×(規３Ⅰ③)					
	期日請書	○					
	期日変更申請書	○					
	忌避の申立書	×（規３Ⅰ①）	○		○		
	共同訴訟参加の申出書	×（規３Ⅰ①）	○		○(法52Ⅱ・47Ⅲ〔当事者双方〕，規20Ⅲ)		
	控訴状	×（規３Ⅰ①）	○		○(法289Ⅰ，規179・58Ⅰ)		
	控訴の取下書	×（規３Ⅰ②）	○			○(通知要・規177Ⅱ)	注１
	抗告状	×（規３Ⅰ①）	○		○(規205・186・179・58Ⅰ)		
	抗告許可申立書	×（規３Ⅰ①）	○		○(規209・186・179・58Ⅰ)		
	抗告許可申立理由書	×（規３Ⅰ④）	○		○(規209・186・179・58Ⅰ)		
	更正決定申立書	○					
	公示送達申立書	○					
サ	再抗告状	×(規３Ⅰ①)	○		○		
	再抗告理由書	×(規３Ⅰ④)	○		○		
	資格証明書	×(規３Ⅰ③)					
	支払督促申立書	×(規３Ⅰ①)	○		○(法384・138Ⅰ，規232・58Ⅰ)		
	支払督促に対する督促異議申立	×(規３Ⅰ②)	○		○		
	執行停止申立書	×(規３Ⅰ①)					
	受継の申立書	×(規３Ⅰ②)	○			○(通知要・法127)	注２
	少額訴訟判決に対する異議申立書	×(規３Ⅰ①)	○			○(規230・217Ⅱ)	注３
	少額訴訟判決に対する異議取下書	×(規３Ⅰ②)			○(規230・218Ⅲ・162Ⅰ)		
	上告状	×(規３Ⅰ①)	○		○(規189Ⅰ～Ⅲ)		
	上告受理申立書	×(規３Ⅰ①)	○		○(規199Ⅱ・198)		
	上告理由書	×(規３Ⅰ④)	○		○(規198，規195副本通数)		
	上告受理申立理由書	×(規３Ⅰ④)	○		○(規199Ⅱ，規195副本通数)		
	準備書面に引用した文書の写し	○		○(規82Ⅱ)			
	準備書面等の受領書面	○(規83Ⅱ)		○(規83Ⅱ)			
	書証の写し、証拠説明書	○		○(規137Ⅱ)		○(規137)	
	書証添付の訳文	○		○(規138Ⅰ)		○(規138Ⅰ)	
	証拠の申出書	○		○(規99Ⅱ)			
	除斥の申立書	×(規３Ⅰ②)			○		
	尋問事項書	○		○(規107Ⅲ)			
	請求の放棄、認諾する旨の書面	×(規３Ⅰ②)			○		
	選定者に係る請求の追加書	×(規３Ⅰ①②)	○		○(法144Ⅲ，法143Ⅲ，規58Ⅱ)		
	訴状	×(規３Ⅰ①)	○		○(法138Ⅰ，規58Ⅰ)		
	訴訟告知書	○	○		○(被告知者・規22Ⅰ・Ⅱ)	○(相手方当事者・規22Ⅲ)	注４
	訴訟委任状	×(規３Ⅰ③)					
	訴訟費用確定等を求める申立書及び費用計算書	○		○(規24Ⅱ)			
タ	中間確認の訴状（請求の拡張書）	×(規３Ⅰ①)	○		○(法145Ⅱ，法143Ⅲ，規58Ⅱ)		
	手形判決に対する異議申立書	×(規３Ⅰ①)	○			○(規217Ⅱ・221)	注５
	手形判決に対する異議の取下書	×(規３Ⅰ②)	○		○(規218Ⅲ・162，法360Ⅲ，261Ⅳ)		
	手形訴訟から通常手続移行した旨の書面	○	○			○(法353Ⅲ・367Ⅱ)	注６
	同時審判の申出書・同撤回の申出書	○		○			
	答弁書その他の準備書面	○		○（規83Ⅰ)			
	独立当事者参加申出書	×(規３Ⅰ①)	○		○(法47Ⅲ〔当事者双方〕，規20Ⅲ)		
	特別上告状	×(規３Ⅰ①)	○		○(規204・189)		
	特別抗告状	×(規３Ⅰ①)	○		○		
	特別上告理由書	×(規３Ⅰ④)	○		○（規204・198)		
	特別抗告理由書	×(規３Ⅰ④)	○		○		
ハ	反訴状	×(規３Ⅰ①　②)	○		○(法146Ⅱ、規59)		
	文書の特定のための手続申出書	○		○(規140Ⅲ・99)			
	文書提出命令の申立書	○		○(規140Ⅲ・99Ⅱ)			
	弁論の併合，分離，再開の上申書	○		○			
	補助参加申出書	×(規３Ⅰ①)	○		○(当事者双方・規20Ⅰ・Ⅱ)		
ロ	録音テープ等の内容と説明した書面	○	○				
ワ	和解条項案を受諾する旨の書面	×(規３Ⅰ②)					

注１，２　相手方に対する通知を要するものについては，副本の送付をもって通知に代える運用を行っているので，副本（或いは写）の提出を求めるほうが望ましいと考えられるもの。
注３，５，６　相手方に代理人が就いている場合にはファクシミリ送信で足りるが，本人の場合，郵送する必要があるので副本（或いは写）の提出を求めるほうが望ましいと考えられるもの。
注４　ファクシミリによる提出も可能ではあるが，被告知者への副本送達，相手方当事者へ送付する必要があるので，郵送又は持参による提出が望ましいと考えられるもの。

被告第２準備書面（要旨）

（平成10年６月15日）

契約当事者に関する原告及び補助参加人の主張に対する被告の認否及び反論は以下のとおりである（左欄の１から８は原告の主張，９から12は補助参加人の主張であり，傍線部分は被告が否認する部分を示す。否認の情報及び反論は右欄に記載した）。

１　原告は，平成８年10月９日，被告から本件工事の下請の打診を受け，同年11月17日に鴨川学園の工事事務所で工事に関する説明を受けたうえ，同月27日，被告と口頭で本件契約を締結した。	１　被告は，平岡建設の工事部長から補助参加人の下請け協力を依頼されたが，専門外の工事であり，かつ繁忙であったため，被告は請け負わず，原告を紹介し，原告と補助参加人間の下請契約を仲介したものであり，被告は契約当事者ではない。原告主張の11月17日の工事事務所での話し合いも，被告は仲介者として参加したのであり，基本的には原告と発注者である補助参加人間の工事説明及び打ち合わせである。
２　上記契約当日，原告は被告の木谷専務から，被告が加茂設計に発注して作成させた本件工事の設計図（甲１の１，２）と見積書（甲２）を交付されている。	２　原告主張の日時に被告の木谷専務が，原告に加茂設計作成の設計図（甲１の１，２）と見積書（甲２）を交付したのは，補助参加人の依頼による仲介者としての作業であり，これらの作成費用も，補助参加人の負担であり，被告は一切負担していない。
３　工事金額の決定について，もっぱら木谷専務が1500万円程度に収めるよう要求してきた。	３　工事代金額は，原告と補助参加人間との話し合いで決まったものであり，被告としては，仲介の立場上，両者が円満に合意できるように調整しただけである。
４　木谷専務は，補助参加人から受け取る手形（３か月サイト）での支払を要請したが，原告は，被告との従来の取引においてはすべて現金決済であり，これまで取引したことのない補助参加人の手形で工事代金の支払がなされることを嫌い，従来どおり被告との間で現金支払を求め，被告による現金支払によることに決まった。	４　重要な取引先である平岡建設の工事部長からの依頼でもあり，被告自身が工事を引受けないという対応をとる以上，自己が紹介した原告につき，支払い面等で多少の便宜を図ってでも，原告に工事を請けてもらった方が後日のためにより良い結果をもたらすと判断したものである。 被告としては，補助参加人の支払手形の信用性については，まったく疑念をもっていなかったので，現金の立替払いに危険はないと考えた次第である。

5　現実に被告から原告に対し，工事代金として600万円が支払われた。	5　発注者である補助参加人が出捐者であり，被告にはなんらの利得も発生していない。 被告は，手形での支払を嫌った原告に対し，便宜を図って補助参加人の支払を立替払しただけである。
6　工事開始後，被告から交付された上記設計図に基づいてオープンカット工法で工事を進めていたところ，元請の近畿企画からクレームがつき，木谷専務の指示で土止め工法に変更した。	6　原告から連絡を受け，補助参加人の担当者に連絡をしたが，不在であり，八坂社長からは元請の指示に従ってもらわなければ困るといわれ，仲介者の立場で，八坂社長の意向を伝達しただけである。
7　上記工法の変更による施工費用の増額分について，木谷専務はその支払を約した。	7　工事代金は，補助参加人と原告との間で，1500万円の定額と合意されたものである。 そもそも契約当事者でない被告が追加費用の支払を約束し得る立場にはないし，工事総額が幾らに膨らむか分からないのにそのような約束をし得る筈もない。
8　工事の進行の遅れから工事費等が高騰していったなかで，平成9年2月20日ころ、木谷専務は、原告に対し，かかった費用は払うから工事を続行するように要請してきた。	8　上記7と同じ。 現場のトラブルで当初予定どおりに工事が進捗せず，かつ工期（学校の開校日）も迫って来るなかで，被告は補助参加人から，なんとか原告に工事を進めさせて欲しいと懇請され，仲介者の立場で原告に要請したものである。
9　補助参加人が被告に本件工事の下請を依頼した。さらに，被告が原告に対し本件工事の下請を依頼したものである。すなわち，補助参加人は，平成8年9月中頃給排水設備関係の工事を近畿企画から請負い，そのうち本件下水道工事部分を同年10月初頃被告に依頼した。そして，その後，被告が原告に対し，さらに本件工事の下請を依頼したものである。	9　被告は，補助参加人に対してこの現場は請けられないと明言して原告を紹介した。 この経緯は，本件工事代金につき，被告が何らの利得も得ていないことからも明らかである。 補助参加人から受注して，これを原告に下請けに出したのであれば，被告は利益のない現場で負担とリスクのみを負ったことになり，常識的にも有り得ないことである。

10　補助参加人は，従前，原告とは取引関係がなく，原告の建設業界における実績も知らないのでそのような会社と直接請負契約を締結することはない。	10　補助参加人は，自身で施工できず，また，自身の関係で施工業者を調達することもできずに平岡建設の工事部長に業者紹介を依頼したほどであり，差し当たって適正に施工してくれる業者であれば相手先にはこだわっていなかった。補助参加人は被告から原告の実績の説明も受け，被告の紹介なら問題ないということで原告の信用について，特段，話題にも上らずに工事の内容についての打ち合わせに入って行った。補助参加人の当時置かれた状況では，業者を選別できる立場にはなかったものである。
11　被告は，加茂設計に対し，本件工事の設計及び見積を依頼し設計料の支払をしている。補助参加人は，上記設計のため，被告から本件工事の設計及び見積の依頼を受けた加茂設計の吉田監理士に，平成8年10月17日に補助参加人作成の下水道配置図（丙1）を渡しており，それに基づいて下水道配管図（甲1の1），配管断面図（同の2）。及び工事内訳書（甲2）が作成されている。 　また，被告は，平成8年11月10日，上記設計料相当額として75万円を補助参加人に請求し（丙3の1），補助参加人は，同年同月12日被告に対し上記金額全額の支払をしている（丙3の2）。	11　当初は被告自身が工事を請けることも検討していたし，また原告を紹介するにしても，具体的な工事内容を示すべく，補助参加人の出捐によって図面を整備するのは仲介者の誠意である。 　補助参加人に資料があるのであるから，設計図作成のためにその交付を求めるのは当然であり，そのこと故に被告が工事を受注したことにはならない。 　被告が受注者でないことは，一連の打ち合わせ内容や工事代金支払状況等から補助参加人自身が知悉しているところである。出捐者が補助参加人であることは，被告の業務でないことの証左である。
12　被告は，加茂設計の見積額1592万8000円を増額修正した見積書（丙2，金額1651万2000円）を自ら作成し，平成8年11月10日に補助参加人に提出している。	12　仲介者として原告にも利があるということで仕事を請けてもらいやすい環境を整備するように努めただけであり，被告自身の利得を企画したわけではない。 　結果として，発注者の補助参加人の意向が通って1500万円に落ち着いたが，これについては原告も経費節約に努めるなどで対応可能として納得したものである。

〔工事中止に至る経過〕

平成8年12月10日	工事着工
12月17日	設計図に従いオープンカット工法で工事を進めようとしたところ，元請の近畿企画から工法についてクレームがついて中断
12月18日	八坂土木の現場事務所で八坂社長，木谷専務，原告で協議の結果，木谷専務の提案により近畿企画の指示に従うことに決定
12月19日	近畿企画が現場会議を招集。八坂社長，木谷専務，原告のほか，原告の下請である桂配管，大原設備も同席。土止め工法に変更して工事続行。この際，木谷専務から工法変更による増額経費は保証する旨発言あり。
平成9年1月16日	木谷専務から，校舎建設の進行状況と調整のため2日間の待機の指示が出る。
1月28日	現場会議招集。校舎建設会社側の段取りのため，3日間の待機が決定。
2月5日	木谷専務から，工事資材の移転要求のため2日間の待機指示あり。桂配管，大原設備ともども原告は木谷専務に対して度重なる待機の指示について経費もかさむことから改善要望を伝える。
2月20日	木谷専務から2日間の待機指示。桂配管，大原設備は工事続行を不可能として下りる意思を表明。同専務は，経費増額分の保証を確約して，原告に対し工事続行を希望。工事は中断。
3月10日	原告がタカノ組に下請依頼をし，タカノ組了解。
3月23日	原告とタカノ組が工事再開。タカノ組はA，B両ゾーンを引き継ぐ。
3月29日	待機指示。
4月7日	待機指示。
4月16日	待機指示。タカノ組も下りることになる。原告も工事中断。
4月25日	八坂土木現場事務所で八坂社長，木谷専務，原告で協議。原告も工事を下りることになる。

<table>
<tr><td colspan="3">第1回　弁論準備手続調書</td><td>裁判官認印</td></tr>
<tr><td>事件の表示</td><td colspan="2">平成10年（ワ）第500号</td><td rowspan="2">㊞</td></tr>
<tr><td>期日</td><td colspan="2">平成10年6月24日　午前11時00分</td></tr>
<tr><td>場所等</td><td colspan="3">京都地方裁判所第2民事部　準備手続室
（□　電話会議の方法による）</td></tr>
<tr><td>裁判官
裁判所書記官</td><td colspan="3">A
末尾記載の裁判所書記官</td></tr>
<tr><td>出頭した当事者等
〔□通話先の電話番号（及びその場所）は右に記載のとおり〕</td><td colspan="3">原告本人　円山健一
原告代理人　甲野太郎
原告補助参加人代理人　丙川三郎
被告代理人　乙山次郎
被告会社専務取締役　木谷秀二</td></tr>
<tr><td>指定期日</td><td colspan="3">平成10年8月12日　午後1時00分</td></tr>
<tr><td colspan="4">当事者の陳述等</td></tr>
<tr><td>裁判所</td><td colspan="3">□　和解勧告　　□　弁論準備手続終結
□</td></tr>
<tr><td rowspan="2">原告</td><td colspan="3">□　訴状訂正（訴変更）申立書陳述（　・　・　付け）　□　準備書面（本日付け）陳述
□　準備書面　陳述（　・　・　付け）　□
□</td></tr>
<tr><td colspan="3">（準備事項）
□　平成　年　月　日限り準備書面提出　□　平成　年　月　日限り証拠申出
□</td></tr>
<tr><td rowspan="2">被告</td><td colspan="3">□　請求棄却申立て　□　請求原因事実認　□準備書面（本日付け）陳述
㊞　準備書面　陳述（10・6・15付け）　□
□</td></tr>
<tr><td colspan="3">（準備事項）
□　平成　年　月　日限り準備書面提出　□　平成　年　月　日限り証拠申出
□</td></tr>
<tr><td colspan="4">□　続行　□　延期　㊞　証拠関係別紙のとおり
㊞　その他の記載別紙のとおり</td></tr>
<tr><td colspan="4">裁判所書記官　B　㊞</td></tr>
</table>

(注) ①□を付した事項については該当事項欄に認印をしたものに限る。②この調書に符号を使用したときは，事件記録の表紙による。

契約当事者に関する争点整理の結果は別紙のとおり

【準備事項】

原　告　1　請負代金額に関する当初の合意内容と工事中の具体的な合意内容についての主張を整理した準備書面（提出期限・平成10年7月10日）

2　請求額の内訳（施行内容と工事費用との関係）について主張を整理し，併せて当初の請負代金を1500万円とした場合の計算方法による請求額（1500万円に工事出来高割合を乗じ，その額に工事代金の増加分を加算した金額）についての主張を整理した準備書面（提出期限・平成10年7月27日）

3　被告主張の工事の瑕疵内容の主張に対する反論の具体化

被　告　1　原告の上記1の準備書面に対する反論の準備書面に対する反論の準備書面（対照表形式で整理する。提出期限・平成10年7月27日）

2　原告の工事施行範囲についての認否及び瑕疵内容とその損害額につき，吉田管理士に確認のうえ主張整理の準備

契約当事者に関する主張整理表

1　左欄の１から８までは原告の主張であり，９から12までは補助参加人の主張である。
2　右欄は，左欄の主張に対する被告の否認の事情ないし積極否認事実である。
3　左欄の傍線部分は被告が否認する部分であり，右欄の傍線部分は原告及び補助参加人が否認する部分である。
4　［網掛け］部分は，本期日において追加，整理された主張である。

原告及び補助参加人	被　告
1　原告は，平成８年10月９日，被告から本件工事の下請の打診を受け，同年11月17日に鴨川学園の工事事務所で工事に関する説明を受けたうえ，同月27日，被告と口頭で本件契約を締結した。	1　被告は，平岡建設の工事部長から補助参加人の下請け協力を依頼されたが，専門外の工事であり，かつ繁忙であったため，被告は請け負わず，原告を紹介し，原告と補助参加人間の下請契約を仲介したものであり，被告は契約当事者でしない。原告主張の11月17日の工事事務所での話し合いも，被告は仲介者として参加したのであり，基本的には原告と発注者である補助参加人間の工事説明及び打ち合わせである。
2　上記契約当日，原告は被告の木谷専務から，被告が加茂設計に発注して作成させた本件工事の設計図（甲１の１，２）と見積書（甲２）を交付されている。	2　原告主張の日時に被告の木谷専務が，原告に加茂設計作成の設計図（甲１の１，２）と見積書（甲２）を交付したのは，補助参加人の依頼による仲介者としての作業であり，これらの作成費用も，補助参加人の負担であり，被告は一切負担していない。
3　工事金額の決定について，もっぱら木谷専務が1500万円程度に収めるよう要求してきた。	3　工事代金額は，原告と補助参加人間との話し合いで決まったものであり，被告としては，仲介の立場上，両者が円満に合意できるように調整しただけである。
4　木谷専務は，補助参加人から受け取る手形（３か月サイト）での支払を要請したが，原告は，被告との従来の取引においてはすべて現金決済であり，これまで取引したことのない補助参加人の手形で工事代金の支払がなされることを嫌い，従来どおり被告との間で現金支払を求め，被告による現金支払によることに決まった。	4　重要な取引先である平岡建設の工事部長からの依頼でもあり，被告自身が工事を引受けないという対応をとる以上，自己が紹介した原告につき，支払い面等で多少の便宜を図ってでも，原告に工事を請けてもらった方が後日のためにより良い結果をもたらすと判断したものである。 被告としては，補助参加人の支払手形の信用性については，まったく疑念をもっていなかったので，現金の立替払いに危険はないと考えた次第である。

5　現実に被告から原告に対し，工事代金として600万円が支払われた。

6　工事開始後，被告から交付された右設計図に基づいてオープンカット工法で工事を進めていたところ，元請の近畿企画からクレームがつき，木谷専務の指示で土止め工法に変更した。

上記工法変更のための矢板及び打込機は，当初，被告の負担で準備したものである。

7　上記工法の変更による施工費用の増額分について，木谷専務はその支払を約した。

5　発注者である補助参加人が出捐者であり，被告にはなんらの利得も発生していない

被告は、手形での支払を嫌った原告に対し，便宜を図って補助参加人の支払を立替払しただけである。

上記事実は，原告から被告に対する請求と支払の関係を見れば明らかである。

【600万円の支払経過一覧】

（原告をX，被告をY，補助参加人をZと表記する。）

1　450万円

X→Y	9・3・2	請求	乙1の1
Y→Z	9・3・5	請求	乙1の2
Z→Y	9・3・15	支払	乙1の3
Y→X	9・3・21	支払	乙1の4

2　150万円

X→Y	9・4・30	請求	甲7
Y→X	9・5・13	支払	乙3の1
Y→Z	9・5・15	請求	乙3の2
Z→Y	9・5・18	支払	乙3の3

6　原告から連絡を受け，補助参加人の担当者に連絡をしたが，不在であり，八坂社長からは元請の指示に従ってもらわなければ困るといわれ，仲介者の立場で，八坂社長の意向を伝達しただけである。

原告が準備できるまでの間，被告側で矢板及び打込機を提供したが，他の現場の支障がない範囲で紹介者として協力したものにすぎない。発注者として資材を提供したのであれば，それは減額の対象になることであり、原告にその費用を請求するか減額を要求するはずである。

7　工事代金は，補助参加人と原告との間で，1500万円の定額と合意されたものである。

そもそも契約当事者でない被告が追加費用の支払を約束し得る立場にはないし，工事総額が幾らに膨らむか分からないのにそのような約束をし得る筈もない。

8　工事の進行の遅れから工事費等が高騰していったなかで，平成９年２月20日ころ，木谷専務は、原告に対し，かかった費用は払うから工事を続行するように要請してきた。	8　上記７と同じ。 現場のトラブルで当初予定どおりに工事が進捗せず，かつ工期（学校の開校日）も迫って来るなかで，被告は補助参加人から，なんとか原告に工事を進めさせて欲しいと懇請され，仲介者の立場で原告に要請したものである。
9　補助参加人が被告に本件工事の下請を依頼した。さらに，被告が原告に対し本件工事の下請を依頼したものである。すなわち，補助参加人は，平成８年９月中頃給排水設備関係の工事を近畿企画から請負い，そのうち本件下水道工事部分を同年10月初頃被告に依頼した。そして，その後，被告が原告に対し，さらに本件工事の下請を依頼したものである。	9　被告は、補助参加人に対してこの現場は請けられないと明言して原告を紹介した。 この経緯は，本件工事代金につき，被告が何らの利得も得ていないことからも明らかである。 補助参加人から受注して，これを原告に下請けに出したのであれば，被告は利益のない現場で負担とリスクのみを負ったことになり，常識的にも有り得ないことである。
10　補助参加人は，従前，原告とは取引関係がなく，原告の建設業界における実績も知らないのでそのような会社と直接に請負契約を締結することはない。 補助参加人としては、被告に発注したものであり，被告の責任で施工されるのであるが，孫請としての適格性を判断する程度で原告の実績を聞いたのであって，補助参加人が被告の説明以上に詳細な調査をしなかったのは，補助参加人が直接原告に請負わせるわけではないからであり，上記事実は，かえって，補助参加人が発注者でないことを示すものである。	10　補助参加人は，自身で施工できず，また，自身の関係で施工業者を調達することもできずに平岡建設の工事部長に業者紹介を依頼したほどであり，差し当たって適正に施工してくれる業者であれば相手先にはこだわっていなかった。補助参加人は被告から原告の実績の説明も受け，被告の紹介なら問題ないということで原告の信用について，特段，話題にも上らずに工事の内容についての打ち合わせに入って行った。補助参加人の当時置かれた状況では，業者を選別できる立場にはなかったものである。
11　被告は，加茂設計に対し，本件工事の設計及び見積を依頼し設計料の支払をしている。補助参加人は，上記設計のため，被告から本件工事の設計及び見積の依頼を受けた加茂設計の吉田監理士に，平成８年10月17日に補助参加人作成の下水道配置図（丙１）を渡しており，それに基づいて下水道配管図（甲１の１），配管断面図（同の２）及び工事内訳書	11　当初は被告自身が工事を請けることも検討していたし，また原告を紹介するにしても，具体的な工事内容を示すべく，補助参加人の出捐によって図面を整備するのは仲介者の誠意である。 補助参加人に資料があるのであるから，設計図作成のためにその交付を求めるのは当然であり，そのこと故に被告が工事を受注したことにはならない。

（甲２）が作成されている。 　また，被告は，平成８年11月10日，右設計料相当額として75万円を補助参加人に請求し（丙３の１），補助参加人は，同年同月12日被告に対し右金額全額の支払をしている（丙３の２）。 　なお，被告は，原告が本件工事を下りた際，自ら加茂設計に出来高の見積を依頼しただけでなく，その代金５万円も自ら負担している。	被告が受注者でないことは，一連の打ち合わせ内容や工事代金支払状況等から補助参加人自身が知悉しているところである。出捐者が補助参加人であることは，被告の業務でないことの証左である。 　原告の請求額があまりに不当であったため，紹介者としての責任上，正確な出来高を明らかにするために加茂設計に依頼したものであり、その代金は５万円とわずかであったことから立替払いしたものの，補助参加人への請求を忘れていたものであって，被告を発注者とする根拠となるものではない。
12　被告は，加茂設計の見積額1592万8000円を増額修正した見積書（丙２，金額1651万2000円）を自ら作成し，平成８年11月10日に補助参加人に提出している。	12　仲介者として原告にも利があるということで仕事を請けてもらいやすい環境を整備するように努めただけであり，被告自身の利得を企図したわけではない。 　結果として，発注者の補助参加人の意向が通って1500万円に落ち着いたが，これについては原告も経費節約に努めるなどで対応可能として納得したものである。

資料22

鑑　定　申　立　書

（平成10年７月９日）

1　立証事実

本件請負工事の出来高による請負代金額の立証

2　鑑定事項

別紙図面１，２（甲一の１・２）の朱色で指示した部分に，同図記載のような下水道工事（通常必要とされる掘削工事，下水道管敷設工事，人孔敷設工事，会所枡工事，埋戻工事，基面整正工事等）を施工する場合に積算される通常一般的な工事請負代金はいくらか。

ただし，積算条件は以下のとおりとする。

(1)　掘削工事については，法規上の規制に従って，現場の形状等から必要とされる土止め工事，斜壁工事等を行うものとする。

(2)　単価は，別紙工事内訳書（甲二）記載の単価（記載がない場合は平成８年当時の時価）を採用する。

(3)　数量については，別紙図面１，２並びに現地検分により積算する（ただし，人孔Ｃ－６・７は直結され，その間の人孔２基は存在しないものとする)。

資料23

証　拠　説　明　書

（平成10年７月31日）

乙第４号証

１　証拠の標目　下水道配管図（既工分調査）
～元は甲１の１と同じ

２　作　成　者　加茂設計事務所（吉田明夫施工監理士）

３　立 証 趣 旨　原告が本件工事を中止した時点における施工済み部分（赤線が平成９年５月10日に吉田監理士が調査した結果）

乙第５号証

１　証拠の標目　工事内訳書（既工分調査）
～元は甲２と同じ

２　作　成　者　加茂設計事務所（吉田明夫施工監理士）

３　立 証 趣 旨　原告が本件工事を中止した時点における出来高が40パーセントであること（元の工事内訳書に原告の施工済み部分の調査結果を赤字で記入したもの。赤字の合計は630万円であり，工事内訳書の金額1592万8000円の39.55パーセントとなる）

乙第６号証の１ないし５

１　証拠の標目　瑕疵図①ないし⑤

２　作　成　者　加茂設計事務所（吉田明夫施工監理士）

３　立 証 趣 旨　三条管工が残工事を施工する時点で，原告の工事に被告主張の瑕疵①ないし⑤が存在した事実（同図は，吉田監理士が調査した結果を解図で示したもの）

乙第６号証の６

１　証拠の標目　見積書

２　作　成　者　加茂設計事務所（吉田明夫施工監理士）

３　立 証 趣 旨　右瑕疵図に基づき，瑕疵部分の補修費用として200万7470円を要する事実

資料24

京都地方裁判所第２民事部

進行協議期日経過表	裁判官（長）認印		書記官印	

事件の表示	平成10年（ワ）第500号	
期日	平成10年８月３日　午前／午後３時00分	
場所	当庁（　　　　　　　　　　　　　　　）	
	庁外（京都市左京区下鴨本町50番地　鴨川学園）	
出頭当事者	原告　代表者　円山健一 被告　専　務　木谷秀二 参加人　工事担当　○○○○	代理人　甲野太郎 代理人　乙山次郎 代理人　丙川三郎
結果	□続行　□終了　□変更　□追って指定　□	
次回期日	平成　　年　　月　　日　午前／午後　　時　　分	

【経過要旨】鑑定人ａ・ｂ出頭

1　原告の工事範囲を人孔番号順に現地検分

2　甲１の１と乙４との相違点につき現地で説明

3　瑕疵図①～⑤の人孔等の位置を現地で指示

4　人孔及び会所桝の蓋以外に地上構造物はない。

5　裁判官→鑑定人　次回までに現地に則し，鑑定方法の検討と方法別の所要経費の見込額を検討しておくように要請

6　裁判官→原告代理人　瑕疵部分の補修費用についても鑑定を求めるか否かについて次回までに回答を求めた。

7　原告・被告代理人：本日，双方で必要な部分の計測・写真撮影を行い，書証として申請する。

資料25

請負代金の合意に関する主張整理表

1　左欄は原告の主張であり，右欄は被告の否認の事情ないし積極否認事実である。
2　左欄の傍線部分は被告が否認する部分であり，右欄の傍線部分は原告及び補助参加人が否認する部分である。
3　網掛け部分は，本期日において追加，整理された主張である。

1　契約締結時の請負代金の合意 原告は，平成８年11月17日の現地事務所における説明会（参加者＝八坂社長，木谷専務，吉田監理士，原告）で，吉田監理士から本件工事についての概要説明を受けたが，その説明によれば，全体工事がA，B，Cの三工区に分かれ，工期短縮のため，各工区で校舎等の建設が並行して施工されており，下水道工事も三工区を並行して進めなければならないということであった。そして，本件請負契約を締結した同月27日に木谷専務から工事代金を1500万円程度としてほしいと要請された際，原告は，上記の事情から工事の段取りが複雑になり，校舎建設等の本体工事に制約されることが予想され，建物周囲の下水道工事は，建物工事の足場が撤去されないと取りかかれないなど他の工事の進捗に大きく影響されるおそれがあり，そのような場合には，工事期間が延び，作業員の待機，機材のリース料等の経費が増加することになるから，その事情を指摘して，一応1500万円を目処にはするが，工期の変更等との関係で，実際に要した費用及び経費の支払を保証するよう木谷専務に求めた。木谷専務がこれを了承したので，原告は本件工事の請負を承諾した。 〔補助参加人の主張〕 原告から工事費用の増加の心配がある旨の発言があったが，木谷専務が1500万円で納めるように要請し，原告はこれを了承したものであり，定額の請負契約である。	1 被告は，平成８年11月17日の工事説明会に仲介者として参列したことがあるにすぎず，注文者ではないから，吉田監理士の説明内容についても詳細は記憶していないが，概ね原告の，主張するような内容であったことは認める。 契約締結日の協議は，原告と補助参加人との間で進められたものであり，被告は仲介者として調整しただけである。原告から経費の増額を心配する発言があったが，補助参加人は，1500万円の定額を主張し，被告としてもそれで施工するよう努力を要請したことはあるが，発注者でもない被告が実費を保証するような発言をするはずがない。
2　原告と孫請との請負代金の合意 上記の合意があったから，原告は，孫請の桂配管（Aゾーン担当－全体の25%）と大原設備（Bゾーン担当－同20%）には，口頭で出来高払いの約束をし，後にA・Bゾーンを引き継いだタカノ組にも同様の約	2 原告と孫請との契約内容は知らないし，原告が孫請に支払った金額が妥当なものかどうかも被告には不明である。 一般的に請負契約で代金を合意せずにかかっただけ支払うというよう杜撰な契約を

束をしている。そして，実際に桂配管には251万2000円（甲４の１・２），大原設備には198万8000円（甲５の１・２），タカノ組には112万円（甲６の１・２）を支払っている。被告の主張するように原告側の出来高の評価が600万円に過ぎないとすれば，原告の施工分（Ｃゾーン－全体の55%）に対しては38万円しか払われないことになり，極めて不合理である。

3　工法変更時の合意

木谷専務から交付された設計図に基づいてオープンカット工法（掘削角20度）で工事を開始して１週間たった平成８年12月17日午後２時前，元請の近畿企画から工法についてクレームがつき工事が中断し，木谷専務に連絡したところ，元請の指示に従うよう要請されたが資材等の準備もなく当日の工事は中止した。翌18日，八坂土木の現場事務所で八坂社長，木谷専務，原告が会合して工法について協議した結果，木谷専務の指示で近畿企画の要請を受け入れることになった。その要請内容は，掘削深度2.0メートル超では矢板土止め工法とし，それ以外は掘削角度を30度にし，それができない場所では矢板土止め工法とするというものであった。このように工法を変更すれば、矢板や打込機（オペレーター付き）のリース料，掘削土量の増加と工期の延長による経費等が増加することは明白である。

そして，翌19日，あらためて近畿企画が現場会議を召集し，八坂社長，木谷専務，原告，桂配管，大原設備が出席を求められ，前記工法を厳守するよう要求された。

上記会議終了後，原告が木谷専務に，当初の約束どおり実際に要した費用及び経費の増加分は保障されるかと質問したところ，木谷専務から工法変更による増額経費は保証すると回答された。なお，19日から工事は再開しているが，19日から21日までは被告側で準備した資材等を使用した。

4　工事中断による経費増加分の保証

本件工事は，被告の指示により，以下のとおり，７回に亘り，合計18日間も工事を中断させられることになり，原告や下請の

することは考えられない。そのような契約では，経費の節減などの努力もされないおそれがあり不当に工事費が増加することがあるのではないかと思われる。孫請からの請求にもそのような問題点がある可能性がある。

3

木谷が原告に交付した設計図は甲1の1・2のみであり，同図には工法や掘削角は明示されていない。

近畿企画が指摘するような危険な工法を採ったのは原告の責任である。

原告から電話連絡があり，補助参加人の担当者に連絡したが，不在であり，八坂社長からは元請の指示に従ってもらわなければ困るといわれたので連絡しただけである。

翌18日の会合は，仲介者の責任上出席し，八坂社長が前日同様，元請の指示に従うよう主張したので，木谷は仲介者として調整しただけである。

工法の変更が必ず工費に影響するとはいえない。矢板止めにすれば，機材は必要になるが，掘削角を取る必要がなくなり，掘削・運搬・埋戻の土量が減少する。

会議終了後に原告が費用が嵩むなどと不平を言っていたことはあるが，八坂社長もその点について明確な回答はしていなかったし，まして仲介者に過ぎない木谷が増加経費の支払を約束するはずがない。

4

木谷は，仲介者として，補助参加人の要請を伝言しただけである。本来，このような連絡は，毎日の現場会議でなされるので

抗議に木谷専務は善処を約束し，工事中断による増額経費の保証を回答してきた。	あるが，原告とその下請はこれに参加せず，補助参加人の担当者とも対立していたため，木谷が仲介者として一々連絡を取るようなことになったものである。 毎日の現場会議に出席していれば全体の状況が把握でき，原告側の工事の段取りもできたはずであり，責任の一端は原告にもある。 責任がいずれにあるにせよ，被告が工事中断により経費増加分の支払を約束する立場にはなく，そのような約束をした事実もない。
⑴　平成９年１月16日朝，木谷専務から，校舎の足場の撤去が遅れているのでその作業が終わるまで待機してほしいと要請され，結局その日は工事にかかれなかった。翌17日，原告が現場に赴くと足場は撤去されていたものの，施工を予定していた掘削ライン上に他の資材が積まれていて工事にかかれず，木谷専務に抗議すると同専務はあわててその資材の移動の手配をするから現場で待機してほしいとのことであった。結局その日も１日待機となり，翌18日ようやく工事は再開された。	⑴　木谷は，仲介者として連絡・調整役を務めてきただけである。
⑵　同年１月28日朝，木谷専務によって現場会議が招集され，校舎の建設資材を搬入保管する必要上，校舎周囲の施工が出来ないので３日間工事を中断して待機するよう指示が出された。同月31日，工事を再開した。	⑵　会議の招集者は近畿企画である。木谷は補助参加人の要請を受け，原告らに参加を要請しただけである。
⑶　同年２月５日朝，木谷専務から，工事資材の移転の必要上，２日間待機の指示が出された。工事再開は７日午後からとなった。 ⑷　同年２月20日朝，木谷専務から，他の建設工事との調整の必要上２日間待機の指示が出された。ここに至り，桂配管，大原設備は工事続行を不可能として本件工事を下りる意思を原告に伝えてきた。原告はこれを同専務に伝え，こう度々中断を余儀なくされるようでは両名が工事を下りるというのもやむをえないことであり，そうであれば自分も工事を下りなければならないと述べた。これに対して木谷専務は，工事の	

中断による経費増額分は保証すると確約して，原告に対し工事を続けて欲しいと要望した。原告としても，本件工事を途中で投げ出すわけにもいかないと考え，やむをえず木谷専務の申出を承諾して，かわりの下請業者を捜すこととした。そして，同年3月10日，原告はタカノ組に本件工事の下請依頼をし，A，B面ゾーンを引き継いでもらうことになった。しかし，度重なる中断は建設工事の遅れにあり，ある程度の進捗を待たなければ同じことが起こる危険があったし，タカノ組の準備期間も必要であったので，2週間程中断期間を置き，同月23日から原告とタカノ組は本件工事を再開した。 (5) 同年3月29日朝，木谷専務から他の工事資材の搬入保管の必要上2日間待機の指示があった。 (6) 同年4月7日朝に再び同様の理由で2日間待機の指示が出された。 (7) 同月16日，足場の移動と資材の搬入の必要から三日間の待機指示が出された。タカノ組は工事を開始して3週間の間に3回（7日間）も工事を中断されることになり，工事の続行を拒否し，本件工事を下りることとなった。	
5 こうして，原告においてもさらに下請業者を捜す見込みがつかなくなり，平成9年4月25日，八坂土木現場事務所で八坂社長，木谷専務，原告で協議した。席上原告はタカノ組が本件工事から下りたため，A，B両ゾーンを担当する下請業者を捜したが，中断と待機が繰り返されている状況を説明すると皆断られ，相当高額の手当を別途出してもらわないと適当な業者を見つけることができないこと，タカノ組に代わる下請業者が見つからないままで本件工事を続行することはできないと述べたところ，木谷専務から，工事全体についても工期が延びていることから費用がかさんで赤字になってきており，さらに原告の下請業著に対して別途の高額の手当をも見込むことはできない，それで下請業者が見つからないというのであれば，原告にも本件工事を下りてもらうしかないと言われた。その結果，原吉も本件工事を下りることとなった。	5 原告が代りの下請を入れるのであれば，合意済みの工事代金のほかに高額の手当を要求したため，補助参加人が拒否し，原告が工事を投げ出すことになったものであり，木谷は仲介者として説得を試みたが原告が応じなかったものであり，発注者でもない木谷が原告に下りるように指示するはずがない。

資料26

原告第３準備書面（要旨）

（平成10年８月10日）

1　工法変更による経費増加（Ｃゾーン）

増額	鋼製矢板山留工・支保工（トレンチシート・鋼製腹起し切梁一段）	
	数量80.5㎡×単価１万2000円＝	96万6000円
減額	掘削・埋戻・残土処分の減額分	25万8000円
増額	掘削・埋戻・残土処分の増額分	58万4000円
合計	（増額）129万2000円	

2　工事中断による経費増加（Ｃゾーン）（甲第９号証）

工事中断日（＊半日）	待機人員	待機機材		
平成８年12月～17＊	５名	バックホウ１		ダンプ１
18	５名	バックホウ１		ダンプ１
平成９年１月～16	５名		ミニホウ２	
17	３名		ミニホウ２	
28	５名		ミニホウ１	
29	３名		ミニホウ１	
30	３名		ミニホウ１	
平成９年２月～５	５名	バックホウ１	ミニホウ１	ダンプ１
６	３名	バックホウ１	ミニホウ１	ダンプ１
７＊	５名	バックホウ１	ミニホウ１	
20	４名		ミニホウ２	
21	３名		ミニホウ２	
平成９年３月～29	６名		ミニホウ１	
30	４名		ミニホウ１	
平成９年４月～７	４名		ミニホウ２	ダンプ１
８	３名		ミニホウ２	ダンプ１
16	６名	バックホウ１	ミニホウ１	
17	４名	バックホウ１	ミニホウ１	
18	４名	バックホウ１	ミニホウ１	
合計　18日	75名	8台	23台	6台

人件費	日当2万5000　×75名　＝	187万5000円
バックホウ	１日4万9000円×　7台　＝	34万2000円
ミニホウ	１日2万8000円×22.5台＝	63万円
ダンプ	１日1万円　　×　5.5台＝	5万5000円
	合計	290万3000円

資料27

被告第４準備書面（要旨）

（平成10年８月11日）

本件工事の瑕疵（瑕疵番号は被告第１準備書面に基づく）の修補費用は，以下のとおりである（乙６の６）。

瑕疵①について		
追加人孔の設置費用	人孔１基	15万円
	掘削埋戻等	8万500円
瑕疵②について		
既設人孔の撤去費用		8万700円
新設人孔の設置費用	人孔１基	28万円
	掘削埋戻等	11万500円
瑕疵③について		
会所枡・既設営撤去費用		9万400円
会所枡新設費用		4万円
新設管の設置費用		12万円
	掘削埋戻等	14万500円
瑕疵④について		
追加人孔の設置費用	人孔２基	20万円
	掘削埋戻等	18万5000円
瑕疵⑤について		
上部高さ調整費用		2万5000円
トンバートエ費用		1万5000円
修補費用のまとめ		
瑕疵①から⑤の修補費用の合計		154万1000円
共通仮設費		20万8000円
現場管理費		10万円
一般管理費		10万円
消　費　税		5万8000円
合　　　計		200万7470円

資料28

第2回　弁論準備手続調書		裁判官認印
事件の表示	平成10年（ワ）第500号	㊞
期日	平成10年8月12日　午後1時00分	
場所等	京都地方裁判所第2民事部　　準備手続室（☐ 電話会議の方法による）	
裁判官 裁判所書記官	A 末尾記載の裁判所書記官	
出頭した当事者等 〔☐通話先の電話番号（及びその場所）は右に記載のとおり〕	原告本人　円山健一 原告代理人　甲野太郎 原告補助参加人代理人　丙川三郎 被告代理人　乙山次郎 被告会社専務取締役　木谷秀二	
指定期日	平成10年10月7日　午後1時00分	

当事者の陳述等	
裁判所	☐ 和解勧告　☐ 弁論準備手続終結 ☐
原告	☐ 訴状訂正（訴変更）申立書陳述（　・　・　付け）　☐ 準備書面（本日付け）陳述 ㊞ 準備書面　陳述（10・7・9付け）　㊞ 準備書面　陳述（10・8・10付け） ☐ （準備事項） ☐ 平成　年　月　日限り準備書面提出　☐ 平成　年　月　日限り証拠申出 ☐
被告	☐ 請求棄却申立て　☐ 請求原因事実認　☐準備書面（本日付け）陳述 ㊞ 準備書面　陳述（10・7・27付け）　㊞ 準備書面　陳述（10・8・11付け） ☐ （準備事項） ☐ 平成　年　月　日限り準備書面提出　☐ 平成　年　月　日限り証拠申出 ☐
☐ 続行　☐ 延期　㊞ 証拠関係別紙のとおり ㊞ その他の記載別紙のとおり	
裁判所書記官　B　㊞	

(注) ①☐を付した事項については該当事項欄に認印をしたものに限る。②この調書に符号を使用したときは，事件記録の表紙による。

請負代金の合意に関する争点整理の結果は別紙一のとおり

【当事者の主張】

原　告　1　原告及びその下請が施行した部分を乙4記載のとおりに変更する。

2　瑕疵部分の修補時点の状況は，瑕疵①②④は埋め戻しはされておらず，瑕疵③⑤は埋め戻し済みであった。

3　当初，オープンカット工法（掘削角度20度）を選択したのは，吉田管理士の指示である。

被　告　1　原告側の施行範囲を変更することに異議はない。原告主張1は認める。

2　原告主張2は認める。ただし，瑕疵②については撤去人孔の周辺は埋め戻されていないが，接続されていた雨水管の付け替えのため掘削埋戻費用を要し，瑕疵④については追加人孔のための掘削埋戻費用を要している。

3　原告主張③は知らない。

4　原告第3準備書面の工事中断が正しいとしても，中断日の全てについて経費を計上するのは不当である。

待機を連絡した日（平成8年12月17日の半日，平成9年1月16日，同月28日，同年2月5日，同月20日，同年3月29日，同年4月7日，同月16日の7・5日）と再開予定が変更となった日（平成9年1月17日，2月7日半日の1・5日）の合計のみ認める。

【準備事項】

原　告　1　訴状添付図面を乙4の図面に差し替えることとし，次回提出する。

2　施工方法を色分けして示した図面を提出する（提出期限・平成10年8月19日）

3　瑕疵についての原告の責任の有無について，準備書面で主張を整理する（提出期限・平成10年9月18日）。

4　鑑定結果を前提に，原告側の施工部分の評価についての準備書面（提出期限・平成10年10月2日）

被　告　1　原告第3準備書面の工事中断は，補助参加人から現場会議記録が提出された後，認否する（提出期限・平成10年9月10日）。

2　瑕疵についての原告主張に対する反論の準備書面（提出期限・平成10年10月2日）

3　鑑定結果を前提に，原告側の施工部分の評価についての準備書面（提出期限・平成10年10月2日）

補助参加人

1　現場会議記録があれば提出する（提出期限・平成10年8月31日）。

各当事者

立証準備（人証申請・尋問事項書）（提出期限・平成10年10月2日）

資料29

鑑　定　事　項

1　出来形の積算について

乙第４号証の図面の赤線部分に，甲第１号証の１・２記載のような下水道工事（通常必要とされる掘削工事，下水道管敷設工事，人孔敷設工事，会所桝工事，埋戻工事，基面整正工事，土止め工事）を施工する場合に積算される一般的な工事請負代金

ただし，積算条件は以下のとおりとする。

(1)　掘削工事については，原告提出の「施工方法図」に従って施工されたものとする。ただし，矢板土止め使用部分については，掘削深度からその必要性の有無を判断し，必要がない場合は，矢板土止め工法によらないものとする。

(2)　単価は，別紙工事内訳書（甲２）記載の単価（記載がない場合は平成８年当時の積算基準）を採用する。

(3)　数量については，甲第１号証の１・２並びに現地見分により積算する。ただし，人孔Ａ－３・４間及びＣ－６・７は直結され，その間の人孔は存在しないものとする）。

2　瑕疵修補について（乙第６号証の１ないし５の瑕疵図①ないし⑤）

(1)　瑕疵図①について（修補前には埋め戻しはされていない。）

ア　人孔Ａ－３・４の位置は，甲第１号証の１・２に示された位置と一致しているか否か

イ　瑕疵図①の施工に要する一般的な工事代金

(2)　瑕疵図②について（修補前には埋め戻しはされていない。）

ア　瑕疵図②の修補方法として，以下のうちいずれが相当か。

(ア)　人孔Ａ－８を撤去して，新規人孔を設置する方法

(イ)　人孔Ａ－８を移設する方法

(ウ)　人孔Ａ－８を残し，汚水管（計画管）の途中に曲管を使用する方法

イ　相当な修補方法で施工する場合の一般的な工事代金

(3)　瑕疵図③について（修補前に埋め戻し済みである。）

ア　会所桝18から20を管径20に変更する場合の一般的な工事代金

イ　会所桝16から18を管径15に変更する場合の一般的な工事代金

(4)　瑕疵図④について（修補前には埋め戻しはされていない。）

ア　人孔Ｃ－６・７の位置は，甲第１号証の１・２に示された位置と一致しているか否か

イ　瑕疵図④の施工に要する一般的な工事代金

(5)　瑕疵図⑤について（修補前に埋め戻し済みである。）

ア　人孔Ｃ－３・４の位置は，甲第１号証の１・２に示された位置と一致しているか否か

イ　瑕疵図⑤の施工に要する一般的な工事代金

資料30

原告第４準備書面（要旨）

（平成10年８月18日）

1　原告及びその下請業者（以下「原告側」という）が施工した工事範囲について，訴状添付の別紙(1)，(2)を本書添付の別紙(1)，(2)に差し替える。

2　原告側で施工した部分の掘削工事に関する工法は，別紙(3)の「施工方法図」の色分けのとおりである。

青線部分～当初，掘削角20度で施工した部分

黄線部分～矢板土止め工法で施工した部分

緑線部分～掘削角30度で施工した部分

別紙(1)(2)(3)省略

資料31

被告第５準備書面（要旨）

（平成10年９月10日）

原告第３準備書面の工事中断による経費増加の主張について，被告は，第２回弁論準備手続において，９日間のみは認める旨の答弁をしたが，その答弁は，被告において事実確認をしたうえではなく，原告の主張事実が正しいとしても待機を連絡した日と再開予定が変更になった日以外は経費を認めるのは相当でないとの主張であり，前提事実が異なる場合にまで拘束されるものではない。

しかして，今回，補助参加人作成の「鴨川学園現場会議」という証拠（甲10）が原告から提出され，それによると，待機日は原告の主張するとおりであるからこれを認めるが，平成９年２月５日からの待機及び同年４月16日からの待機については，いずれもその前日に現場会議で指示がなされており，下請業者は，元請の近畿企画の召集する現場会議に出席する義務があるから，原告が欠席したため連絡事項を了知することができなかったとしても，その責は原告が負うべきであり，右両日については，前日に待機の指示があったものとして，翌日の待機による経費の計上も許されない。

なお，工事業者が施工機材をリースで賄うか，保有機材を使用するかは，当該業者の自己都合であり，かつ，リース物件について，解約の制限があるとしても，その点も施主側に負担させるべきことではないから，待機の指示がなされた日以外は機材や人員の待機経費を認めるのは相当ではない。

資料32

文書提出命令申立書

平成10年（ワ）第500号

原　告　円　山　健　一
上記補助参加人　八坂土木工業株式会社
被　告　株式会社丸太興業

平成10年８月27日

原告代理人弁護士　甲　野　太　郎

京都地方裁判所第２民事部　御中

記

原告は，次のとおり，文書提出命令を求める。

1．文書の識別に関する事項

京都市左京区下鴨本町50番地における学校法人鴨川学園建設に際し，その下水道工事施工計画の前提とをるデータを記載した下記の趣旨の各文書（括孤内は，一般的に用いられている同趣旨の文書の名称の例である。）

① 建設用地の造成工事前の現況を測量した図面（建設前現状測量図）

② 造成工事及び建築工事のための土質調査の結果を示す図面
（柱状図＝土質ボーリングデータ）

③ 造成工事の結果を示す図面（地盤の縦断図及び横断図）

④ 建設用地のうち，建物周囲及び下水道管埋設部分の路盤面の計画図及び竣工後の路盤面の確定図面（路盤計面図及び竣工時の路盤図）

⑤ 浄化槽の埋設位置を示す図面（浄化槽設計図）

⑥ 各校舎等の建物の設計図のうち給排水関係を示す図面
（建築設計図書）

⑦ 基礎工事及び外構工事の施工状況を撮影した写真
（基礎工事地業・外構工事現場施工記録写真）

（なお，上記各設計図面が変更された場合には，その変更された図面（変更が数回にわたる場合には，完成時を現した図面または完成時に最も近い時点で作成された図面を含む。））

2．文書の表示を明らかにすることが著しく困難な事情

原告は，上記文書の作成，使用に関与したことはなく，文書の所持者に対して２度にわたって上記各文書の交付を求めたが拒否されており，原告において，上記各文書の表示について知りうる方法はない。

3．文書の表示を明らかにすることを求める申出

御庁から上記各文書の所持者に対し，上記各文書の表示について明らかにするよう求められたい。

4．文書の所持者

大阪市北区西天満９丁目35－４
近畿企画開発株式会社

5．証明すべき事実

(1) 被告が主張する被告第1準備書面別紙瑕疵説明書中瑕疵図①　の法面傾斜角度が当初の設計から変更された事実

(2) 同瑕疵図④　の浄化槽の位置が当初の設計から変更された事実

6．文書の提出義務の原因

右各文書は，民事訴訟法第220条4号に定める文書であって，同号イからハまでに掲げる文書のいずれにも該当せず，文書の所持者はこれを提出する義務がある。

7．文書提出命令申立の必要性

原告は上記各文書の所持者である近畿企画開発株式会社に対して2度にわたり上記各文書の写の交付を求めたが，同社はこれを拒否した。本件申立をする以外には上記各文書を書証として提出する方法はないので，原告は上記各文書の書証の申出を本件申立によってする必要がある。

疎　明　方　法

疎甲第1号証　内容証明郵便
疎甲第2号証　電話聴取書

資料33

平成10年９月１日

京都地方裁判所第２民事部

裁判官　　Ａ　　　　　　印

近畿企画開発株式会社　御中

照　　　会　　　書

原　　　　　告　円山舗装こと円山健一
上記補助参加人　八坂土木工業株式会社
被　　　　　告　株式会社丸太興業

右当事者間の当庁平成10年（ワ）第500号請負代金請求事件において，原告から，あなたの所持する文書につき文書提出命令の申立てがありましたが（当庁平成10年（モ）第2000号），その申立てに際し，申立てにかかる文書の表示を明らかにすることが著しく困難であるとして，民事訴訟法222条１項に基づき，文書の表示を明らかにすることを求めるよう当裁判所に対し申出がありました。上記の文書提出命令の申立ておよび文書の表示を明らかにすることを求める申出の内容は別紙のとおりです。

当該文書は上記の訴訟において重要な文書であると考えられますので，つきましては，文書の表題，作成者，作成日付等の文書の表示に関する事項につき，添付の回答書によって至急回答されたく，民事訴訟法222条２項に基づき，照会いたします。郵送またはファクシミリで回答書を送付してください。

なお，当該文書につき文書提出命令の申立てがなされていることについてご意見がございましたら，別途，意見書を提出してくださって結構です。ただ，あなたに当該文書を提出する義務があるかを判断する上では，後日裁判所においてご意見をお聴きする（審尋）ことになります。その場合は，改めてご連絡いたします。

（別紙　省略）

平成　　年　　月　　日

（回答者）　　　　　　　印

京都地方裁判所第２民事部　御中

回　　　答　　　書

原　　　　　告　円山舗装こと円山健一
上記補助参加人　八坂土木工業株式会社
被　　　　　告　株式会社丸太興業

上記当事者間の御庁平成10年（モ）第2000号文書提出命令申立事件に関する民事訴訟法222条２項に基づく平成10年９月１日付け照会について，次のとおり回答します。

（回答）

照会文書について
　文書の表題
　文書の作成者
　文書の作成日付
　そ　の　他
照会文書②について

（以下　省略）

平成10年（モ）第2000号　文書提出命令申立事件
（基本事件・平成10年（ワ）第500号請負代金請求事件）

決　　　　　定

（当事者欄　略）

上記当事者間の上記基本事件につき，原告から文書提出命令の申立てがあったので，当裁判所は次のとおり決定する。

主　　　　　文

近畿企画開発株式会社は，別紙①ないし⑤記載の各文書を京都地方裁判所に提出せよ。

理　　　　　由

1　原告の本件申立ての理由の要旨は，次のとおりである。

(1)　原告は基本事件において，下水道管埋設のためになされた地盤掘削工事による法面傾斜角度及び浄化槽の位置が当初の設計から変更されて施工された事実を立証するために，別紙①ないし⑤記載の各文書（以下「本件文書」という）を提出することが必要である。

(2)　本件文書は民事訴訟法220条４号に定める文書であって，同号イないしハに掲げるもののいずれにも該当しない。

(3)　原告は本件文書の所持者である近畿企画開発株式会社（以下「近畿企画」という）に対して２度にわたり本件文書の写しの交付を求めたが，これを拒否されたため，文書提出命令の申立てをする以外には本件文書を書証として提出する方法がない。

2　本件申立てにつき，被告は特に意見はない旨述べ，近畿企画は本件文書の写しの交付を拒んだことは原告の主張のとおりであるが，本件文書を提出する義務の存否について争わない旨述べた。

3　そこで，検討すると，本件文書を証拠として取り調べる必要性，文書提出義務の原因，および書証の申出を文書提出命令の申立てによってする必要性についての原告の主張はいずれもこれを認めることができる。

4　よって，本件申立ては理由があるので，これを認容することとし，主文のとおり決定する。

平成10年９月11日

京都地方裁判所第２民事部

裁判官　　A　　　　　　　　印

〈別紙〉

①　文書の表題　　地質調査報告書
　　文書の作成者　㈶S地質調査研究所
　　文書の作成日　平成８年３月25日

②　文書の表題　　鴨川学園新築工事設計図　No.５・15・21
　　文書の作成者　近畿企画総合建設部

文書の作成日　平成8年7月30日
③　文書の表題　鴨川学園用地造成計画図
文書の作成者　Ｒ土木建築㈱
文書の作成日　平成8年5月12日
④　文書の表題　鴨川学園新築工事設計図　No.28
文書の作成者　近畿企画総合建設部
文書の作成日　平成8年7月30日
⑤　文書の表題　鴨川学園新築工事設計図　No.3・6・9・12・25
文書の作成者　近畿企画総合建設部
文書の作成日　平成8年7月30日

資料35

原告第５準備書面（要旨）

（平成10年９月21日）

1　原告第４準備書面に対する反論

瑕疵修補費用に関する被告の主張は争う。具体的には鑑定結果を見てから認否する。

2　被告第５準備書面に対する反論

(1)　現場会議について

甲10（現場会議録）記載のとおり現場会議が開催され，平成９年２月４日と４月15日に翌日からの待機の指示がなされていることはあえて争わないが，原告及びその下請が現場会議に出席する義務があるとの主張は争う。甲10から明らかなとおり，現場会議は毎日開催されており，原告のように下水道工事のみを請け負っているものに関係のある連絡事項はほとんどない。それにもかかわらず毎日会議に出席するように要求するのは元請の近畿企画にとっての合理性のみを追及した横暴というべきであり，原告の施工に直接関係のある変更事項については，原告に対する発注者である被告が直接連絡する義務があるというべきである。そして，右両日について被告から前日に待機の指示がなされたことはない。そのために原告は工事施工の準備をしていたものであり，待機による経費を被告が負担するのは当然である。

(2)　被告の主張は，待機の初日以外経費を否認する趣旨と思われるが，原告の場合，施工機材は工事現場ごとにリースしており，作業員も現場ごとに採用しているのが実情であり，木谷専務もそのことは十分承知していることである。したがって，待機初日だけでリース機材を返還したり，作業員を解雇することはできず，待機日数分の経費を要するのは当然である。

3　原告施工部分の評価，瑕疵に対する主張の整理，瑕疵修補費用についての意見は，鑑定書が提出された後速やかに提出する予定である。

なお，甲12の３・６・９によれば，瑕疵①④の関係では，下水道配管の設計後に法面や浄化槽の位置が変更された可能性がある。

資料36

鑑　定　書（抄）

平成10年９月25日

裁判所から提示された鑑定事項について，三回の現地調査，提供された図面（甲１の１＝下水道配管図，甲１の２＝配管断面図，甲２＝工事内訳書，甲11＝地質調査報告書，甲12＝鴨川学園新築工事設計図，甲13＝鴨川学園用地造成計画図，乙４＝既工分調査，乙６＝瑕疵図）に基づいて，数量を積算し指定された鑑定条件に従って，技術士の良心に従い，厳正中立に査定した。

なお，本工事費の査定に当たっては，工事は順調に進捗したものとし，手持ち及び場内小運搬による移動のための工事費の増額分は含まないものとして算出した。

1　出来形の積算　工事費積算総額　1107万1200円

	摘　　要	数　量	単　価	金　　額
直接工事費				
土　工	掘削　バックホウ	230.3㎥	390	89,817
	ミニホウ	50.3㎥	1,870	94,061
	人力	78.2㎥	4,200	328,440
	埋戻　バックホウ	235.4㎥	1,620	381,348
	ミニホウ	46.4㎥	2,950	136,880
	残土処分	69.1㎥	5,120	353,792
	基面整正	152.5㎡	500	76,250
	砂基礎バックホウ	47.3㎥	5,260	248,798
	ミニホウ	7.1㎥	6,950	49,345
	山留工トレンチコート	292.1㎡	5,120	1,495,552
	支保工	51.7㎡	3,000	155,100
管路工	本管　塩び管φ100	4.0m	1,050	4,200
	φ150	32.7m	2,320	75,864
	φ200	84.8m	3,840	325,632
	人孔設置　　φ600	7カ所	92,780	649,460
	φ900	10カ所	144,800	1,448,000
	φ1200	4カ所	255,800	1,023,200
	インバート	14カ所	18,800	263,200
	継手曲管　マンホール継手	一式		160,000
	人孔設置　クレーン費	一式		210,000
付帯工	既設石積撤去修復	一式		80,000
	法面整形	一式		40,000
共通仮設費	運搬費	一式		163,480
	準備費	一式		322,740
	安全費	一式		100,000
	技術管理費	一式		184,800
	営繕費	一式		429,730
純工事費				8,889,689
現場管理費				1,207,600
工事原価				10,097,289
一般管理費				977,100
工事価格				11,074,389
消費税				332,231
工事費総計				11,406,620

2　瑕疵の修補費用等　229万4800円～224万9300円

修補費用については，瑕疵別の工事費用の他に共通仮設費・現場管理費・一般管理費・消費税を計上しなければならないが，上記各費用については，瑕疵部分をまとめて修補したとした場合に要する費用を積算し，これを各瑕疵の工事費用に比例配分し，工事費用の内金として示した。

⑴　瑕疵図①について

ア　人孔A－3・4の位置は，甲第1号証の1・2に示された位置と一致している。

イ　工事代金　35万4000円（11万7700円）

⑵　瑕疵図②について

ア　瑕疵図②の修補方法としては，人孔A－8を撤去して，新規人孔を設置するのが契約内容からみて相当である。

イ　工事代金　70万2500円（23万3500円）

⑶　瑕疵図③　について

ア　会所枡18から20をへφ200に変更する場合の工事代金
59万1500円（19万6600円）

イ　会所枡16から18を管径15に変更する場合の工事代金
54万6000円（18万1500円）

⑷　瑕疵図④について

ア　人孔C－6・7の位置は，甲第1号証の1・2に示された位置と一致している。

イ　工事代金　56万6200円（18万8200円）

⑸　瑕疵図⑤について

ア　人孔C－3・4の位置は，甲第1号証の1・2に示された位置と一致しているが，同号証の2の高さレベルでは一致していない。人孔C－3で40㎝，C－3で20㎝低い。

イ　工事代金　8万0600円（2万6800円）

資料37

原告第6準備書面（要旨）

（平成10年10月2日）

1　原告の施工部分の評価について

原告及びその下請が施工した部分に実際に要した費用及び経費について，原告は，1250万円と主張するものであるが，上記主張は以下の事実からみて明らかである。

⑴　鑑定の結果

鑑定の結果によれば，原告及びその下請が施工した部分の出来形の査定結果は，総額1140万6620円とされている。原告は，上記鑑定結果を援用する。

⑵　工法変更による経費増加

原告第3準備書面第1項で主張したとおり，原告の施工したCゾーンのみについて，工法変更によって129万2000円の経費増加となった。

被告は，上記の経費増加分の支払を約束している。

なお，上記は原告の施工部分のみに関するものであり，下請も同様の経費増加になっており，下請の施工範囲は原告の請負範囲の約45パーセントであるから，単純に比例すれば105万7090円となり，原告分と合わせれば234万9090円となる。

⑶　工事中断による経費増加

原告第3準備書面第2項のとおり，原告の施工したCゾーンの工事中断による経費増加は297万1000円であり，前記と同様に下請分も計算すれば243万0818円となり，原告分と合わせれば540万1818円となる。

⑷　上記⑴ないし⑶の合計は，1915万7528円となり，原告の本訴請求がいかに控えめであるか明らかである。

2　瑕疵に対する原告の主張

被告主張の瑕疵について，原告は，第１準備書面で一応の反論をしたが，その後に提出された証拠及び鑑定の結果に基づいて，その主張を以下のとおり整理する。

⑴　瑕疵①について（桂配管施工部分）

原告は，被告から交付された図面（甲１の１・２）に基づいて人孔を設置しており，人孔Ａ－３・４は上記図面の位置と一致していることは鑑定結果から明らかである。配管が露出したのは，原告が施工後に法面の掘削角度が変更されたことによるものであり，原告の施工に暇疵があるといわれる理由はない。なお，現場会議において，原告の施工前に法面施工の変更の指示がなされていることは認めるが，原告も桂配管も同日の現場会議には出席していないし，被告から変更を指示されたこともない。

⑵　暇疵②について（桂配管施工部分）

被告主張のように人孔Ａ－８を移設する必要はなく，曲管を使用すれば何ら問題はない。鑑定は契約内容から移設が相当であるというが，移設に要する費用は70万円にも及ぶものであり，曲管使用であれば数万円で済み，この部分に曲管を使用してもほとんど支障が考えられないことからすれば，移設による修補請求は許されないというべきである（民法634条１項）。

⑶　瑕疵③について（大原設備施工部分）

瑕疵③の事実は認める。設計図によれば，会所桝20まではφ15，20以降をφ20で施工することになっていた（甲１号証の２参照）から，会所桝16から18をφ15に取り替える必要があることは争わない。

⑷　瑕疵④について（原告施工部分）

原告が図面（甲第１号証の１・２）に基づいて人孔を設置していることは鑑定の結果から明らかである。原告の施工後に浄化槽の位置が変更されたことに起因するものであり，原告施工の瑕疵ではない。なお，浄化槽の位置の変更については，現場会議でも報告されていない。

⑸　瑕疵⑤について（原告施工部分）

鑑定の結果により，設計図より人孔Ｃ－３で40㎝，同Ｃ－４で20㎝低く施工されていることは争わないが，実際の修補は50㎝と40㎝嵩上げされており，その原因は，原告の施工後に地盤面が嵩上げされたことによるものと考えられる。したがって，いずれ補修の必要はあったのであって，鑑定書の示す工事費用の全額を原告が負担するいわれはない。相当の減額がなされるべきである。

3　瑕疵修補費用について

瑕疵について，原告に責任があるといえないことは，上記に主張したとおりであるが，責任問題とは別に，瑕疵の修補費用については，鑑定結果を踏まえて，被告の主張を認めることとする。

資料38

被告第６準備書面（要旨）

（平成10年10月２日）

1　原告施工部分の出来高評価について

鑑定の結果によれば，工事が順調に進捗したものとして，原告施工部分の工事費は1140万6620円ということであるが，工法変更による経費の増加は，山留工トレンチコートの149万5552円と支保工の15万5100円の合計165万0652円のみである。これを控除すると942万0548円となる。

原告は，この工事を1500万円で請負い（原告の主張によっても工事が順調に進捗しない場合の経費の負担を問題にしているだけで，そのような事情がない場合でも実額が保証ざれていたと主張しているわけではないから，鑑定の前提をとった場合の当事者間の合意金額は1500万円である），その40パーセントを施工しただけであるから，その出来高は600万円にしかならない。鑑定結果は57パーセントも高く評価していることになる。

仮に，原告施工部分を原告の主張する50パーセントとしても，出来高は750万円であり，鑑定結果は25.6パーセントも高い。

このように鑑定結果は，実際の契約内容とかけはなれた実情に合わない積算をしているのであって，採用される余地はない。

鑑定がこのように実情に合わない結果となっている原因は，一般に土木工事などは，グレードによって施工費は大きく変わるものであり，どのようなレベルの工事をするかは，契約内容次第であるところ，本件鑑定は，既に施工済みであったため，外形しかみれない状態のもとに，最も高いグレードで施工されたものと推定して積算していることにあると思われる。

それは，瑕疵修補費用の評価をみても，被告の主張は，設計者の見積（乙６の６）に従ったものであるのに，鑑定はそれを上回る費用を積算していることからも明らかである。

2　瑕疵について

瑕疵についての原告の責任に関して，平成10年９月18日までに原告が主張をまとめることになっていたが，準備書面の提出がないので，提出され次第反論する。

資料39

被告第７準備書面（要旨）

（平成10年10月５日）

瑕疵に対する原告の主張に対し，以下のとおり反論する。

1　瑕疵①について（桂配管施工部分）

桂配管が図面（甲１の１・２）に基づいて人孔を設置していることは認めるが，法面の変更は桂配管が施工する以前の現場会議で説明がされており，その説明を無視して施工した以上，瑕疵として原告に責任がある。なお，原告及び桂配管が当日の現場会議に出席していないこと，被告が直接原告又は桂配管に変更の指示をしていないことは認めるが，現場会議において説明がなされている以上，原告の責任に消長をきたすものではない。

2　瑕疵②について（桂配管施工部分）
直管で接合するように指示された箇所に曲管を使用することは契約違反であるだけでなく，汚水管に曲管を使用すれば，故障の原因となり，メンテナンス上も問題があり，重大な瑕疵に該たり，鑑定が指摘するとおり，移設して修補すべきは当然である。
3　暇疵③について（大原設備施工部分）
会所桝16から18をφ15に取り替える方法で修補することを認める。
4　瑕疵④について（原告施工部分）
原告が図面（甲第１号証の１・２）に基づいて人孔を設置していること，浄化槽の位置の変更について，現場会議でも報告されていないことを認め，瑕疵④についての主張は撤回する。
5　瑕疵⑤について（原告施工部分）
鑑定の結果どおりであることは認めるが，原告の瑕疵が大半を占めており鑑定評価をあえて減額する必要はない。

資料40の１

争　点　整　理　表

1　本件工事の発注者について（「契約当事者に関する主張整理表」参照）
【争いのない事実】
⑴　本件工事は，当初，補助参加人が平岡建設の紹介で被告に下請を依頼したものである。
⑵　補助参加人と原告は過去に取引関係がなかった。
⑶　被告は，加茂設計に依頼して本件工事の設計（甲１の１・２）をさせ，かつ，見積（甲２）をさせている。ただし，その代金75万円は被告から補助参加人に請求され，被告から加茂設計に支払われている。
⑷　被告は，加茂設計の見積額を増額修正した見積書（丙２）を自ら作成し補助参加人に提出している。
⑸　本件工事請負契約は，平成８年11月17日，鴨川学園工事事務所で八坂社長，木谷専務，吉田監理士，原告が参加した場で口頭で締結され，工事代金については，一応1500万円を目処とすることとされた。
⑹　右会議で，吉田から工事内容等の説明があり，本件工事の設計図が木谷から原告に渡された。
⑺　請負代金の支払について，補助参加人の支払手形を被告が受け取り，原告には被告から現金で支払うことになった。
⑻　近畿企画からの工法クレームにつき，木谷が原告に工法の変更を指示ないし連絡した。
⑼　工法変更当初，被告側が無償で資材を提供した。
⑽　工事代金として被告から原告に600万円が支払われたが，その前後に被告は補助参加人に同額の請求をして手形で支払を受け，いずれも決済されており，被告は利鞘を受け取っていない。
⑾　原告が工事を下りた段階で，被告は，自己の負担（５万円）で加茂設計に出来高

の見積もりをさせている。

【争点】

(1) 被告ないし木谷専務が(3)ないし(9)及び(11)の行為をした理由ないしその際のやりとりの状況。

(2) 工事代金の決定について，どのようなやりとりで決定するに至ったか。

(3) 工事代金を被告が現金で原告に支払うことが決まったとき，具体的にはどのような協議が誰と誰の間でなされたか。

(4) 工法の変更時に原告が経費の増加について誰かに何らかの要求をした事実があるか。それに対し，木谷が原告に対し，費用の増額分の支払を約したことがあるか。

(5) 平成９年２月20日ころに，木谷が原告に対し，工事の遅れによる経費増加分の支払を約したことがあるか。

2　本件請負代金の合意について（「請負代金の合意に関する主張整理表」参照）

【争いのない事実】

(1) 工事代金について一応1500万円とすることに合意したが，吉田の説明から，原告が工事期間の延伸等による経費の増加を危惧する発言があった。

(2) 工法変更について，平成８年12月19日，近畿企画の召集した現場会議に八坂・木谷・原告・桂配管・大原設備が参加し，工法変更が確定したが，会議終了後，原告は費用が嵩むことで不平を言っていた。

【争点】

(1) 契約当日の原告の経費増加に対する危惧の発言に対し，被告又は補助参加人はどのような対応をしたのか。その際，木谷専務が原告に対し，実費を保証する旨の回答をしたことがあるか。

(2) 原告と孫請との間において，実費支払の合意があったか。

(3) 工法変更についての現場会議の終了後の原告の費用が嵩むとの不平に対し，被告又は補助参加人はどのような対応をしたのか。その際，木谷専務が原告に対し，変更による経費増額分の支払を約束したことがあるか。

(4) 工事中断の指示（連絡）を木谷が原告にした際，それによる経費増加分を保証する旨の約束をしたことがあるか。

3　原告施工分の出来高について

【争いのない事実】

(1) 原告（及びその下請）の施工部分は，乙４に図示された部分である。

(2) 本件工事は，当初，オープンカット（掘削角20度）で施工を開始したが，近畿企画から変更を要求され，掘削深度2.0メートル超では矢板土止め工法，それ以外は掘削角度30度にし，その角度がとれない場合も矢板土止め工法とすることになった。

(3) 工事中断日は原告第３準備書面記載のとおり18日間である。

(4) 平成９年度の積算資料による作業員の日当，バックホウ・ミニホウ・ダンプのリース料は，原告第３準備書面記載のとおりである。

(5) 右工事中断について，平成９年２月５日から３日間の中断については同月４日の現場会議で，同年４月16日から３日間の中断については同月15日の現場会議でそれぞれ指示がされているが，原告及び孫請は出席していない。

【争点】

⑴　工事中断日の待機人員・機材の数量及び，発注者が負担しなければならないのはどの範囲までか。

⑵　現場会議へ原告らは参加する義務があるか。参加せず，かつ，変更事項についての連絡も受けなかったことによって生じた事態に対しては誰に責任があるか。

⑶　鑑定評価額は適正か。

4　瑕疵について

【争いのない事実】

⑴　瑕疵①について

ア　桂配管は図面（甲１の１・２）に基づいて人孔を設置している。

イ　桂配管が施工する以前の現場会議で法面の変更の指示がされている。

ウ　原告及び桂配管は，当日の現場会議に出席しておらず，被告が直接原告又は桂配管に変更の指示をしたこともない。

⑵　瑕疵②について

瑕疵説明書②の事実が存在した。

⑶　瑕疵③について

瑕疵説明書③の瑕疵が存在した。修補方法については原告主張によることで争いがない。

⑷　瑕疵④について

被告が主張を撤回した。

⑸　瑕疵⑤について

鑑定書のとおりの瑕疵があった。修補については，路盤面の嵩上げによる10㎝分も必要である。

【争点】

⑴　瑕疵①について

原告側が参加していない現場会議で事前に指示があったことにより，原告側に責任があるといえるか。

⑵　瑕疵②について

人孔Ａ－８を移設するかわりに曲管を使用して修補することが可能か。これによる弊害があるか。

⑶　瑕疵⑤について

原告の責任分はどこまでか。

資料40の 2

争　点　整　理　表

1　本件工事の発注者について（「契約当事者に関する主張整理表」参照）

【争いのない事実】

⑴　本件工事は，当初，補助参加人が平岡建設の紹介で被告に下請を依頼したものである。

⑵　補助参加人と原告は過去に取引関係がなかった。

⑶　被告は，加茂設計に依頼して本件工事の設計（甲１の１・２）をさせ，かつ，見積（甲２）をさせている。ただし，その代金75万円は被告から補助参加人に請求され，被告から加茂設計に支払われている。

⑷　被告は，加茂設計の見積額を増額修正した見積書（丙２）を自ら作成し補助参加人に提出している。

⑸　本件工事請負契約は，平成８年11月17日，鴨川学園工事事務所で八坂社長，木谷専務，吉田監理士，原告が参加した場で口頭で締結され，工事代金については，一応1500万円を目処とすることとされた。

⑹　右会議で，吉田から工事内容等の説明があり，本件工事の設計図が木谷から原告に渡された。

⑺　請負代金の支払について，補助参加人の支払手形を被告が受け取り，原告には被告から現金で支払うことになった。

⑻　近畿企画からの工法クレームにつき，木谷が原告に工法の変更を指示ないし連絡した。

⑼　工法変更当初，被告側が無償で資材を提供した。

⑽　工事代金として被告から原告に600万円が支払われたが，その前後に被告は補助参加人に同額の請求をして手形で支払を受け，いずれも決済されており，被告は利鞘を受け取っていない。

⑾　原告が工事を下りた段階で，被告は，自己の負担（５万円）で加茂設計に出来高の見積もりをさせている。

【争点】

⑴　被告ないし木谷専務が⑶～⑼及び⑾の行為をした理由ないしその際のやりとりの状況（**証人吉田，同木谷，同八坂，原告本人**）。

⑵　工事代金の決定について，どのようなやりとりで決定するに至ったか（**証人吉田，同木谷，同八坂，原告本人**）。

⑶　工事代金を被告が現金で原告に支払うことが決まったとき，具体的にはどのような協議が誰と誰の間でなされたか（**証人吉田，同木谷，同八坂，原告本人**）

⑷　工法の変更時に原告が経費の増加について誰かに何らかの要求をした事実があるか。それに対し，木谷が原告に対し，費用の増額分の支払を約したことがあるか（**証人木谷，原告本人**）。

⑸　平成９年２月20日ころに，木谷が原告に対し，工事の遅れによる経費増加分の支払を約したことがあるか（**証人木谷，原告本人**）。

2　本件請負代金の合意について（「請負代金の合意に関する主張整理表」参照）

【争いのない事実】

⑴　工事代金について一応1500万円とすることに合意したが，吉田の説明から，原告が工事期間の延伸等による経費の増加を危惧する発言があった。

⑵　工法変更について，平成８年12月19日，近畿企画の召集した現場会議に八坂・木谷・原告・桂配管・大原設備が参加し，工法変更が確定したが，会議終了後，原吉は費用が嵩むことで不平を言っていた。

【争点】

⑴　契約当日の原告の経費増加に対する危惧の発言に対し，被告又は補助参加人はどのような対応をしたのか。その際，木谷専務が原告に対し，実費を保証する旨の回答をしたことがあるか（**証人吉田，同木谷，同八坂，原告本人**）。

⑵　原告と孫請との間において，実費支払の合意があったか（**証人馬場，原告本人**）。

⑶　変更前の工法は誰の指示によって決定したか（**証人吉田，原告本人**）。

⑷　工法変更についての現場会議の終了後の原告の費用が嵩むとの不平に対し，被告又は補助参加人はどのような対応をしたのか。その際，木谷専務が原告に対し，変更による経費増額分の支払を約束したことがあるか（**証人八坂，同木谷，原告本人**）

⑸　工事中断の指示（連絡）を木谷が原告にした際，それによる経費増加分を保証する旨の約束をしたことがあるか（**証人木谷，原告本人**）。

3　原告施工分の出来高について

【争いのない事実】

⑴　原告（及びその下請）の施工部分は，乙４に図示された部分である。

⑵　本件工事は，当初，オープンカット（掘削角20度）で施工を開始したが，近畿企画から変更を要求され，掘削深度2.0メートル超では矢板土止め工法，それ以外は掘削角度30度にし，その角度がとれない場合も矢板土止め工法とすることになった。

⑶　工事中断日は原告第３準備書面記載のとおり18日間である。

⑷　平成９年度の積算資料による作業員の日当，バックホウ・ミニホウ・ダンプのリース料は，原告第３準備書面記載のとおりである。

⑸　右工事中断について，平成９年２月５日から３日間の中断については同月４日の現場会議で，同年４月16日から３日間の中断については同月15日の現場会議でそれぞれ指示がされているが，原告及び孫請は出席していない。

【争点】

⑴　原告の作業員の雇用，建設機材の調達方法とその実情を被告側において知っていたか（**証人木谷，原告本人**）。

⑵　工事中断日の待機人員・機材の数量及び，発注者が負担しなければならないのはどの範囲までか（**証人木谷，原告本人**）。

⑶　現場会議へ原告らは参加する義務があるか。参加せず，かつ，変更事項についての連絡も受けなかったことによって生じた事態に対しては誰に責任があるか（**証人八坂，同木谷，原告本人**）。

⑷　鑑定評価額は適正か（**証人ａ，同木谷**）。

4　瑕疵について

【争いのない事実】

(1)　暇疵①について

ア　桂配管は図面（甲１の１・２）に基づいて人孔を設置している。

イ　桂配管が施工する以前の現場会議で法面の変更の指示がされている。

ウ　原告及び桂配管は，当日の現場会議に出席しておらず，被告が直接原告又は桂配管に変更の指示をしたこともない。

(2)　瑕疵②について

瑕疵説明書②の事実が存在した。

(3)　瑕疵③について

瑕疵説明書③の瑕疵が存在した。修補方法については原告主張によることで争いがない。

(4)　瑕疵④について

被告が主張を撤回した。

(5)　瑕疵⑤について

鑑定書のとおりの瑕疵があった。修補については，路盤面の嵩上げによる10cm分も必要である。

【争点】

(1)　瑕疵①について

原告側が参加していない現場会議で事前に指示があったことにより，原告側に責任があるといえるか（**証人木谷，原告本人**)。

(2)　瑕疵②について

人孔Ａ－８を移設するかわりに曲管を使用して修補することが可能か。これによる弊害があるか（**証人ａ，同吉田，原告本人**)。

(3)　瑕疵⑤について

原告の責任分はどこまでか（**証人ａ，同吉田，原告本人**)。

資料41

第3回　弁論準備手続調書		裁判官認印
事件の表示	平成10年（ワ）第500号	㊞
期日	平成10年10月７日　午後１時00分	
場所等	京都地方裁判所第２民事部　準備手続室（□　電話会議の方法による）	
裁判官 裁判所書記官	A 末尾記載の裁判所書記官	
出頭した当事者等 〔□通話先の電話番号（及びその場所）は右に記載のとおり〕	原告本人　円　山　健　一 原告代理人　甲　野　太　郎 原告補助参加人代理人　丙　川　三　郎 被告代理人　乙　山　次　郎 被告会社専務取締役　木　谷　秀　二	
指定期日	平成10年11月16日　午後２時00分（弁論） 平成10年12月15日　午前10時00分（弁論）	

当事者の陳述等

裁判所	□　和解勧告　　㊞　弁論準備手続終結 □
原告	□　訴状訂正（訴変更）申立書陳述（　・　・　付け）　□　準備書面（本日付け）陳述 ㊞　準備書面　陳述（10・８・18付け）　㊞　準備書面　陳述（10・９・21付け） ㊞　準備書面　陳述（10・10・２付け） （準備事項） □　平成　年　月　日限り準備書面提出　□　平成　年　月　日限り証拠申出 平成10年12月１日限り ㊞　陳述書（原告－円山分，補助参加人－八坂分），尋問事項書提出
被告	□　請求棄却申立て　□　請求原因事実認　□準備書面（本日付け）陳述 ㊞　準備書面　陳述（10・９・10付け）　㊞　準備書面　陳述（10・10・２付け） ㊞　準備書面　陳述（10・10・５付け） （準備事項） □　平成　年　月　日限り準備書面提出　□　平成　年　月　日限り証拠申出 ㊞　平成10年12月１日限り陳述書（木谷），尋問事項書提出

□　続行　　□　延期　　㊞　証拠関係別紙のとおり
㊞　その他の記載別紙のとおり

裁判所書記官　B　㊞

(注) ①□を付した事項については該当事項欄に認印をしたものに限る。②この調書に符号を使用したときは，事件記録の表紙による。

資料 41

当事者双方

本件の争点及び証拠調べにより証明すべき事実は別紙のとおりである。

裁　判　官

証拠調べを次のとおり実施する。

1	証人　a	書面尋問		（書面提出期限　平成10年11月16日）
2	証人吉田	テレビ会議による尋問		（仙　台　地　裁　平成10年11月16日　午後2時～4時）
3	証人馬場	平成10年12月15日	午前10時　　～10時50分	（原告30分，被告20分）
	証人八坂	同	午前10時50分～12時	（補助参加人30分，原告20分，被告20分）
	証人木谷	同	午後1時10分～2時30分	（被告40分，原告40分）
	原告本人	同	午後2時40分～4時	（原告40分，被告40分）

4　証人八坂の尋問の際，証人木谷を同席させる。

以　上

資料42

尋　問　事　項　書

1　証人の主な経歴（施工歴，資格，鑑定歴）を述べてください。
2(1)　鑑定書第一項の数量の積算方法を説明してください。
　(2)　工事内訳書（甲２）より数量が多くなっている点について，その理由を明らかにしてください。
　(3)　山留工トレンチコートの数量はどのように積算されましたか（特に掘削深度の測定方法を明らかにしてください)。
3(1)　土木工事の場合，施工内容によって，施工単価にどの程度の幅がありますか。
　(2)　本件鑑定の場合，どのようなグレードを基準に判断されていますか。
　(3)　土止め工事について，最も高い工法の場合と最も安い工法の場合の各単価を説明してください。
4　瑕疵図②について，他の修補方法の場合の費用を示し，かつ，他の修補方法を採用しなかった理由を説明してください。
5(1)　現場管理費と一般管理費の内容を説明してください。
　(2)　上記各管理費が甲２の比率より高くなっている理由を説明してください。

資料43

決　　　　　定

原　　　告　円山舗装こと円山健一
補助参加人　八坂土木工業株式会社
被　　　告　株式会社丸太興業

上記当事者間の平成10年（ワ）第500号請負代金請求事件につき，証人ａの尋問の申出を採用し，別紙尋問事項につき，その尋問に代えて書面の提出を命じる。

平成10年10月27日

京都地方裁判所第２民事部

裁　判　官　　　Ａ

資料44

書面尋問について

ａ　殿

平成10年（ワ）第500号請負代金請求事件につき，民事訴訟法第205条により，あなたに対する尋問に代えて書面を提出していただくことに決定しましたので，別紙尋問事項書記載の事項についてあなたが記憶している事実をありのままに記載し，末尾に署名押印の上，平成10年11月11日までに当裁判所に提出してください。

返送用として，○○円分の切手を同封いたします。

なお，ご不明な点があれば，下記担当者にお問い合わせください。

平成10年10月27日

京都地方裁判所第２民事部（○係）

裁判所書記官　Ｂ

電　話　○○○　○○○○

ＦＡＸ　△△△　△△△△

資料45

日記第○○○号

嘱　　託　　書

仙台地方裁判所　御中

（当事者・代理人名　略）

上記当事者間の平成10年（ワ）第500号請負代金求事件について，下記１の証人に対して，民事訴訟法第204条に基づく尋問が下記２の尋問予定期日に行われるよう嘱託します。

なお，立会職員等の通知の際に，証人の住所から貴庁までの旅費の額を合わせてお知らせいただければ幸いです。

記

1　証人　氏名　吉田明夫

　　　　住所　仙台市青葉区○丁目○番地

2　尋問予定期日

　　平成10年11月16日（月）

　　午後２時00分～午後４時00分

　　平成10年10月８日

　　　京都地方裁判所第２民事部

　　　　　裁判所書記官　Ｂ　印

　　　　　連絡先（電話番号，ＦＡＸ　略）

資料46

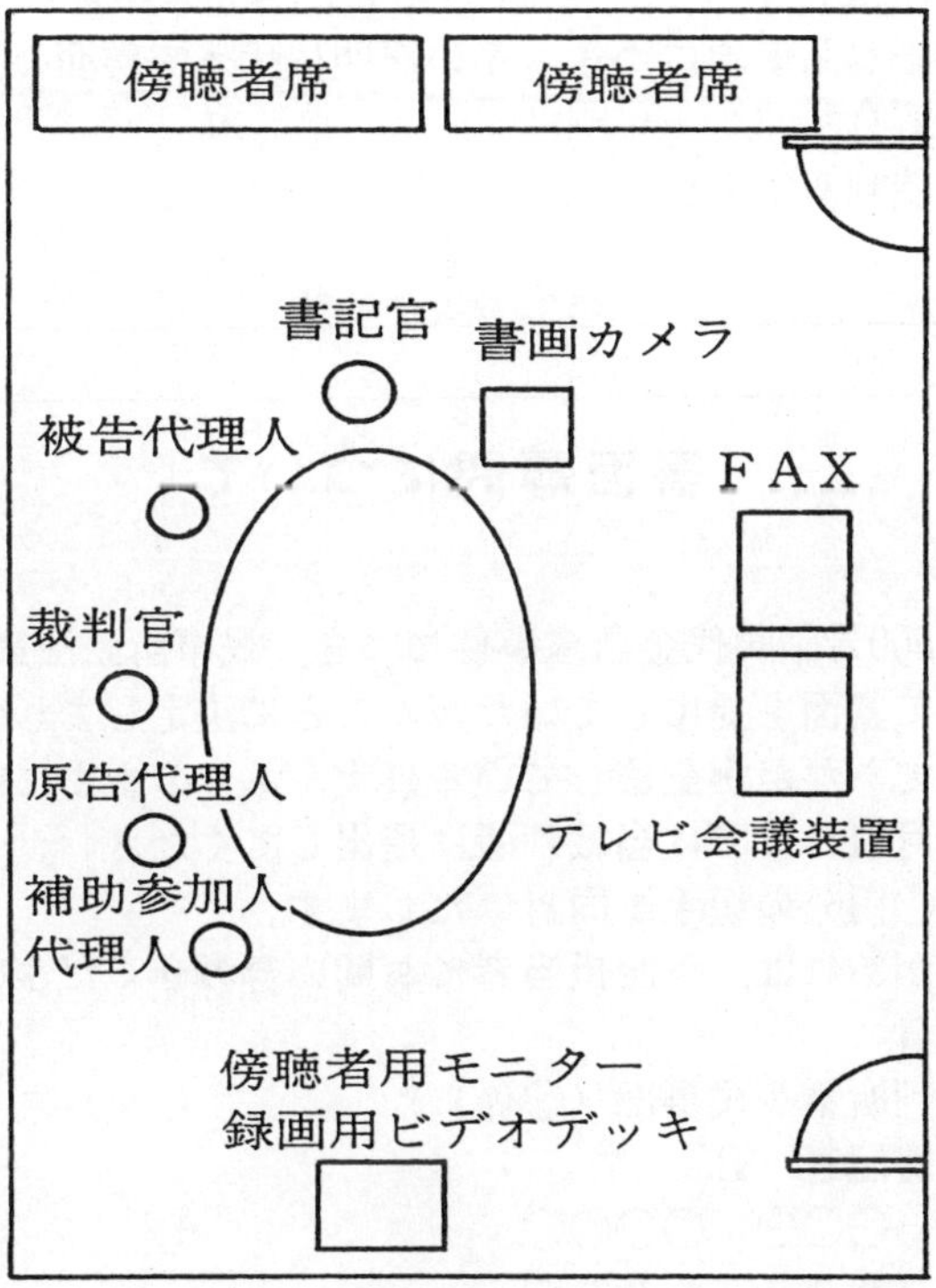

陳　　述　　書

（円山　健一）

1　私は，以前，道路舗装工事をしている会社に勤めていたが，15年程前に独立し，円山舗装の屋号で舗装工事と側溝や下水道工事をしています。常備の職人は大体五人位でそれで廻らないような工事を請けたときは臨時に人夫を雇ってしたり，下請に回すこともあります。

工事用の建設機械は全部リースで，自分で持っているのは職人の送迎用のボンゴと小型のカッターやコンプレッサーを積んだニトン車だけです。

受注先は，民間工事が主で，時には指名業者が請けた官公庁工事の下請をすることもあります。被告からは，これまで５，６回は下請で仕事をさせてもらっています。

2　平成８年10月初めころ，被告の木谷専務から，下水道工事があるがやらないかと話がありました。そして，１週間ほどした10月17日，とりあえず現場を見てくれということで，木谷専務と加茂設計の吉田監理士と現場を見分しました。校舎の建築はかなり進んでおり，一部に足場が残っていましたが，本体工事はほぼ終わっていると思いました。現場にあった八坂土木の事務所で下水道の配置を記載した図面（丙一）をもらい，加茂設計が設計図等を作成するということでした。

その後，11月17日に八坂土木の現場事務所で，木谷専務と会い説明を受けましたが，その際，八坂土木の代表者八坂社長を紹介され，またその席には吉田さんも同席していました。その際は，工事概要の説明を受けただけでした。

その後，11月27日にやはり八坂土木の現場事務所で，再度，木谷専務と八坂社長と会い，そのときに本件工事代金について1,500万円程度との話はありましたが，これは，工事が順調に進んだ場合の概算額であり，工事期間の変更等により実際に要する工事代金，経費によって変更されるものとのことでした。工事期間は，12月10日から翌年の２月10日までの２か月の予定でした。私は本件工事を引き受けましたが，これまで八坂土木とは取引をしたことはなく，あくまで被告からの話として今回の工事を引き受けたものであり，当然，被告からの下請であるとの認識でおりました。なお，この話し合いの前に木谷専務から設計図（甲一の１・２）と見積書（甲二）を渡されました。

代金の支払について，木谷専務は，八坂土木の手形でいいかといっていましたが，これまで全部現金決済をしてもらっていたのに，知らない八坂土木の，それも３か月も先の手形というのでは話しになりませんから断って，今までどおり被告から現金で払ってもらうことになりました。

3　鴨川学園の校舎は３棟あり，ＡＢＣの三工区に分かれていて，工期の関係で同時進行をしてほしいという要請があったので，仕方なく自分が一番大きいＣ工区を担当し，ＡＢ工区は桂配管と大原設備に頼みました。この２社とも個人営業で建設機械なども持っていない業者ですから，こんな受け方をすると建設機械のリースや人員の配置などでも無駄が大きく，経費が嵩むことはわかっていたのですが，木谷専務が実際にかかっただけは払うというので，私も下請には，かかっただけ払うから請けてくれと頼み，実際に下請から請求された分は，被告から払ってもらえず苦しい中を全部払っています。

4　その後，予定どおり12月10日から工事に着工しました。現場での指示は主に八坂土木から出ていましたが，木谷専務からは八坂土木の指示を聞いてくれと言われていましたし，木谷専務も週に一度位は現場に来て工事の進行状況を見ていました。

当初は，予定どおり土止め工法ではなくオープンカットエ法で工事を行っていたところ，12月17日，オープンカット工法では危険だからという話があり，全部の工事がストップしてしまいました。翌日，近畿企画も加わって協議し，木谷専務から近畿企画の指示に従うように言われ，土止め工法に変更して工事を続けることになりました。その際，金額的にはまだ分かりませんでしたが，費用が嵩むことははっきりしているので，どうしてくれるかと言ったところ，木谷専務ははっきりと費用は見るから指示どおりにやってくれと言っていました。なお，19日工事を再開しましたが，最初は被告の方で矢板や杭打機などを準備してもらっています。その費用は請求されていません。

5　その後も他の工区の工事との調整のための作業員の待機や機材の待機などがあり，工事の進行は遅れ，当初の金額程度ではできないとの話は再三木谷専務にしていましたが，木谷専務は常々，かかったものは保証する，と言っていました。また，平成9年1月20日にも，八坂土木の現場事務所で，木谷専務と話合いましたが，その際同席していた八坂杜長からも何とか工事を続けて欲しいと言われ，また木谷専務も実費は出すと言っていたので，工事を続けました。しかし，下請業者の桂配管及び大原設備は，この工事から降り，新たに下請業者タカノ組に依頼しました。

6　しかし，その後も，同様のことは続き，木谷専務から，赤字がかさむし，これ以上やっていても赤字が増えるだけなので，この時点で区切りをつけて欲しいという話があり，これ以上続けることは無理だと考え，4月25日に本件工事から手を引くこととし，すぐに現場を引き上げました。そこで，これまでに私のところが直接施工した分の実費及び経費（688万円）（甲三）と桂配管，大原設備，クカノ組への支払分（562万円）（甲四・五・六の各1）の合計1250万円のうち，450万円についてはそれまでに被告に請求して支払を受けていた（乙一の4）ので，残額800万円について被告に請求（甲七）したところ，その後，被告から150万円の支払はあった（乙三の1）ものの，残金650万円の支払はありません。

7　被告は私のところの工事に瑕疵があったと言っているそうですが，そのようをことはこの裁判になるまで聞いたことはありません。

なお，工事は当初依頼を受けた工事の50％程度しか完了していませんが，2か月の予定の工事が五か月以上もかかって半分しかできなかったのは工事全体の段取りが無茶苦茶で工事が大幅に遅延して，経費が余分にかかったものです。

平成10年11月14日

円山　健一　印

陳　述　書

（木谷　秀二）

1　平成８年秋ころ，以前から協力関係にあった平岡建設㈱の工事部長から本件学校の下水道工事を請け負っている八坂土木に力を貸して欲しいとのお願いがありました。八坂土木から直接請けて仕事をしたことはなかったのですが，平岡の下請として工事をしたことがあり，一度八坂社長に会うことになりました。

私は，八坂土木から是非工事してほしいと頼まれ，その際設計図と見積書も上げて欲しいといわれていたので，自社で受けるかどうかは仕事の段取りもあって決まっていなかったのですが，自社でするにしても，他社を紹介するにしても必要なことですから，以前から仕事を依頼していた加茂設計に，10月13日，今回の工事の設計図と見積書を作成するよう依頼しました。加茂設計から設計図と見積書ができあがってきたころ，当社は繁忙でもあったのでこの工事ほ請けないことに決めたので，原告を紹介することにし，原告に請けてもらいやすいように見積額を少し増額修正して八坂土木に渡し，その際，八坂土木には当社では請けないことをはっきりと伝え，原告を紹介しました。八坂土木は，増額した金額には応じず，1500万台でないとダメだというので，結局後で加茂設計の見積書を渡すことになりました。そのような経過があったので，平成８年11月27日，八坂土木と原告との契約の場に私も仲介者として立ち会い，設計図と見積書を原告に渡しました。被告が請け負って，原告を下請に使ったのであれば，吉田さんに作ってもらった見積書を八坂土木と原告の両方に渡すようなことをするはずがありません。それでは被告はただ働きをすることになるからです。そして，当社が加茂設計に支払った費用は，あくまでも一時的な立て替えであり，後日八坂土木に支払ってもらいました。

2　契約当日も八坂社長は，1500万円で頼むと原告に言っており，原告は，それでやらしてもらうとはっきり言っていました。ただ，八坂社長が支払は３か月先の手形でさせてもらうと言い出し，原告がそれは困るということで話が潰れかかったため，仲介者として私も困り，原告は金銭的余裕がないため，金銭面についてだけは被告に間に入ってほしいというし，従前の取引関係を考えて引き受けることにし，工事代金は，被告が原告に現金で立替払いし，八坂土木に請求して手形で返してもらうことになりました。

3　その後，原告は工事に着工しました。被告は現場にはノータッチでしたが，工事が始まって１週間程した12月17日に最初のトラブルが発生し，原告から連絡がはいりました。それは，深い掘削をする場合は，オープンカット工法でするなら掘削両面を30度以上とるか，そうでなければ矢板土止め工法が必要とされており，人命に関わる問題ですが，八坂土木は最初からしなくて良いといい，それで私も加茂設計には，地盤は問題がないから費用のかからない方法で設計するように言っていた関係で，設計もそうなっていたと思いますが，設計の指示に従って工事を進めていたところ，近畿企画から危険だとして中止要請がありました。八坂社長に運絡がとれなかったので，私の判断で一時工事を中断してもらい，土止め仮設材をリースして，土止めをしながら工事を再開させました。

4　その後も度々近畿企画からクレームや中止要請があり，工事がはかどらず，原告の

下請業者の桂配管や大原設備が現場で３～４日も従業員や機材を待機させられることもあり，見積内では出来ないと苦情が出ており，平成９年１月20日，八坂土木の現場事務所で原告と八坂社長と私が話し合った結果，八坂社長は，費用の多少に拘わらず出しますので工事を続けてほしいと頼んでおり，原告も了承しました。

5　しかし，近畿企画からのクレームはそれからも続き，下請業者をタカノ組に替えてもうまくいかず，４月下旬ころ，原告から手を引きたいとの申出がありました。八坂土木もこれに同意し，原告による工事は中止になりました。

6　そのときまでの原告の出来高は，本件下水道工事の設計をした加茂設計の吉田さんに見積もってもらったところ，大体で全体の40％程度とのことであり（乙二），工事代金を1500万円とすれば600万円に相当するのですが，それまでに原告から請求のあった450万円は，被告が立て替えて支払っています（乙一の１・４）。被告が立替払した分は，八坂社長に請求し（乙一の２）八坂土木から手形（乙一の３）で貰っており，精算済みです。

原告は，実際には，下請に支払った分だけでも650万円ほどあり，原告の施工分と合わせて倍ほどもかかっていると言い，800万円の講求書（甲七）がきていましたが，八坂社長と相談し，残額分として150万円を被告が立替払しましたが，これも八坂土木から手形で貰っています（乙三の１～３）。

このように被告は，本件工事で全く何の利益も受けていないのですから，被告が契約当事者であるはずがありません。普通，請け負った工事を丸投げで再下請に回した場合でも，工事の最終責任がかかってくるので，現場の管理は気を付けてしなければいけませんので，現場管理費を含めてある程度の経費は乗せるのが普通です。

平成10年11月24日　　　　　　　　　　　　　　　　木谷　秀二　印

資料49

陳　　述　　書

（八坂　英男）

1　八坂土木は，近畿企画が請け負った学校建設のうち，給排水設備関係の工事を近畿企画から請け負い，そのうち，下水道工事部分（以下「本件工事」といいます）を被告に依頼しました。

八坂土木は，これまで被告との取引関係は直接にはありませんでしたが，①過去に一度，平岡建設㈱の紹介で被告に仕事をしてもらったことがあり，その際の被告の仕事がしっかりしていたこと，②被告が八坂土木と協力関係にあった平岡建設㈱の系統の下請であること，③本件工事は下水道工事とはいえ土木工事が主となるところ，被告は土木業者としては優良会社であることなどから，本件工事を被告に請け負ってもらうことにしました。

なお，実際に本件工事を施行したのは，被告からさらに下請した原告と三条管工です。

2　被告は，本件工事についての請負契約が，八坂土木と原告又は三条管エとの間で直接締結されたものと主張されているようですが，とんでもありません。原告と請負契約を結んだのは被告です。

だいたい，八坂土木は，従前原告との取引関係は全くありませんし，原告や三条管工の建設業界での実績というのも知りませんでしたので，そのような会社と八坂土木が直接契約するということはあり得ません。

また，被告は，自分が紹介者に過ぎないので，本件工事の現場についてはノータッチであったと言っているようですが，それも違います。本件工事の当初は，被告の方では一級土木監理士である吉田さんが現場を見るとのことで，私どもと打合せをしていましたし，その後も，現場で問題が生じたときには，私が直接原告へ指示を出すこともありましたが，被告へ連絡をして，被告の社長なり専務に来てもらって，原告に対して指示を出してもらったこともありました。

3　本件工事の請負代金についてですが，当初被告の木谷専務が，原告の担当者と本件工事現場を見た上で作成したという見積書（丙二）を，私どもの所へ持ってきました。見積書に記載された請負代金は1650万円ほどでしたが，私としては高いと思いましたので，木谷さんとの間で値引交渉をし，その結果1500万円で木谷専務は了解しました。この金額は，確定された請負金額です。

契約書は，被告を信頼していたので作成しませんでした。お互いに，見積書の内容で了解していたということです。被告が原告や三条管工とどのような約束をしたかは知りません。

4　本件工事については，結局，原告が工事を中止して引き上げてしまったわけですが，それは，原告の下で工事をした桂配管や大原設備工業が，掘削の施工方法について打合せどおりにやってくれず，近畿企画開発㈱からクレームが相次いだことが原因だと思います。

原告が本件工事から抜けた時点では，私が被告に依頼した工事内容のおよそ四割しか完了していませんでした。

なお，原告が抜ける以前に被告から請求があって450万円の手形を被告に交付し（乙一の3），また原告が抜けたころにやはり被告から請求があって，そのころ完成していた出来高がおよそ4割であったので，請負代金1500万円の四割に相当する600万円のうち，既に支払っていた450万円を引いた150万円の手形を被告に交付しまし（乙三の3）。これらの手形は決済しています。

5　原告が施行した工事については，汚水桝のインバートが悪く汚水桝が詰まってしまったり，汚水桝と配管との接合部がうまくつながっていないなどの瑕疵があり（丙五），この点については原告が本件工事を抜けた後を引き継いだ被告の下請業者三条管工が補修工事をしました。三条管工も，被告が連れてきた業者です。私の方としては，原告が工事を中止し時点で，八坂土木の下請業者を被告から別の業者に代えることまでは考えていませんでした。

被告は，事前に被告の倉庫で被告の社長と木谷専務が，三条管工の岡本専務を私に引き合わせたと言っているようですが，それは違います。私は，岡本専務とは，三条管工が現場へはいるときに初めて会ったので，それ以前に会って打合せをしたということはありません。

平成10年2月26日　　　　　　　　　　八坂　英男　印

資料50

審 理 計 画 表

順序	証 人 等	申請者	主 尋 問	反対尋問	同/呼	陳 述 書	備 考
1	□証人 □原告 □被告	□原告 □被告 □双方	時 分 － 時 分	時 分 － 時 分	□同行 □呼出 正／簡	□提出済 □提出せず □提出予定(／)	
2	□証人 □原告 □被告	□原告 □被告 □双方	時 分 － 時 分	時 分 － 時 分	□同行 □呼出 正／簡	□提出済 □提出せず □提出予定(／)	
3	□証人 □原告 □被告	□原告 □被告 □双方	時 分 － 時 分	時 分 － 時 分	□同行 □呼出 正／簡	□提出済 □提出せず □提出予定(／)	
4	□証人 □原告 □被告	□原告 □被告 □双方	時 分 － 時 分	時 分 － 時 分	□同行 □呼出 正／簡	□提出済 □提出せず □提出予定(／)	
5	□証人 □原告 □被告	□原告 □被告 □双方	時 分 － 時 分	時 分 － 時 分	□同行 □呼出 正／簡	□提出済 □提出せず □提出予定(／)	
6	□証人 □原告 □被告	□原告 □被告 □双方	時 分 － 時 分	時 分 － 時 分	□同行 □呼出 正／簡	□提出済 □提出せず □提出予定(／)	

資料51

平成○○年（ワ）第○○○○号

事務連絡及び照会（回答）書

○○代理人　○○○○　殿

京都地方裁判所第２民事部○係
裁判所書記官　　○○○○
電　話（○○○）○○○－○○○○　内線○○○○
ＦＡＸ（○○○）○○○－○○○○

1　頭書事件について，次回口頭弁論期日（平成○○年○○月○○日午　○○時○○分/午　○時○○分までに，その後和解予定）に集中証拠調べを実施することになっています。

2　先に決定した尋問の計画内容は，別紙「審理計画表」のとおりですから，それに合わせて準備をお願いいたします（審理計画表の尋問時間は，再尋問及び再反対尋問をも含めた時間として設定していますので，ご注意ください。）

3　準備の過程で，この計画をどうしても変更しなければならない事情が生じたり，追加書証を提出する必要がある場合は，早急に対応してください。

4　再尋問や対質尋問が予定されている証人については，審理終了まで在廷するように，予め了解を得ておいてください。

5　審理後，和解が予定されている場合は，当事者だけでなく，実質的に決定権を有する人や相談したい人にも審理を傍聴するようにお勧めください。

6　集中証拠調べを円滑に実施するため，下記事項について記入（□は該当項目にチェック）の上，この書面を早急に当部（係）宛てにファクシミリで送信してください。

記

1　同行予定の人証（審理計画表の○番）の出頭の確保はできていますか。
□できている。
□できていない。
□その他（　　　　　　　　　　　　　　　　　　　　　　　　　　　　）

2　呼出手続済みの人証（審理計画表の○番）の出頭の可能性について情報がありますか。
□出頭する。
□出頭しない。
□分からない。
□その他（　　　　　　　　　　　　　　　　　　　　　　　　　　　　）

3　旅費，日当の予納はされますか。
□する。
□しない。
□その他（　　　　　　　　　　　　　　　　　　　　　　　　　　　　）

4　その他，連絡事項

資料52

証人として採用された方へ

この度，あなたに，同封の呼出状記載の訴訟事件について，証人として採用されることになりました。

当日は，この事件について，事情を知っておられる関係者の皆さんから事実をお尋ねすることになっています。お一人でも出頭されないと，期日が空転し，事件の進行に重大な影響を与えることになります。

大変お忙しいところ誠に恐縮ですが，当該事件を判断するに当たり，あなたの証言が是非必要になりますので，呼出状記載の日時・場所に出頭していただきますようよろしくお願いいたします（なお，呼出状記載の出頭時刻と下記のあなたの尋問開始時刻が異なる場合は，あなたの尋問開始時刻に出頭していただければ結構です)。

あなたの尋問開始時刻は，午前・後　　　時　　　分，
終了予定時刻は，午前・後　　　時　　　分ころです。

呼出状記載の期日にどうしても出頭できない場合は，呼出状を受け取られてから1週間以内に下記担当書記官まで必ずお電話いただきますようお願いいたします。その後支障が生じたときも速やかにご連絡ください。

今回あなたは証人として来ていだくことことになりますので，旅費・日当を請求することができます。請求される場合は認印が必要となりますのでご持参ください。

記

京都地方裁判所第2民事部○係
裁判所書記官　○○　○○
電話番号（○○○）○○○－○○○○　内線○○

資料53

時　系　列　表

8・9・15	近畿企画から八坂土木へ鴨川学園の給排水設備工事発注
10・4	八坂土木から被告へ下水道工事部分の下請打診
9	被告から原告に下水道工事の下請打診
13	被告から加茂設計に設計及び見積依頼（契約書なし）
17	吉田監理士・木谷専務・原告－現地見分。吉田監理士－八坂土木から同社作成の下水道配置図（丙一）入手
11・2	加茂設計－設計図（甲一の１・２）及び工事内訳書（甲二）作成し，被告に提出
5	加茂設計から被告に設計料等75万円請求
10	被告－八坂土木へ見積書（丙二）提出し，設計料として75万円請求（丙三の１）
12	八坂土木から被告へ設計料75万円支払（丙三の２）
15	被告から加茂設計に設計料75万円支払
17	鴨川学園の工事現場にある八坂土木の工事事務所で八坂社長・木谷専務・吉田監理士・原告の四者が会い，吉田監理士から工事概要の説明
27	八坂土木の工事事務所で八坂社長・木谷専務・原告の三者会談で原告受注決定 木谷専務から原告に設計図（甲一の１・２）が交付され，見積書（甲二）も示されたが，工事費は1500万円程度としてほしいとの要請あり（契約書なし）。
12・1	原告から桂配管と大原設備に孫請依頼（契約書なし～出来高精算）
10	工事着工～桂配管Ａゾーン，大原設備Ｂゾーン，原告Ｃゾーン担当
17	設計図どおりにオープンカット工法で工事開始したところ近畿企画から工法クレーム　全工区で工事中断→18日まで
18	八坂工事事務所で八坂社長・木谷専務・原告で協議～近畿企画の指示に従うことに決定，原告・桂配管・大原設備とも近畿企画の現場会議に出席を要請される。その後，現場会議に参加するが，校舎建設の遅れや建設業者側との段取りでしばしば配管工事がストップしたり，工事資材の移転要求で工事が中断したりして，原告及び孫請側と近畿企画側でトラブルが発生
9・1・16	工事中断→17日まで
20	桂配管・大原設備が工事途中で下りることになり，原告分も含め工事中断 工事の進行・費用・孫請等について八坂社長・木谷専務・原告で協議
28	工事中断→30日まで
2・4	現場会議　工事日程変更　下水道工事待機指示　原告側欠席
5	工事中断→７日まで
20	工事中断→21日まで
25	大原設備から原告へ出来高分として198万8000円請求（甲五の１）
27	桂配管から原告へ出来高分として251万2000円請求（甲四の１）
3・2	原告から被告に対し，桂配管・大原設備の請求分450万円請求（乙一の１）

5	被告から八坂土木に対し，原告から請求のあった450万円請求（乙一の２）
15	八坂土木から被告に450万円の約束手形振出交付（乙一の３）
21	被告から原告に450万円支払（乙一の４）
23	タカノ組が桂配管・大原設備の残工事を担当することになり（契約書なし），原告も工事再開
24	原告から桂配管・大原設備に各請求額支払（甲四の２・五の２）
29	工事中断→30日まで
4・7	工事中断→８日まで
15	現場会議　工事日程変更　下水道工事待機指示　原告側欠席
16	近畿総合建設側とタカノ組ともトラブル絶えず，タカノ組もリタイア。原告も工事中断→18日まで
20	タカノ組から原告に112万円の請求（甲六の１）
25	八坂社長・木谷専務・原告が協議して，原告が本件工事から下りることになる。
30	原告－出来高の見積書＝工事内訳書（甲三）を作成し，800万円の請求書（甲七）を被告に送付
5・2	被告から加茂設計に対し，下水道工事の出来高調査を依頼
10	加茂設計－40パーセントと査定（乙二） 加茂設計から被告に調査料５万円請求
13	被告から原告に150万円振込（乙三の１）
14	原告からタカノ組に請求分支払（甲六の２）
15	被告から八坂土木に150万円請求（乙三の２）
18	八坂土木－加茂設計から工事出来高書（乙二）の提出を受けて，被告に150万円の約束手形振出（乙三の３）
24	被告から八坂土木に800万円講求（乙四の２）
9・1	八坂土木から被告に800万円の約束手形を振出交付（乙四の３）
11・22	下水道工事完成・引渡，加茂設計が竣工図作成（丙四）
28	被告から八坂土木に600万円請求（乙五の２）
12・10	工事の完成を知って，原告から被告に残金650万円請求するも応答なし
23	甲野弁護士から被告に内容証明郵便で支払い催告，14日到達（甲八の１・２）

資料54

書　証　一　覧　表

書証番号	標　　題	作 成 日	作 成 者	内　　　　　　容
甲一－1	下水道配管図	8・11・2	加茂設計	鴨川学園の下水道配管平面図
2	配管断面図	〃	〃	配管・人孔・会所の縦・横断面図
二	工事内訳書	〃	〃	甲一に基づき，土量計算等をし，施工費用を概算したもの～1592万8000円
三	工事内訳書	9・4・30	原　　告	原告の施工内容・工事費内訳688万円
四－1	請　求　書	9・2・27	桂 配 管	請求額251万2000円
2	領　収　書	9・3・24	〃	原告から桂配管へ請求額全額の支払
五－1	請　求　書	9・2・25	大原設備	請求額198万8000円
2	領　収　書	9・3・24	〃	原告から大原設備へ請求額全額支払
六－1	請　求　書	9・4・20	タカノ組	請求額112万円
2	領　収　書	9・5・14	〃	原告からタカノ組へ請求額全額の支払
七	請求書控え	〃	原　　告	原告から被告に対し800万円（原告の出来高688万円とタカノ組の請求分112万円の合計）請求
八－1	内容証明郵便	10・1・23	甲野太郎	原告代理人甲野から被告へ催告（期限31日）
2	配 達 証 明	10・1・24	郵 政 省	右内容証明郵便の配達証明
九	工事日程表		原　　告	本件工事の経過を記載した大学ノート（ワープロで浄書した証拠説明書あり）
一〇	現場会議録		八坂土木	「鴨川学園現場会議」と題し，ほぼ毎日の会議の要点が記載されたもの
一一	地質調査報告書	8・3・25	Ｓ地質調	鴨川学園の地質調査報告書
一二－1	鴨川学園新築工事設計図No.3	8・7・30	近畿企画総合建設部	校舎立面図
2	同　No.5	同	同	地盤縦断・横断
3	同　No.6	同	同	校舎立面図
4	同　No.9	同	同	校舎立面図
5	同　No.12	同	同	校舎立面図
6	同　No.15	同	同	地盤縦断・横断
7	同　No.21	同	同	地盤縦断・横断
8	同　No.25	同	同	１階給排水施工図
9	同　No.8	同	同	浄化槽設計図
一三	鴨川学園用地造成計画図	8・5・12	Ｒ土木建築㈱	鴨川学園の造成工事の計画図
乙一－1	請　求　書	9・3・2	原　　告	原告から被告に対し450万円の請求
2	請求書控え	9・3・5	被　　告	原告請求分を八坂土木に請求
3	約束手形写し	9・3・15	八坂土木	八坂土木振出／450万円／期日９・６・15
4	領　収　書	9・3・21	原　　告	被告から原告に450万円支払
二	工事出来高書	9・5・10	加茂設計	工事中止までの原告施工分の出来高40％
三—1	振込通知書	9・5・13	幸陽銀行	被告から原告に，1500万円の40％の600万円から既払分450万円を控除した残額150万円振込

書証番号	標　　題	作 成 日	作 成 者	内　　　　容
2	請求書控え	9・5・15	被　　告	被告から八坂土木へ150万円請求
3	約束手形写し	9・5・18	八坂土木	八坂土木振出／150万円／期日9・8・18
四	下水道配管図（既工分調査）	9・5・10	加茂設計	原告が本件工事を中止した時点における施工済み部分（甲一－1に赤線で示したもの）
五	工事内訳書（既工分調査）	9・5・10	加茂設計	原告が本件工事を中止した時点における施工済み部分の調査結果を甲二の工事内訳書に赤字で記入したもの－合計金額は630万円であり，工事内訳書の金額の39.55％
六－1	瑕疵図①	9・5・10	加茂設計	三条管工が残工事を施工する時点で吉田監理士が調査した瑕疵①の図面
2	瑕疵図②	9・5・15	加茂設計	同瑕疵②の図面
3	瑕疵図③	9・5・15	加茂設計	同瑕疵③の図面
4	瑕疵図④	9・5・15	加茂設計	同瑕疵④の図面
5	瑕疵図⑤	9・5・15	加茂設計	同瑕疵⑤の図面
6	見　積　書	9・5・20	加茂設計	瑕疵図①～⑤の瑕疵部分の修補費用の見積
七	現場会議録		八坂土木	甲一〇で提出された現場会議録の一部
八－1	請負契約書	7・3・18	北山興業	北山興業と被告との側溝工事契約185万円
2	請負契約書	7・3・25	被　　告	被告と原告との下請契約　160万円
九	工事台帳		被　　告	A団地道路工事　468万円→411万円 B住宅側溝工事　267万円→232万円 C団地下水道工事392万円→338万円

書証番号	標　　題	作 成 日	作 成 者	内　　　　容
丙一	下水道配置図	8・8・30	八坂土木	鴨川学園の下水道の配置概要図
二	見積書写し	8・11・10	被　　告	甲二の1より1651万2000円と見積
三－1	請求書控え	8・11・10	被　　告	被告から八坂土木へ設計料等75万円請求
2	小切手控え	8・11・10	八坂土木	八坂土木振出の75万円の小切手